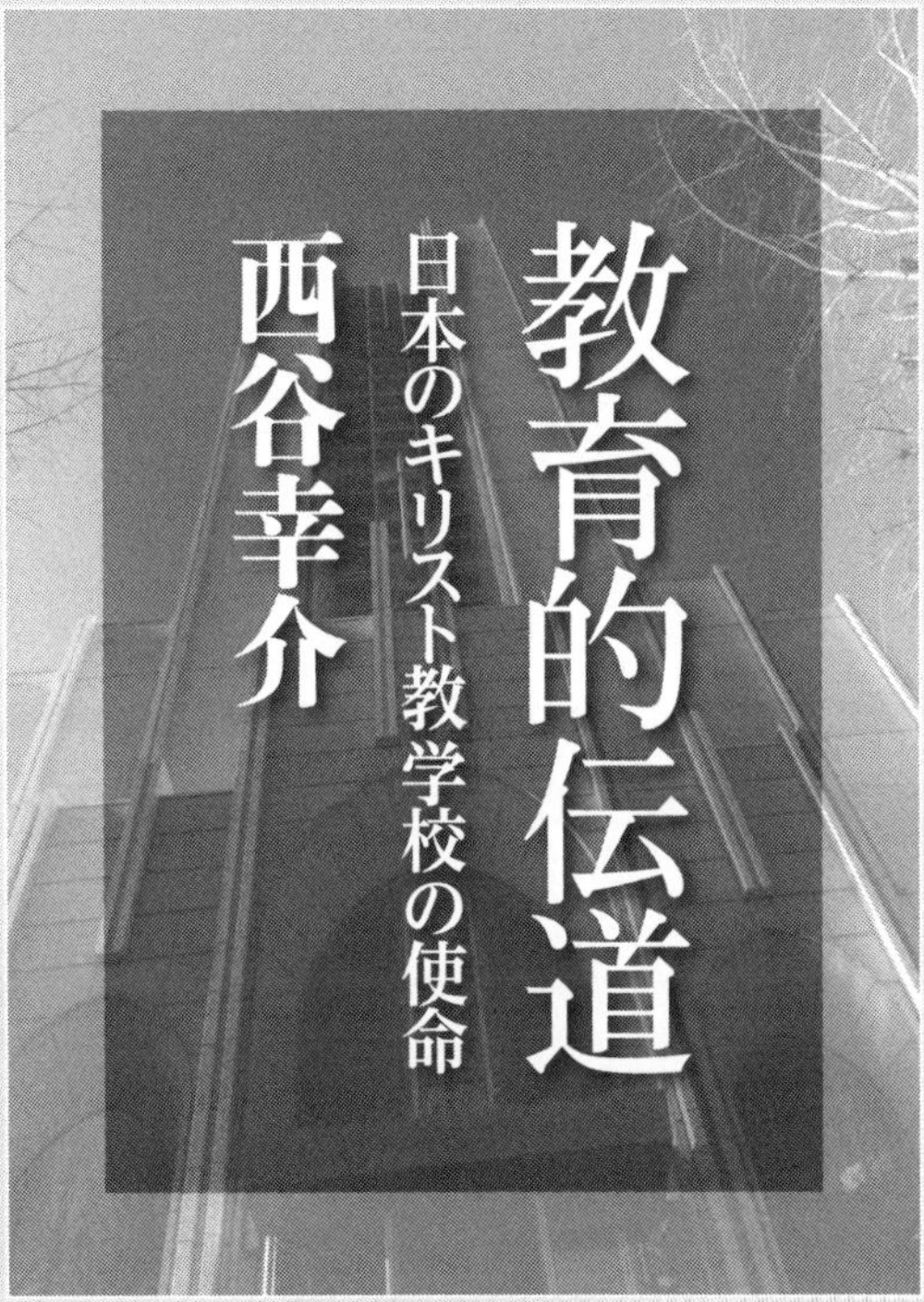

教育的伝道

日本のキリスト教学校の使命

西谷幸介

YOBEL, Inc.

装丁：ロゴスデザイン・長尾 優

序　文

「しっかりした〔東京神学大学〕卒業生は教会でちゃんと伝道するのであって、信仰がはっきりしないようなのが学校にいって教える」。

この言葉は、本書の第1章に引用した古屋安雄先生の言葉であるが（本書35頁、また関連して367頁を参照）、そこに象徴される東京神学大学の雰囲気は、一九六八年に入学し二年目に入った頃には著者にも如実に感じられたものであった。「教会形成」という言葉は主として熊野義孝先生の著作から学ぶことができた。「しっかりした」東神大生はこれを日々、標語のように繰り返していた。「教会形成」が重要なのであって「学校伝道」などということは神学的にも実践的にも周辺的なことだというエートスが、当時の東神大を支配していたのである。

講義とは直接関係のない、バルトの分厚い *Kirchliche Dogmatik*（原書！）を辞書と一緒に教室にもち込んでいた上級生を見て、当惑しっ放しだったのを覚えている。これにはすぐに辟易とするようになったが。筆者はいわゆる福音派の出身で、東神大入学後、「教会形成」というその神学的伝統の意義を強く納得しつつも、なおそこから、伝道者としてキリスト教学校に赴きそこで労苦している教職たちが「信仰がはっきりしないような」連中として見られること——古屋先生はこれを「偏見」と呼ばれていた——には、ある種の「訝しさ」を禁じえないでいた。

この直後、「東神大紛争」が起こったが、当該の問題に関しては以上の雰囲気が連綿と続くだけであった。そうした中で、「学校伝道」が消極的な扱いを受け続けるべきでなく、日本のキリスト教界にとってむしろ真剣に神学的に論じられ取り組まれるべきテーマだということを力強く示したのが、一九八二年に正式に発足した「学校伝道研究会」であり、その研究活動であった。これは当時の女子聖学院短期大学の宗教主任《チャプレン》であった小倉義明先生と講師の濱田辰雄先生の主導で始まった研究会であり、筆者も牧会伝道に加え玉川聖学院高校で聖書科を担当していたこともあって、この会へのお誘いを受け、その第1回目から参加させていただいた。この会の意義を評価し、その研究活動を奨励されたのは大木英夫先生であり、古屋安雄先生であり、倉松功先生であった。むしろ、この動きの大元の火付け役は大木先生であったと言ってよいかと思う。

そして、この会で自らのキリスト教学校における福音伝道の経験を語り、それを神学的に省察し言語化した教職たちの論文集が、学校伝道研究会編『教育の神学』（ヨルダン社、一九八七年）であった。この刊行以降、キリスト教学校とそこに奉仕する教職たちへの日本のキリスト教界の視線は確かに転換した。学校伝道に対するあのエートスは明らかに変わったと言って過言ではない。「学校伝道」は教会形成にも密接にかかわる重要事であるという認識が、深まり、定着した。その意味で上記論文集刊行は日本キリスト教史の一つの「分水嶺」をしるす出来事であったと言ってよい。

その証拠が、この第一集に続く、第二集『キリスト教学校の再建――教育の神学』（一九九七年、増補改訂、聖学院大学出版会、二〇〇七年）、第三集『キリスト教学校の形成とチャレンジ――教育の神学』（聖学院大学出版会、二〇〇六年）の『教育の神学』の刊行であり、それと並行してキリスト教学校に奉職する教職たち個々人により出版された類書の数々であり、また何よりも東京神学大学そのものが二〇〇〇年より発足させた「学校伝道協議会」である。これは本年ですでに18回目を数え、参加者数も何と100名を超えている。同協議会の発案と主導は、その後東神大学長となられる近藤勝彦教授によるものと聞き及んでいるが、日本のキリスト教学校が呈する社会学的状況をも十分に顧慮した、よき神学的判断であったと感じている。さらに、青山学院大学が設置した「ソーパー・プログラム」というキリスト教学校教師養成コースは本年で九年目を迎えているが、このコース履修者でこの四月から全国のキリスト教教育機関に教師として就職した者は11名を数える。これも学校伝道を真剣に受け止めてきた動きの成果である。

以上、筆者個人の来歴とも重なる、本書の歴史的背景について跡づけ、意味づけてみた。筆者は、十年間教会で牧師として奉仕し、その後三五年間４つのキリスト教学校に教務教師（宗教主任）として奉職してきた。以上は主としてこの宗教主任の時代に関わる事情である。本書の14の章もその時代のものである。それゆえに本書はこの間の歴史的事情の「証言」である、と豪語するつもりはないが、読者は本書を読んでいただく中で、各章に込められた学術的主張とともに、この歴史的事情の理解に必要な多くの情報も得ていただけると思う。

＊

本書を読んでいただきたいのは、第一に、現在キリスト教学校で教育と福音伝道に携わっておられる、同輩・後輩の「宗教主任《チャプレン》」の方々である。その中には、「もう時代も変わりつつあるわけで、今さら何だかんだと言われても……」と言われる方もあるかもしれない。筆者も時代は変わるしまた変わっていくべきだと考えているほうだが、しかし事を変えるにしても、無知蒙昧のうちに不毛に変えるのか、それとも、その来歴を知った上で、然るべき方向に賢くまた力強く変えていくのかでは、雲泥の差である。とくにまだ数十年しか経過していないわが国の学校伝道の「復権」の歴史を承知しておくか否かは、きわめて重要である。今もひそかに続いているかもしれない「信仰がはっきりしないようなのが学校に行って教える」という「偏見」に、いつでも堂々と反論できる力を備えておかねばならない。

そこで、本書が現在宗教主任である方々にとって違いをもたらすことを望んでいる。それらの方々にぜひともこれだけは伝えておきたいという思いで本書をしるした。勿論、キリスト教学校のクリスチャンの先生たちにも読んでいただきたい。人数的に少数派であることで、自らをメンタルにも肩身の狭い思いに追い込んではならない。多勢に無勢の現実の中で、対抗できる確かな基盤があるとすれば、自身の学校の建学の精神の理解と歴史の把握であり、キリスト教学校教育に関する神学的理論であり、何よりも教師としての実存的コミットメントである。換言すれば、神さまは、この私に、この学校の主役であれ、と召してくださっているのだ、という確信である。

＊

以上の意味で、本書は、大学を定年退職となる教員が過去の研究を振り返って自己満足的に出す「記念碑的」な論文集などではない。既に再開した本格的な教会奉仕を前にして、自らの足跡を振り返る余裕などまったくない。比較的に年代順に置かれた14の章を見れば、記念碑的との印象ももたれかねないが、本書が関わる論題とその議論は依然として対論を予想するものである。それらは次の４つである。すなわち、Ⅰ「物語の神学」、Ⅱ「政教分離原則」、Ⅲ「学問論」、Ⅳ「学校教会再興論」である。本書への導入を兼ね、以下に——反論も呼ぶであろう——自由なコメントを付しておく。

＊

「物語の神学」は、本書ではそれを「宗教の文化的言語的理解」と表現し、とくにそのキリスト教学校教育への「適合性《レリヴァンス》」を論じている。筆者は、「物語の神学」のわが国への紹介は、その意義深さに比して説明の仕方は情緒的に過ぎ、その論理構造の提示は甘いと感じていた。神学なのであるから勘所の理屈がしっかりと示されるべきであり、その点で最も明快であるリンドベックの所論が理解されるべきなのである。しかもそれは信仰者であれば誰にも理解できる。リンドベック以外を種本に用いるから曖昧になる。そして、この神学が注目させるのは何といってもキリスト教経典としての「聖書」であり、それを意味深く読めるようまた読みたくなるように誘ってくれるから、価値ある神学なのである（筆者は左近淑先生の「聖書の文学構造的読み方」もこれと本質的に通じるものと理解している）。また、その経典論によって宗教信仰を学校教育カリキュラムに具体的に組み込みうる理屈を示してくれるから、有用なのである。バルト、ティリッヒ、ニーバー、パネンベルクと続き、これが出て、わが国では近藤神学のほぼ全体が読めるようになり、それらを超える神学は私にはいまだ見えてこない。

＊

現代社会の「政教分離原則」を強調するのは、それがわが国のキリスト教学校教育にとって立つか倒れるかの生命線であり、その宗教史的由来経過を理解するのみならず、憲法が保障するその法制的価値を堅持し固持することが、究極の重要事だからである。この件について日本人とその社会は全般的に――その憲法的事実にもかかわらず――意識自覚が薄弱である。この価値の「長年にわたる……獲得」（本書198頁を参照）の闘いに自ら参与してきた社会ではないからである。キリスト教学校のクリスチャン教職員もこの雰囲気に漫然と浸り、自校の存続を呑気に当然視してきた。そして、就学者人口減少の時代になってようやく私立キリスト教学校の特色の明示こそ必要だと考え、「この学校を本来のキリスト教的な建学の精神に従って整え直そう」とするのだが、多少なりともそれを実践に移した瞬間に、政教分離原則の重要性が判然としてくるのである。青山学院のように、自身の「教育は、永久にキリスト教信仰によって、行わなければならない」という理念を掲げ、それを全うしようと思うならば、「政教分離」原則と「信教の自由」権にいかに本気で固着し立脚するかが死活問題だとわかってくる。この問題に関わる本書の４つの章は、日本のキリスト教学校に奉職する者にはキリスト教的ヨーロッパとは異なる独自の霊性の涵養が必要であるとの認識のもと、しるされたものである。ドイツ神学の学び自体が問題なのではなく、それが準政教一致体制から出てきたものであるとの認識をなおざりにしたまま、それをするから問題なのである。

＊

「学問論」をもち出すのは、キリスト教学校において、キリスト教の信仰と神学の存在理由を、学問の在り方を問う中で、弁証するためである。学問論とは「学問の学問」のこと（学問なるものを学問すること）だが、明治維新以来の学問も教育も実利に仕えるものだとする考えによって歪められてきたわが国の学問と教育の状況を根底から問い直すよすがである。とくにこの問題は日本の大学の──その意識さえ欠如しているからこその──最弱点である。「学校伝道協議会」を毎年開催している東京神学大学ならば、その組織神学カリキュラムに「神学と学問論」というような講座が設けられてもおかしくはないはずである。筆者によるその関連論文は他の書物に収録したので（「学問論の文脈における青山学院大学教育方針の意義」、茂牧人・西谷幸介編『二一世紀の信と知のために──キリスト教大学の学問論』新教出版社、二〇一五年に所収）、重複は避け、本書では他の関連論文を載せている。そこに「近藤神学の根本主張」を置いたのは、近藤先生の「啓示」の理解がこの議論に最も深く適合すると考えるからである。「キリスト教学校における倫理道徳教育」は最新の論題を扱う書き下ろしだが、神学と倫理学の関係に触れているので、ここに加えた。

＊

筆者の「学校教会再興論」は、先にしるした「学校伝道は教会形成と密接に関わる重要事である」ということを考え抜いてきたあげくの結論である。筆者は教会形成論の向こうを張って学校伝道論を展開してきたわけではない。日本のキリスト教伝道がいかにしてより積極的に推進されうるかということだけを考えて、これまでもやってきた。そこで到達した結論がこれなのである。筆者がこの「学校教会再興論」をぶつと、一方で、お前は何か勘違いをしている、的外れな考えだ、というような表情をされたが、他方では、これに聞き入り、賛同を表明される方々も少なくなかった。不思議なことに、前者には宗教主任が多い。ある種の「棲み分け」論に安住したいのである。勿論、宗教主任たちにも賛同者が存在する。学校外の教職たちも賛否両論だが、じょじょに賛成論者が増えてきた感がある。バルティアンとして知られた先生が大賛成と言われたときには、意外感とともに、嬉しさも感じた。

しかし、なぜ、これが必要なのか。一つには、棲み分け論などに留まっていることができる時代ではない、ということがある。キリスト教の日本伝道は今まさに「危機」に瀕している。その原点に今一度立ち返ることが求められている。勿論、筆者はこの論を緊急対策的に唱えているわけではない。キリスト教教育機関のチャペルにおいて日曜日に礼拝をささげ、聖礼典にあずかることは、神学的にも至当なことである、という神学的確信に立つからである。

本書の最後の第14章「教育的伝道――日本プロテスタント教会のDNA」で、石黒悦男牧師の次の言葉を引用している。

「キリスト教学校の教務教師は、釣り堀で魚を釣っているようなものだ」。

最初この発言を聞いたとき「大いに鼓舞された」と、本書363頁では大人しく良識派風にしるしているが、実際そのときは――教務教師の身となっていたこともあり――「むかついた」。この例えがキリスト教学校の在るべき姿の図星を突いて余りに見事であったということもあったが、教会の牧師は学校の教務教師よりももっと本格的な難しい福音伝道に取り組んでいるんだぞ、といった上から目線の雰囲気も感じたからである。確かにこれは言い得て妙なる例えであるが、しかしキリスト教学校の現実としては依然として「釣れていない」し、「釣ろうとしてもいない」のが真相（!）である。だから、石黒先生のこの言葉には何とはなしの反発も覚えながら、宗教主任としては結局は頭が上がらないできたのである。

この例えはソフトな揶揄にも聞こえるが、神学的には教会側からの鋭い問いであり挑戦である。筆者の「学校教会再興論」はそれに対する応答であり、教育的伝道の仕上げの部分なのである。教会と学校の分離ではなく区別の中での、しかし素振りだけで終わらない、両者の本当の連携が必要である。

しかし、本文で触れているように、ＩＣＵ教会と聖学院教会という見事な実例が既に存在している。従って、問題は、他のキリスト教学校の指導者たちが本気でこれを模範としようとするか否かだけである。そして、それには、各個教会のレヴェルにおいてではなく、例えば日本基督教団のような、全体教会レヴェルでの共働が求められるのである。

＊

以上が本書への序文である。本書は筆者がこれまでにしるしてきた論稿の単なる集成ではない。わが国における「キリスト教学校教育」という主題に関する14の論稿を選び、そのテーマをめぐる筆者の主張を述べようとする一書である。その意味で、今回、すべての章をあらためて検討し、必要なアプデートを施した。長文もあり、長い注もあるが、厭わず読んでいただければ、幸甚の至りである。

二〇一八年一月

教育的伝道——日本のキリスト教学校の使命

目次

教育的伝道――日本のキリスト教学校の使命

第Ⅰ部　宗教の文化的言語的理解とキリスト教学校

第1章　日本の神学における「教育」の論議

以下においては、従来の日本の神学界が「教育」の問題をどのように受け止め、その結果どのような状況を呈するに至ったのかを私なりに概観し、さらにこの受けとめ方の是非を検討して、今後の課題を考えてみたいと思います。

その場合、本書が探究し考察するのは、「教会教育」ではなく、「キリスト教学校教育」というテーマです。そもそも「日本」の初期プロテスタント・キリスト教は「教会形成」という課題を強く意識しながらも、自ら設立した学校を伝道の具体的な場の一つとしてとらえて、そこでの教育に力を注いできました。

明治期初頭、札幌農学校でクラーク博士のキリスト教的薫陶のもとに内村鑑三や新渡戸稲造ら有力なキリスト教徒が輩出したことは余りにも有名です。同校はキリスト教によって設立された教育機関ではありませんでしたが、その後設立されたキリスト教学校がこうした例を模範としてその教育事業を推進したことは明らかです。従って、日本におけるキリスト教学校教育と言う場合、それがそうした「教育的伝道」の刻印を当初から帯びていたということを覚えつつ、議論を始めていきたいと思います。

1　「教育的伝道」としての出発

日本の初期プロテスタント・キリスト教がその「伝道」を、「教会形成」という課題につなげると同時に、「学校教育」の場において熱心に行なってきたということを示してくれる一つの大きな証左は、わが国における学校数全体に占めるキリスト教学校の大きな割合です。例えば、二〇一七年現在、日本の大学の総数は七五八校、うち国公立が一六三校、私立が五九五校ですが、後者のうちキリスト教大学は六九校で、私立大学中に占めるその割合は約11％です。一九八三年時点では（プロテスタント系だけですが）三三校でした。ですから、キリスト教大学はその後も増え続けてきたのです。キリスト教徒人口は1％に満たないのに対して、大学数は私立大学数全体の1割を超えているわけです。

こうした状況は明治初期には割合の観点からはもっと顕著であったでしょう。しかもその特徴は女子教育との積極的な取り組みにあったと言うことができます。小林公一編著『キリスト教教育の背景』によれば、「キリスト教主義学校は、明治二二年（一八八九年）までに、女子校はその約70％、男子校はその約60％が設立されています[1]」。たしかに、一七八〇年（明治三年）の横浜の「フェリス女学院」を皮切りに、一八八八年までに、「横浜共立学園」、「立教学院」、「海岸女学校」（青山学院）、「神戸女学院」、「平安女学院」、「同志社英学校」、「同志社女学校」、「立教女学校」、「梅花女学校」、「活水女学校」、「プール学院」、「横浜英和女学校」、「遺愛女学校」、「ウィルミナ（大阪）女学院」、「東洋英和女学校」、「福岡女学校」、「明治女学校」、「弘前女学校」、「東北学院」、「宮城学院」、「松山東雲学園」、「捜真女学校」、「広島女学院」、「北星学園」、「名古屋学院」、「香蘭女学校」、「静岡英和女学院」、「共立女学校」、「普連土女学校」といった、女子教育をも含むキリスト教学校が31校、相次いで創立され、この間に「一致神学校」（明治学院）も設立されています。一九一二年（明治四五年、大正一年）までには、この他に13のキリスト教学校、三つの神学校の創立が続きました。

以上の数字には、もちろん、外国の教派ミッションによる伝道への熱意が反映されていると言うことができます。「ミッション・スクール」という言い方には、単にキリスト教団体の設立になる学校という意味に留まらず、「ミッション」すなわち「伝道[2]」の一環としての学校というニュアンスも含まれておりました。

おそらく、当時のキリスト教による学校教育の背後には、その伝道開始時にもなお続いていたキリスト教禁教という国家政策による強い社会的圧迫をひとまず教会ではなく塾もしくは学校という形で回避する、という消極的理由とともに、積極的にはキリスト教による教育的文化的社会的貢献を通じての伝道という理念があったと思われます。換言すれば、日本のプロテスタント・キリスト教には当初から「教育的伝道」という志向があったということです。これは教会史的に見ても注目すべき、日本に特異な現象であろうかと思われます。本書の第14章は、このあとすぐに言及します本多庸一に焦点を当てながら、まさにその歴史的原点を描き出した文章です。

この傾向は、日本政府のいわゆる「和魂洋才」の精神を支柱とする欧化政策による新国家建設の雰囲気とも相俟って、基本的には積極的に推進されて行きました。ちなみに、当時の教会は「日曜学校」教育にも熱心であり、一九〇七年には「日本日曜学校協会」が設立されています。

2　国家主義からの威嚇との対峙

しかし、その間、「教育勅語」が出された翌年の一八九一年には内村鑑三のいわゆる「不敬事件」や、それに刺激された哲学者井上哲次郎のキリスト教攻撃による「教育と宗教の衝突」問題が起こり、さらにはキリスト教学校を窮地に陥れる目的で官公私立のすべての学校における宗教教育を禁じた「文部省訓令第12号」が九九年に出されました。「和魂」と「キリスト教信仰」との矛盾対立がキリスト教の外部から問題にされ、その「教育的伝道」が危機に追い込まれるという状況が引き起こされたのです。けれども、こうした危機は勇気ある先達の並々ならぬ克服の努力によって乗り越えられました。例えば、本田庸一はこの危機が招いた多くの困難にもかかわらず青山学院院長としてそのキリスト教的建学の精神を貫きました。

本書がもっぱら取り組もうとしているのは日本のキリスト教界内部における「教育」という主題をめぐる神学的

な議論であり、それによりもたらされた日本におけるキリスト教学校教育をめぐる問題状況ですが、今触れました明治期前半の外部からの攻撃によるキリスト教教育の危機について、本書の立場をここで明らかにしておくことが肝要かと考えます。それによって、本書第Ⅲ部の日本のキリスト教学校教育にとっての「政教分離」原則の重要性の強調も、わが国の近代史の文脈の中でよりよく理解されてくる、と思われるからです。そこで、「不敬事件」と「教育と宗教の衝突」と「文部省訓令第12号」の経緯とそれをめぐる本書の見解を以下に簡潔に述べます。

内村鑑三の不敬事件　明治に入り日本の国家体制を定めたものが、一八八九年に発布された「大日本帝国憲法」と、翌九〇年に発布された「教育勅語」でした。後者は、天皇と国民が一体となり、道徳的にも立派な国家を目指そうという、国民への教訓でした。内村鑑三が教師として勤務した第一高等学校でも発布直後にこの教育勅語奉読式が行われ、その際内村も天皇の署名入りの勅語に対し「頭を垂れた」のですが、しかし他と比べ「敬礼の足らざる」なりと同僚教官から批判され、それが大きくなり、ついに一高を依願退職せざるをえなかった、というのが、いわゆる「不敬事件」です。内村自身は天皇に敬意を抱き勅語にも反発しなかったキリスト教徒だったのですが、そのことさえも許容しようとしない、その後の軍国主義的天皇制を予感させる空気を、この一教官の態度が象徴的に伝えています。天皇への従順を盾に、より低次の権威者が自らへの服従を強要するという、国家主義に特有の歪曲過誤がここに現われています。[3]これに対して、内村の愛国心は正しくその普遍主義の文脈に収められたものであったことは、彼の墓碑銘に明らかです。すなわち、“I for Japan; Japan for the World; the World for Christ; And All for God.”ジャパンのJはイエスのJのためにあるのです。

教育と宗教の衝突　以上の「不敬事件」に乗ずるかのごとく、「夫婦相和し」といった一見するとキリスト教的な教えも含む普遍道徳かと思わせる「教育勅語」を、自ら「国家主義的」なものと強調して、キリスト教を日本から排撃する主張を繰り広げたのが、文化大学（のちの東大文学部）哲学教授井上哲二郎の「教育と宗教の衝突」論でした。その要点は以下の四点です。すなわち、第一に勅語の精神の国家主義に対しキリスト教は非国家主義である、第二にキリスト教は日本人の根本道徳である「忠孝」を重んじない平等主義である、第三にキリスト教は出世間に重きを置き世間を軽んじる、第四にキリスト教は無差別的博愛主義である。(4)

これに対してキリスト教の側から反論したのは上述の内村や、小崎弘道、植村正久らでしたが、中でもいち早く反撃の火蓋を切ったのは、東京英和学校（九四年に「青山学院」と改称）の教授から一八九〇年に校長に就任したての本多庸一でした。井上がイエスによるローマ帝国への納税の奨めを、「是は唯『シーザー』に納むべき税は滞りなく納め」よと説くもので、イエスが「国家的の思想を有したることの証となすべからず」と強引に解釈することに対して、本多は「メシヤの国には……各国特殊の国家を容るるに足るものあるなり」とし、「カイゼルの物はカイゼルに、神の物は神に帰すべし」という聖書の教えは政治と宗教の領域の違いを示すものであり、従って「現世の修徳は……霊界の栄福に大関係あるものなれば」こそ「重きを置かざるを得ざる」ものと反論したのです。そして、寡婦の子や孫にはまずこの親への「恩返し」を説くべきと教える〈Iテモテ書5章4節〉を根拠に、キリスト教は親孝行を教えており、無差別の博愛主義とは異なる、と明言します。こうして、本多は、キリスト教は非国家主義と断じる井上流の排他的国家主義を退けながら、国家の存在と意義を認めつつもそれを「超越」する「天国」に関するキリスト教思想を、正々堂々と説いたのでした。

文部省訓令第12号　キリスト教教育への国家主義的威嚇との対峙ということで、本田庸一は以上のように「教育と宗教の衝突」問題で大きな働きをしましたが、彼の本領はその約十年後に起きたいわゆる「文部省訓令第12号」の経緯において最も力強く発揮されました。事の概要は以下の通りです。すなわち、一八九九年八月に文部省は、一般教育と宗教との分離は必然であるから、官公立学校と、「学科課程ニ関シ法令ノ規定アル学校」すなわち「中学校令」に即して学科再編成をし高等学校入学や徴兵猶予特典を認められた私立学校とにおいては、課程外でさえも宗教教育や宗教行事を禁じる、という内容の訓令を発布しました。

　宗教教育を行なっていた私立学校はキリスト教学校だけでしたから、これによりキリスト教学校は宗教教育堅持の代価として上記特典を剥奪されるか、それら特典を放棄し各種学校として苦難の道を再び歩むか、という二者択一を迫られたのです。訓令の意図は明らかにキリスト教学校排撃にありました。青山学院、明治学院、同志社、東北学院等は、その年度末三月まで一旦宗教教育を中止し最上級生の高等学校入学を可能とし、それ以後は各種学校として上記特典を放棄しても宗教教育を堅持するという方針を決定しました。立教学院等は特典維持、宗教教育中止の道を選びました。

　この訓令はキリスト教諸学校に学生募集への危機感と相俟って衝撃と焦燥を与えましたが、青山学院院長の本多と明治学院総理井深梶之助が中心となり反対運動を導きました。八月から九月にかけて何度も会合し、陳情書をまとめ、十月には総理大臣（山県有朋）、文部大臣、次官、参与官と次々に陳情会見、訓令撤回の請願を続けましたが、当局の態度は強硬でした。しかし、このとき、原則に拘る理論闘争よりは実を取る折衝に重きを置く現実政治家本多の姿勢により、事態は結局はキリスト教学校のために好転したと言うことができます。「本多は窮るところ即ち通ずるの理を考えて⑸」おりました。

　すなわち、青山学院で言いますと、本多は、キリスト教教育を続けるため、翌一九〇〇年四月に、尋常中学部を廃止し新たに「中等科」、高等普通学部を「高等科」とします。と同時に、各種学校でありつつ、改めて尋常中学部で得ていた高等学校入学資格や徴兵猶予特典を再獲得するため、文部省との交渉の他各方面への陳情を井深らと共に続けます。そして、個々の案件について「一つ一つ文部当局の妥協と了解をとりつけ」、翌年五月には中等科を中学校同等以上と認定させ、従来の特典も回復させたのでした。明治学院他も同じ結果を得ました。こうして、結局、訓令は数年後には全く骨抜きとなります。この経過につき本多の「忍耐強い……現実的政治力」が伝播される所以です。

大日本帝国憲法第28条「信教ノ自由」　以上、明治期のキリスト教学校教育に対するわが国の国家主義からの威嚇の出来事を見てきましたが、最後にここで、その威嚇に対峙したキリスト教界の理論的根拠に注目しておきたいと考えます。訓令第12号の撤回を求める陳情書は本多、井深、宣教師イムブリーが起草した6か条ですが、その要点は、「宗教教育は人をして人の道を踏ましむるに欠く可からざる」もので、国内の「基督教徒」および「英米の有志者の資によりて成る」「学校にて宗教を教うるとも曲事に非ず」という点でした。そして、この陳情書は「かく請願する所は憲法に示されたる奉教の自由に基づく也」と締め括られます。すなわち、この陳情は大日本帝国憲法の以下の第28条に基づくものだと言うのです。「日本臣民ハ安寧秩序ヲ妨ケス及ヒ臣民タルノ義務ニ背カサル限ニ於テ信教ノ自由ヲ有ス」(6)。

本多が、文部省に対し逆流に掉さすような理論などは振りかざさず、粘り強い交渉で一歩一歩成果を獲得していった最後の拠り所は、この憲法の一条であった、と言っても過言ではありません。確かにこの第28条には、フランス人権宣言第10条と同様、公の秩序を乱さず臣民の義務に背かない限りにおいて、といった限定が加えられていますが、しかし「信教の自由」が謳われている限り、この憲法的保障はやはり新生日本において大きな意義をもったと言えるでしょう。現代日本におけるキリスト教教育の希望の根拠も、日本国憲法による信教の自由の保障とそれが提供する政教分離の原則にあり、かつそれへの注意喚起をこのキリスト教教育主体が自覚的に積極的に行なっていくという点にあります。本書はその根本的確信に立脚する議論です。

さて、本多らのこうした努力によってわが国の来たるべきキリスト教学校教育の展開の道備えがなされた**わけ**ですが、そこで改めて克服されねばならないキリスト教界内部でのキリスト教教育とりわけキリスト教学校教育の問題が醸し出されてきました。

3　弁証法神学の不幸な影響

すなわち、昭和初期、一九三〇年代に入ると、キリスト教内部において「教育」の問題をめぐる論争が起こるようになります。それまでのキリスト教教育の理念もプログラムも主として「自由主義神学」に基づくものでありました。それは、教育とは人間性に内在する可能性を引き出すことであるという[7]、いわゆる近代の内在主義的・自然主義的・人間主義的教育説に影響されて、幼児や生徒の本性に先天的に伏在している信仰の芽を引き出し育てるということがキリスト教教育である、という思想に依拠するものでありました。一九三二年に日本メソジスト教会日曜学校局から発刊された亀徳一男著『宗教教育の原理』は、自由主義神学の立場から著わされたキリスト教教育原理の書物として注目すべきものと言われます[8]。

ところが、この一九三二年頃から、いわゆる「危機神学」、すなわち「弁証法神学」が「日本日曜学校協会」の雑誌『日曜学校』にも紹介されるようになり[9]、一九三三年、田村直臣氏が「バルト神学と宗教教育」という同誌上の論文で、バルト神学は宗教教育の大敵である、と論じて以来、弁証法神学とキリスト教教育の問題がその賛否をめぐって大きな論争へと展開されていったのであります。弁証法神学、とくにバルト神学から当時のキリスト教徒が受けた一般的印象は、天上の神こそが人間の唯一の救いの望みであって、この全能の神に相対して、罪人たる人間はまったく無力であり人間の為す一切の業は空しい、従って、人間は何ら為すところを知らず、ただ上よりの憐れみを待つのみである、というようなことであったかと思います。そしてこのような神学思想が教会の実践的側面、すなわち教育の方面にも深刻な影響を与えたわけです。弁証法神学の立場からするならば、キリスト教教育というようなこと自体がそもそも不可能な事業ではないか、という声が公然と教会内に出始め、教育に対する熱意も一般の教会人からは冷めていったのでありました[10]。

桑田秀延　このような風潮を神学者の側から決定的にしたと受けとめられたものに、一九三五年、日光で開催された日本基督教会東京中会の日曜学校教師講習会での、当時明治学院神学部、日本神学校教師であった桑田秀延氏の講演「福音主義より観たる宗教教育―キリスト教的宗教教育の原理を求めて」がありました。まず、この講演の概要を紹介しますと、だいたい以下のごとくです。

歴史的には二種の教育説がある。一つは自然主義的・実証主義的教育説であって、人間の精神性よりもそれの現実的環境への順応を強調する。社会主義的教育説と言ってもよい。他は、理想主義的な個性尊重の教育説であって、個人の内なる可能性を生長せしめるところに重点を置く。しかし、これら双方から区別される福音主義的教育というものがあり、これは聖書の教える人格性の意義に中心を置くものである。現今のキリスト教における宗教教育の全般的傾向は、ギリシャ的・理想主義的人間観に基礎を置くものであって、聖書的福音主義と同じ人格性の意義を強調するようではあっても、実際には、神人協力主義的であって、ペラギウス的であり、人間の自立的能力を強調しようとするエロース的神学が背景となっている〔このような批判は具体的には先述の亀徳氏の著書やG・A・コー『キリスト教教育とは何ぞや』などに向けられたものです〕。これに対して、福音主義的キリスト教の宗教教育が取るべき原理的立場は、聖書の人間観および神観の正しい理解の上に立つものであるべきである。その際、以下の四つの点が考慮されていなければならない。すなわち、

1　福音主義的宗教教育の基礎は神の愛（アガペー）の信仰と経験である。神ご自身がわれわれを教育されるのであって、神の恩寵が土台であり、根本的動因である。

2　人間の人格性は神に依存せるものであり、教育における人格性の観念は相対的主体性ないし応答性と理解されるべきである。

3　キリスト教教育の舞台は神の与えられたこの現実的な人生と世界であるが、キリスト教徒はこれが罪と汚れと苦難に充ちた現実と認めつつ、神の教育にあずかる。
4　キリスト教教育の目標は、いわゆる人格の完成、自我の実現ではなく、神の聖旨への服従であり、隣人への奉仕・愛・交わりである。

こう述べてきて、さらにキリスト教教育の実際的指針が若干示唆されますが、以上で桑田氏の論旨はだいたいおわかりになるかと思います。[11]

この講演に関しては次のような評言がなされました。すなわち、これは「わが国のキリスト教教育にとって画期的なもので、それ以前の自由主義神学にもとづくキリスト教教育論が、バルト神学の立場から反省され、わが国のキリスト教教育の考え方が、弁証法神学の影響を受けて福音主義的な方向へ大きく転回してゆきます[12]」。この論評からもわかりますように、この講演は必ずしもキリスト教教育の全面否定ではなく、その内的質的転換として受けとめられたのです。たしかに、現在の私たちからしましても、桑田氏はごく常識的な仕方でキリスト教教育を論じておられるのではないか、という印象に落ち着くのではないかと思います。

桑田氏自身、この講演の冒頭で、日本神学校が宗教教育に不熱心で、神学上の立場から宗教教育を排斥、軽視しているとの非難があるが、必ずしもそうではなく、むしろ自分自身は教会や家庭での教育的伝道の重要性を十分認める者である、と言っておられます。ただ、キリスト教教育事業の外部的発展のみならず、福音の内的・質的方面からの理解の努力がなされなければならないことを主張したい、というわけです。全教会に対して責任ある神学教師の立場から、このような均衡を保った発言は当然といえば当然であったかと思います。

しかし、それにもかかわらず、この時代にいわゆる弁証法神学が強調した神と人間との間の「断絶」のモチィーフがキリスト教教育全体に与えた衝撃は大きく、それは不幸な仕方で後年まで、神学界の中に影響の尾を長く引いていったのではないか、というのが私の見解です。この桑田論文がそういう風潮を決定的に導入したというよりは、むしろそれは当時の教育に対する神学的態度にも弁証法神学の断絶の契機のくさびが強力に打ち込み始められていたことを象徴する出来事であった、と表現する方がよいかと思います。桑田氏の神学思潮が全体としてはその温厚な人柄と相俟って穏健なものであり、それはあの講演にも反映されているわけですが、しかしやはり当時のキリスト教教育界の思潮に大きな疑問符が示されたのであって、否定的印象は免れがたかったと思います。

ちなみに、桑田氏はこの講演の四年前、神学校の祈祷会でかつての自己の自由主義神学の立場からバルト神学への信仰思想上の転向――氏の言葉では「改悛」――を涙とともに宣言されたのでありました。そして、自身が述懐されるように、そのことは氏の想像以上に学生たちに影響を与えたのであります。キリスト教教育に対する弁証法神学の不幸な影響ということで、私たちは当時のそうした雰囲気をも考慮に入れねばならないと考えます。[13]

ところで、初期バルトが彼の神と人間の差異・断絶の思想を大きく負ったところのキェルケゴールによれば、「キリスト教の逆説的真理は、人間の知的活動や、哲学的、理性的思惟を通じて教育することはできない」のであって、それゆえに、「真実の意味における宗教教育なるものは存在せず、偶然の果実をたのむ一つの宗教的冒険事業としての宗教教育が存在し得るのみ」であります。[14] 総じてこうした主張を根底にもつ弁証法神学の衝撃に、当時の神学教師も牧師も神学生も打ち負かされていた、と言えるでありましょう。そして、キリスト教教育に対して弁証法神学が与えたこの否定的影響は、その当時の、またそれ以後の、有力な神学者たちによる弁証法神学への弁明も兼ねた評価や、あるいは反論などによっても巻き返しがたいほど、大きく長く尾を引いていったのであります。

日本の神学界による弁証法神学への以上のような対応は、本質的に誤っていた、と一方的に言うことはできないでありましょう。弁証法神学は――これはたんに日本の神学界のみならず全世界のキリスト教神学に対しても言うことができるでしょうが――まだ神学のそもそも何たるかをいわば手さぐりで模索中であった若き教会の神学徒たちに、神学の学問としての自立性、教会の学としての独自性を教えました。長い目で見れば、福音の種が蒔かれて信仰の芽が出、やっと教会という幹が形成されようとしていた時期に、日本の神学が弁証法神学と折衝したということは、たいへんに時宜を得た、むしろ幸運なことであったと言えるかと思います。牧師の務めがまず教会とその礼拝・伝道にあり、教職養成とは第一義的に教会への仕え人、み言葉の役者の形成のことであるという基本的確信がこの弁証法神学の影響下に与えられたことは、それなりにきわめて意義深いことでありました。

そこで、以上のような確信の副産物として、「教会ではなくて学校で牧師をするということがなにか本流ではない、という見方」、「しっかりした〔東京神学大学〕卒業生は教会でちゃんと伝道するのであって、信仰がはっきりしないようなのが学校にいって教える」というような「偏見」[15]が現れてきたこともある意味では無理のないことであったようにも思われます。しかしながら、同時に、このような風潮が、その後の日本におけるキリスト教教育への教会側からの消極的な関わりしか引き出してこなかった、ということも、たしかに事実であります。

私が日本のキリスト教界において弁証法神学がキリスト教教育に与えた影響を、「不幸な」影響と考えますのは、先の桑田論文当時の神学教師、牧師、神学生は弁証法神学のあの圧倒的な「断絶」のモチィーフのみを見て、その後の弁証法神学それ自体の思潮の発展・拡大を見る余裕がなく、そのままキリスト教教育を否定的にのみとらえていった、という点であります。

4　克服の努力

私たちがいったん、福音あるいは信仰は、そして神学さえも、それ自身の歴史的拡がりというものを有するものである、という根本的洞察をもつならば、以上のような見方は一時の偏見であって、偏見である以上、訂正されるべきであると認識すべきではないでしょうか。そうした見解をもって、弁証法神学の影響を一方的な仕方でのみ被ることを拒まれたのは熊野義孝氏でありました。

熊野義孝　熊野義孝氏は、弁証法神学と教育の関係について、当時のバルト神学の一方的な推奨者たちのような性急な判断をあえてされませんでした。この問題についていわば的確な歴史的感覚をもっておられたと言うことができるかもしれません。その所論は次のように要約できるかと思います。すなわち、

現今の宗教教育は、近代リベラリズムの人本主義と結合して、文化財の一つとしての宗教性、ひいては人間性一般の開発というような点に努力を集中し、キリス教本来の前提である、人間の堕落や悔改による赦罪等の思想を背後に押しやっていたようなものであった。弁証法神学が対立するのは――ことさら弁証法神学が対立すると言わずとも、このような近代市民文化的リベラリズムが内含する問題性はすでにキリスト教界内において、しばしば指摘されていたのであるが――、このような背景をもった宗教教育であって、将来ありうべき宗教教育に対してではない。弁証法神学は神学として現今の文化的転換期にいかに福音の事実を理論的に展開しようかと努力しているのであるから、これら教育等の実践的課題は応用の問題として漸次解決されてゆくであろう。今のところ弁証法神学はその生成の若さということもあり、この応用の方面に十分な成績を残していない。今後の私たちの課題は、弁証法神学の立場から、キリスト教教育を許容しうるものならば、それはどのような性質のものとなり、いかなる教育方法をとるか、ということの考察である。(16)

以上が熊野氏の所論の要点ですが、ただ問題は――熊野氏が最後に指摘しておられることとも関連して――弁証法神学、とくにバルト神学が一九一九年に『ローマ書』第一版、一九二二年に第二版を出した後、一九三二年からはいわゆる「キリスト論的集中」の仕方で『教会教義学』の体系化に突き進んで行き、なかなかあの応用問題の展開を見せなかったことにありました。それどころか、一九三四年にバルトはブルンナーの自然神学的傾向に対して鋭い

「否《いな》」（『否――エミール・ブルンナーへの答え』）を突きつけています。一方、一九三〇年代に入ってドイツではゴーガルテンの神学に基礎を置き、キリスト教教育論を樹立しようとする「福音主義教育学」の動きが起こったのですが、このような努力の意図や意義を十分に理解しようとする試みは、当時の日本の神学界、キリスト教教育界にはなかったように思われます。このことについては、一九三〇年代から一九四五年に至る十五年間は、満州事変に始まり太平洋戦争の敗戦に終わる、という日本軍国主義の嵐に振り回された、キリスト教界にとっても痛ましい試練の時期であったことも覚えておく必要があるかもしれません。

北森嘉蔵　戦後、日本の神学界は高崎毅氏や小林公一氏などによって、弁証法神学からの問題提起を受けとめる仕方でキリスト教教育の理論的再建の努力に向かっていったように思われます。その方向づけのための一つの神学的教育論が北森嘉蔵氏の一九五三年の論文「キリスト教教育の神学的基礎づけ[17]」によって示されています。氏は自身の「神の痛みの神学」の立場からおおよそ次のように論じられました。すなわち、

神と人間の（努力との）断絶のモティーフを中心とする弁証法神学のごとき立場からは、いわば垂直的・奇跡的になされるキリスト教宣教のみが出てくるのみであり、教育的伝道という可能性は出てこない。たしかに、教育の地盤は人間性への信頼という直接性をもち、一般の教育理念との交渉という他者性をもつ、固有なものではあるけれども、神の痛みによって基礎づけられた神の愛はこのように異質な他者性をも内に包むのである。従って、そうしたキリスト教教育の業の本質を象徴する聖句として覚えられるべきは、ルカ福音書17章10節の「無益な僕」の言葉、「わたしはふつつかな僕です。すべき事をしたに過ぎません」である。つまり、教育に携わるキリスト教徒は、神の前での無力を告白しつつ、なおなすべきをなさねばならない、ということである。これはコロサイ書1章28～29節に示されているパウロの「宣教」（ケリュグマ）と「教育」（ディダケー）についての教

えにつながるものである。すなわち、パウロは「このキリストを宣べ伝え、知恵をつくしてすべての人を訓戒し、また、すべての人を教えている」。宣教には必ずこのような人間的知恵や努力が伴うのであって、そのことが聖霊の働きの具体相なのであるから、これを否定する必然性はない。

こうして、結論的に言えば、北森氏は、キリスト教教育とは「教育的方法をもってする福音の伝道」であると定義され、これを肯定されます。そして、キリスト教教育は「信仰告白」をこそ目標とする、とされます。私自身もこの定義と目標には満腔の賛意を覚えるものです。

さて、以上のように見てきますと、全体として、戦後、日本のキリスト教界は弁証法神学が「教育」という課題に対して与えた衝撃を、ただ甘受するというだけに終わらず、克服しようとする方向を見出した、と言うことができるかと思います。しかし、それが抱えてきた課題はいぜんとして単純でなく複雑で、多くの未挑戦、未解決の問題を含んでいるのではないでしょうか。

戦時中解消されていた「日本日曜学校協会」は戦後「日本基督教教育協議会」と改称され再興し、一九五三年には「日本基督教協議会NCC教会学校部」となり、その間、「日曜学校」は教会が教育的主体であるという自覚の確立によって「教会学校」と通称されるようになりました。教会学校のカリキュラムも雑誌『教師の友』などをとおして整備され、他の教材とともに不足なく教会学校教師に供給されるようになりました。途中、ブルトマン流の実存論的神学に影響されて赤岩栄氏が日曜学校廃止論などを唱えた事件などありましたが[18]、ともかくも、「教会（学校）教育」は一応の持続と相応の成果を保ってきたと言えると思います。その教育の現実的な場が教会にあったということは――当然のことのようであっても――この持続と成果の大きな原因の一つと言えましょう。

しかしながら、「キリスト教学校教育」というものに目を転じますと、事態は依然として問題を抱え続けていたわけです。内的・主体的問題としては、キリスト教学校においても今日においてもいぜんとして教会性を実現し達成しえていないということがあります。いまだ教会の教育的使命をキリスト教学校の場で——すなわち、学校における礼拝、建学の精神の内容とその保持、それに基づく管理運営、健全な神学と教会生活と使命感をもつキリスト者教師の確保と養成、なかんづく正当にして有効なチャプレンシーの確立という点で——確立することができていないという問題であります。

この状態を助長した外的・環境的原因の一つとして、たしかに戦後の日本におけるいわゆるマス・エデュケーション化の問題を取り上げることは可能だろうと思います。七〇年代の学生紛争に象徴される新左翼イデナロギーと福音との対決・折衝ということもけっして無関係ではなかったと言えるでしょう。しかしながら、この学校伝道研究会の創立総会での古屋安雄先生の奨励にもありました、「時が良くても悪くても」ということを真剣に覚えるならば、[19]キリスト教学校教育は教会的主体による「教育的伝道」の線と方向を貫いていくべきであったろうと思います。全体として言うならば、日本のキリスト教諸学校はまさにこの点において見るべき成果を生み出していない、従って挑戦されるべき幾多の神学的かつ実践的課題を抱えている、ということであります。

高崎　毅　先に、高崎氏などが戦後、弁証法神学の問いを受け止める仕方で日本のキリスト教教育の理論的再建に向かわれた、と申しました。氏はその著『基督教教育』（『基督教講座』第5～7巻〔新教出版社、一九五一～五二年〕所収）で包括的なキリスト教教育論を展開され、キリスト教教育を専門とする教会指導者としてその存在を日本のキリスト教界に初めて確立された方と言って過言でなかろうかと思います。私が以上に述べてきました議論など、ニュアンスも含めてすべて実際に目撃してこられた専門家です。私はそうした氏の議論に対してその大枠において賛同する者でありますが、ただそのキリスト教教育論の立論の仕方において一点、疑義を感じてまいりました。氏はおおよそ次のように言われます。

日本の教会のキリスト教教育についての発想は〈教育的伝道〉という広く使われた言葉に表現されている。

これは決していわゆる宗教（情操）教育ではなく、伝道を中心目的とし、教育的ということを手段ないし方法とする考え方である。この流れは弁証法神学の流入以後強化されて、はっきりと教会をキリスト教教育の中心に据えた。自分は教育ということを最も深く考えた場合、このような発想がむしろ教育のいちばん正しい点を根本的にとらえていると思う。にもかかわらず、これは明治初期とあいも変わらぬミッション・チャーチ的発想を一歩も出ていないのではないか。われわれは、これとは違う発想をそろそろ身につけねばならない。その際、重要なことは、教会による教育伝道という場合に、あたり前の前提にされてきた教会とは何かをあらためて問い直すことであり、また日本において世界において教育の状況が変化しつつあるなかで教育それ自体がもつ固有の意義を問い返すということである。[20]

これは高崎氏の日本キリスト教教育論の根底にあった発想だと思います。この問いの立て方に何か決定的に疑義を覚えるというのではありませんが、問題を感じるのは、明治期以来「あたり前の前提にされて」きたと言われる「教会」のイメージに代えて氏が志向された新しい教会観、教会教育観であります。その内容は、「教会を自明な、そして、とくに構造体として把握するよりも、教会を機能的に把握する考え方[21]」というような表現のなかに読み取れるようです。ミッションという一つの機能において教会が生起(ゲシェーエン)する、というような言い方がされます。そして、ヴィッサー・トゥーフト流の「キリストの王権」概念の中で、この世に対する教会の責任としての教育のミニストリーがとらえられます。しかも、そのようにとらえうる根拠は、「戦後の社会の中における教会の地位が、その人数においてはたいして違ったわけではないが、実質的にかなり大きな違いができた」、「つまり教会はその社会的責任をとりうるようになった[22]」という氏の判断にあります。

しかし、この判断は六〇年代末以降の日本キリスト教団の混迷によってみごとにアイロニカルな歴史的反証を突きつけられており、氏が向かおうとされた新しいミッション神学、いわゆる「ミッシオ・デイ」の神学による教会概念もそれによって大いなる反省を促されているのではないでしょうか。時を同じくして、日本のキリスト教学校に学生運動による混乱が生じ、とくにキリスト教大学の神学部解体に象徴される「キリスト教主義学校解体論」が吹き荒れた状況のなかで、高崎氏はなお日本社会に対してキリスト教学校が有する意義を訴えて、いわば孤軍奮闘された感がありましたが、その労は多としながらも、その理論はさらなる神学的検討を必要とし、また氏の日本におけるキリスト教教育の展開のヴィジョンへの教会的勢力の共鳴と理解とは「いまだ時満たず」の状態であったと、残念ながら、判断せざるをえません。

5　今後の課題

私自身の立場は、まず第一に、教会的基盤を確立してきたとは言いがたい日本プロテスタンティズムの運命は、いぜんとしてその教会性の意義探究と確かな実現にかかっており、教育的使命というのもやはり教会的主体による伝道の一環としてとらえられねばならないということであります。教育を言うかぎり、歴史的・社会的・文化的拡がりを予想せざるをえず、またそのような領域との対論を避けて通るわけにはいかないわけですが、主体はあくまで教会にすなわち贖罪の神の民にある、ということはどうしても譲ることのできない一点です。ミッシオ・デイ神学は、日本的土壌にあって、このような自覚を翻弄するような危険性をもつように思われます。私たちは、先に挙げたような経験を通じて、日本の教会の対社会的・文化的・政治的対論や活動を考える場合、たえず欧米のキリスト教との、歴史的に、あるいはとりわけ社会学的にも確認されうる、いわば実力、体力、勢力といった要素の落差を十分に考慮して、事に当たるべきではないでしょうか。

日本で「キリスト教教育」という主題と課題とに真剣に取り組み、これを実りある仕方で神学的にも考察しようとする場合、私見では、現在でもなお弁証法神学から与えられた衝撃を過去のこととせず、もう一度、その弁証法神学、とりわけバルト神学から示されるキリスト教教育のための神学的指針をしっかりと心に刻んでおく必要があるのではないかと思っております。その指針とは以下の二点です。

①バルトは神学を徹底的に教会の学として規定しつつ、諸問題をその根本角度から論じるということ、

②しかも、前述のようにバルトは『ローマ書』第二版以後、数書の出版を経て『教会教義学』の執筆に入ったが、この間、神学概念に変化を見せ——これを転向とする見方もあり、展開とする見方もあるが——一九三八年、KD I／2刊行の年に、教育に関する注目すべき論文「福音と陶冶」を発表したということ（この論文については邦訳[23]もあり紹介もある[24]）。

そして、このバルト神学による教育への神学的志向を確認しつつ、先に紹介いたしました熊野義孝氏の示唆されました弁証法神学を見る上での適切なパースペクティヴを保持していきたいと思っております。これが先の第一の点を踏まえた、第二の点であります。弁証法神学はその神学的基礎の生成期にあり、実践的側面は今後の課題であって、展開を見せていくであろう、という意味の氏の予想的論評がありました。一口で言えば、弁証法神学もそれ自身の歴史的展開をもつ、というようなことでしょうか。そして、バルト神学は、実際、この予想にあてはまるかのような一つの展開を示したと思われます。それを参考にして、私たちなりにその志向性をこの日本で模索し展開していくべきではないかと思うのです。

熊野氏は「キリスト教教育と私の神学的意見」という短い文章の中で、自分の神学的思索はとくに「〈全〉キリスト教会史」を常に視野に入れるように努めてきたということを言われ、これと同様に、キリスト教教育の理論化も実践もその典型を〈全〉キリスト教に求めるべきではないか、という意味深い示唆をしておられます[25]。私たちはこのようなパースペクティヴを与えられることによって、日本のキリスト教界においてキリスト教教育に対して弁証法神学が与えた神学的衝迫も、良い意味で相対化することができ、その意義を正しく踏まえながら、新しいキリスト教教育の将来を、創造的に切り拓いていくことができるのではないでしょうか。

【注】

（1）小林公一編著『キリスト教教育の背景』（ヨルダン社、一九七九年）、247頁。

（2）本書では、Mission の邦訳語としては「宣教」ではなく「伝道」という語を一貫して用いたいと思う。従って、その意味合いについてもまずここで明らかにしておきたい。その手初めに指摘したいのは、わが国における「伝道」と「宣教」という神学的用語の定義の曖昧さと、それらの用法の不確かさである。『キリスト教大辞典』改訂新版（教文館、一九七三年）の関連項目を比較参照するだけで、その曖昧さは浮き彫りとなる。

すなわち、まず、当該辞典の「伝道」の項目では、「伝道と訳しうる外国語」として英語の Preaching, Mission, Evangelism、独語の Verkündigung, Mission, Evangelisation が掲げられ、「伝道」の基本的意味は「キリストの福音を、未知未信の人々に宣伝え、その人々を信徒とする教会のわざ」とされる。筆者自身はこの定義までは躊躇なく賛意を覚えるものだが、これに続いて、伝道には「宣教という用語が同じ意味で用いられる」とも述べられ、両者を区別する場合には、「宣教は教会のすべての働きを包括する広義のもの（用語）であり、「伝道は未信者を信徒にすることを直接目的とする働きに限定して用いられる」と言われる。そして、「宣教」には Mission、「伝道」には Evangelism の語が当てられ、この後者が「単なるキリスト教の知識の伝達ではなく、信仰の決断を迫る福音の伝達」として「伝道の行為の最も重要な特徴」であるとされる。なお、Preaching は「ケリュグマと同義であり、宣べ伝えるべき福音の内容と、その福音の伝達、特に説教を意味する」とされる。

以上の叙述が曖昧さを醸し出すのは、いったん伝道と宣教とは同一の意味だとしながら、「宣教」は「教会のすべての働きを包括する」用語、「伝道」は説教 Preaching を含む「未信者を信徒にする…直接目的」を表わす用語だという区別を付加し、しかも、その際、すでに見たごとく、「宣教」には Mission、「伝道」には Evangelism という語を、確かな論拠なく、当ててしまうからである。

しかし、これら二つの語の選択は恣意的な範囲を超えていないのではなかろうか。なぜかと言えば、次に、同一辞典の「宣教」という項目では、この用語に対応する外国語として Kerygma, Proclamation, Verkündigung を掲げつつ、「伝道」に対しては Mission の語を当てているからである。次のように言われる。「伝道はしばしば宣教の意味をもつ。特に日本では伝道(Mission)が宣教と訳される場合が多い。しかし伝道はつかわされて、未信者を悔改めと信仰とに導くという意味がおもであるが、宣教はとくに召された……宣教者が……福音を委託されて、これを人々に権威をもって語るという意味をもつ。……伝道の中心は……宣教であるが、伝道は宣教とひとつであるわけではない」。このように、この「宣教」の項目は、明らかに、「伝道」が「宣教」を包括する概念と理解しているのに対し、先の「伝道」の項目の後半部分は、「宣教」が「伝道」を包括するという主旨であり、双方において邦語で表わされた両概念の用法はまったく逆転している。これでは混乱を招くばかりである。

ただし、両項目に共通する重要なポイントはMissionを包括概念とし、その意味もほぼ同じにとらえている点である。そこで、問題はこのMissionに「伝道」と「宣教」のどちらの訳語を当てるかということになる。筆者としては、直前の「宣教」項目が、Missionの意味をいみじくも「つかわされる」という本来的意味にとらえ、それに「伝道」という訳語を対応させているように、これを復活のキリストによる使徒たちの「派遣」と理解し、包括的な概念ととらえたいと考えている。なぜなら、その派遣の目的は、〈マタイ福音書28章19～20節〉が示すように、「すべての民をキリストの弟子とする」という根本的使命であり、そこに「洗礼を授け」、「教えよ」という具体的内容が加わるからである。人類を「キリストの弟子とする」「伝道」という至上のわざへの方途が、「洗礼」へと導く「宣教・説教」であり、また「教育」だということになる。

繰り返すが、筆者は、「伝道」とは、キリストの「道」を伝え、それに導く、という意味の統括的概念と解しうると考える。そして、「宣教」を、上記二項目の叙述がそうするように、主として福音の「教え」に関わる概念と解すれば、「伝道」Missionは、「宣教」Evangelism, Preachingを中心とする、教会のすべての働きを統括する神学概念ある、と理解してよいと考える。こうした判断に対しては依然として賛否両論がありうるにせよ、少なくとも本書では以上の理解のもとに「伝道」という言葉を用いていくことをお断りしておきたい。「学校伝道研究会」の「伝道」の理解もこれと同一線上にある。

(3) この段落の論述のために梅津順一『日本国を建てるもの―信仰・教育・公共性』(新教出版社、二〇一六年)、とくに第4章「日本国を建てるもの――内村鑑三不敬事件再考」を参照した。当該テーマに関して資料を十分に精査して論じた、信頼できる論考と見る。

(4) これら四点のまとめについては、武田清子「日本におけるキリスト教教育原理の問題の一駒」、『ＩＣＵ教育研究』第1巻所収を参照。

(5) 岡田哲蔵『本多庸一伝』(日独書院、一九三五年)、142頁。

(6) 氣賀健生『本多庸一――信仰と生涯』(教文館、二〇一二年)、129頁より再引用。じつはこの2つの節の論述全体のために同書を大いに参照し、また同書より引用している。
(7)　キリスト教教育学者松川成夫先生は、「教育」という語にあたる英語の education、また独語の Erziehung の本来の意味について、きわめて興味深い議論を提示された。すなわち、それによれば、近代の教育学では、これら両語の語源と思われていたラテン語 educo, educere の詮索によって、すなわち“e”は「外へ」、“ducere”は「引く」と解することによって、教育とは「人間の中に素質として眠っているものを引っぱり出して、ある点にまで発展させる」という意義に解釈することがこれまで一般に行われてきたが、実は education のラテン語の真の語源は educatio であり、その動詞 educo, educare は「育て上げる、養青する」というのがその本来の意味である。従って、そこに現代の教育学自体における「教育」の意義へのさらなる探究の余地が示されている、という議論である。このまた新しい指摘を受けて、神学がここで従来の自由主義的教育観に対し一言することは当然のことであろう。「教育」を表わすラテン語の考究について、さらに詳しくは、松川成夫「教育の意味を考える」(『キリスト教保育』〔一九七八年〕所収、六月号、6―14頁、七月号、6―13頁)を参照されたい。
　なお、筆者自身は、しばしばロマン主義的と評されるF・フレーベルの「教育」の思想がとくに幼児教育にとってもつ意義を否定するものではない。世界初の「幼稚園」Kindergarten の創設者として知られるこのドイツ人教育家J・H・ペスタロッチに感化を受け、自然科学研究から彼の教育助手に転向し、その後、幼児教育に専念した。ペスタロッチが人間の自然性回復を訴えたJ・J・ルソーの教育思想に影響を受けたところから、彼らの思想が自然主義的・内在主義的傾向をもつと批評される面があるが、少なくともフレーベルは人間の自然(本性)に内在するのは神の力であると信じ、そこから自然法則を理解する教育用具としての「恩物」Gabe を創作した。これもまた幼児教育のための神からの恩寵品と理解される。そうした意味で、筆者自身は、フレーベルをきわめてキリスト教的な思想家、教育者と理解してよいと考えている。
(8)　小林公一編著、前掲書、256頁。
(9)　日本神学界そのものにおいて、「弁証法神学」は、主としてE・ブルンナーの神学思想を通じて、紹介され始めた。熊野義孝「信仰の本義」(『福音新報』〔一九二六年〕所収)はその嚆矢の一つと言ってよいであろう。弁証法神学は、一九三二年に刊行された熊野義孝『弁証法神学概論』、桑田秀延『キリスト教の本質』などによって、本格的に論じられるようになった。
(10)　岩村信二「神学における障害要因」、『キリスト教教育を阻むもの』(日本キリスト教団宣教研究所編、一九五八年)所収、23頁。
(11)　この桑田氏の講演は、もう一つの教育に関する講演と共に『神学と宗教教育』というパンフレットとして出版されており、さらに同氏の『神学の理解』（長崎書店、一九三九年）にも収められている。参照は後者によった。
（12）小林、前掲書、257頁。
（13）桑田秀延『キリスト教の人生論』（講談社、一九六八年）、204頁。
（14）この引用は、小林公一『キリスト教教育』（日本ＹＭＣＡ同盟出版部、一九六三年）、93頁に負う。
（15）古屋安雄「今日のキリスト教学校における伝道の使命」、学校伝道研究会編『教育の神学』（ヨルダン社、一九八七年）所収、72頁。
（16）熊野義孝「弁証法的神学と宗教教育」、『基督教の特異性』（新生堂、一九三七年）所収、193-202頁。
（17）雑誌『教会教育』（一九五八年、七月号・八月号）に所収。さらに、論文「キリスト教教育の神学的検討」、『キリスト教教育講座』（新教出版社、一九五八年）所収をも参照されたい。これは、北森嘉蔵『日本のキリスト教』（創文社、一九六六年）にも所収。
（18）雑誌『指』（一九五六年、二月号）を参照されたい。
（19）古屋、前掲書、82頁。
（20）高崎毅「現代における教会教育の使命」、佐藤敏夫・高崎毅『現代と教会教育』（日本キリスト教団出版部、一九六六年）所収、70-71、92-93、98-99頁。
（21）同上書、100頁。
（22）同上書、105頁。
（23）劉栄増訳『福音と陶冶』（長崎書店、一九四一年）。興味深いのは、訳者がこの論文を訳すべく勧めを受けたのは赤岩栄氏からであり、この論文が紹介されたのは上原教会の青年会においてであったということである。
（24）小林公一、前掲書、130-136頁。
（25）この論文は、小林公一編著『キリスト教教育の背景』、140-146頁に所収。
（初出：「日本の神学における〈教育〉の論議」、学校伝道研究会編『教育の神学』、ヨルダン社、一九八七年所収）

第2章　人は何によって人となるか

―「人格教育」へのキリスト教神学からの提言

はじめに

これからお話ししますのは、教育の問題に関する神学からの一つの提言です。現代神学における「人格」の概念を学んでおりまして、重要な一点について教えられ、それは教育の問題とも深く関わることではなかろうかと思わせられましたので、お話しさせていただきます。

そのために、「人は何によって人となるか」という問いの形の表題を掲げました。キリスト教徒はその神礼拝をとおして自ら「人とされた」という経験を有しているのではないか、そういう自覚をもった方が多いのではないかと、私自身は思っております。そういう視点で、以下述べていくつもりですが、ご理解が得られれば幸いです。

1　教育と人間性

石井次郎先生は神学に造詣が深く、シュライエルマッハー研究など優れた神学的著作を著わしておられますが、日本のキリスト教教育界においても指導的役割を果たしてこられました。その先生の「教育」の定義は、「人が人の姿に形成されること」[1]、人が人を人となすこと、でありました。次のように述べておられます。

「教育は、その原初から恒に変ることなく、『人間教育』(Menschenerziehung)〔フレーベルの主著の表題〕でした、今後とも変ることはありません。人は『人になる』ものであるとともに『人でなし』(非人間)にもなりうる存在です。最近のランゲフェルトの研究は『人間は教育によらなくては、その本質を実現できない動物(animal educandum)』という人間の本質規定を確認しました。そして、『教育』というのは『人間の人間による人間化』という定式を措定したのでした。……『人になること』、『人であること』、その一点から教育は一歩たりとも離れることはできません」[2]。

オランダ人教育学者マルティヌス・ランゲフェルトを介した、人間が人間を人間とすること、というこの定義は優れた教育の定義であると言えるでしょう。そこでは、教育がそもそも人間による、人間そのものへと深く関わるわざであること、現代日本の知育偏重の考え方が本来の教育の在り方に沿うものではないのであって、教育とはすなわち人間形成のわざなのである、ということがはっきりと自覚されているからです。

しかし、以上を教育の優れた定義としても、実際その教育を行なおうとしますと、こうした定義を超えて、より具体的な定義が求められることに気づかされます。それは、一言でいえば、「人間性」の定義です。人間(被教育者)の人間(教育者)による人間化、と言う場合の、三番目の「人間」がどういうものであるか、そこで目指される「人間」の本質、教育が目標とし理想とする、ありうべき「人間性」、「人間像」の定義こそが、教育のわざとプログラムにおいては決定的に重要となります。この人間の本質の規定、人間性とは何か、という議論が定まらなくては、教育そのものが始まりません。

そこで思い起こしますのは、ユダヤ人哲学者マルティン・ブーバーの「人格」についての議論です。現代は人間論、アンスロポロジーが盛んな時代で、参照すべき多くの人間学がありますが、このブーバーの「人格的出会い」の思想において浮き彫りにされた、人間とは何か、人間はいかに在るべきか、という議論は、現代のさまざまな思想領域に深甚な影響を与えてまいりました。それは、当然、教育の領域にも大きなインパクトを与えました。彼自身、教育の問題に関する見解を少なからず発表しておりますし、教育の分野からのブーバー哲学の研究も多く存在します。

ただ、私自身は教育学には門外漢ですので、以下におきましては、私自身が触れえた範囲でブーバーの人間論が思想界全般に与えた影響について述べ、その上で彼のアプローチが抱える問題点を指摘しておきたいと思います。人間形成としての教育においては人間の本質の規定が決定的な重要性をもつと述べましたが、以下でなす指摘は、皆さまがその問題をお考えになるときの一つの参照点としていただければ幸いです。

2　ブーバー人格主義哲学とその影響

繰り返すまでもないこととは思いますが、ここで簡単にブーバーの「人格的出会い」の思想を、その主著『我と汝』[3]（一九二三年）に従い、要約しておきたいと思います。

われわれが世界すなわち他の人々や物と結ぶ関係には二つの根本的に区別される関係がある。一つは、そこにおいてわれわれが「我」として他の人や物にたいして誠実さと敬愛の念をもって向かい合い、対話するときに実現する関係である。そのとき、とくに対面の相手としての他なる人は「我」が自分勝手に利用することのできない、「我」と等しい、かけがえのない個性をもった、尊ぶべき「人格」すなわち「汝」として「我」に与えられてくる。これが「我と汝」という根源語によって形造られる「人格的出会い（対面・対話）」の世界であり、こうして、人間の「すべての真実なる生とは出会い」なのである。以上の「我と汝」の関係にたいして、「我とそれ」の関係が他方にある。それは「我」が他の人や物を経験し、支配し、利用しうる対象として取り扱うことによって生じてくる世界である。この関係における「我」は孤立した主体として、自分をとりまく世界を非人間的な客体としてあしらう。したがって、ここでは人でさえも、非人称的・非人間的な「それ」に落としめられる。

さらに、絶対に「それ」とならない「汝」というものがある。それは「永遠の汝」であるが、これが「神」である。「神」は本来、第三人称で語られることの出来ない存在であって、われわれに「汝よ」と語りかけ、われわれも「汝よ」と呼びかけるしかできない存在、すなわち人間が作りあげる主観―客観の構造を越えた存在なのである。

以上の「人格主義的」と特徴づけてよい思想の展開には、ブーバーの同時代人フェルディナンド・エーブナーといった人も貢献したのですが、これらの人々の思想の背後には、私見では、カントの影響が色濃いと思われます。カントは、例えばその『道徳形而上学の基礎づけ』(一七八五年)のなかで、有名な定言命法の第三方式として、「汝―観―客の人格における、またあらゆる他の人格における人間性を、けっして、単に手段として取り扱うことなく、いかなるときにも、同時に目的として取り扱うようにせよ」と申しました。カントにはまたルソーの影響があるとも言われていますが、その根底にはルターの影響があるのではないか、というのが勝手な私見です。

いずれにせよ、ブーバーらの以上のような人間の尊厳、「人格性」の重視とその現代的な再表現は多くの人々の心に訴え、共感を得たのであります。そこで、次にその影響についてわが国の例も含めて述べてまいります。

佐古純一郎　佐古純一郎先生は教職でありつつ、現代日本を代表する文学者、文芸評論家ですが、青年向けの多数のいわゆる人生論の書物も書いておられます。それらを一読してわかることは、先生の思想もブーバーの人格の思想の影響を受けておられるということです。例えば、若い男性に向けて、次のように説かれます。

『俺はとうとうあの女をものにしたよ』という。それはなにを意味するのであろうか。要するに、その女性を自己の所有にすることに成功したということである。これは……所有というかたちで相手にかかわりをもとうとする愛である」。

このような男女の愛は麗しくもなく、正しくもありません。なぜなら、「自分を人格として愛するように、他者をも人格として愛すること、そこにまことの愛の関係が成り立つ」からであります。そこで、佐古先生は人格的な愛について次のように述べられます。すなわち、

「人格は絶対に客体化〔物件化〕しえないものなのである。他者を客体化するとき、私たちはすでにその人を人格としてではなく、単なる価値としてとりあつかっているのである。真実の愛とは、つねに主体と主体とのあいだにのみ成り立つ関係のことである。……愛とは相互に主体的な人間関係でのことがらである。相互に主体的な人間関係とはどのようなことであろうか。マルチン・ブーバーに従って、それは、『わたし』と『あなた』という関係だということができよう(4)」。

佐古先生はエルサレムにブーバー博士を訪問するほど博士の思想に深く学ばれたのですが、このブーバー的「人格」の思想をもって、中央教育審議会を経て一九六六年に文部省から出された「期待される人間像」をも批判されました(5)。

吉山　登　カトリックの吉山登司祭の『性における愛』という書物にも次のような印象深い一節があります。これも若い人々が読むのにふさわしい書物かと思いますが、いわゆる浅薄な性の考え方を超えて、性を「人格」の思想において捉えることを教える好著と思われます。以下がその一節です。

「人間の性的体験は、このように、本質的に出会いとか一致への強い望みに成り立っているということから、人格という人間の神秘を啓示することになるのだと思います。恋愛などにおいて、愛が単に性欲の変容だとは言い切れず、神聖視すべきものとして考えられるのは、究極的に性が人格を啓示するからでしょう。啓示というこ とばが、この際、まったくふさわしいと思われるのは、性のめざめとともに、それまで隠れていた人格の神秘が現われるからです。……このように人間における性は人間的存在の自覚から、出会いと一致への深いあこがれとして、人間的世界に開かれています。ここで、人間の性の喜びは、本質的に人間的な出会いと一致の喜びであることがわかります(6)」。

以上、佐古先生と吉山司祭の議論を紹介いたしました。これらはわが国におけるブーバー哲学の人格思想の影響の好例と言ってよいと思われますが、次にキリスト教神学の分野におけるブーバーの思想の影響についてご紹介いたします。

E・ブルンナー　ブーバーの「人格的出会い」の思想との関連でまず第一に想起すべき神学者は、エミール・ブルンナー博士でありましょう。博士は今世紀を代表する神学者の一人です。スイスのチューリッヒ大学の総長を務められ、日本における伝道を志してはるばる来日され、東京神学大学やＩＣＵなどで教えられました。その主著の一つ、『出会いとしての真理』(7)（一九三八年）において、博士は、究極の真理とはイエス・キリストの人格において啓示された神と人間との人格的出会いである、と主張されました。博士が伝道を志して来日されたこともけっしてこの「出会い」の思想と無関係ではなかったと思われます。この書物の内容をかいつまんでご紹介しますと、次のごとくです。

教会史においては、聖書的・キリスト教的な真理理解をめぐって「客観主義」と「主観主義」とも呼びうるような二つの傾向が続いてきた。たとえば、カトリシズムと熱狂主義、プロテスタント正統主義と敬虔主義はその二つの対立する傾向のよい例である。前者は伝統や権威や制度、あるいは聖書の言葉そのものや信条や教義体系といった、いわば客観的に与えられているものを過剰強調し、それに対して後者は、それら客観的なものの破壊や、それらからの霊的解放、信仰者の主体的自由というものを、これまた過剰に要求した。こうした対立的傾向の背後には、主観と客観の対立の図式を必ずもたらすところのギリシア的な思惟と存在の二元的思考が巣食っている。

しかし、ヘブライ的思考においてしるされた聖書の真理は「関係」の真理、すなわち神の人間に関係する出来事、人間の神に関係する出来事の真理として把握されるべきものである。イエス・キリストの人格とわざにおいて、神は人間にアガペー（愛）をもって救いを啓示され、人間はそれに対してピスティス（信頼・聴従）をもって応答する、これは聖書が示す究極の真理、すなわち、神と人間のあいだに起こる「人格的交応の関係」（personale Korrespondenz）の真理である。そして、この真理は神と人間のあいだに起こる愛と認識とを区別できないような仕方で含んでいるものなのである。

ブルンナー博士自身が、聖書の真理を把えるこの「人格的出会い」の概念を自分は「あたかも閃光のように思いついた」と述べておられますから、それは全面的にブーバーの思想から由来するものであるとは言えないかもしれません。しかし、ブーバーの「我―汝」の哲学からの間接的影響は見紛うことなく跡づけられるかと思います。ブルンナー博士と同世代の神学者カール・ハイムも『信仰と生活』（一九二六年）といった著作のなかでブーバーの思想を高く評価しております。彼によれば、「我―汝」の思想は思想史における「コペルニクス的転回」というほどの意味をもつ思想であります。

G・カウフマン　さて、次にご紹介したいのは、ハーヴァード大学神学部の組織神学者ゴードン・カウフマンの神論におけるブーバーの人格主義哲学の影響です。彼は神の「超越」の概念を論じるにあたって、二つの超越のモデル、すなわち「目的論的超越モデル」と「相互人格的超越モデル」を提示します。要するに、聖書の神の超越性は後者の「相互人格モデル」によってよりよく説明できる、というのが彼の結論なのですが、この相互人格性の議論はやはりブーバー的な「人格」の思想に依拠していると言わざるをえません。彼はおよそ次のように論じます。

ふつう、人物に関する知識は、事物に関する知識と同様に、感覚データからの解釈と推量であるが、しかし、われわれが親しい友人について知っているというような場合、その知識はその当人が自らをわれわれに開示し披歴する意思伝達のプロセスから生じてくるものである。それは知る者と知られる者とが相互に自己を啓示し合うプロセスであって、そこでは向かい合う相互の主体が、単純に受け取る感覚データのみならず、理解し解釈すべき言葉や仕草を提供してくれる。われわれは、そこで、われわれの直接的な感覚と観察を越えて存在する、従って通常の間隔的知覚によるのとは対照的な仕方で理解されるべき、一つのリアリティに出会っている。それゆえ、他者の人格というものは、どんなによく知られているようであっても、つねに重大な意味における神秘であり未知なるものなのである。これが人格がもつ超越性というものである。

カウフマンはこのことを「相互人格的超越」と呼び、その超越の経験を「啓示の瞬間以外には認識不可能なことの経験[8]」と名づけました。これはいささかソフィスティケートされてはいますが、やはりブーバー的人格主義哲学の展開と言えるのではないでしょうか。カウフマンは、『行為主体としての人間』（一九五七年）とか『関係のなかにある人間』（一九五五年）といった書物を著わしたジョン・マクマーレイからも多くの示唆を受けているようですが、しかしマクマーレイとてもブーバーからの影響は否めないと思われます。

H・オット　バーゼル大学神学部の組織神学者ハインリッヒ・オットも『神』（一九七一年）という著作のなかで、ブーバー的な人格主義の方向において神論を展開しています。彼の場合は、自らブーバーの影響を公言してはばかりません。子弟関係にあったわけではないでしょうが、思想的にはブーバーのいわば弟子であるわけです。

オットによれば、「『神』一般ではなく……より正確に言えば、『人格としての神』が問われているのであり、今日、〔そのことが〕不確かとなって」おります。そして、彼にとって神の問題を捉える決定的視点は、「われわれが神を人格として理解することを中止できない」という点です。もちろん、神を人間的な汝として考えることは聖書の使信に対応しないゆえに不十分なのですが、神をまったく汝として考えないことも同様に不十分であるというわけです。そして、次のように申します。

「私は、避けることのできないこの難しい問題〔どうしたら神を語りうるか〕に対して、先に挙げた三つの伝統的な解答……やバルト、ブルトマンの二つの解答よりもずっと単純で明確な答えがある、と考える。……つまり私は、神について（über）ではなく、実は神に対して（gegen）語ることができる、というブーバーの発言から出発したいのである。……神を信仰する人間は……神との対話関係、われと汝の関係にあるのである。彼は神を『彼』ではなく、いわんや『それ』ではなく、『汝』と言えるだけである[9]」。

オットは、さらに、祈るとは「この世における自分自身の責任を独語的に沈思黙考すること」であると解するような、ドイツの脱有神論者たちの祈りの理解に反駁し、聖書的・ブーバー的な祈りの理解こそが、神の問題全体を納得のいくものとさせる、と述べます。

以上、幾人かの現代神学者たちに対するブーバーの人格主義哲学の影響を見てきましたが、現代神学者のほとんどがやはり何らかの形でブーバーの「我と汝」の宗教哲学、「人格的出会い」の思想の影響を受けていると言っても過言ではなかろうかと思います。それほどにブーバーの哲学は現代神学においていわば共有の財産となっているわけであります。ということは、ブーバーの諸著作、とりわけ『我と汝』において猫き出された「人格」の概念は、ユダヤ＝キリスト教的・聖書的伝統における神と人間の交応の関係を神学的に捉え叙述するのに計り知れないインスピレーションを与えているということにほかなりません。神学以外の分野にもブーバーの思想が多大の感化を与えているのも理由なしとしません。彼の思想は今世紀の良心的な哲学的人間学にとってかけがえのない遺産であると言って差し支えないでしょう。

さて、ここまで、ブーバーの「人格的出会い」の思想の影響を跡づけながら、その思想を高く評価してまいりましたが、以下においてはそれに対する重大な留意点とも言うべき点について述べていきたいと思います。「我と汝」の世界の呈示によって、われわれは、われわれ自身の、いわば人間的な横のレヴェルの人格性（これを現代神学は「共同人間性」という言葉で言い表しています）というものの何たるかを教えられたわけですが、問題はこの人間的なレヴェルで捉えられた人格性が、神の人格性とどのような関係にあるか、という点で起こってきます。「神の人格性」と言うわけですから、これは当然神学が取り扱わざるを得ない問題となって来ます。本日、ご理解いただきたい肝心な一点はこれであります。

3　ブーバー的アプローチに残る問題

W・パネンベルク　ヴォルフーバート・パネンベルクは、モルトマンやユンゲルといった人々と並ぶ、現代ドイツの少壮気鋭の神学者ですが、神の問題を取り扱った『神についての問い』（一九六四年）という論文の注において、神の人格性との関連における、ブーバーやエーブナーらの思想を根拠とする、いわゆる「人格的出会い」の神学の神論につきまとう疑問を次のように表明しております。

「〔F・エーブナーやM・ブーバーなどの〕人格主義的思想家たちの思想展開においては、共同人間的な我と汝の関係を、人間の神に対する関係へと類比的に適用することだけが重要であるかのような印象を免れえない。しかし、そのようなやり方ではたんに一つの人格の神話のごときものが生じてくるだけであろう。人格性を純粋に人間学的に基礎づけるやり方と対照的に、人格性の宗教現象学的源泉を顧慮するのでないかぎりは、神関係の人格的なものの諸現象に対する優位〔ということを言っても、それ〕は、単なる主張に留まるだけである。この〔人格性の人間学的基礎づけと、人格性の宗教現象学的反省との〕区別を堅持するためには、汝なる神についての言説をただちに、そしてもっぱら人間的汝との類比をつうじてだけ解明せず、かえってその言説を神的な力が有する出会ってくる性格からそれ自体として基礎づけることが必須なのである。人間の人格性は、それが神的人格性のうちにその源泉をもつとすれば、まさにこの神的人格性の固有性から解明されることを必要としているのである(10)」。

この文章でパネンベルクが言わんとしていることは、ブーバーら人格主義思想家たちが「我と汝」の思想において人間学的に抽出した「人格性」の概念はそれでよいとしても、彼らが神の人格性を論じるときには、どうしても、この、われわれ人間同士のレヴェルから得られた人格性の概念になぞらえて、神の人格性を論じているという印象を拭いきれないのだ、ということであります。それに対して、宗教現象学が提供してくれる「神的な力」が礼拝者に啓示的に対面してくる性格のほうが「神の人格性」の秘儀をむしろ明らかにしてくれるのではないか、というのがパネンベルクの見解なのです。

なるほど、以上のパネンベルクの見解を支持するような箇所がブーバーにはあります。たとえば、次のような一節です。

「われとなんじの関係を無限に延長すれば、われは永遠のなんじと出会う。あらゆる個々のなんじは、永遠のなんじを垣間見させる窓ともいえよう。こうした個々のなんじを通じて、われは永遠のなんじに呼びかける。われと永遠のなんじの関係は、個々の存在者にふくまれたなんじの仲立ちによって実現する(11)」。

こうした言い方は、たしかにブーバーにおいて神の人格性は人間の人格性からいわば類比的に想像されているのではないか、という疑問を払拭してくれません。そして、このブーバー的アプローチに依拠する現代神学者たちの神論にも同様の疑念がふりかかってくるわけです。ブーバー自身は彼の神観に対してこのような嫌疑や批判が投げかけられるということについて想像だにしていなかったかもしれませんが、しかしこれは人間学に傾きすぎた近代神学を克服すべき現代神学にとってきわめて重要な論題の一つなのです。問題の核心に入る前に、ブーバーや彼に負っている神学者たちに対するこのパネンベルクの警告と同様の意味合いをもつ指摘を、大木英夫教授が前出のカウフマンの神論に対して提示しておられますので、それも紹介しておきたいと思います。

大木英夫　カウフマンは、先述しましたように、神の超越性を「相互人格超越のモデル」によって最もよく説明できると主張するのですが、この「相互人格モデル」そのものが、文字通り、人間相互の人格関係すなわち「共同人間性」から取ってこられた範型であるわけです。従って、彼も神を論じるのに人間学的基礎の上にそれを行なっているということになります。大木教授のカウフマン批判は、そこで、以下のように述べられます。

「ゴードン・D・カウフマン教授の *God the Problem*（1972）は、アメリカにおける『超越』の議論の最近におけるすぐれた成果であるが、それに対するわたしの不満は、『超越』についての根底的な深みに議論が透徹しないということである。カウフマンは、二つの超越のモデルを論じ、ひとつを目的論的超越、他を人格論的超越と名づけた。そして彼は、人格論的超越の論理の展開に、彼自身の独自性を発揮している。しかし、彼の議論は、あくまでも『モデル』のレヴェルであり、その『根拠』を問わない。われわれは人格論的超越のモデルは、聖書的神—人関係の説明に有効であることを認める。しかし彼は、西欧的な人格関係の常識的経験に立脚して、それによって神話的でない超越の論理を形成できると考えている〔カウフマンの神の超越概念の提示には神話論的なものを一切含まないというねらいがありました〕が、この西欧的な人格の理解が、ひとつの歴史的形成物であり、そしてこの歴史的形成物の根源にまでさかのぼった場合、はたして『人格』という人間の独特な理解が、神話的にしか語れないような神の自己啓示に依存せずに可能かどうかを問わないのである。人格論的超越とは、彼によれば、『開示の瞬間以外には認識不可能という経験』と表現しているが、この規定に、われわれは歴史的前提の輪郭をありありと見るのである。これが聖書的神—人関係に適切であることは当然である。元来そこから剽窃された論理だからである[12]」。

この大木教授のカウフマン批判は、その視点と構造において、パネンベルクのブーバー批判と似通っております。すなわち、そのどちらも——ここから問題の核心に触れていくわけですが——人間の「人格性」と言っても、それは人間相互の日常的な関わりの現象からあたかも自明の事柄のように抽出できるものではなく、むしろ、その「人格性」を人間の側にもたらす、いわば人格性の根拠があって、それに支えられて、その根源から「人格性」なるものが成立せしめられるのだ、という洞察と判断を示しているということであります。パネンベルクも、大木教授と同じような意味合いで、「人格の尊重」といった西洋的観念は一般に前提されているほどに自明なものではなく、また、多くの者たちが考えているように、人間の経験的現実から証明されうる独立した一個の思想なのではなく、むしろ一種の信仰箇条的性格をもつもの（ある種の神秘的根源をもつもの、と言い換えてもよいでしょう）である、と考えています。そして、「人間の人格性は、その起源からいうと、神の侵すべからざる尊厳性に対する人間の参与として考えられる」べきである、と結論するのです。こうして、パネンベルクは、ブーバー的なアプローチに依存して神の人格性をいわば「下から」人間学的にのみ基礎づけようとする現代神学のある傾向に対して警鐘を鳴らし、自らは宗教現象学的洞察を取り込んで、人間の人格性をいわば「上から」根拠づける方法を提示する必要を訴えているのであります。

そこで、われわれは次の項で、そのような「上から」の、啓示神学的な（宗教現象学的というわけではありませんが）アプローチをした神学者カール・バルトの例を学びたいと思うのですが、それに向かう前に、以下において、ブーバー的アプローチが極端化した場合、どのような由々しい問題が起こってくるのかを参考までに確認しておきたいと思います。

H・ブラウン　マインツ大学神学部の新約学者ヘルベルト・ブラウンは、神理解をめぐるその神学的議論において、「神とは共同人間性の一つの特定な在り方である」[13]という結論を提出いたしました。私なりに表現しますと、ブラウンは人間相互の愛の関係と行為そのものを「神」と名付けた、と言ってよいと思います。神理解に到達するために、彼は新約学者として以下のように議論を展開しました。すなわち、人は共観福音書、パウロ書簡、ヨハネ文書という新約聖書の三つの大きな伝承の、とくにそのキリスト論的内容について探究していくとき、キリスト論はいわば「変数」にすぎず、むしろ人間論が「定数」であることに気づく。そして、新約が伝える人間についての「驚嘆すべき同一の堅固な響き」とは、人間が一方では罪人として神の前に失われた存在であるにもかかわらず、他方イエス・キリストが彼と共に生きてくださるとき、彼には大いなる神の然り（肯定）が与えられるのである、ということである。これは、律法の要求と、「汝は……することが許されている」という「許可」としての神の恵みとの、逆説的な統一のうちに入れられた人間を中心に見据える見解である。あの「当為」における罪の自覚が「許可」すなわち恵みによる赦しによっていわば止揚され、しかもそのことが人間相互の愛の関係と行為のうちに生起するということ、この出来事を「神」と名付けることができるのである。

こうして、ブラウンにおいては「神とは共同人間性の一つの特定な在り方である」ということになります。以上のブラウンの神概念に関する議論は、ルター派的な信仰義認の教理を背景とするもので、一種独特な説得力をもったものとして響いてきますが、にもかかわらず大いに問題と感じられますのは、この議論に沿っていくと、聖書が神とキリストについて証しし教えていることが、けっきょくはブラウンが新約研究から抽出したブラウン的な人間論のために利用される補助的な材料にすぎなくなってしまう、ということであります。そうして、神のリアリティはいつのまにか等閑規されてくるのであります。ある批評家は、アメリカの神の死の神学者たちは「何ももたずに」その神学的作業を遂行しようとし、ドイツの脱有神論の神学者たちは「上には何ももたずに」神の問題を論じようとしている、と述べました。それは形而上学的・非人格的な神概念を拒絶するという意味ですが、ブラウンも同様の意図をもっていたと思われます。

しかし、ブラウンのような神論が醸し出す信仰上の実践的帰結は、伝統的な神礼拝の軽視であり、さきにオットの議論に触れたところで紹介しましたが、祈りの非キリスト教的な変質化ということであります。日常的な人間相互間の愛の行為に勤しむことこそが「神」の意味であるわけですから、こうした宗教的実践の変質化も無理からぬこととなってきます。さらにブラウンに従えば、それらの人々は少なくともあの裁きと恵みの逆説的統一に入れられたヨハネ的相互愛の自覚をもった人々であるわけでしょうが、そのような制約もけっきょくは無意味となり、人間一般の相互愛が「神」の意味だ、「神」そのものなのだ、ということになるでしょう。ついに、ここでは、人間関係だけが問題となり、神関係は雲散霧消してしまうのです。

フォイエルバッハは、人間学こそ真の神学だ、と主張した哲学者です。その際の彼の論法は、近代のキリスト教神学を見よ、それらはすべて人間の本性すなわち精神や良心や内面性を神の本性として肯定しているではないか、だから宗教とは要するに人間性を神性として虚空に投影したものにすぎない、神学とは人間の自己神格化に基づく学問なのだ、ゆえにわれわれは正直に人間学こそ真の神学であることを認めるべきだ、というものでありました。この視点からするとき、ブラウンの神の議論も、たとえそれがどんなに形而上学的な神観念のみを排除して聖書的な神を言い表わそうと努める議論であると主張しても、けっきょくは神学の名に値しない、すなわち真に神学的と言える次元を喪失した、単なる人間学的議論にすぎないのではないでしょうか。そして、この点こそ、バルトが近代のキリスト教神学全般が抱え込んだ致命的欠陥、危機そのものと把えた一点であったのであります。われわれの問題意識からすれば、人間学的概念に基づいて下から神概念を類比的に推論していこうとするブーバー的なアプローチは、一つ間違えば、このようなブラウン的帰結を招いてしまうのだ、ということをぜひ覚えておく必要があります。

4　人格性の根拠

さて、少し寄り道をしましたが、われわれの本来の問題意識は、パネンベルクの言い方を借用すれば、人間の人格性は、その起源から言えば、神の侵すべからざる尊厳性への人間の参与の事実から与えられるものではないか、ということでした。この思考と把握の方向においてはじめて「人格性」ということも安定した根拠をもつのではないでしょうか。そうでない限り、じっさいブーバー的な「下から」のアプローチは、ブラウン的な帰結において見たとおり、真の神概念に届きえず、人間概念をもってきわめて恣意的な神概念を提示し、さらに翻ってこの恣意的神概念に拘束された狭い人間観しか与えられない、という悪しき循環が結果する可能性を免れえない、と思われます。

K・バルト　バルトは近代の神学の問題全体を、あの「下から」の存在の類比の思考という点に見、そこに神学的コペルニクス的転回を企て、それに成功した現代の神学者である、と言うことができるでしょう。そのようにして自己の神学を展開しましたので、彼の神学的人間論も、パネンベルクのブーバーへの、あるいは大木教授のカウフマンへの批判を克服し、双方の指摘を積極的な仕方で展開する構造と叙述になっています。すなわち、彼の神学において人間の本性に関する議論は徹底的に「上から」、つまり神の啓示によって与えられたものとして展開されます。もっと具体的に言えば、バルトにおいては「イエスはこれこれの人間であるというキリスト論的命題の真理性に基礎づけられて、人間とはそもそも何々であるという人間論的命題が、あらゆる角度から検討され、証明される[14]」（傍点は西谷）のであります。もちろん、「まことの神にしてまことの人」すなわち神の言葉たる独一な人格存在たるイエス・キリストとわれわれ人間の差異は何と言っても抜きがたく根本的なものであって、キリスト論から人間論の直接の読み取りは不可能なのですが、しかし神の像であるイエス・キリストの独得な人間性が根本的に「仲間たる人間のための人間」(der Mensch für Mitmenschen)、その「共同人間性」(Mitmenschlichkeit) という点にあることに基づいて、イエス・キリストとわれわれ人間一般のあいだには「共通の一つの実存形式」が存在し、各人の人間性の基本形式のなかに「神によって彼〔イエス・キリスト〕に与えられた彼の被造的本質が認められうる」のです。

バルトにおいてキリスト論的に展開される人間論の要点を大きく言い表わすならば、人間は、イエス・キリストが神との愛と真実における契約の相手であることに基づいて、それとの「対応と相似」において、各人が彼も神との契約の仲間である、ということにあります。しかし、バルトは、このような人間の、神の契約仲間たる性質も、人間自身の尊厳とか功績に帰せしめようとはまったくしません。さらにバルトは神と人間という不可逆の関係をけっして揺るがせにしないのです。この点がわれわれの問題意識にとって重要なところであります。人間の神との「契約能力」ということについて、たとえば、『教会教義学』のなかに次のような印象深い箇所があります。

「われわれは、人間が神との契約のうちで彼の側でも神との関係を受け入れ、神の相手となりうる人間の能力というものを問うているのではない。人間がそうすることができるということは、彼の被造的本質のなんらかの潜在勢力のなかに横たわっているものではない。神が彼をご自身の相手となされるがゆえに、神が彼を上述の関係を受け入れるように召喚したもうゆえに、そして、彼がそうするように召喚された者として実存するがゆえに、彼はそういうことができるのである。神がこの契約をほかならぬ彼と結び、神の聖前に応答するように、ほかならぬ彼を召喚し、まさしく彼をそうする身分に事実上移し入れるということは、もう一度、まったく理解を越えた神の恵みなのである[15]」。

このように、バルトは、人間の本性もイエス・キリストをとおしての「上から」の神の恵みの賜物として把え、考え抜きました。人間の、従って人間性の存在根拠もその認識根拠も、すべてイエス・キリストにおいて与えられる、という考え方です。イエス・キリストにおいて啓示されたリアルな人間の本質、それとの対応と相似におけるわれわれ人間一般の本質の詳しい説明はここでは省略しますが、われわれは、バルトが人間性、人格性というものを徹底的に聖書に証しされた父なる神と子なるイエス・キリストの愛と真実の交わり、人格的交応から捉えた、ということをしっかりと覚えておきたいと思います。すなわち、バルトもブーバー的な「我と汝」の世界への洞察を参照しつつ人間の本質を掘り下げたという面はあったでしょうが、さきに指摘しましたように、ブーバーのアプローチに残る曖昧さを神学的に凌駕し、そうすることによってむしろブーバーの洞察を深化したと言うことができるでありましょう。ブルンナーも、ブーバー的人格主義哲学を自己の神学に援用したというより、神の啓示たるイエス・キリストの出来事において人間の人格性の成立の根拠を見るという方向を取ったわけです。

パネンベルクは、バルトやブルンナーによる人格性の「上から」の神学的根拠づけの契機を生かしながら、自らはそれを宗教現象学的に、より客観的に論証しようというわけでしょう。このことについて先の引用以上に彼が学問的に展開をしている箇所を私は知りませんが、単純に考えてみても、「神の侵すべからず尊厳性に対する人間の参与」の現象の確実な一場面は、キリスト教においては「礼拝」であります。神礼拝、神讃美においてわれわれは神の至高性、尊厳性の啓示の承認のうちに入れられます。そして、そのようにして神を神として崇めることによって、同時に、逆方向において、われわれは、この神が裁き、赦し、望み、創造したもうところの人間の被造的本質すなわち人間性をたえず賦与されていくのではないでしょうか。至高者、創造主への礼拝によって、はじめてわれわれ人間もその創造主によって形造られ、賦与された自己の本性を認識し、保証されることが可能なのです。そして、そのことはとくに、礼拝をとおして与えられるキリストの贖罪への信仰と、それによって起こる自らの罪の悔い改めと新生の経験により、神の子とされた、という実感とともに、与えられる認識なのです。

冒頭に、「人は何によって人となるか」という問いを掲げ、キリスト教徒はその礼拝をとおして自ら「人とされた」経験を有しているのではないか、と申しあげましたが、それは以上のような意味で申したわけです。

おわりに

人間形成としての教育を行う際に必須なことは「人間性とは何か」の定義であります。しかし、その「人間性」について現代のキリスト教神学がじつは以上のような問題意識をもち、議論をしていることを皆さまに覚えていただきたいと思いました。

最近目についた「何がわれわれを人格とするか[16]」という論文で、アウグスティン・シュッテというイギリス人神学者は、マクマーレイ的な人格主義哲学から出発して、なお、「語の厳密な意味において行為主体（人格主体）であるために必要な自己意識を習得するためには、人は自らをそのような人格主体として認め、同意してくれるような存在の現臨を必要とする」と結論づけております。ただ、彼はこれを「母―子」モデルを用いて主張していますので、先に指摘したような「下から」のアプローチではないかという疑義を招きかねません。この現象学的アプローチがそのねらいとしてはわれわれがさきに示したような神学的指摘にを十分に意識した上で行われているものであるとすれば、参照に値する論稿であると言えます。いずれにせよ、このような指摘は超越的な次元を見失った現代の世俗文化における教育の営みにとってけっして安易に見過ごしたり回避したりすることのできる事柄ではないと、私自身は思っております。皆さまは、このことをどのように受け取られるでしょうか。

最後に、教育の問題に関する以上のような神学の側からの注意喚起に加えて、さらに探究されるべきこととして、「人格性」の歴史的研究の課題があるということを指摘しておきたいと思います。さきの引用のなかで、大木教授は「この西欧的な人格の理解が、ひとつの歴史的形成物であり……」（傍点西谷）と述べておられますが、「人格」という日本語で言い表わされる概念なり思想なりがその背後にすでに長い歴史的経過を抱えているわけです。神学はこのような課題をキリスト教社会倫理学といった領域でも取り扱いますが、皆さまのそれぞれの学問領域で、この本来、啓示神学的な「人格」の概念（私自身はこの概念をそのように把握しております）がどのように歴史的、社会的、文化的に定着し、あるいは展開を見せているかを探るという課題はたいへんに興味深いことではないかと思われます。ご静聴、ありがとうございました。

【注】

(1) 石井次郎「キリスト教保育の諸問題」、キリスト教保育連盟編『幼な子に生きよう』Ｉ（一九二八年）所収、196頁。
(2) 石井次郎「教師と偽教師」、機関誌『キリスト教学校教育同盟』（一九五七年十月）所収、６頁。引用は、小樋井滋「キリスト教主義学校の教育目標をめぐる諸問題」、西南学院大学『文理論集』21巻、１号（一九八〇年八月）所収、160頁に負う。
(3) 邦訳はすべて野口啓祐訳『孤独と愛――我と汝の問題』（創文社、一九五八年）を参照。
(4) 佐古純一郎『無くてはならぬもの――人間のほんとうの生き方』（青春出版社、一九六八年）、61、80、84頁。
(5) 佐古純一郎・隅谷三喜男・室俊司『青年の条件――「期待される人間像」への疑問』（日本ＹＭＣＡ同盟出版部、一九六八年）を参照。
(6) 吉山登『性における愛』（中央出版社、一九八三年）、232–233頁。
(7) 弓削達訳『聖書の真理の性格――出会いとしての真理』（日本基督教青年同盟、一九四九年）を参照。
(8) G. D. Kaufman, *God the Problem* (Harvard University Press, 1972), p. 75.
(9) ハインリヒ・オット（沖野政弘訳）『神』（新教出版社、一九七五年）、11、173頁。
(10) パネンベルク著、近藤勝彦・芳賀力訳『組織神学の諸問題』（日本基督教団出版局、一九八四年）、329頁を参照されたい。引用文（原著381頁）の翻訳は多少変更した。
(11) ブーバー、前掲書、野口訳、109頁。
(12) 大木英夫「神の超越について」、雑誌『形成』25号（滝野川教会形成委員会、一九七三年一月）所収、５～６頁。
(13) H. Braun, *Gesammelte Studien zum Neuen Testament und seiner Umwelt* (J. C. B. Mohr, 1962), p. 341.
(14) 上田光正『カール・バルトの人間論』（日本基督教団出版局、１９７７年）、86頁。

(15) カール・バルト(山本和訳)『教会教義学』第3巻第2分冊第45節第2項。バルト「人間性について」、佐古純一郎編『現代の信仰』(平凡社、一九六七年)所収を参照した。

(16) A. Shutte, "What Makes Us Persons," in : *Modern Theology*, Vol. 1, Issue 1 (Basil Blackwell, October 1984), p. 77.

(一九八六年七月九日、第5回「キリスト教と諸学の会」)

(初出:「人は何によって人となるか――『人格教育』への神学的提言」、論集『キリスト教と諸学』2号、女子聖学院短期大学、一九八七年六月所収)

第3章　宗教の文化的言語的理解とキリスト教学校教育

はじめに

北森嘉蔵博士は、「キリスト教教育は、教育的方法をもってするキリスト教福音の伝達である」と定義し、「教育的方法は技術的努力ともいうべきものを不可欠の要素として含んでいる」と言われる。[1]博士は、そこで、「キリスト教教育」においては「キリスト教福音をいかにして被教育者に伝達するか」という「技術」や「方法」が「固有の本質」を確保すべきである、と主張される。[2]これを換言すれば、「キリスト教教育」の内容はそのような「教育的方法」による「伝達」に馴染むものであるし、そのようなものとして提示されるべきである、ということでもあろう。そして、筆者は、「キリスト教学校教育」もまた、北森博士による以上の「教育」の定義と本質的に変わるものではないと考える。しかしながら、バルトに代表される「弁証法神学」による近代のいわゆる「文化プロテスタンティズム」批判によって、その一部であるキリスト教教育も根底から疑義を突き付けられた。それによって、「キリスト教学校教育」の営みそれ自体と同時に、その方法の次元までが揺るがせにされてきた感は免れない。

筆者はかつてこの弁証法神学によるキリスト教教育批判ということとわが国におけるその影響について論じたことがある。[3]そして、その末尾で、今後の宿題の一つとして、バルト神学が幅広い展開を見せ始めた時期に、バルトが「教育」に関して記した論文「福音と陶冶」[4]（一九三八年）の含蓄をもう一度「丹念に検討する」[5]ことがあると記した。明確に啓示神学の立場に立ちつつ、なお人間の文化的営為について論じるバルトのそうした所論に聞くことは有意義であり、その内容はこれからのキリスト教教育にとって示唆するところ大なのではないかと思ったからである。

そして、その後実際にその検討を試みたのだが、それでもなお、その議論に対してある種の懸念を拭い去ることはできなかった。いかなる点が問題か。これまでのバルト神学を振り返って、倫理的なもの・教育的なものに対するその議論にわれわれは積極的な印象をもちえないできたわけであるが、上記論文でも同様の印象は払拭できなかったのである。すなわち、バルトはそこで、なるほど人間の陶冶という教育的課題を一旦は積極的に受け止める。冒頭で「陶冶」とは人間が彼を取り巻く環境すなわち世界との関わりのなかで自己を形成し、かつ翻って世界を形成することであると定義し、人間の経験的側面に光を当てる。そして、福音が証しするイエス・キリストこそが人間の陶冶すなわち人間形成の可能性であり目標である旨を語る。この点までは筆者にとっていささかの反論もない。

しかし、筆者の不満は、このような議論もまたバルトにおいては方法の問題を蔽い隠す方向に走ってしまい、それによって陶冶の実質までを否定するような雰囲気を醸し出してしまうという点であった。すなわち、バルトによれば、イエス・キリストを根拠とし目標とする人間形成の試みは「義とされている」[6]のであるが、しかも福音は人間形成の「いまなお隠されている実現」である。この世にあり中間時にあるキリスト教徒の自己形成・世界形成には「なお決定的な何かが欠けて」おり、キリスト教徒のまことの命は「キリストと共に神のうちに隠されている」[7]。こうして、この「福音と陶冶」論文においても、教育の方法の問題は脇へと押しやられ、結局、バルトに神学的教育論を学ぼうとする者は隔靴掻痒の困惑へと再度追いやられてしまうという印象を禁じえなかったのである。

倫理的「服従〔の具体的な方法〕は、信仰と同様に……絶対的に隠されている」[8]という考えは、バルトにおいては終始変わらなかった。このことのゆえに、結論的に言えば、バルト神学からわれわれが聞くべき積極的なキリスト教教育理論は――示唆止まりであり、それ以上は――出てこないのである。

ところで、以上のバルト神学における「教育」の議論の問題は、神学史の観点からは、啓示の神学と文化の神学との対峙と関連の問題ととらえることができる。それをキリスト教学校教育の問題としてより具体的に言い表わせば、教会と学校との対峙と関連の問題ととらえることができ、従って、この問題をめぐっては教会と学校の立場が適切に調停されなければ、キリスト教学校教育は神学的に正当化されることはできないということになろう。しかし、その調停は今日まで困難な課題であり続けてきた。

三世紀の教父テルトゥリアヌスは、哲学を援用しキリスト教を説明しようとするキリスト教徒を異端的と批判し、アテネとエルサレム、アカデメイアとエクレシア、すなわち啓示と文化、教会と学校に何の関係があるか、と主張した。[9] 二十世紀イギリス人新約学者C・H・ドッドはその代表作『使徒的宣教とその展開』（一九三六年）の冒頭で、初代教会には使徒パウロによって「宣教の愚かさ」〈Ⅱコリント１・21〉とさえ表現される「ケリュグマ」（宣教内容）が厳然としてあったと強調し、これを「教育」の要素と明確に区別したが、[10] こうした区別を分離の方向にまで押し進めれば、テルトゥリアヌスの場合と同様、キリスト教における「教育」の要素を軽視ないし否定さえする立場が成り立つ。こうした立場の神学的主張は、キリスト教信仰は神の一方的な啓示と恩寵により生起するのであって、人間のわざや努力を奨励する教育的達成にはよらない、という点にあるが、そのことが極論されるなら、キリスト教学校教育の営み自体が正当化されなくなるのである。しかし、この主張はキリスト教における「教育」の重要性を真に真剣に熟考し抜いたものであろうか。

以上のような立場に対して全く反対の方向からするキリスト教学校教育批判がある。これまたその極端な立場は、学校の固有性やその教育的方法の顧慮を訴えるだけに留まらず、それらの要素のみを強調し、結局はキリスト教学校教育と言う場合の「キリスト教」という性格を骨抜きにする態度に走ってしまう場合である。一九六〇年代末から七〇年代初めにかけて日本のキリスト教大学に吹き荒れたいわゆる「キリスト教主義学校解体論」はこうした姿勢を典型的に示したものであった。[11] それはひとまず教会と学校、信仰と学問の共存を言いながらも、次第にこれらを乖離させ、最後に教会や信仰の要素を排除する道を辿り、最終的には宗教的なものを基盤とする教育それ自体を否定する。宗教的なものが教育の土台となる可能性、宗教を基盤とする学校教育を原理的に認めないのである。従って、例えば、現代においてこの立場が認めうる唯一の教育形態は「〔国家からの財的な〕サポートは受けるがコントロールは受けない」「国立型」の学校、ということになる（これは高尾利数氏の言葉である。本書301頁をも参照されたい）。

以上が、「キリスト教教育」というテーマ――とりわけ、われわれの場合は、「キリスト教学校教育」であるが――をめぐって相対峙する二つの否定的立場である。これらの立場はその立脚点・強調点を異ならせつつも、「キリスト教」と「学校教育」を乖離し分離させることによって、結局は「キリスト教学校教育」そのものの成立を危うくしてしまう点で共通している。これに対して、筆者の立場は、「キリスト教」と「学校教育」の間に区別を認めながら、それらを分離せず結合させ続けることによって、「キリスト教学校教育」に固有の営みと成果を求めていくということである。しかしながら、筆者は、上記の二つの立場がもたらすディレンマについて、それを克服する説得力ある方途を見出すことがなかなかできずに、ただ困難のみを覚えていた。

実はそうした中で出会い、以上の問題について一つの光明を与えてくれるように筆者に思われたのが、以下に述べる「宗教の文化的言語的理解」である。

1　リンドベックによる宗教の文化的言語的理解とは

筆者は本稿で言う「宗教の文化的言語的理解」をイェール大学神学部歴史神学教授ジョージ・リンドベック『教理の本質――自由主義以後の時代の宗教と神学』（一九八四年）（George Lindbeck, *The Nature of Doctrine. Religion and Theology in a Postliberal Age*〔Philadelphia: The Westminster Press, 1984〕）[12]から学んでいる。彼はこの「宗教の文化的言語的理解」を同書では宗教の「教理」の本質理解のために用いるのであるが（これについては後述する）[13]、本稿はそれを「キリスト教学校教育」のためにきわめて示唆深い思想として紹介しようとするものである。

「宗教の文化的言語的理解」とは、簡潔に言い表わせば、宗教を文化や言語との深い関係において理解することである。同書でリンドベックが「宗教の文化的言語的理解」（a cultural-linguistic understanding of religion）と表現している個所は多くはなく（91、134）、その他に cultural-linguistic approach, outlook, perspective, view, system, alternative 等さまざまな表現を用いているが、意味内容に大差はないゆえに、以下、すべて、その表現の落ち着きの良さも考慮して、「宗教の文化的言語的理解」と表記する。

そこで、以下においては、この「宗教の文化的言語的理解」の諸要点のうち、とくにキリスト教学校教育論にインパクトを与えると筆者が考える次の三点について述べていく。

① 「宗教的となる過程は文化習得や言語学習の過程に類似している。すなわち、他の人々〔先達〕が作り成した物事の見方の内面化や彼らが究めた所作への習熟の過程に類似している」（22）という命題

② 宗教の正典的文書の「本文内部性」（113）と「体系内部性」（64）という概念

③ 宗教的言語の「深層文法」（82）への洞察

リンドベックはこれらの論点を現代の社会学、文化人類学、言語学の理論から引き出している。しかも彼自身はすでにこれら所説を自家薬籠中のものとして、『教理の本質』ではそれらに関する詳述は省略し、むしろ「教理」の本質理解への「宗教の文化的言語的理解」の適用に力を注いでいるゆえに、以下においては、上記三点の順序に従い、「宗教の文化的言語的理解」を形造っている基本的思想をわれわれなりに再把握し、それを「キリスト教学校教育」に適用する視野を開拓してみたい。この場合、具体的には、①に関しては社会学者ピーター・バーガー及びトーマス・ルックマンの、②に関しては文化人類学者クリフォード・ギアーツの、③に関しては言語学者ノーム・チョムスキーの所説を跡づけつつ、リンドベック自身の論点を呈示するということになる。簡潔を心がけて述べる。

2　宗教的成熟への入口としての言語習得――バーガー及びルックマンの社会的現実構成理論から

リンドベックは宗教的成熟の過程と文化習熟及び言語習得の過程との類似ということを言うのだが、それは、本人も指摘するごとく（27、n. 10）、バーガー及びルックマンの社会学的宗教理論からきている。従って、われわれはここで彼らの所説の要点をわれわれの関心の文脈において把握していこう。[14]

現代アメリカを代表する社会学者ピーター・バーガー及びトーマス・ルックマンの社会理論は彼らの師、オーストリアの現象学的社会学者アルフレート・シュッツに大きな影響を受けているが、さらに遡ればヴェーバーとデュルケムの宗教を社会理解の鍵と見る見方に影響を受け、それを基本前提としている。マックス・ヴェーバーは、人間の社会的行為とは彼が主観的な意味連関を含ませている限りでの行動であり、その意味連関は宗教により与えられ、それが社会的現実を構成すると考えた。一方、エミール・デュルケムは、個人が他者との結びつきによって社会を形成するという従来の考え方を覆し、社会こそ実在であり、社会の中に個人の実現の必須条件を見出す。しかも、その場合、宗教がこの社会の統合と連続の条件である。こうして、バーガー及びルックマンは、「社会における個人の存在の問題は宗教的問題に他ならない」（Ⅲ20）というヴェーバーとデュルケムに共通した理解を継承し、前者の個人から社会の構成という考えと、後者の社会からの個人の実現という考えとを折衷・統合する理論を構築した。

そして、バーガーはこの理解を「社会は人間の所産以外の何物でもないのだが、しかも社会はたえず〔それを〕造る者〔すなわち人間〕に働き返す」という命題で言い表わし、こうして「社会は一種の弁証法的現象である」と言う（Ⅱ4）。同様の思考法はルックマンにもはっきりと窺える（Ⅲ65参照）。

バーガーは以上の弁証法的現象を「外在化」（externalization）、「客体化」（objectivation）、「内面化」（internalization）という基本概念で説明する。「外在化」とは人間存在がその物心両面の活動により世界にたえず流れ出すことであり、人間のもつ主観的意味の「対象化」(objectification, Vergegenständlichung)である。これにより人間は一つの世界を造り上げる。バーガーによれば、この「外在化は人間学上の必然である」(Ⅱ6)。次に、この人間の活動によって造り手たる人間に相対する現実がそれ自体として成立してくる。この作用が「客体化」である。最後に、「内面化」とはこうして客体化された現実を人間が再占有することである。すなわち、構築された現実の客観的構造が人間の主観的構造を決定するほどになるまで、客体化された現実を意識内に再吸収することである。

さらに、人間の外在化活動による所産の総体が「文化」である。文化は「道具」のような物質的要素を含むと同時に、非物質的な「言語」を発明し「価値」を信棒する。文化に対する「社会」すなわち人間集団の関係は、社会は文化の一部でありしかも文化の存続の必要条件である、という点にある。仲間との不断の関係を造り上げる人間の社会性というこれまた人間学的な必然性により、独自の制度や習慣をもつ社会が形成される。そして、社会は客体化された現実の地位にまで到達し、人間がそこで文化的諸要素を「内面化」する場となっていく。この内面化はまた個人が社会に同化する「社会化」(socialization)である。新しい世代はこうして文化や社会の構成員となり代表者となっていく。

ところで、文化や社会で重要な役割を果たすのが「言語」である。人間の「外在化」の行為の「決定的に重要な一つの現われは、意味づけるという行為……つまり人間による記号の創造という行為である」(Ⅰ61)。「言葉は……人間社会のなかで最も重要な記号体系となっている」(Ⅰ63)。人間は自身の直接的で主観的な行為や経験を言葉をもって名付け表現し意味づけるのだが、この言葉は「記号」として彼の主観的意図を越えて客観的に通用する。言葉によって伝達されたことは相手に通じ、両者は共鳴する。すなわち、こうした「対面状況」において、ルックマンの用語を用いれば、一種の「ディタッチメント」(客観化する態度)(Ⅲ67以下)が起こる。つまり、他者の主観的経験への理解は自己の直接経験からは生まれてこないのであり、自己を離れしかも自己と他者が共有しうる視点すなわち「相互主観的」(intersubjective)観点からの解釈が必要である。この相互主観性を媒介するのが「言語」に他ならない。言語を媒介とするディタッチメントにより人間個々の一連の経験はその具体性を捨象して相互主観的解釈図式に歴史的に沈殿していく。こうして、言語は「意味と経験の膨大な蓄積の客観的な貯蔵庫」となり、「意味や経験を長期にわたって……後世代に伝えるのである」(Ⅰ65)。

言語はさらに語彙と統語法と文法を備えることにより人間の経験に分節と構造を課し、文化や社会における諸関係に基本的秩序を提供する。逆に言えば、文化や社会は言語的に客体化されうるすべての事項を自身の包括的かつ規範的な秩序として構築する。こうして、「言語を基盤とし材料として、一つの社会に〈知識〉として通用する認識と規範の殿堂が築き上げられる」(Ⅱ30)。文化や社会はこうして確立された「規範的秩序」(nomos) が「当たり前」(taken-for-granted) なものとして受け止められるように、「内面化」による「社会化」を促進する。そして、この規範的秩序が「当たり前」だという実質を達成すると、それは宇宙に内在する根本的意味と考えられるようになる。つまり、「人為的に構成された秩序の意味が宇宙そのもののなかに投射されるのである」(Ⅱ37)。

「宗教」が登場するのは、このときである。すなわち、「宗教はそれによって神聖な宇宙が確立する人間の事業」であり、規範的秩序の「神聖な様式における宇宙化 (cosmization)」(Ⅱ38) なのだが、「人間の歴史的な努力よりもっと強力な源泉」として現われるこの「宗教」により文化や社会は「安定性」を「恵まれる」(Ⅱ37) のである。こうして、「宗教は人間の自己外在化の極致であって、現実にたいして彼自身の意味を最大限に注入したもの」であり、「宇宙全体を人間的に意味ある存在として想念する大胆な試みなのである」(Ⅱ42)。

およそ以上が、リンドベックが彼のいわゆる「宗教の文化的言語的理解」を引き出してくる第一の思想としての、バーガー及びルックマンによる社会学的宗教論である。これによって彼らが考える「文化」及び社会と「言語」と「宗教」の関係を、「文化が言語を生み出し、言語が媒介となって、宗教が構築される」と定式化できるかもしれない。[15] いずれにせよ、人間社会における文化や宗教はその根底に人間の言語活動をもち、それによりはじめて成立しているのである。より平易に言い変えれば、言語学習が文化習得や宗教的習熟への入り口であり土台なのである。

すでに察せられることだが、以上のような社会学的宗教論のうち神学者リンドベックがとくに注目したのは、とりわけ「内面化」の局面である。「内面化」とは、個人が帰属する文化や社会の諸価値、諸制度、人間的振る舞いを、とくに言語学習をつうじて習得し、そこでの自己の役割と身元保証を獲得していく、ということである。リンドベックはこれを受け、神学者の立場から宗教的習熟ということに関して次のように言う（ただし、リンドベックの場合、神学者として、直前に定式化したようなバーガーらの文化（社会）と言語と宗教の関係の理解はありえず、それはむしろ「宗教が言語を提供し、言語が媒介となって、文化が形成される」ということになろう。それは以下の引用文が示すとおりである）。

「宗教的になるとは、一定の宗教の言語に習熟し、その象徴体系に精通することを含んでいる。……宗教的になるとは、文化的にあるいは言語的に堪能になるのとまさしく同様に、〔宗教的〕実践と訓練によって〔人がその生を生きる際に用いるべき〕一連の所作を内面化するということである。人は……その内的構造においてきわめて豊かで微妙な一つの宗教的伝統への同化の中で、ものの感じ方、考え方、振る舞い方を学習するのである」（34–5）。

筆者は、以上のようなリンドベックの「宗教の文化的言語的理解」は、キリスト教学校に固有の教育的営みを考えようとする場合、きわめて示唆的であると考える。つまり、そこから、キリスト教学校においては「キリスト教的言語教育」が重視されるべきであり、それがその教育の根幹をなす、という示唆が与えられるのである。もちろん、それは教育学的にも十分に検討された具体的なカリキュラム展開につながらなければならない。

3　宗教正典の本文内部性——ギアーツの文化人類学的解釈理論から

リンドベックの「宗教の文化的言語的理解」の中には、宗教の正典的文書の「本文内部性」（intratextuality）とか、宗教的真理の「体系内部的」(intrasystematic)妥当性といった注目すべき概念がある。筆者にとって、それは、キリスト教学校教育における聖書の学習の重要性を裏付ける思想として浮かび上がってくるのだが、リンドベックはこのためにアメリカ人文化人類学者クリフォード・ギアーツの文化解釈についての理論を援用する。その要点をまず把握してみよう。(16)

現代アメリカの代表的な文化人類学者の一人、プリンストン高等研究所のギアーツは、バーガーやルックマンとほぼ同様の人間観および宗教観を共有しているが(ギ240参照)、リンドベックがギアーツに注目するのは、とくに文化の解釈に関する彼の議論(同上書第一論文「うっそうとした記述——文化の解釈学的理論をめざして」)である。

ギアーツが採用するのは、人間をとらえるいわば「意味の綱」としての文化という「記号論的」(semiotic)な概念である。「文化の研究はどうしても法則を探究する実験科学……にはならないのであって、それは意味を探求する解釈学的な学問に入る」(ギ6)。すなわち、文化研究は「民俗誌」(ethnography)を解釈の基礎材料とする、「『うっそうとした記述』(a thick description)における念入りな試み」(ギ8)である。

「解釈できる記号の連結した体系として……文化は、社会事象や振る舞いや制度や経過が適宜そこへと関連せしめられうるような一つの力なのではなく、それはむしろ、それらのことどもがそのなかで理解可能な仕方で——つまり、きめ細かくうっそうと(thickly)——記述されうる、一つの文脈(context)である」(ギ24)(訳文は西谷による)。

イギリスの日常言語学派哲学者ギルバート・ライルの用語を借りてギアーツが以上のように言う、その要点を再確認しなければならない。「民俗誌」を基礎とする「うっそうとした記述」による文化解釈の立場が最も反対する文化研究の方法は、「文化の諸要素をバラバラにし、その上でそれらのあいだにある内的関係を特定化し、そうして文化の体系を何らかの仕方で一般化してみせる」方法である。それによれば、「文化全体系の特色づけは、文化がそれを中心に構成されている象徴や、文化がその表面的表現であるところの根本構造や、文化がそれに立脚しているイデオロギー的原理によって、行なわれる」（ギ29）。なるほど、こうした文化の解釈により「その解釈の優美さ、著者の賢さ、ユークリッド的秩序の美しさ」（ギ31）は強調されるかもしれないが、しかし「文化には……詐欺師の作り話のように首尾一貫したものはない」のであり、「論理的なまとまりが文化の記述における妥当性を判断する基準にはなりえない」（ギ30）ゆえに、「この解釈の方法は、文化の分析をその固有の対象すなわち実生活の非定形的な論理の外部に固定してしまう危険を冒している」（ギ29）のである。

これに対して、本来「文化理論」が「到達しようとする一般性は」、「うっそうとした記述の与える直接の資料と切り離せない」「その微妙な特殊性のなかから生まれてくるのであって、大がかりな抽象化に基づくものではない」（ギ43）。従って、文化人類学者の仕事は「抽象的規則性を取り出すことではなく、うっそうとした記述を何としてでも行なうことであり、諸事例を横切って一般化することではなく、それらの内部で一般化することなのである」（ギ44）。

リンドベックは以上のような文化記述に関するギアーツの思想を神学的記述や正典的文書の本文理解に当てはめる。キリスト教の「自由主義神学」の伝統の中では、聖書の証言するリアリティを解く鍵概念として「絶対依存の感情」（シュライエルマッハー）であるとか「究極的関心」（テイリッヒ）といった概念を掲げ、それを宗教の本質を言い表わすものとし、すべての宗教をそれによって解釈するというアプローチが行なわれてきた。滝沢克己氏の「神人の不可分・不可同・不可逆の関係」としての「インマヌエルの原事実」といった概念による神学的解釈もこの系譜に属するものと言えよう。しかし、リンドベック流に言えば、これは聖書外のカテゴリーや概念を聖書それ自体の解釈や聖書によるリアリティの解釈のなかに取り込み、それを解釈の基本的参照枠に仕立て上げてしまう、危険なやり方なのである。問題は、こうした概念が聖書が証言するリアリティに真に適合するか否かということであり、さらに、仮りにそうだとしても、それのみでこのリアリティを包摂しうるか、ということである。

現在、このアプローチを用いて諸宗教間の対話を促進しようとする、いわゆる「宗教多元主義」の動きが盛んである。例えば、「キリスト」と「阿弥陀仏」は同一者の別名であるとか、パウロと親鸞が信じたものは同一のリアリティであるといった説がある。しかし、そうした説が可能になるのは、その根底に、諸宗教の外部に全人類に共通する何らか宗教的な核心的経験というものがあり、諸宗教はその多様な表現形態にすぎないという前提を設定しているからであろう。しかし、こうしたアプローチはある種の過剰な還元主義・縮小主義（reductionism）であり、それで各個の生きた宗教を真にとらえうるであろうか。

リンドベックによれば、生きた歴史的宗教は例外なく正典的文書をもち、この正典本文の内部でリアリティ全体を記述する（116）。宗教解釈は「正典を正典外のカテゴリーに翻訳する」ことではない。「世界を呑み込んでしまうのは正典であって、世界が正典を呑み込むのではない」（118）。従って、神学の課題とは、

「たんに宗教をその内部性から解釈することに留まらず、万事を内部のこととして、すなわちその当該宗教によって解釈されることとして記述することでもあるのである」（114―115）。

これがリンドベックが宗教の「本文内部性《ほんもん》」〔わが国の聖書学にならい、「ほんもん」と発音したい〕ということで言おうとすることである。宗教改革者の聖書解釈の基本公理たる「聖書がそれ自身の解釈者である」はこの「本文内部性」の別名でもあるのである。宗教は本来人間と世界に起こる万事をその正典本文によって解釈するという内的必然的要請を抱いている。たとえ「潜在的」（115）にであったとしても、そうである。宗教とは、つまり、現実全体を「包括する解釈図式」（32）であり、「宇宙のなかで他の何よりも重要な事物の確認と記述を行ない、それとの関連にある人間の態度や信念を含む生の全体的体系化をなす」（32―33）ものなのである。

以上の宗教の「本文内部性」の考え方から幾つかの重要な論点が生まれてくる。例えば、他宗教や異文化の本文

間の相互置換（*inter-textuality*）といったことはきわめて困難だということである。異なる個々の宗教は生の重要事項に関し根本的に異なった多様な深層経験を保有している。同じ愛に関する経験でありながら、「仏教的慈悲、キリスト教的愛、フランス革命的兄弟愛は、単一かつ根源的な人間の意識、感情、態度、情緒の多様な表現というのではない。そうではなく、それらは人間の自己や隣人や宇宙に関する根本的に区別された経験の仕方なのである」(40)。こうした考え方に立てば、先に紹介したような現代のシンクレティズムの根底も危うくなるであろう。

そして、こうした宗教理解は、当該宗教の信者たちをして、自家宗旨やその正典の学習に、さらに熱心になることを促すのである。他宗教との対話に意義があるとすれば、その対話による新しい発見を自家の正典の本文内部に取り込み、その文脈においていかに読み換え、読みこなしていくか、という点にあるであろう。

また、このような本文内部的な宗教理解は、経験が宗教を生み出すのではなく、「宗教が経験を生み出す」(33)という立場に立つ。「言葉……が宗教的経験の条件」(37)であり、その逆に、経験が言葉に先行する、というのではない。ルドルフ・オットーの「聖なるもの」の経験も文化的に習得された聖の概念のある特定な状況における適用であり、ルターの「塔の体験」もそれによって信仰義認の教理が生まれたというようなものではなく、むしろ聖書の教えの発見によりそれが可能となったものなのである。つまり、「概念的ないし言語的に構成された感覚経験」(39)が先にあって、経験を意味づけるのである。

以上の点は次のことを導き出す。すなわち、「言語の文法と同様、宗教の文法は〔普遍的と想定された宗教的〕経験の分析によって解釈されたり学習されたりすることはなく、ただ〔言語的・宗教的〕実践によってのみ習得される。……宗教は、要するに、言語と同様、それ自身の言葉によってのみ理解されうるのであって、それを他の何らかの異なる表現に移し変えることによって理解されるのではない」(129)。ここにリンドベックが言う宗教と言語の類似性ということが最も鮮明に出てくる。

さて、こうした論点はいずれも宗教者をその正典への精通の努力に誘うであろう。宗教的成長の基本はまずその宗教正典の学習会得ということだからである。キリスト教学校教育ということで言えば、キリスト教の正典すなわち「聖書」それ自体を中心的教材とする教育ということが浮かび上がってくる。しかも、その場合、正典は現実全体について包括的に教えるものであるから、聖書の全体的学習ということが当然考えられることになる。

4　宗教的言語の深層文法—チョムスキーの変形生成文法理論から

リンドベックの「宗教の文化的言語的理解」は現代アメリカの言語学者ノーム・チョムスキーからもインスピレーションを得ている。とくに彼が関心を注いだのはチョムスキーの「変形生成文法」（transformational generative grammar）の「深層構造」（deep structure）という概念であった。これに呼応して、リンドベックは宗教的言語の「深層文法」（deep grammar）ならびに「規則」（rule）ということを述べる。

ただし、彼自身が述べるとおり、「深層文法」の考え方はチョムスキー理論の厳密な神学的検討を経て打ち出されたというわけではなく、それによって「描き出された、より一般的な意味」（90、n.21）を採用したものにすぎない。しかし、そうであるとしても、リンドベックがそれを自身の「宗教の文化的言語的理解」に適用して展開する内容は「キリスト教学校教育」にとって大きな示唆を与えるものと思われる。その確認のためにも、まずチョムスキー説を簡潔に辿り、リンドベックが言う宗教の「深層文法」を理解しよう。(17)

チョムスキーが言う言語の「深層構造」という概念の意義を正しく理解するために、簡単な言語学史的省察から始めよう。学問としての「言語学」（linguistics）は言語間の歴史的な比較という方法をもって十九世紀に始まったが、今世紀に入りそうした歴史学的で通時的（diachronic）な方法によらず、言語をそれ自体として学問の対象とするという方向を取ったのがスイス人言語学者フェルディナンド・ソシュールであった。彼は、通時的な諸相を抜き去った、ある言語共同体の構成員が共通にもつ社会的「共時的」（synchronic）事実としての「言語」（langue）という考えを立て、そうした言語の体系と構造こそが言語学の真の対象であるとした。「共時的」「構造主義的」言語学の誕生である。

ところで、ソシュールの場合、言語の共時体系を生み出すのは話し手の心的活動つまり意識である。この「メンタリズム」に対して、構造主義的でありつつ実証可能で経験的に把握可能な言葉の現象のみを言語学の対象とする「記述言語学」（descriptive linguistics）の立場がアメリカに登場してくる。これは「メカニズム」とも「行動主義」とも呼ばれ、言語現象を人間の心（mind）の働きによるものと説明することを一切拒否し、数量化しうる音としての言語現象のみを研究対象とする立場である。これに対して、チョムスキーの言語の「深層構造」という考えはこうした一時代以前のアメリカの記述主義的・行動主義的言語学に対するメンタリズムの立場からの再攻勢であると言ってよい。

では、チョムスキーの言語学の鍵概念とも言うべき言語の「深層構造」とはどういうものか。これについて彼は次のように言う。「われわれは文の『深層構造』（deep structure）を『表層構造』（surface structure）から区別することができる。すなわち、前者は文の意味解釈を決定するところの、根底に横たわる抽象的な構造であり、後者は音声解釈を決定するところの、現実的発話の物的形式……に関わる表面的組織である。……深層構造と表層構造は必ずしも同一とはかぎらない」（Ⅰ43）。この考えはそれまでの構造主義的言語学者たちを驚かせた。なぜなら、彼らは現実に生じた発話（discourse）のありのままの「形」すなわち構造の把握に集中していたのに対して、チョムスキーの考えは、言語学の真の対象は表面に現われた言葉の組み合せにすぎない表層構造ではなく、それらの根底にある文字通り「深層構造」だ、と言うものだからである。

さらにチョムスキーは、この「深層構造は意味を表わしているから、すべての言語を通じて同じものであり」、そう言えるのは「深層構造が思考の形式の端的な写しであるからだ」（Ⅰ46）と言う。実際に聞いたり話したりする言語としての表層構造が意味も思考も表わさないというのではない。ただ、それらは「深層構造」から「変形」（transformed）されたにすぎないものなのである。こうして、チョムスキーにおいては諸言語の歴史的地理的差異を越えたいわば人類に普遍的な言葉の深層構造あるいは「普遍文法」（universal grammar）が前提されることになる。彼によれば、それは「主語＋述語」によって成るたかだか十個ほどの単純命題であり（Ⅰ53）、これが各言語ごとに文法的に変形されて実際の発話となって現われることになるわけである。

ここから、子供はなぜ、いわば偶然に出会った言語を自然に習得することができるのか、という問いへの回答が可能となる。チョムスキーによれば、人間にはかの言語の深層構造があたかも「人体の身体器官と同じようなもの」（Ⅱ250）、つまり「心的器官」（mental organ）（Ⅱ254）として組み込まれている。従って、彼は自分が出会う言語の文法を彼にすでに備えられている普遍文法に突き合わせて矛盾しない限りで理解するのである。この「心的器官」は「言語獲得装置」（language acquisition device）とも「言語能力」（linguistic competence）とも呼ばれる。こうして、人間は自らにアプリオリに備わった「普遍文法」に立脚するならば、その変形にもかかわらず理解可能な言語を無限大に創造することも可能になる。ゆえに、この文法は「変形生成文法」（transformational generative grammar）（Ⅱ194）なのである。なお、個々の具体的なコミュニケーションの中で話し手がその文法に適った仕方で独自な言葉を作り出していくことが「言語運用」（linguistic performance）である。

以上がチョムスキーの言語学理論の要点であるが、リンドベックはチョムスキーの言語の「深層構造」という考えにヒントを得て、宗教的言語の「深層文法」を想定する。そして、この「深層文法」という概念をもってキリスト教内の宗派間あるいは教派間を乖離させ分裂させている諸教理の撞着状態を再度克服する可能性について興味深い提言をするのである。およそ次のように述べる。すなわち、ある言語に含まれる語彙は変化に富んでいても、それらを貫いて「辞典的核心部分」（lexical core）（81）つまり「文法」が存在している。同様に、キリスト教の正典としての聖書にも辞典的核心部分すなわち聖書的文法が存在している。それはまた「信仰に内在する規則」（the interior rule of faith）(79)である。そして、キリスト教徒にとって重要なのはこの聖書的文法に習熟することなのである。

そこで、リンドベックは、このような考え方に則り、教理の神学的考察にとって示唆に富む「教理分類論」（taxonomy

of doctrines）や教理の「規制ないし規則理論」（regulative or rule theory）を展開するのであるが、ここでは議論の詳述は省くとして[18]、リンドベックによれば、その要点は、キリスト教の教理や信条を貫く、以下のような3つの「規制的原理」（regulative principles）（134）が普遍的に存在している、ということである。すなわち、

① 唯一神、すなわちアブラハム、イサク、ヤコブ、そしてイエスの神のみが存在する、という「唯一神の原理」

② イエス物語は特定の時間と空間に生きて死んだ一人の真の人間存在に言及している、という「歴史的特殊性の原理」

③ 上記①と②に矛盾しない、あらゆる可能な重要性がイエスに帰される、という「キリスト論的最大化の原理」（94）

このようにキリスト教の教理を貫く「恒久的」（constant）（84）な原理を確認した上で、リンドベックは次のように論じる。すなわち、キリスト教徒を分裂させている諸教理はみな、それらを掲げる宗派・教派によって聖書的な教えであると主張されているが、大方は、以上に確認したような聖書的文法の「一般的規範的原理」（general regulative principles）を言い表わすというよりは、たんに間違いのない程度にそれらを例証するものにすぎない（81）。なかにはキリスト教の教えにとっては非本質的で、それゆえ捨て去ることの可能な歴史的相対的陳述を含んだものもあり、従って、それらを絶対化したり権威主義的に高揚したりすることは、エキュメニズムを阻みこそすれ、促進する道ではない。肝腎なのはそこに潜む「深層文法」あるいは「信仰の規則」の会得、すなわち、「唯一神原理」と、この唯一神の歴史的啓示者・仲介者としての「キリストへの信仰」の理解と保持、なのである。一言で言えば、キリスト教信仰の「核心部分」の堅持ということである。これがエキュメニズムすなわち世界教会一致運動に神学的に貢献しようとしたリンドベックによる『教理の本質』の議論の要旨である。

なお、ここで、一点、確認しておかねばならないことがある。リンドベックは、すでに見たごとく、一方で、宗教経典の「包括的解釈図式」としての性格を「本文内部性」とか「体系内部性」といった概念で説明し、うっそうと記述された物語的な全体的文脈としての経典を、特定の象徴概念のようなもので一括りに性格づけることはできない、と述べる。しかし、他方で――今、本節で見たごとく――その文脈を貫く「深層文法」「普遍文法」としての簡潔な「辞典的核心部分」があるとも主張する。ここで、一つの問いが発せられるかもしれない。すなわち、これら2つの思考法は、前者が全体包括的《ホーリスティック》な志向性をもつのに対し、後者は還元主義的《リダクショニスティック》な性格を有しており、思想的に矛盾ではないのか、という問いである。しかし、ギアーツが、宗教や文化の本質を規定する作業とは、その「諸事例を横切って一般化することではなく、それらの内部で一般化することなのである」（ギ44）と述べたように、リンドベックはキリスト教信仰の「核心部分」（すなわち唯一神信仰とキリスト論的最大化）を聖書本文の「体系内部」から取り出してきている。その限り、彼においては、聖書の全体的文脈とこの核心部分とに内的矛盾はないのである。

さて、それでは、以上のリンドベックの信仰の深層文法という議論をキリスト教学校教育の立場からはどのように受け止めればよいであろうか。その最も基本的な点は今まさに述べられたことに帰する。すなわち、キリスト教信仰の「核心部分」とは、聖書の「唯一神信仰」と、この普遍神の人類への仲保者としての「キリスト信仰」の堅持ということであったが、日本のキリスト教学校にとってはこの後者の要素がきわめて現実的で重要な点であろう。平易に言えば、キリスト教学校の「キリスト教」の看板をおざなりに掲げないということである。各キリスト教学校はその寄付行為や学則等において、何らかの形で、キリスト教的な建学の精神なり理念なりを掲げているわけであるが、それを貫徹する意志と姿勢のことである。リンドベックの宗教の文化的言語的理解は安易な宗教多元主義は成立しえないとする学術的論理であり、多神教的習合宗教的とされている日本の宗教状況に対して、宗教としてのキリスト教に関する新鮮な神学的見解を提供する理論なのである。

5　宗教の文化的言語的理解のキリスト教学校教育に対する意義

以上、リンドベックの「宗教の文化的言語的理解」の要点をその由来となった思想とともに三点に絞って提示し、それらがキリスト教学校教育に対して示唆する点に触れてきた。それらを一言にまとめれば「聖書を中心とした言語教育」と言ってよいかもしれないが、以下においては、リンドベックの所説が日本のキリスト教学校に対して示す意義をあらためて数点にわたり述べておきたい。上記で触れえなかった点も補いながら論じる。

(1)　キリスト教的言語教育

現代は日本に限らず世界的な規模で言葉の乱れということが話題にされている。とくに子供や若者の言葉の乱れ、さらに「言語離れ」の現象ということが問題となっている。「新しい世代の非言語化現象」という問題である。あるキリスト教学校中高等部の教師の論文[19]は、学校における生徒の言葉をめぐる生々しい具体的問題に触れ、それと格闘しつつ、現代日本の学校教育のための一つの方向づけを示唆する。それは生徒に蔓延するいわゆる「単語会話」等の問題を取り上げ、中高生における言語習得の未熟・乱れと共同体形成力の欠如が相関関係にあることを報告する。そして、次のように主張する。「人の集団は、言語によって、単なる群居本能に基づく動物的な集団の段階を越えてきた」（鈴23）。こうした言語を根底にもつ「集団性の内面化」が「個の確立に不可欠である。そして集団性は、単なる〔我と・汝の〕対人関係をこえたところの、〔契約的に〕構成された社会集団の一員となることによってのみ内面化される」（鈴22）。この意味で、キリスト教学校においては「聖書的言葉づかい」が「学校生活の全ての場で訓練され、生徒と教職員の共有財産となっていく時、真に理想的な共同体の姿が」「垣間見られる……であろう」。そのようにして、キリスト教学校は「真の共同体である教会の姿を望み見る」（鈴66）。筆者はこの論旨に満腔の賛意を表したい。校内暴力や校則による過度の締め付け等の問題は、要するに、現代の学校や家庭における言語教育の貧困の問題であり、突き詰めれば社会を支える宗教や文化の衰弱からくる問題なのである。

あるキリスト教女子短大の教授の論文[20]も、言語に含まれる社会的な意味や用法に注意を喚起し、従来の「国語教育」の枠を越えた、「言語の背景にある文化を含めた視野の広い言語教育」(岩51)の必要性を訴える。そうして、キリスト教大学における「現代社会に適応しうる言語知識・言語能力の育成」が、「キリスト教とどう関連せしめられるか」という問題を提起する。本稿の関心もまさにそうした問題にある。

こうして、生徒・学生における人間性陶冶の欠落や倫理感の欠如等をもたらしているのが言語教育の貧困であり、従って現代のキリスト教学校においてリンドベックの「宗教の文化的言語的理解」が示唆するような「キリスト教的言語教育」が喫緊の課題であることは明白である。福音伝道に当たって、ある人々にはまず言語教育(文字教育)を行なったというキリスト教史の事実は、過去のこととしてではなくて、現代の問題としても熟考され、新しい装いのもとに実践されねばならないのである。

(2) 聖書全体の学習

キリスト教の場合、「宗教の文化的・言語的理解」がいう宗教正典の「本文内部性」、「包括的体系性」から出てくる示唆として、「聖書全体の学習」ということがあると述べた。宗教正典は現実全体を包括する「うっそうとした記述」であり、特定の象徴的定式に還元できない重層的内容をもつゆえに、その全体に精通するほかには会得不可能なものなのである。聖書もこの例に漏れない。リンドベックは、このような聖書の性格を「物語」(story, narrative)(114、120、et al.)として性格づける。「物語」こそ、その多様な構成要素——それらを個々別々に取り出せば、殆ど無意味な記号にすぎなくなる——を、「全体統括的」(overarching)(120)な「文脈」(context)において有意味たらしめる文学的ジャンルだからである。そこで、聖書に最もふさわしい読み方は、聖書本文のそのような「物語」としての「文学的構造そのものから神学的に支配的な意味を」読み取っていく読み方、つまり「本文内部的な読み方」

(an intratextual reading)(120)である。従って、聖書の個々の箇所の「正典的意味を決定するのに、より重要なのは、歴史的批評的考察というよりも、文学的考察である」(123)と言う。

筆者が訴えたいのは、こうした聖書の読み方を採用するとすれば、歴史的批評的方法の影響によって現在、日本のキリスト教学校において——それは教会でもそうなのだが——曖昧模糊となった感のある聖書の内容の教授法を、ある確信をもって変革することができるということである。「本文内部的な読み方」と同一線上にあると思われる「文学構造的読み方」を提唱された東京神学大学旧約学者左近淑教授は、歴史的批評的聖書研究を暗示しつつ、今日では「十分に学問的に方法論に精進し、それを駆使しうる人だけが聖書を読み、解釈できるのではないかと多くの人が思うようになりました[21]」と言われたが、この新しい読み方は教授が言われる意味での学問的手続きに通じていない者にも聖書の世界に容易にしかも親しみをもって入っていく道を示してくれる。しかもなお、この読み方は非学問的であるというのではない。われわれは、「通時的」研究の功罪を明確にしつつ、それに席巻されてきた過去1世紀の聖書の読み方を、この際十分に反省する必要がある。そうして、聖書の「共時的」研究の神学的であると同時に教育的な意義を展開すべき時が来たのである。それは一貫教育体制の整ったキリスト教学校での聖書教育のカリキュラムに大きな変革をもたらすはずである。さらにそれは「聖句暗誦」の教育にも再度新鮮な意義を与えるであろう。このような視点に立脚した具体的なカリキュラムの提示が待望される。

「聖書全体の学習」ということで、もう一点、付加しておきたい。宗教正典の全体的学習が重要なのは、それが宇宙的現実全体を記述し、その意味で人間に世界観や人生観をいわばトータルに教えるものだからであった。そうした教育が丁寧に効果的に行なわれるならば、キリスト教学校に学ぶ生徒・学生たちはキリスト教的な世界観や人生観を適切に受容継承していくであろう。そして、このことはカリキュラムの内容そのものにも大きな影響を及ぼすであろう。適切な聖書教育や礼拝その他の宗教的行事による典礼教育を受けた者たちがキリスト教的な思考様式や行動様式を身に着けることによって、教会に導かれ受洗に至る可能性も増すであろう。それはまた彼らの人生行路にも少なからぬ方向指示を与えるであろう。これはじつに重大なことである。日本におけるキリスト教学校のこうした使命にはきわめて大きなものがあると筆者は考える。

（3） キリスト教言語への精通とその実践的展開

次に言及したいのは、リンドベックが言う宗教的言語への精通とその実践的展開ということである。繰り返すが、彼によれば、「宗教的になるとは、一定の宗教の言語に……堪能になる」ことであり、またその宗教が教える「実践と訓練によって〔人がその生を生きる際に用いるべき〕一連の所作を内面化する」ということである（34‐5参照）。キリスト教で言えば、聖書の「深層文法」の知的会得とその宗教的実践的展開ということになる。このリンドベックの考えは、チョムスキーの言語の深層構造に潜む「普遍文法」の習得すなわち「言語能力」（linguistic competence）と、その実践的運用すなわちそれを発話にもたらす「言語運用」（linguistic performance）とに対応している。こうして、リンドベックによれば、宗教的言語への精通と同時に、宗教的な「ものの感じ方、振る舞い方、考え方」（how to feel, act, and think）（35）への精通が、宗教的成熟にとって不可欠なのである。これが信仰者の「自己や世界に関する人間の理解と経験とを構成する」（32）。

ところで、ここで留意すべきは、リンドベックが宗教の言葉と行ないすなわち知的把握と実践的展開とを、その深い一体的関連においてではあるが、区別しつつ、宗教的成熟の過程というものを措定しているように思われることである。つまり、宗教の知的会得と実践的熟達とは同時的でもありうるが、経過的であってもよいのである。これに関連して、興味深くもリンドベックは次のように述べる。すなわち、「宗教の言葉が存在論的に対応した命題的真理（the propositional truth of ontological correspondence）を獲得するのは、その言葉がそうした対応を創造するような実践（performance）すなわち行為や行動である限りにおいてのみである」（65）。これは直接には宗教の言葉をそのまま世界の現実に関する情報すなわち「命題的真理」と取るタイプの宗教（者）——しばしば「字義直解主義（者）《ファンダメンタリスト》」と呼ばれる――へのリンドベックによる穏当な反論でもあるのだが、同時にそれはそこに言葉と実践との時間差の観念が垣間見える説でもある。

リンドベックの宗教の文化的言語的理解が、冒頭で言及したバルト論文「福音と陶冶」等と比べて、キリスト教教育にとってより意味深く示唆的と思われてくるのは、そうした点にある。北森博士は、キリスト教教育においては「福音をいかにして被教育者に伝達するか」という「技術」や「方法」が重要であると示唆されたが、リンドベックの宗教理解はそうした視野からして適切なカリキュラム化、シラバス化を可能にするような諸相を有する印象を与えてくれる。それは、その根底に、誤解を恐れず言えば、宗教を神学的にも正しく人間の経験の対象としてとらえる見方を確保しているからであろう。

ドイツの代表的組織神学者ヴォルフハート・パネンベルクは、バルト神学は「この世界の経験、歴史、自己理解というものにたいして体系的な神学的意義づけをなすことを怠ったまま、その世界にたいして神の言葉を対峙させることによって始まった神学であった」と述べ、そのため、それは神学から「人間の経験や理性というものから導き出されるいかなる議論も排除」してしまうと指摘した[22]。

これに対して、パネンベルク自身は、「霊性」(spirituality)を、キリスト教教理、特定の時間・空間における人々の世界観、生活様式、という3つの要素から成る複合体と定義して、神学的なものと人間学的なものとの結びつきを明らかにしつつ、そこからキリスト教徒の新しい存在の「継続性」が神学的にどのように基礎づけられかを問うている。そして、その神学的基礎づけのためにルターの「日毎の洗礼」という考えに着目する。すなわち、ルターにとって、古きアダムは日毎の悔悛により罪とともに水に沈められ、日毎に神のみ前で永遠に生きる新しき人として甦る、ということが洗礼の意味であり、その意味で「洗礼はたえず存続する」ものであった。「信仰者の独自にして個人的な生活へのキリストからの根拠づけは、洗礼をとおして……その形を獲得する」。このように、洗礼への日毎の想起がキリスト教徒の生の継続性を形造るのである。のみならず、それはキリスト教徒の人生の時間的全体に関わり、規定する。なぜなら、その生の全体は「洗礼においてわれわれに起こった事柄の仕上げ（Nachvollzug）」としてとらえられうるからである。「洗礼は信仰においてそれ自体がたえず新たに習得されること（Aneignung）を必要とする」[23]。

洗礼とキリスト教徒の生との関係をめぐる以上のようなパネンベルクの組織神学的教説は、キリスト教的な教育や倫理に対してきわめて有益な示唆を与えてくれるであろう。「日毎の洗礼」というルターのとらえ方から引き出された「仕上げ」とか「習得」というパネンベルクの概念は、キリスト教徒の「生活」や「経験」に神学的証明を与えるものである。信仰には、生活化されたり、経験の相においてとらえられるものがあるのである。キリスト教教育やキリスト教倫理がキリスト教的なものであろうとするとき、経験的・理性的なものに関するこうした教義学的考察が不可欠である。残る課題は、キリスト教教育ということで言えば、「神学的」な筋道を逸脱することなく、それをいかに教育学的に技術化し方法化しプログラム化していくかということになる。

（4）信仰問答《カテキズム》教育の延長としてのキリスト教学校教育

さて、最後に、今述べたこととの深い関連において、「信仰問答教育の延長としてのキリスト教学校教育」ということについて述べてみたい。その背後の問題意識は、キリスト教人口が1％にも満たない、依然としてミッションフィールドと呼ぶべきこの国であるにもかかわらず、そこで学ぶ学生生徒の実数や教育上の実績において一般社会にも無視されえない成果を示してきたこのキリスト教学校教育の営みを、この国の教会は神学的にいかに評価するのか、ということである。従来こうした神学的取り組みが十分には行なわれてこなかったために、「はじめに」で指摘したような、浅薄な仕方での教会と学校との対峙が継続していると思われる。しかし、それでよいのか。そもそも上記の論題設定は、キリスト教学校教育の責任主体は教会である、ということを前提しているのだが、今あらためて日本の教会がまさに責任的主体的にこの問題と真剣に取り組む時機が来ているのである。

そこで、まず、「信仰問答」という事柄から理解していきたいが、そこには解きほぐさねばならない歴史的経緯があると思われる。「洗礼のために、今、公教要理を受けているところなんです」とは筆者が一度ならず聞いたことのある、わが国のカトリック教会で洗礼を受けようとしている人の言葉である。Catechism のカトリック的邦訳語が「公教要理」である。このカテキズムがプロテスタント教会では「信仰問答」と邦訳され、それが行われているのがいわゆる「洗礼準備会」である。そして、筆者は「カテキズム」の訳語としては「信仰問答」よりは「公教要理」のほうが本来の意味により近いと考えるのだが、その点から述べていきたい。

「カテキズム」（Catechism）とは、書物の形としては「一般の人々に向けたキリスト教教理の手引き」であるが、その意味は本来的には牧師や神父によって「洗礼を受ける前の子供や成人に施されるキリスト教の基本的真理に関する口頭教授(24)」のことである。それがなぜ「信仰問答」と邦訳されたのか。それは中世とりわけ十六世紀宗教改革期以降のカテキズムのテキストが「一連の問いと答えの形式(25)」を取って多く記されたからであろう。そして、この問答形式のテキストは「幼児洗礼」受領者が「堅信礼」を受領する際、その準備として彼らのキリスト教教育のために用いられたものなのである。

しかし、カテキズムは、元来は、文献としては「主の祈り」や「十戒」や諸信条等の解説を記した文章であり、事柄の本質は、問答という外的形式にではなく、そのギリシア語の語源「カテケイン」すなわち文字通り「言って聞かせる」という動詞の意味に見ることが適当と思われる。このことは先に「教育」の語源が educere ではなく educare であると述べたこととも符合する(26)。すなわち、キリスト教の啓示の真理とは根本的にその既受領者が未受領者に向けて言って聞かせるすなわち証言し宣教することをもってのみよく伝承されうるものなのである。

カテキズムなる「語の使用の嚆矢は十六世紀初めであるが、その観念はそのはるか以前から存在した(27)」。二世紀末からその存在が知られている、教父クレメンスやオリゲネスをその初期の教師としたアレキサンドリアの学校は、異邦人教養層へのキリスト教の伝播普及を目的としたが、これも一種の「カテキズム学校」（Catechetical School of Alexandria)[28]であった。従って、カテキズムは聖書の学習とキリスト教的振る舞いの習得という「内面化」のプログラムであったと言えよう。これを経て洗礼へと向かうというのが、先にも述べたように、カテキズムに込められた本来の意図であった。ちなみに、ここでは一般諸科目も教授されていた。

ところが、「カテキズム」は、その後キリスト教の国教化が進んだヨーロッパ社会で、「幼児洗礼」と「堅信礼」という儀礼との組み合わせの中で行なわれるようになり、わが国でもその枠組の中で理解されてきたと思われる。それはその対象としてとくに幼児洗礼を受けた青少年を意識した啓発的な信仰問答形式のものであったのであり、それがあの訳語に示されている。そこで、カテキズムの本来的意味を再確認するためにも、今しばらくそれら二つの儀礼とカテキズムのセット化の歴史的過程を一瞥しておきたい。

初代教会には、使徒後時代の教父関連史料も示唆するように、「幼児洗礼」(Paedobaptism, Infant Baptism)の例が存在した(聖書の関連記事——例えば〈使徒言行録16章15、33節〉——は、厳密に言えば、蓋然性の範囲に留まる)。これに対してテルトゥリアヌスに代表されアウグスティヌスにも継承された幼児洗礼反対の立場も存在したが、しかし「三世紀中頃には幼児洗礼は広く慣行化された」[29]。他方、これと並行して慣習化されていたのが「堅信礼」(Confirmation)である。その元来の意味は、例えば〈使徒言行録8章14—17節〉等からも示唆されるように、受洗者の聖霊受領の確認ということであった。従って、その訳語も信仰を堅くするという意味の「堅信」という言葉が当てられている。いずれにせよ、これは洗礼からは独立しつつも、洗礼とさほど時間差なく行なわれていた儀礼であった。エリザベス一世は生後3日でこれら二つの儀礼を施されている。

しかし、幼児洗礼が慣例化し、堅信礼がそれとは別に間隔をあけてなされるようになると(中世後期以降、カトリック教会では、堅信礼は幼児洗礼受領者に7才以降の適当な時期に執行されるということになっている)、問答形式の「カテキズム」が堅信礼志願者に対し「堅信礼に先立つキリスト教の信仰と実践のための教育課程」[30]として実践されるようになった。一五四九年初版刊行の英国教会の『祈祷書』(The Book of Common Prayer)では、「カテキズムはすべての子供により堅信礼を受ける前に学習されなければならない[31]」と規定され、それ以降、英国教会では堅信礼が「〔幼児洗礼を済ませた〕青少年に対してキリスト教信仰の体系的教えを授ける定期的な機会[32]」となってきたのである。同様のことがルター派や他のプロテスタント諸派でも、そしてカトリック教会でも、行なわれてきた。

こうして、幼児洗礼→信仰問答→堅信礼という、政教一致体制における「キリスト教社会」（Corpus Christianum）のいわば「社会化」のプログラムが確立されていったのである。さらにこれに関して言えば、幼児洗礼は無自覚な当事者へ施された儀礼であるから、これを信仰者である「教父母」（godparents: godfather, godmother）が後見することが義務づけられたということである。その役割は、洗礼の証人となり、さらにこの受洗者がカテキズムを受け、堅信礼にまで至り、自覚的にキリスト教徒となるように責任を負う、ということであった。なお、教父母は洗礼名を授けることもできた。

以上がキリスト教ヨーロッパ社会で成立した幼児洗礼→カテキズム→堅信礼というパターンと、その中でのカテキズムの意味づけ・位置づけであるが、そうした歴史的過程を承知した上で、信仰問答形式以前のカテキズムそのものの本来的意味に立ち返り、それに照らしつつ、わが国におけるキリスト教学校教育の意義を確認したいと思うわけである。

筆者は幼児洗礼に対しては、その聖書的神学的根拠は稀薄であるという判断により、基本的には反対の立場であり、従ってそれとセットとしての堅信礼は不要という立場であるが、しかし現存する幼児洗礼受領者自体を否定するものではない。それらの方々がもし私が牧会する教会のメンバーとなられるとすれば、然るべくカテキズムを施し、あらためてその信仰の確信を新たにすることをお奨めする。いずれにせよ、「キリスト教信仰の体系的教え」を授けることはやはりそれらの人々の信仰の自覚化のために必要であると考える。

ところで、幼児洗礼を継続しているプロテスタント諸教派の近年のその神学的立場は、この儀礼を信仰者たる親が、子供を責任をもってキリスト教的に教育する、という決意をもって神に献じる「献児式」（dedication of a child）

の機会ととらえる方向に変化してきており（儀礼名もそのように変更している例もある）。また、その神学的論拠づけも、「個人の信仰告白に先行するキリストの救済の業の普遍的有効性《ユニヴァーサル・アヴェイラビリティ》[33]」という、より穏健な考え方に変わりつつある。

筆者はこの考え方がそのまま現行の幼児洗礼を肯定しうる神学的判断となりうるとは考えないが、この定式自体は神学的に有意味であり、それは、むしろ、洗礼以前の、洗礼に至るまでに施される、本来の意味での適切なカテキズムをこそ肯定しうる神学的判断と考える。すなわち、わが国のキリスト教学校における大半の未信者への教育は、「個人の信仰告白に先行するキリストの救済の業の普遍的有効性」という神学的確信に基づいて、是認されうる営みなのである。そして、その究極目標はこの教育を受けた人々がキリスト教徒になるということである。「人はキリスト教徒に生まれるのではなく、キリスト教徒になるのである」（テルトゥリアヌス）。わが国の教会とそれを学校で代表する教務教師は、こうした神学的確信に基づいて、キリスト教的な建学の精神とその学問的展開としてのカリキュラムの遂行に邁進すべきなのである。

最後に、筆者が本節を記すきっかけとなった、教務教師として「なるほど」と思わされた、女子聖学院の創設者、宣教師バーサ・クローソンの二つの言葉を紹介したい。一つは同校に娘を入学させようとする父母に対する次のような言葉である。

「ここはクリスチャンの学校です。創立目的は少女たちをキリストに導くことですから、もしお嬢さんが信者になることを面白くないとお思いなら、入学させないでください[34]」。

二つ目は、この学校に入学する生徒の数が増え、在学中に受洗する者も少なからず出てきたが、その他に、「せっかく心の中では信者になって、キリストへの信仰を勇敢に人の前に告白しようとしながら」、家族の反対のために「失意に沈む」生徒も「大勢」出るようになったときの、クローソン女史の言葉である。

「面白いのは、学院で信者になれなかった多くの卒業生が、次第次第に家庭をキリスト教の理想に計画していくことです。自分の娘を日曜学校にやり、クリスチャン・スクールに入学させるのです。また、自分が親に反対されてクリスチャンになれなかったことを顧みて、子供が信仰をもつことにたいしては邪魔をしません(35)」。

以上のクローソンの言葉は初期の女子聖学院の具体的状況を反映した表現ではあるが、しかし、本質的に、日本のキリスト教学校教育に対する教会的立場からの究極的な意味づけを明確になしたもの、と筆者には思われる。つまり、キリスト教学校の「創立目的」は究極的にはそこで学ぶ学生生徒たちを「キリストに導くこと」である。換言すれば、この教育は教会の伝道の一環である。これがクローソンの第一の言葉がもつ根本意義である。すでに見たように、究極以前の多様な議論を持ち出してはこの究極目的をはぐらかしてしまう向きも多いが、しかしこの根本線を逸脱するかしないかは、わが国のキリスト教学校教育の死活を決するような問題であることを自覚すべきであろう。

この第一の言葉に関連してなお配慮すべきことがあるとすれば、入学者を「キリストに導く」というキリスト教学校の究極「目的」を、入学者本人あるいはその保護者が承知した上で入学するよう、学校側が何らかの良識的な形でそのように取り計らうということである。あるキリスト教大学では入学試験時にその建学の精神に基づく宗教教育の内容を伝え同意を得ているが（本書258頁を参照されたい）、その他にも、学校案内にそれを明記したり、入学希望者の事前見学の際にそれを明確に説明することで、それは実現しうるであろう。

さて、クローソンは興味深くも第二の言葉をも残した。在学中にせっかく信仰をもち、洗礼への決心にまで導かれたが、家族の反対で受洗が叶わなかった生徒が、自ら親となって子供をキリスト教学校に入学させ、同様のことが起こった場合、むしろそれを許容し喜ぶという事例を目撃した上での言葉である。いわば二世代を経ての伝道の成功例であるが、これをわが国のキリスト教学校に特有の伝道の成果の現象として肯定しているのである。言い換えれば、クローソンもまた、リンドベックやパネンベルクが指摘するような信仰が内包する教育的過程、とくにそれが含む時間的経過の相、つまりキリスト教との出会いと、信仰告白及びその霊的展開との、「時間差」の問題を、日本というミッションランドで具体的に経験し、それを彼女なりの言葉で説明しているのである。

しかし、この数世代をかけてのキリスト教学校教育による伝道の成果ということについて、確かにそうした現実が依然として続いているという側面は否めないとしても、現実に在学中に「信者」になる志を本人がもった場合、そのことに適切に対処せずそのまま放置することは大きな問題であると思われる。とくにキリスト教学校と承知して入学してきた学生（および保護者）である場合は、そうである（キリスト教学校ということに対する無理解のまま入学してくるという問題は、現在ではクローソンの時代よりも大きく改善されていると思われる）。そして、実は、そうした潜在的事態がキリスト教学校において現実に存在するのだが、それに気づかないか、あるいはそれと感じつつも、教務教師やクリスチャン教師がそのための具体的方途を講じえないままでいる状況があるのである。

そして、その問題を克服するためにも、彼ら個々のレヴェルを超えて、彼らを霊的に支えるべき教会がより責任的にコミットすべきであり、コミットしうる方法はある、と筆者は考える。しかも、それは各個教会のレヴェルではなく、例えば日本基督教団といった包括的教会のレヴェルで取り組むべき問題であると理解する。こうした問題が、日本のキリスト教学校の今後の課題、宿題として依然として残されているのである。

おわりに

以上、「神学的ポストリベラリズムの、他のすべてに優る、第一級作品」と評される[36]リンドベックの『教理の本質』に大いなる知的刺激を受け、そこから日本のキリスト教学校教育にとって参照点となるべきことについてる述べてきた。

宗教正典の「本文内部性」は、既存の神学的論題をもち出せば、いわゆる「聖書主義」(Biblicism)や「聖書信仰」(Bibelglaube)の線につながる概念であり、その極端例であるいわゆる「根本主義」(Fundamentalism)等の組織神学的には見過ごしにできない問題性を帯びる危惧も有しているが、しかしそうした点に十分に留意し、その陥穽の克服をたえず心がけるならば、先に述べたその長所利点のゆえに、キリスト教学校教育にとって新鮮で実り豊かな神学的概念として受容しうるものと考える。

なお、筆者は、この概念に刺激されて、キリスト教文化圏外の地域へのキリスト教伝道についても独立した一文をしるしたいと考えている。

【注】

(1) 北森嘉蔵「キリスト教教育の神学的検討」、『日本のキリスト教』(創文社、一九六六年)所収、397-8頁。
(2) 同上書、398頁。
(3) 西谷幸介「日本の神学における〈教育〉の論議」(一九八三年)、『教育の神学』(ヨルダン社、一九八七年)所収。本書の第1章を参照されたい。
(4) カール・バルト「福音と陶治」、『カール・バルト著作集』第5巻(新教出版社、一九八六年)所収。なお、同一論文が劉栄増氏により『福音と教養』として一九三八年に長崎書店より刊行されているが、参照は著作集第5巻によった。
(5) 同上書、112頁。
(6) 同上書、266頁。
(7) 同上書、268頁。
(8) カール・バルト(蓮見和男訳)『聖霊とキリスト教生活』(新教出版社、一九六五年)、46頁。なお、訳文は多少変更した。
(9) テルトゥリアヌス(土岐正策訳)『護教論』、「キリスト教教父著作集」第13巻、(教文館、一九八七年)、10頁参照。

(10) C・H・ドッド（平井清訳）『使徒的宣教とその展開』（新教出版社、一九七〇年）、5–6頁。なお、訳文は多少変更した。
(11) これについては拙論「キリスト教学校の新しい形式とその理論に向かって――『教育の神学』出版に際して」、『キャンパス・ミニストリー』5号（学校伝道研究会、一九八七年）所収を参照されたい。
(12) 以下、本書からの引用等の場合、すべてたんに（頁数）をもって略記する。
(13) この点に関しては、拙著『宗教間対話と原理主義の克服――宗際倫理的討論のために』（新教出版社、二〇〇四年）で取り上げ、詳論したので、それを参照していただければ幸いである。本稿では「宗教の文化的言語的理解」の「キリスト教学校教育」への応用展開という点に焦点を絞る。
(14) 以下ではバーガー、ルックマン（山口訳）『日常世界の構成』（新曜社、一九七七年）、バーガー（薗田訳）『聖なる天蓋』（新曜社、一九七九年）、ルックマン（赤池訳）『見えない宗教』（ヨルダン社、一九七六年）を参照した。以下の引用略記号は、以上の書籍の順にⅠ、Ⅱ、Ⅲとし、数字はその頁を表わす。
(15) ルックマンはその起源をフォイエルバッハに遡るこのいわゆる「宗教投影論」をそのまま肯定し継承しているが、バーガーはバルト的啓示神学の立場を十分に意識しており、自分は「宗教の性格を真正面から人間の所産とみなす」「自由主義神学」の立場を「出発点」とするとしても（Ⅱ277）、宗教的「投射の洪水のさなかで」「超越の印」を探すことに余地を与える、と述べている（Ⅱ278）。
(16) ここではギアーツ（吉田他訳）『文化の解釈学』Ⅰ（岩波書店、一九八七年）を参照する。引用文等に続く（ギ頁数）は同書の頁を表わす。
(17) ここではチョムスキー（川本訳）『デカルト派言語学』（みすず書房、一九七六年）、チョムスキー（井上他訳）『ことばと認識』（大修館書店、一九八四年）、田中克彦『チョムスキー』（岩波書店、一九八三年）を参照する。以下の引用略記号はこれらの書籍順にⅠ、Ⅱ、Ⅲとし、数字はその頁を表わす。
(18) この点に関しては、改めて注（13）を参照されたい。
(19) 鈴木研一「集団の教育と言語指導」、『女子聖学院研究紀要』24号（一九八七年11月）所収。
(20) 岩崎摂子「国際化時代におけるキリスト教学校の言語教育」、女子聖学院短期大学『キリスト教と諸学』3号（一九八八年五月）所収。

（21）左近淑『旧約の学び』上（日本基督教団出版局、一九八二年）、17頁。
（22）パネンベルク（西谷訳）『現代キリスト教の霊性』（教文館、一九八七年）、91–92頁。
（23）パネンベルク（西谷訳）「キリスト者と洗礼」、『形成』207–208号（滝野川教会、一九八八年）所収、207号、7頁、208号、21頁。
（24）F. L. Cross and F. A. Livingston (eds.), *The Oxford Dictionary of Christian Church* (Oxford University Press, 19581, 19742), p. 249.
（25）Ibid.
（26）本書、45頁を参照のこと。
（27）Op. cit., p. 249.
（28）Ibid., p. 248.
（29）Ibid., p. 701.
（30）Ibid., p. 331.
（31）Ibid.
（32）Ibid.
（33）Ibid., p. 702.
（34）Ｊ・Ｍ・トラウト『バーサ・クローソン』（女子聖学院翠耀会、一九五九年）、69頁。
（35）同上。
（36）J. Webster and G. P. Schner (eds.), *Theology after Liberalism. A Reader* (Blackwell Publishers, 2000), p. 361.

（初出：「宗教の文化的・言語的理解とキリスト教学校教育」、『聖学院大学論叢』１巻、一九八八年所収）

第4章　文脈編入 Incontextualization としての伝道

はじめに

本論稿は、日本におけるキリスト教伝道推進のために、一つの理論的支柱を提示しようとするものである。その支柱とは、筆者の造語であるが、“incontextualization”の概念である。筆者は、キリスト教伝道とは苦心して行われる「文脈編入」の働きであると考える。この概念の提示によって、キリスト教伝道は、従来神学的には「キリスト教の絶対性」と呼び慣わされてきた、自家宗旨に対する信仰主体の「忠実性」を堅持しつつも、なお、多くの非キリスト教徒の心をよりダイナミックにキリストへととらえることを可能にすると考える。この概念は、従来思念されてきたような宗教の「絶対性」概念の訂正を含み、また同時に、他宗教の事実的存在への肯定的見方を含んでいる。さらに、この概念はかつての「土着化」概念の批判的改訂でもある。

統計によれば、日本の現在のキリスト教人口は1％をも下回り、0.7％となってしまった。[1] これは日本におけるキリスト教伝道の停滞と言うよりも、端的にその衰退兆候を示すものである。このようなキリスト教の無気力状態を打破するのは、主イエスの世界伝道の命令を真剣に受け止める日本のキリスト教徒の霊的奮発でなければならない。そのような宗教的熱心を惹起するためにも、またその一つのしるしとしても、この論文は貢献をなそうとする。

本研究は根本において多くの知的インスピレーションを George Lindbeck, *The Nature of Doctrine. Religion and Theology in a Postliberal Age* (Philadelphia：The Westminster Press, 1984) に負うている。[2] 本論文の冒頭でそのことを明らかにし、筆

者のリンドベックに対する謝意を表明しておきたい。ただし、以下の論述においてはリンドベックからさらに一歩進んだ展開をなしたつもりである。

1　宗教の絶対性をめぐる三つの態度

まず、以下に私自身の一つのささやかな経験と、一つの映画のメッセージと、一人の宗教家の言葉とを具体的に紹介し、宗教の絶対性をめぐる三つの異なる態度を呈示してみたい。

第一の経験とは次のようなものである。かつて私は国際的な牧師の会合で、日本での諸宗教の並存状況を示すために、自分はプロテスタントの牧師となり、母親は得度《とくど》（仏教でキリスト教の洗礼に匹敵するもの）を受けるほどの浄土真宗の門徒となったと話した。その最後に、「私は自分も母親も私たち自身の天国に入れたらと願っております」と言ったことに対して、宗教的な内戦の爪痕もまだ生々しいと報告していたレバノンの老牧師が、会合の後、「あなたは天国であなたとあなたの母上が会えるように希望している、と言ったのですか」と質問してきた。そこで私は言葉の足りなかったことを補いながら、「いや、そうではありません。私は私自身の信じる天国に、母は彼女が信じる天国にそれぞれ入ることを願っている、と言いたかったのです」と答えた。すると、この老牧師答えて曰く、「天国はただ一つです。あなたの母上が天国に入るかどうか、それはわかりませんよ」。彼のそのときの表情はけっして私の反発を誘うような類のものではなかったが、私には何か納得できないものが残った。

第二はインド国営放送制作の一映画のメッセージである。筆者はたまたまこれを見たのであるが、その内容は一種の説諭風の宗教批判であった。ある寒村の山道で町の医者のもとへ急ぎたい一人の女性が満員のバス数台に乗れず、取り残されてしまう。仕方なく、他の何人かと徒歩で峠越えを決心するが、どんどんあとに取り残される。一人の遊び人風の男が彼女に気をかけてくれて感謝するが、途中で疲労のため歩けなくなってしまう。実は身重であった。男は自分の心得違いにも、女性の夫にも憤激するが、すべて自分と同じ貧困のなせるわざと知り、何としてもこの女性を医者のもとへ連れて行く決心をする。彼は彼女を背負い、雨の泥道を、水量の増した川を突破し、女性は無事に町医者のもとで出産した。喜びを満面にたたえる若い母親はこの男にお礼を言い、祝福を与えた。その祝福の言葉を聞いて男は呆然自失する。ここでそのドラマは終わるのであるが、女性の祝福で男は彼女がイスラム教徒であることがわかるのである。ヒンドゥー教徒かイスラム教徒かにこだわるよりは、まず人間らしい人間であることが大切である、というのがこのドラマの教え諭すところなのであろう。大方の伝統宗教が形骸化しているにもかかわらず、なおそれら宗教間に相互非難の風潮がある現代で、こういうドラマが作られる雰囲気はよくわかる。

第三は、ある仏教学者の言葉である。北森嘉蔵博士の『神の痛みの神学』の「講談社版への序」（一九七二年）に曽我量深氏の次の言葉が引用されている。すなわち、「われわれはやはり、キリスト教でも仏教でもお互いに語り合うて、そうして別に仏教者がキリスト教にかわるとか、キリスト者が仏教にかわるとか、そういうことをしないでもですね、両方が互いに話し合い、両方が互いに磨いていくということが必要でなかろうかとこう思うのでございます」。

第一の老牧師の立場は因襲的な排他的絶対性のキリスト教の立場と言うことができよう。第二の映画のメッセージは、反宗教的ヒューマニズムの立場と取ることもできようが、キリスト教徒のなかにも、「キリスト」と「阿弥陀仏」は同一者の別名であるとか、パウロと親鸞が信じたものは同一のリアリティであると主張するリベラルな人々もあり、それらの人々にもこれはよく理解される立場であろう。私自身が個人的に最も親近感を感じ、また現代のキリスト教が諸宗教間において取るべきと考えるのは、第三の立場である。そこでは自家宗旨の「絶対性」を主張するために他宗教の存在が否定されるというようなことはなく、かと言って、自家宗旨の立場が簡単に放棄されるというのでもない。しかし、私はかねてこのような立場をさらに神学的に掘り下げるべきであると感じてきた。そのとき出会い、少なからぬ納得を覚えたのが、以下に紹介し、さらに私なりに敷衍しようと思う、アメリカ、イェール大学の歴史神学者ジョージ・リンドベックの「宗教の文化的言語的理解」である。

2　三つの神学的宗教観

リンドベックは冒頭に紹介した著作で、膠着したエキュメニズムを促進させるために、宗教教理の斬新な理解を打ち出した。この著作は実りある神学的諸概念に満ち溢れているが、ここでまず取り上げるのは、主としてキリスト教神学史を参照しての彼の三つの宗教理解の類型である。それら三つは今筆者が具象的に示した三つの宗教的態度とある程度対応すると思われる。

第一は宗教の「認識主義的・命題主義的」（16）理解を強調するタイプであり、キリスト教神学史においては「伝統的正統主義」（16）の立場である。その特徴は、「教理は客観的現実に関する情報的諸命題ないし真理主張として機能する」（16）という面を強調し、宗教を「古典的に理解された哲学や科学と似たもの」（16）として考える点である。この立場においては、「教理は一度真理であるならば、それは常に真理である」（16）。これが、あの老牧師と同じく、「宗教間の対話」（23）を困難にする伝統的なキリスト教の排他的絶対性の立場であろうことは、容易に察しがつく。

第二は宗教の「経験主義的・表現主義的」（16）理解を強調するタイプであり、宗教の「象徴主義的」（17）理解と呼んでもよい。キリスト教神学史においては「シュライエルマッハーと共に始まった……自由主義神学」（16）の立場である。[3] その特徴は、「宗教の経験的・表現的次元に焦点を当て」、「教理を〔人間個人の〕内面的な感情や態度や実存的方向性の、情報化も詳述も不可能な、象徴として解釈する」（16）点である。この立場においては、「諸宗教は究極者に対する〔人類の〕同一の核心的経験の多様な象徴化作用である」（23）ことが認められ、「従って、諸宗教が相互に表敬し、学習し、豊富化を計る」（23）ことが奨励される。ここでは「宗教間の対話」は奨励されるというよりも、むしろ必然である。しかし、この立場では自家宗旨の絶対性についてはまったく顧慮されなくなる可能性がある。また逆に、この立場を標榜しながら、自家宗旨こそ人類の宗教的普遍的経験を代表していると暗々裡に考えるなら、それはいわば「宗教的帝国主義」(61)である。

第三は宗教の「文化的・言語的」(18、91、134)理解を強調するタイプであり、リンドベック自身の「自由主義以後」(112)の立場である。その特徴は、何よりもまず「宗教は言語に類似しており、文化に似ている」(18)ととらえ、「宗教は……生と思考の全体を形造する、一種の文化的・言語的な枠組みである」(33)と見る点である。それは、宗教を「個々人の主観性の顕現というよりは、むしろそれを形造る一つの共同体現象」(33)と見、しかも、焦点を人類共通の経験と措定される宗教的な「唯一の普遍的経験」(23)にではなく「特定の宗教」(23)に当てるゆえに、第二の宗教理解とは異なる。また、教理を知的に認識され承認されるべき「客観的現実に関する真理主張」(24)としてではなく、特定の宗教における「言説・態度・行動に対する共同体的に権威を承認された規則」(18)ととらえるゆえに、第一の宗教理解とは異なる。「宗教的になるとは、特定の宗教の言語に習熟し」(34)、また、「文化的にあるいは言語的に堪能になるとまさしく同様に、実践と訓練によって〔その宗教の〕技術を内面化すること」(35)なのである。

宗教の「絶対性」の観点から言えば、第三の立場は、自家宗旨の「絶対性」を実質的にほとんど放棄する第二の立場より、それを固持する第一の立場に近い。なぜなら、第三の立場は、「宗教は何よりもまず外的な言葉であ」り、それが「〔人間の〕自己や世界を形造する」(34)と考え、しかも特定宗教の言語がそれをする「唯一の言語」(61)であるとすることによって、特定宗教の「外的な(すなわち命題的に安定した)諸信条が最優先である」(35)と主張する第一の立場により多くの親近性を見出すからである。人類共通の宗教的普遍経験が諸宗教の言語に先行し、後者は前者をたんに多様に表現するにすぎないと見なす第二の立場からそれは遠ざかる。ただし、第一の立場と相違するのは、第一の立場が宗教の教理を「信じられるべき命題集」と取るのにたいし、第三の立場は「人がその人生を生きる際に用いる技術集」(35)と理解する点である。

以上に述べられた第三の立場の諸特徴によって、リンドベックの「宗教の文化的・言語的理解」が現代の宗教社会学・文化人類学・言語学の「構造主義的方法」から影響を受けていることが察せられるであろう。この方法が70年代から聖書学の分野においても大いに脚光を浴びてきたことは周知のとおりである。リンドベックはそれを組織神学の領域で活用し、宗教について、教理について、神学について、新しい刺激的な研究を提示したわけである。筆者は、われわれもこの構造主義的方法による宗教理解を採用することによって、従来の自家宗旨の「絶対性」の概念にまとわりついてきた「独断的権威的排他性」の契機は退けられると信じるのである。

それを論じるために、リンドベックの「本文内部性」(intratextuality)（113）の概念を中心に[4]さらに彼の宗教理解を跡づけよう。従来の宗教の「絶対性」の概念にリンドベックが新しく取って換えたのがこの「本文内部性」の概念であると言ってよいであろう。ここから筆者の「文脈編入」という伝道学的概念も生まれてくるのである。

3　本文内部性

リンドベックの言う「本文内部性《ほんもん》」とは、一言で表現すれば、「万事を内部のこととして、すなわち当該宗教によって解釈されることとして叙述する」（115）宗教の性質ないし要請のことである。この概念の確立には、文化人類学者クリフォード・ギアーツの論文「うっそうとした記述――文化の解釈学的理論に向かって」（『文化の解釈』一九七三年所収）が大きく寄与している。リンドベックはギアーツの文化解釈論を宗教の神学的解釈に転用するのである。まず、ギアーツの議論を追ってみよう。[5]

ギアーツにとって文化研究は基本的に「法則を探究する実験科学」ではなく「意味を探究する解釈学的学問」であるが、現今の多くの文化人類学者たちの文化解釈に彼が不満を抱かざるをえないのは、彼らが「文化の諸要素をバラバラにし、その上でそれらの内的関係を特定化し、そうして文化の体系をその核心的象徴に従って一般化してみせる」(17)からである。だが、文化はそのように定式化可能な「象徴体系」(17)として扱われることはできない。「この解釈の方法は、文化の分析をその固有の対象すなわち実生活の非定形的な論理の外部に固定してしまう危険を冒している」(17。傍点西谷)。文化研究はそれよりもむしろ、「複雑な概念的諸構造」(10)が重なり合った「民俗誌」を基礎材料とする「うっそうとした記述」(26)(イギリス日常言語学派の哲学者ギルバート・ライルの用語)であるべきである。従って、文化人類学者の仕事は「諸事例を横切って一般化することではなく、それらの内部で一般化することである」(26。傍点西谷)。結論的に言えば、「解釈できる記号の連結した体系として……文化とは、社会事象や人間の振る舞いや制度や経過が適宜そこへと関連せしめられる一つの力なのではなく、それらのことどもがそのなかで理解可能な仕方で——つまり、きめ細かくうっそうと——記述されうる、一つの文脈なのである」(13。傍点西谷)。

以上のような文化解釈論をリンドベックはそのまま神学における宗教解釈に適用する。ギアーツが批判する文化解釈とよく似た宗教解釈をわれわれは、「絶対依存の感情」を言うシュライエルマッハーや「究極的関心」を言うティリッヒや「神人の不可分・不可同・不可逆の関係」を言う滝沢克巳等の神学者に見るのだが、これは宗教の正典外のカテゴリーを宗教解釈の基本的参照枠に仕立て上げ、それによって人類に共通な普遍的宗教的経験が存在するかのように見せかける議論と言われても仕方がない。これに対して、リンドベックによれば、キリスト教神学の課題は「現実を聖書の枠内で再記述することであって、聖書を聖書外のカテゴリーに翻訳することではない」(118)。彼によれば、「世界の有力な宗教はすべて比較的固定化された経典的文書をもち」(116)、「経典によって描き出される世界は宇宙を呑み込むことができる」(117)。経典は「それ自身で意味の支配を創造する」(117)。従って、経典「解釈の課題とはそのことを全現実にまで拡大することである」(117)。こうして、リンドベックによれば、宗教とは現実全体を「包括する解釈図式」(32)であり、「宇宙のなかで他の何よりも重要な事物の確認と記述をなし、それとの関連にある人間の態度や信念を含む生の全体的体系化をなす」(33)ものである。換言すれば、宗教とは本来人間と世界に起こる万事をその経典本文によって解釈するという内的必然性を抱いているものなのである。宗教改革者が「聖書がそれ自身の解釈者である」という聖書解釈の基本公理を掲げたのは、彼らにすでに本文内部性の思想が潜在していたことを示す。

以上の見解に立って、リンドベックは、「詩的、預言者的、律法的、典礼的、知恵文学的、神話的、伝説的、歴史的といった多種多様な資料をまとめている」「その正典的統一性をもった全体としての聖書の文学的ジャンルは何か」(120)を問い、それを「物語」として規定する。「物語」こそ、それを構成している多種多様なうっそうと記述された諸要素を「全体包括的」(120)な「文脈」ないし「体系」において有意味たらしめる文学的ジャンルだからである。従って聖書に最もふさわしい読み方は、聖書本文のそのような「物語」としての「文学構造そのものから神学的に支配的な意味を」読み取っていく「本文内部的な読み方」(120)である。それはけっして従来の「歴史批評学」を退けないが、「正典的意味を決定するのにより重要なのは、歴史的批評的読み方よりも文学的考察である」(123)。

4　文脈編入

宗教の本性をこのように「本文《ほんもん》内部性」と規定し、宗教を「体系内部的真理」(64、65)と見るならば、その宗教の「伝道」ということを考える場合、それは正しく「文脈編入」(incontextualization) という概念をもって言い表わされうるのではないかということが、本論稿の主張である。これは一九六〇年代に取り沙汰された「土着化」(indigenization) の思想の批判的修正であり、それからの積極的前進と理解されてよい。

（1）伝道の前提

まず、筆者が理解する「伝道」概念について述べてみたい。第一に、「伝道」は単なる「対話」ではないということである。先に紹介した曽我量深氏の言葉で筆者が賛同するのは、「別に仏教者がキリスト教にかわるとか、キリスト者が仏教にかわるとか、そういうことをしないでもですね」という部分である。「両方が互いに話し合い、両方が互いに磨いていく」ということはもちろん必要であり重要であるが、しかし「伝道」はそれに留まらない。伝道者は、たとえば他宗教に出会った場合、それを学習するが、それに「変わる」ことはない。すなわち、改宗しない。対話し、学習するが、改宗することはなく、むしろそれを自家宗旨の内に取り込んでいく。異文化の諸価値に出会った場合も同様である。世界が色々な意味で小さくなり、文化人類学の研究成果が表わされるようになって、国家間・文化間の交流に関わる人々は比較宗教的・比較文化的文献を重宝がるようになった。交流の相手をよく知り、よく対話するためである。しかし、このような「対話」は、一言で言い表わせば、“intertextuality”の次元で留まる。相手の宗教・文化・国家のテキストに含まれた様々な記号や規則を熟知し、交流において余計な摩擦を生じさせないようにすれば事足りるからである。だが、宗教の「伝道」はそれで終わりえない。なぜなら、たとえばキリスト教で伝道とは、「すべての国民を弟子とする」〈マタイ28:19〉ことであり、弟子とは「いっさいを捨てて」〈マルコ10:28〉キリストに従う者のことであり、一切を捨てたのはキリストにおいて「隠されている」「いっさい」〈コロサイ2:3〉を見出すためだからである。「宗教の文化的・言語的理解」の言葉で翻訳すれば、伝道とは、「万事を内部のこととして、すなわち当該宗教によって解釈されることとして叙述する」ことなのである。つまり、他宗教・異文化を相手とした場合、その相手のテキストの記号や規則を自分のテキストに取り込んで位置づけ、理解することなのである。それはどうしても“intratextuality”の次元の事柄となる。

次に、「伝道」はとくに宗教的な領域に限定されるべきではなく、文化的・社会的なものへの顧慮をも含まなければならないということである。リンドベックは言語学者ノーム・チョムスキーの「言語能力」と「言語運用」の思想〈90〉や哲学者ジョン・オースティンの「言語」の「実演的」使用〈65〉という思想に基づいて、「宗教的言述が存在論的対応物をもつ命題的真理を獲得するのは、その言述がそのような対応物を創造する実演すなわち一つの行動ないし行為であるときのみである」(65) と述べる。この言葉には、先の第一の宗教の認識主義的・命題主義的理解が普及しえたのは、それが真理と主張する教理に対応する現実が存在したからである、ということが含蓄されている。かの立場が承認されたのは、具体的に言えば、たとえばコルプス・クリスティアヌムを有した社会すなわち中世ヨーロッパ・キリスト教社会のような社会が存在したからなのである。それが現代において適合性を失いつつあるのは、世界のキリスト教が現在では中世ヨーロッパ・キリスト教社会のような存在論的――筆者が付加すれば、社会倫理的――な対応物を全体としてもつものではないからなのである。そこで、現代のキリスト教はふたたび中世ヨーロッパ・キリスト教社会成立以前の初期の「伝道」時代のような時代に投げ返されていることを自覚しなければならない。そして、「本文内部的」「体系内部的」宗教として、存在論的社会倫理的対応物を新たに創造する「実演」にさらに励まなければならないのである。もちろん、この対応物は「中世カトリック・キリスト教」が獲得したようなものでもなければ、十九世紀「文化プロテスタンティズム」が目指したようなものでもない。前者に対する批判が「宗教改革」であり、後者に対する批判が「弁証法神学」であった。そして、その批判には聞くべきところが多い。にもかかわらず、キリスト教の「伝道」概念は、宣教された神の真理の言葉の知的認識を奨励すると同時に、この言葉に基づいた人間の生活の形成を指導することまでを含む概念である、と筆者は信じる。つまり、「伝道」は純粋に宗教的なものに加えて、文化的なもの、社会的なものの次元をも包括しているのである。「伝道」を前者の次元に限定しようとする保守的な傾向がキリスト教徒の間に不幸な二元論的世界理解を提供する。

こうして、「伝道」は、筆者の理解によれば、単なる「対話」を越えて、新しい出会いの相手を自家宗旨の正典の「物語」のなかへと――宗教的にも倫理的・文化的・社会的にもという意味で――全存在的にとらえ、そのすべての問題の解決を示唆することである。そして、このように自家宗旨の「物語」の「文脈」のなかに伝道の対象を取り込むことを、筆者は“incontextualization”と表現するのである。そして、「伝道」を“incontextualization”として新しく言い直すことで、従来の宗教の「絶対性」の理解を訂正し、加えて他宗教の存在を肯定しつつ、かつそれを凌駕する筋道を示しうると筆者は考える。別言すれば、宗教の競合状態を、従来の「独断的排他的絶対性の道」にもよらず、「比較宗教的・混淆主義的アプローチ」にもよらず、「文脈編入の立場」で理解する道を示してみたいのである。そこで、この概念をもう少し詳しく述べてみよう。

(2) 経典本文

"incontextualization"と言う場合、"text"ということで宗教の「経典的文書」(116)の「本文」が意味されている。リンドベックによれば、宗教とはその経典本文の内部で現実全体を記述し解釈するという内的必然性を抱いているものであった。キリスト教で言えば、本文内部的解釈によって「聖書外の諸現実は聖書内の(同型や反型の)姿に移し換えられる必要がある」(118)のである。言語哲学者沢田允茂は、「人間は短い文や文の集合だけではなくて、より長い文の集合、すなわち物語または理論を構成して、この……構造のなかに対象を位置づけて解釈し、理解し、そのような理解に基づき対象に対して働きかける」[6]と述べるが、宗教の経典とはまさにそのような人間の生の「解釈図式」(32)なのである。しかも、それは全宇宙をも呑み込むほど「全体包括的」(115)である。宗教学者岸本英夫は、宗教は「人間生活の究極的な意味をあきらかにし、人間の問題の究極的な解決にかかわりをもつ」。そして、それは「人間、社会、自然、文化に関係したあらゆる問題におよぶ。宗教は、あらゆる人間の問題の解決にかかわるからである」[7]と述べるが、彼が強調する「あらゆる」という面が宗教の「全体包括性」を示唆している。こうして、宗教のテキストは「全体包括的な物語」(120)として、われわれがすべての事柄をそれ自身に組み入れて解釈することを指示する。

そして、もし、そうであるならば、われわれが「伝道」の局面で出会う一切の新奇な事物が、われわれ自身の経典のテキストの内へと編入し、解釈し、意味づけるべき対象である。他宗教や異文化の教えや慣習などはとくに自家宗旨の「物語」に取り込み、新しく解釈し直されねばならない。その場合、われわれが「発見的」な精神をもつべきことは勿論である。いずれにせよ、このような文脈編入の成果が、久しく歴史を生き抜き、広く文化領域を蔽ってきた、その宗教のいわば「実力」となってきたのである。文字のない社会の経典的文書をもたない因習的宗教が概して短命なのに対して、いわゆる世界宗教・高等宗教が広範な伝播力と歴史的生命力とを保っているのは、「あるゆる人間の問題」に解決を示しうるその経典のテキストのゆえである。そして、現代においては新奇な事柄をどれほど自家宗旨の「文脈」のなかに編入し、それによって他宗教を凌駕しうるかという「実力」[8]の概念が、従来の「絶対性」概念に取って代わるのである。少し角度を変えて言えば、従来の「絶対性」概念とは特定の歴史的宗教の経典本文の「文脈」の独自性・固有性と言い換えることができる。そして、信仰の「忠実性」とは、その固有の文脈において万事を解釈し、あらゆる問題を解決しようとする態度なのである。

(3) 文脈

さて、"text"が"context"となるのは、新奇な事柄がそのテキストのなかの適切な場所に位置づけられ、そのテキスト自身によって適正な意味を賦与されることによる。語の適正な意味が確定されるのは一にかかって「文脈」によるというのが、現代の意味論の主張である。聖書翻訳学者ユージン・ナイダは、現代の文化人類学者・言語学者は語の意味の確定が「人間の振る舞いという実際的文脈と言述という言語的文脈のなかで」行われることを発見した[9]、と言う。その通り、言語学者ハヤカワは、「語の意味のほとんどすべては、われわれは辞書や定義から習うのではなく……人生の実際の状況にともなって聞き、ある音をある状況と連合させて習う……すなわち、文脈を自覚することにより」と述べ、われわれは語の意味を「言語的文脈」と「物理的・社会的文脈」の両方で学習する[10]、と言う。言語学者ハラルト・ヴァインリヒも言う、「文脈がすべてを固定するのである。つまり、〔テキストのなかの語彙の〕意味を固定する。テキストの諸語彙は互いに限定し合い、拘束し合って〔互いの意味を固定して〕いる。しかも、テキストが完全であればあるほど、効果的にである」[11]。筆者はこの現代の言語学的意味論の考えを宗教の「伝道」にも応用することができ、またすべきであると考える。言語学的意味論では、語の意味はそれが置かれる文脈によって決定される、と言うのであるが、われわれの伝道においては、伝道の局面で出会う他宗教や異文化の新奇な教えや慣習などを自家宗旨の経典の「文脈」に編入し、新しく意味づけ、解釈し直すということを大胆に行うのである。こうして、「伝道」とは正しく“incontextualization”の作業なのである。

（4）隠喩的意味創造

その場合、伝道の局面で出会う他宗教や異文化の新奇な教えや慣習を、われわれの経典の文脈にどのように編入していくかという問題が起こってくるが、当然考慮されるのは、新奇な事柄とすでに経典のなかにある事柄との「類似性」の発見ということである。文脈において前者が置かれる位置は後者がすでに占めていた位置と同じになるか、近くなり、そこで意味づけられる。しかし、あえて言えば、前者と後者の類似性に拘泥する必要はない。前者が経典のテキストにとって文字通り「新奇」であっても、正典のテキストが「全体包括的」であるかぎり、前者は経典のテキストのなかでそれにふさわしい位置をもつし、またそれは解釈する伝道者の苦心と努力によって発見され、提供されなければならない。そのことによって、「潜在的に全体包括的」（115）とリンドベックが言う宗教の経典の文脈がより多く「顕在化」していくと言うこともできるわけである。

　ところで、二つのものの直接的で明白な類似性を表現する文学的手法は「明喩《シミリ》」であるが、表面的な類似性の欠如にもかかわらず一方の属性を他方に転移して、両者の隠れた、いわば深層の類似性を引き出す修辞法が「隠喩《メタファー》」である。オクスフォード辞典は「隠喩」を「名称や記述のための言葉をそれが文字通りには適用不可能な対象に適用すること」と定義する。[12]ヴァインリヒは、「通常の文脈は或る語彙をその〔辞書的〕意味の内部で限定するのに対して、メタファーの文脈では限定は〔辞書的〕意味の外部で行われる。こうして、意味と、その意味の内部ではなく外部にある考えとの間に緊張が生じる。この緊張がメタファーの魅力となっている[13]」と述べる。パウル・リクールは、モンロー・ビアズリーの「隠喩のよじれ」という概念を参照しつつ、「辞書的にすでに意味が決まっている語から、これまで述べられたことのない隠喩的効果を引き出す……文脈の働き[14]」について語る。隠喩的言表はそれ自体が一つの小さな文脈を形成するが、この文脈が文脈中に置かれた「語の中に意味の移動を創造する」。すなわち、隠喩に用いられた語に「意味の変化」を起こさせ、「字義通りでない意味」を創造する。[15]つまり、当該の語はこの文脈に置かれたことをもってそれまでそれが有さなかった新しい意味や思想を獲得するのである。言語学的意味論が言うこのような文脈による隠喩的意味の創造ということと対応する事態が、文脈編入としての伝道においても起こってよい。それは伝道の局面で出会う他宗教や異文化の新奇な教えや慣習が自家宗旨の経典の文脈に置かれ、隠喩的解釈を受けて、新しい意味を賦与されるという事態である。本論文で文脈編入の具体的ケースを取り扱うつもりはないが、キリスト教がその歴史のなかで行った典型的な例の一つとしてここで「クリスマス」を挙げてよいであろう。これはキリスト教が行った文脈編入による隠喩的意味創造の典型である。

(5) 他宗教・異文化

以上が筆者の言う“incontextualization”としての「伝道」の要点部分であるが、これによって伝道の相手として出会う他宗教や異文化の存在は、独断的排他的絶対性の立場の場合と違って、最初から否定されたり無視されたりすることはない。むしろ、端的にその事実的存在は肯定される。それはあるがままで受け止められる。しかし、それは同時に、それが置かれていた古い文脈から解放され、新しい文脈に編入され、新しい意味づけを得て、新しく用いられるのである。今世紀、キリスト教界内では「キリスト教と諸宗教」の問題において、「諸宗教」が最初から排除される傾向から対話の相手として承認される傾向へと移ってきた。“incontextualization”もその点においては同じ考えである。神学的にはそれは、預言者アモスがイスラエルと他国民とを相対化したように、現在のキリスト教を他宗教と相対的競合状態にあるととらえる。ただし、それは「中間時」のことであって、「終末」におけるキリストの支配すなわち「神の国」の到来を仰ぎ望む。その意味で、キリスト教の最後決定性を信じるのである。そして、それが“intertextuality”ではなく“intratextuality”の思想に基づく“incontextualization”の努力に表現されるのである。

最近の宗教間対話の傾向には、自家宗旨の独自性への固着、最後決定性への忠誠の態度が欠如している。そのような傾向の神学者の多いなかにあって、ジョン・B・カッブの『対話を越えて——キリスト教と仏教の相互変革を目指して』（一九八二年）は排他的絶対性の立場も越え、さらに単なる宗教間対話・相互学習の次元をも越え、かつ、カッブ自身の伝道の使命感も強調する。筆者はカッブが次のように言うとき、筆者に類似した立場を見出す。「他者が認識した異質の諸真理を自己自身に取り込むという意味で、普遍的な信仰になるということが、キリスト教の伝道である」[16]。カッブがこの命題を「プロセス神学」の考え方で基礎づけたとすれば、筆者は類似した命題をリンドベックの「本文内部性」の概念を応用しつつ基礎づけた。そして、筆者は、「本文内部性」と「文脈編入」の考え方のほうが、キリスト教の「決定性」[17]について、より明確な説明を提供すると思うのである。

（6）土着化・文脈化・インカルチュレーション

伝道に関する六〇年代の“indigenization”すなわち「土着化」の提唱はそれなりに有意味であったと判断する。ナイダの『使信と伝道——キリスト教信仰の伝達』（一九六〇年）によれば、「混淆主義は〔諸宗教の〕内容の調停、信条の統合、世界観の融合を含み、それらは一つの『新しい体系』や一つの『新しい行き方』を構築するための何らかの共通基盤を提供する仕方で行われる」のであるが、これに対して「土着化は本質的に、地方の土着の伝達の形態・方法・担い手を、それらが準備され訓練される限りで、十分に活用することによって成立する」ものであった[18]。「土着化」思想の最大の関心はキリスト教信仰の有効な伝達ということにあったと言ってよい。そこで、伝達の手段として「地方の土着の伝達の形態・方法・担い手」を活用することの重要性が強調されるのである。ナイダは、福音の使信を呈示する場合、キリスト教の側が福音の使信を受ける側の文化的文脈に対して無知であることから、その呈示は不十分なままで終わり、それがために使信そのものが誤解されてしまう諸事例を挙げ、キリスト教の側による土着の文化への十分にして綿密な理解の必要性を説いた。そこで、福音を受け止める土着の側の「全体的な文化的文脈[19]」に対するキリスト教側の理解が必須であると言うのである。しかし、これはその方向性において筆者の言う“incontextualization”を逆転した動きである。つまり、福音の使信を有効に伝達するために、それがどのように受け止められるのかを、まず伝道の相手の文脈において理解するのである。

「土着化」の後に提唱されたいわゆる「文脈化」、“contextualization”は、前者が伝統的で文化的な文脈を重んじたのに対して、現代の社会的・政治的な文脈を強調するという試みであった。しかし、いずれにせよ、両者とも福音を受け止める側の文脈を重視することにおいて共通している。ここにまた土着化論やコンテクスチュアリゼーション論の危険性が指摘され批判される所以もあった。福音を土着の文脈に置くことによって、それが変質してしまうのではないか、という危惧である。また、カトリック神学においては、非キリスト教的文化圏に対するキリスト教伝道において、この非キリスト教文化の側から受ける反響や対応を“inculturation”と呼び、それに関して批判的考察を加えてきた。この概念には少なくとも福音と文化の相互的双方向性が含まれるが、それでもなお非キリスト教的文化からの反応への顧慮が重要な要素として前提されている。

筆者は、もちろん、福音が相対する文化への顧慮を重視すべきと主張するナイダの議論に反対すべき点を見出さない。福音伝道の働きにおいてナイダの指摘はむしろ当然のことだからである。ただ、筆者が言いたいことは、土着化やコンテクスチュアリゼーションやインカルチュレーションの議論はそれだけでは不十分である、ということである。福音の使信の伝達を有効なものとするために、その伝道の対象の側の文化等の文脈をよく知り、使信への誤解をできる限り除くことに意を用いた上で、さらに今度はそれら伝道対象の側の宗教的教理や伝統や文化的諸価値をあらためてキリスト教的文脈に置いて再解釈し、意味づけて、土着の人々に理解してもらうことで、福音伝道はまっとうされるのだからである。

おわりに

すでに述べたように、筆者は以上の"incontextualization"としての伝道の提唱の動機を、主として、宗教を「本文内部性」の概念によってとらえるリンドベックから得た。しかし、日本におけるキリスト教伝道推進のためにもこの考え方を強調することは益のあることであると思ったのは、日本宗教史についていささか学んでからである。日本古来の固有の宗教とは「神道」である。日本思想史家西田正好はその著『神と仏の対話――神仏習合の精神史』(一九八〇年)で、「神道」を、祖霊(人間)の神格化の契機のみを強調した民俗学者柳田国男の説を訂正しつつ、「敬虔なアニミズムとしての多神教的自然崇拝[20]」として特徴づける。そして、その弱点として、「自己を語りえないまま、無数の誤解を生じやすいあいまいさのなかに自己を放置するほかない[21]」その性格を指摘する。神道自体がこれを「神道不測[22]」と言い表わすが、国学者本居宣長もそれを強調しながら、「神秘主義的な不可知論[23]」に陥った。しかし、宗教は自己をロゴス化しないではおれない。そこで、西田によれば、神道は「神道不測」を言いつつ、他方で外来宗教としての仏教、儒教、果てはキリスト教の「教義学を借用しないではおれなかった[24]」。「他人の鏡を借りなければ自分の姿がわからないかのように、日本の神道はおのれの存在証明のために絶え間なく」「異教との習合を求めざるをえないという、きわめて曲折に富んだ矛盾の歴史を辿って[25]」行った。

ここにも証言されているように、宗教は必然的に人生をも含めた現実全体の包括的「解釈図式」として自己のロゴスすなわち経典のテキストを求める。しかも、それが「潜在的」なものであればあるほど、そうであり、それはある場合には他宗教のものをあえて「借用」しても求められるのである。政治的支配者の思惑から生じた歴史の不幸[26]によって、キリスト教は日本の神道によって本格的に習合されるチャンスも与えられなかったし、キリスト教が神道を本格的に文脈編入するチャンスも見出してこなかった。しかし、今はそれを大胆に行う時、すなわち伝道の時なのである。ただし、繰り返すが、キリスト教が求めるのは、宗教の名にふさわしく、「習合」ではなく、「文脈編入」なのである。

【注】

（１）文化庁編『宗教年鑑』（文化庁文化部宗務課、一九九一年）、31頁。
（２）本論稿中（　）によって頁数が示された引用文は、すべてこのリンドベックの著作からのものである。
（３）リンドベックがシュライエルマッハーをこの宗教理解の類型に属させたことに対してゲリッシュ（Book review, *The Nature of Doctrine*, in : *The Journal of Religion*, Vol.68, No.1, January 1988）は反論している。たしかにシュライエルマッハーは『信仰論』では教義学的アプローチを取っており、その意味でゲリッシュは正しい。しかし『宗教論』ではリンドベックの第二類型の立場を取ったと判断できる。その意味でリンドベックは正しい。要するに、シュライエルマッハー自身が宗教理解については二元的なのである。
（４）筆者はリンドベックの宗教の「本文内部性」の特徴に関する指摘を高く評価する。しかし、彼のこの著作の主眼点は、宗教教理とは「客観的現実に関する真理主張」（24）ではなく「宗教の〈物語の〉文法」（81）を反映している「規則」であるとする「規則理論」（80）にあると言ってよいだろう。しかし、筆者は、教理をどう理解するかについて、本論稿では触れない。ただ、筆者自身は「教理規則理論」よりも「経典の本文内部性」の方を高く評価し、「伝道」に益する概念としてさらに展開したいのである。
（５）この論文を含むギアーツの著作は邦訳されている。クリフォード・ギアーツ『文化の解釈学』上・下巻（東京：岩波書店、一九八七年、吉田禎吾他訳）。なお、以下の一段落の（　）による頁数のみ原著からの引用。
（６）沢田　茂『言語と人間』（東京：講談社、一九八九年）、157頁。
（７）岸本英夫『宗教学』（東京：大明堂、一九六一年）、17、84頁。
（８）この概念は大木英夫『ピューリタン』（東京：中央公論社、一九六八年）から学んでいる。大木は英国教会制度による地位の保証を受けないピューリタン説教者たちが自身の「説教や聖書講義の実力で」（同上書、98頁）人々を回心させ、教会的契約のなかへと導いたことを、歴史的に跡づける。筆者は、現代のキリスト教も独断的排他的絶対性の立場に安穏と憩うことなく、文脈編入の「実力」をもって他宗教を凌ぐ努力をすべきである、と思うのである。

（9）Eugene A. Nida, *Message and Mission. The Communication of Christian Faith*(New York : Harper & Row Publishers, 1960), pp. 76-77.

（10）S・I・ハヤカワ『思考と行動における言語』第二版（東京：岩波書店、一九六五年、大久保忠利訳）、57頁。

（11）ハラルト・ヴァインリヒ『うその言語学』（東京：大修館、一九七三年、井口省吾訳）、29頁。

（12）H. F. Fowler and F. G. Fowler (ed.), *The Concise Oxford Dictionary*, 5th Ed. (Oxford : Clarendon Press, 1964), p. 763.

（13）ヴァインリヒ、前掲書、74頁。

（14）パウル・リクール『解釈の革新』（東京：白水社、一九七八年、久米博訳）、91頁。

（15）同上書、86頁。

（16）John B. Cobb, Jr., *Beyond Dialogue. Toward a Mutual Transformation of Christianity and Buddhism* (Philadelphia : Fortress Press, 1982), p. 142.

（17）この概念は P. T. Forsyth, *The Cruciality of the Cross* (1909) から借用したものである。

（18）Nida, op. cit., p. 185.

（19）Ibid., pp. 171ff.

（20）西田正好『神と仏の対話——神仏習合の精神史』（東京：工作舎、一九八〇年）、50頁。

（21）同上書、250頁。

（22）同上書、46頁以下。

（23）同上書、244頁。

（24）同上書、250頁。

（25）同上書、251頁。

（26）仏教が七世紀初頭、推古天皇と聖徳太子の政策によって公けに日本に導入されたのに対して、キリスト教は十六世紀半ばの日本渡来以降、しばらくは織田信長の政策で布教が公認され、信徒数は75万人ほどに達したと言われるが、その後、豊臣秀吉と徳川家康の政策で拒否され、苛酷な迫害を受けた。秀吉と家康のキリスト教禁教政策の延長として日本は十七世紀初頭から十九世紀後半まで約二世紀半の「鎖国」状態に陥った。

（初出："Mission als Inkontextualisation"（独語）、『聖学院大学論叢』４巻、一九九一年所収、「"Incontextualization" としての伝道」、『聖学院大学論叢』６巻、一九九四年一月所収）

II 政教分離原則とキリスト教学校

第5章　トレルチ＝ホル論争再訪――宗教改革と近代世界の関係について

はじめに

本稿は、二十世紀初頭におけるドイツ人神学者エルンスト・トレルチと同じく教会史家カール・ホルの宗教改革と近代世界の関係をめぐる論争の内容を再確認し、二人の論点を再吟味することによって、現代のわれわれにとってのその意義を考えてみようとするものである。それを受け止める最終的な文脈は現在の日本のわれわれということになる。

「トレルチ＝ホル論争」と題したが、佐藤敏夫教授が「トレルチとホルは、正面から相互に華々しく論戦をしているわけではない」、「トレルチは……ホルの立場を直接にはどこでも批判していない*」（佐I 117、120）と言われるとおりであって、このような表現が従来用いられてきたわけではなく、筆者自身のものであることをお断わりしておく。しかし、教授が続けて「しかし両者の対立はきわめて鮮明なもの」と言われ、ゲッティンゲンのディートリヒ・コルシュも「内容的には論争」（K212）と述べることからも、この表現が過度なものでないことは察していただけるであろう。両者の対峙に関するニューヨーク・ユニオンの教会史家ヴィルヘルム・パウクの次の論評もこれを許すであろう。すなわち、「宗教改革の文化的意義に関するホルの問いの設定〔『宗教改革の文化的意義』一九一一年〕を十分に理解したいと思う者は誰でも、トレルチの講演〔『近代世界の成立に対するプロテスタンティズムの意義』一九〇六年〕を参照しなければならない。そのとき、彼は、ホルが実際にトレルチと同じ領域を論じながら、異なる判断と結論に達しているのを見届けるであろう」（Pk 17）。

パウクの論評からもわかるとおり、トレルチ＝ホル論争とは近代世界の成立に対する（とくにルターの）宗教改革の意義をめぐるものなのだが、この問題についてはすでにわが国でも論じられてきた歴史がある。筆者の限られた視野で指摘しうる文献としては、今引用した佐藤教授論文「トレルチ」、同じく「プロテスタンティズムと近代世界――トレルチのテーゼについて」、徳善義和教授論文「二つのルター解釈――トレルチとホル」、倉松功教授『ルター神学とその社会教説の基礎構造』、ホルへの言及は少ないが近藤勝彦教授『トレルチ研究』などがある。従って、小論はこれら先達の研究の恩恵に浴しつつ、さらに幾つかの外国文献を参照して、進められるものである。この主題に関心をもってこられた方々にとっては新たな想起と再考のための刺激として、はじめてこの問題に触れる方々にとっては一つの導入として、お役に立てれば、幸甚に思う。

さて、この論争は、宗教改革と近代世界の関係をめぐるトレルチの立論に対して、ホルがそのルター研究の主として脚注で反論するという形を取った。そこでわれわれの叙述も、まずトレルチの議論を再現し、次にホルの対論を跡づけ、その上で両者の論点を批判的に吟味し、われわれにとっての意義を確認するという形で進めたい。

＊本稿では通常の注記の形を取らず、文章末尾に引用文献略記号と頁数を記した。そこで、以下に、参照文献とその略記号を示しておく。

- Ernst Troeltsch, *Gesammelte Schriften* (Tübingen, 1922-25; Aalen, 1965-81)〔GS Ⅰ～Ⅳ〕
- Ernst Troeltsch, *Spektator-Briefe* (Tübingen, 1924)〔SB〕
- トレルチ著作集（ヨルダン社、一九八〇年～一九八八年）〔著Ⅰ～Ⅹ〕
- Karl Holl, *Gesammelte Aufsätze* (Tübingen, 1923-28; 1948-65)〔GA Ⅰ～Ⅲ〕
- 佐藤敏夫「トレルチ」、雑誌『福音と世界』一九六三年十月号および『キリスト教と近代文化――近代プロテスタント思想史』（新教出版社、一九六四年）所収〔佐Ⅰ〕

・佐藤敏夫「プロテスタンティズムと近代世界——トレルチのテーゼについて」、『プロテスタンティズムと現代——文化神学序説』（新教出版社、一九七〇年）所収〔佐Ⅱ〕
・徳善義和「二つのルター解釈——トレルチとホル」、紀要『神学雑誌』（日本ルーテル神学大学、一九七〇年）所収〔徳〕
・倉松功『ルター神学とその社会教説の基礎構造』（創文社、一九七七年）〔倉〕
・近藤勝彦『トレルチ研究』上・下巻（教文館、一九九六年）〔近・上、下〕
・H・ボルンカム（谷口茂訳）『ドイツ精神史とルター』（聖文舎、一九六八年）〔ボ〕
・宮田光雄編『ヴァイマル共和国の政治思想』（創文社、一九八八年）〔宮〕
・河島幸夫「敗戦と革命と宗教」、宮田編『ヴァイマル共和国の政治思想』所収。
・Wilhelm Pauck, "Introduction," to: Karl Holl (K. and B. Hertz and J. H. Lichtblau 〔trs.〕), *The Cultural Significance of the Reformation* (New York, 1959)〔Pk〕
・Bernhard Lohse, *Martin Luther.Eine Einführung in sein Leben und sein Werk*, 2. Auflage (Beck'sche Elementarbücher, 1981)〔L〕
・Ulrich Gäbler, "Drei Typen theologischer Lutherdeutung um 1920. Ernst Troeltsch, Reinhold Seeberg, Karl Holl," in: F. van Ingen und G. Labroisse (hrsg.), *Luther-Bilder im 20. Jahrhundert* (Amsterdam, 1984)〔G〕
・Wolfhart Pannenberg, "Reformation und Neuzeit," in: H. Renz und F. G. Graf (hrsg.), *Troeltsch-Studien*, Bd. 3. (Gütersloh, 1984)〔Pg〕
・Herrmann Fischer, "Die Ambivalenz der Moderne. Zu Troeltschs Verhältnis -bestimmung von Reformation und Neuzeit," in: H. Renz und F. G. Graf (hrsg.), *Troeltsch-Studien*, Bd. 3. (Gütersloh, 1984)〔F〕
・Dietrich Korsch, "Zeit der Krise und Neubau der Theologie. Karl Holl als Antipode Ernst Troeltschs," in: H. Renz und F. G.Graf (hrsg.), *Troeltsch-Studien*, Bd. 4. (Gütersloh, 1987)〔K〕
・Trutz Rendtorff, "Die umstrittene Moderne in der Theologie. Ein transkultureller Vergleich zwischen der deutschen und der nordamerikanischen Theologie," in: H. Renz und F. G. Graf (hrsg.), *Troeltsch-Studien*, Bd. 4. (Gütersloh, 1987)〔R〕
・拙著『ロマドカとニーバーの歴史神学』（ヨルダン社、一九六六年）〔拙〕
・Hans-Jürgen Goertz (hrsg.), *Radikale Reformation* (München, 1978)〔RR〕

1　宗教改革と近代世界の関係に関するトレルチの主張

(1)　近代の神学者トレルチ

トレルチの本領は、彼がキリスト教思想史中のいかなる神学者にも優って深く近代世界との取り組みを敢行した「近代世界の神学者」であった、という点にある。このテーゼを綿密なトレルチ研究によって確定されたのが近藤勝彦教授であるが、教授によれば、近代はトレルチにとって「単に歴史研究上の対象ではない。それは……歴史的認識に基づいて、歴史形成的行為の対象をなす時代」（近上27）なのである。そこで、近代世界とは何かを問い、明確に規定することが彼の学問上の主要関心となってくるが、その場合の根本テーゼが、近代世界とは中世の「教会的権威文化からの断絶」（著Ｘ49、57）である、ということであった。このような見方は彼の文化史的センスから生まれている。彼はやがてマックス・ヴェーバーをとおして社会学的方法を取り込むことになるが、近藤教授によれば、それをも一契機として、「文化的ならびに制度的な大きな関連」（GSⅣ741）を注視する「文化史的方法」をもってトレルチは出発していたのである（近下234）。

(2)　プロテスタンティズム二段階説

以上の基本的視野において、トレルチは有名となったあの独自のプロテスタンティズム二段階説を主張する。すなわち、ルターとその宗教改革は中世世界に属するものであり、近代世界は啓蒙主義と共に始まる。プロテスタンティズムも十八世紀に興隆する啓蒙主義と共に質的変化を遂げるのであり、前者を「古プロテスタンティズム」と呼ぶなら、後者を「新（ないし近代的）プロテスタンティズム」と呼びうる、という主張である（佐Ⅱ93参照）。トレルチはこのような文化史的テーゼを立てることによって、彼の時代を支配していた「ルネサンスと宗教改革は中世の終わりおよび近代の始まりと見なされている」（ボ498より再引用）世界史区分の常識[注*]を覆すのである。

注＊　この歴史学的常識については現在もある種の意味論的飽和状態にあるゆえに、パウクの説明で補っておく。すなわち、彼によれば、十八世紀後半つまりアメリカ独立戦争やフランス市民革命の時代、人間の自由や自律に関心を抱いた啓蒙主義の思潮のなかで、これらの闘争はローマ・カトリックの教皇制と権威主義に対するルターの福音の再発見に基づく抗議の何がしかの継続であり、その意味でルターの宗教改革が近代の開始をしるした、という考えが生じた。そして、これを十九世紀の歴史家たちは当然視し、二十世紀になるとそれは普遍的認識として通用するようになったのである（Pk 15 f. 参照）。パネンベルクは、同様に、イタリア・ルネサンスと近代を結合した先例として十五世紀のイタリアの歴史家マテオ・パルミエリと人文学者レオナルド・ブルーニを挙げ、また十七世紀末葉に歴史を古代・中世・近代に三区分し、近代の開始をルネサンスと宗教改革に帰した人物としてクリストフ・ケラリウスを挙げる（Pg 21 f.）。

トレルチのプロテスタンティズム旧新断層説の対立的背景として存在していたのは、ルターのなかにもっぱら近代的なものを見た彼の師アルブレヒト・リッチル、またフリードリヒ・ローフス、ホルスト・シュテファンといった彼の弟子たちである。これをプロテスタンティズムと近代の統一説とするならば、後述するホルとその学派もこれに属する。カトリシズムも統一説と言えるが、それは古プロテスタンティズムも新プロテスタンティズムも区別なく近代世界と妥協した頽落態と見るからである。カール・バルトに代表される弁証法神学は宗教改革と新プロテスタンティズムに断層を見る点ではトレルチと共通するが、彼と異なるのは、後者は前者からの発展ではなく頽落と見る点である（佐Ⅱ94、116参照）。この方向の極まったものとして、ルターの宗教改革に歴史を無視した「超時間的・規範的な意義」を帰したとパネンベルクが指摘する、後期フリードリヒ・ゴーガルテン、ゲルハルト・エーベリンクらを挙げてよいであろう（Pg 27）。トレルチの二段階説と軌を一にするのはヴィルヘルム・ディルタイやアドルフ・フォン・ハルナックである（Pg 27、ボ105、F73参照）。

(3)　中世的基盤に立つ古プロテスタンティズム

トレルチは、ルターの宗教改革は中世ヨーロッパの世界と神学の問題への回答であり、その限り中世的なキリスト教共同体の枠組のなかにあったということを、ルターにおける(1)恩寵と信仰の概念、(2)宗教的に規定された統一文化の思想、(3)統一文化を守護する国家教会の理念、(4)超自然的基盤に立つ教会の権威の観念、という4点の検討をとおして、論じる（佐Ⅱ96 f.、F58 ff.参）。要は、ルターはたしかにカトリック的信仰からの神学的・内容的更新は行なったが、教会的・社会制度的変革にまでは至らなかった、ということである。たとえば、恩寵はパウロでは聖霊の賜物だが、中世カトリシズムも宗教改革も教会が施す祝福の力として規定する。この両者の形式的一致に対して、その内容的相違は「義認はカトリックでは罪を根絶し義とする恩寵の注入だが、ルターでは神の言による罪の赦しの確証である」という点である。権威も、それが教会に存するとする点で両者は一致するが、カトリックでは絶対的秘跡・真理の無謬の機関としての教会に、ルターでは究極の権威をもつ神の言を宣教する教会に、存するのである。ホルとの対比でとくに際立ってくるのは(2)と(3)である。初代教会は世俗的体制にたいし疎遠であったが、その愛の思想は次第に変化し、キリストの法と自然法の結合を経て、キリスト教的社会の理念にまで至り、生の「倫理的全体形成」を生み出した。宗教改革は、十八世紀のような世俗化とも、再洗礼派のような厭世的禁欲とも異なる、厳密に宗教的な普遍的世界形成・国家と教会における統合的生の完結的プログラムを、カトリシズムと同様に、保持したのである。領邦教会的形態も中世的教会概念が変化した歴史的条件に適合したものにすぎない。「プロテスタント的統一教会は領邦教会となる。しかし、これは閉鎖的な教会的普遍文化理念の小さな枠組と多様な反復における実現以外の何ものでもない」。

(4)　過渡的形態としての古プロテスタンティズムの近代的特徴

以上はトレルチが『近代におけるプロテスタント・キリスト教と教会』第一版（一九〇六年）で述べたことであるが、

第二版（一九〇九年）で彼はルターの宗教改革の近代的特徴について語り出す。一版では宗教改革におけるカトリック的な呪術的サクラメント概念の崩壊とそれに代わる外的な言としての洗礼と聖餐を指摘することで満足していたが、二版ではカトリックにおける(1)サクラメント的敬虔に対して信仰と精神の宗教を、(2)教会的権威的宗教に対して万人祭司性に基づく宗教的個人主義を、(3)律法と応報の倫理に対して信念倫理を、(4)修道院制度に対して世俗の職業を神の召命ととらえるこの世に開かれた態度を強調したことを、宗教改革の近代的性格として掲げる（F62ff.、著Ⅸ215ff.参照）。これらのことはルターの新しい神思想に由来するものであり、近代世界の精神性・個人主義・自律性・此岸性に対応する（佐Ⅱ98）。しかし、それも古いプロテスタンティズムが自明の前提としている中世的枠組のなかでのことであり、それらに内具した素質のゆえに歴史的に独立した新類型としての新プロテスタンティズムへと移行しえたのであり、古プロテスタンティズム自体は中世から近代へのあくまでも「一つの過渡的形態にすぎない」（著Ⅷ207）。それは中世的教会文化の「後継者にして相続人」（著Ⅷ54）なのである。

(5) 近代文化と親和的な新プロテスタンティズム

トレルチによれば、広義の近代の開始はヨーロッパ主義が中世的狭さから出て、近代的な民族国家や資本主義の形成、植民地拡張へと向かい始めた十五世紀にあるが、狭義の「本来の近代」は絶対主義王制と三宗派体制との訣別と共に始まった。換言すれば、十七世紀のイギリス・ピューリタン革命と共に始まり、十八世紀のアメリカ独立戦争やフランス市民革命、そしてこの時期に隆盛を極めた啓蒙主義によって刻印された時代である（著Ⅵ432f.）。近代文化の主要な性格は中世文化の「他律」に対する「自律」であり、その内容は(1)個人主義、(2)科学的思考、(3)世俗内性、(4)楽天主義的進歩史観である（著Ⅷ25ff.）。この近代文化と深い親和性をもつ新しいプロテスタンティズムが十七世紀以来登場してくるのだが、それを支えた歴史的三大運動が、(1)教会の権威にとらわれず聖書の批判的研究を敢行した人文主義的・歴史的文献学的・哲学的神学、(2)国家から自由な教会共同体形成を促進した再洗礼派分派思想、(3)制度的教会から離れて神との個人的直接的霊的な交わりを求めたスピリチュアリズムである（著Ⅷ40 ff.）。そして、トレルチはこの「新プロテスタンティズムの中に彼自身の神学の歴史的な生の場を認識していた」（近上43）のである。

（6）近代世界の分裂

しかし、トレルチにとって、近代世界は神学的に諸手を上げて肯定しうるものではない。統一性を確保した中世のキリスト教世界に比して、この新しい世界は統一原理に欠けており、そのあらゆる文化領域において「深い分裂性」を呈しているからである。教会と国家の分離の原則のなかで、国家主権は「霊的世界には力が及ばず、外的・地上的事物に限定されている」ゆえに、国家は、文化の全体を自身に吸収しようとする動きと、これに反抗する個人の自由の運動との間で引き裂かれる。近代的民主主義も、前者の動きに追随する平等の民主主義と、後者の運動を促進する自由の民主主義とに分裂する。近代的経済としての資本主義もそれがもたらす「生活の喜びの成長」と「巨大な実際的唯物論」・「非人格化の作用」との間で分裂する。近代の法も学問も芸術も哲学も道徳もそれぞれの仕方で内的分裂状況を示している。そして、「最も錯綜した」「深刻な危機」状況にあるのが宗教である。「近代世界は古い宗教的束縛の破壊の仕事を徹底的に成し遂げ」て複数の宗派・教派を生み出したが、にもかかわらず、否まさにそれゆえに、社会を統合する「真に新しい力は生み出さなかった」のである（著Ⅹ15 ff.）。

（7）近代世界の成立に対するプロテスタンティズムの意義

このような視点からトレルチは近代世界に対するプロテスタンティズムの影響を確認するために近代の政治社会制度・経済組織・学問芸術の領域を検討するわけだが、そこで彼が提出する結論は（ある意味では当然の感がするが）、前者に対する後者の寄与は「主として無意識に生じた間接的結果、否それどころか偶然的な副作用ないしは意に反して生じた影響のうちに求められるべき」ということである。「プロテスタンティズムは近代世界の成立をしばしば大規模かつ決定的に促進したが、以上のどの領域においても単純には近代世界の創造者ではなかった」。だが、それなら、プロテスタンティズムは近代精神の招来に対して「独立の・主要な・まったく独自な・直接的影響」を及ぼすことはなかったのか。トレルチはこの問いに対し「明確に答えうることが一つある」とし、それは「プロテスタンティズム本来の中心領域すなわち宗教的思考と感情そのものの領域にある」と言う。すなわち「自由と人格の思想」・「プロテスタント的個人的確信の宗教、良心の宗教」であり、これが近代文化に適した敬虔であり、またその「最善の内容」なのである（著Ⅷ69ff.）。トレルチは「価値の無政府状態」（近上35、F68）にある近代世界も「真に真理であり進歩であるもの」を有しており、そこから「最も強力で深い宗教的な力を取り出そうと試みるほかはない」として、以上の結論に達するわけである（著Ⅹ57、48）。われわれはここにようやくルターの宗教改革と近代世界とを繋ぐ線を見届けることになる。

（8）宗教と社会・文化との関係

以上、宗教改革と近代の関係に関するトレルチの見解を呈示してきたが、最後に宗教と社会や文化との関係に関する彼の総括的見解について述べておく。トゥルーツ・レントルフは、近代の神学的評価をめぐるドイツとアメリカの神学の比較のためにトレルチの『キリスト教の諸教会および諸集団の社会教説』（一九一二年）に触れ、同書は相互に緊張した二つの根本傾向をもっと指摘する。すなわち、トレルチは、一方で、キリスト教の近代に対する社会的有効性如何という問題設定のなかで、ルター主義ではなくカルヴァン主義、とくにアメリカにおけるピューリタン的・自由教会的な発展におけるそれのみが究極的には近代世界への開放性と形成力をもったとする。これは当時のドイツのルター派の保守的傾向を批判し、その社会的・政治的状況に人権やデモクラシーを重視する近代化を導入するために強調されたのだが、他方で、彼は、キリスト教は元来、真正な社会形成力ではなく、それを欲したこともなかったとし、宗教と社会・文化との緊張に満ちた差異を強調した。レントルフによれば、これらは「体系的に早急に総合できない二重の結論」だが、『社会教説』は全体としては、キリスト教の将来的可能性をカルヴァン主義の近代的展開の線で探究しようとするものではなく、むしろ宗教と社会のこの緊張的差異の強調なのである。これを際立たせるのが『社会教説』の執筆後期に導入されたトレルチ自身が属すると告白する「神秘主義」もしくは「スピリチュアリズム」のキリスト教である。教会的権威や媒介から自由なこのキリスト教は、社会への教会やゼクテによる組織的な影響力はもたないからである。教会やゼクテによるキリスト教的社会形成が終焉したこと（それゆえ『社会教説』の叙述は十八世紀をもって閉じられるわけだが〔著IX183〕）と対応して、トレルチにおいては教会・教義を超越するこのキリスト教と個人文化の社会的に有効な興隆の問いが問われるのである。しかし、レントルフはこのトレルチの展望設定にあやふやさを禁じえない。近代におけるキリスト教の妥当性は、アメリカの社会福音の場合のようにもっぱら宗教と社会の直接的な一致において求められるべきではないとしても、やはり社会への教会的な影響力の程度・強度にかかってくるのではないか、と言うのである（R378ff.）。

このようなレントルフの見方もあるわけだが、近藤教授はトレルチの著作全体を分析し眺望して、彼は「いかなる『世界関係』をも知らないシュピリチュアリスムスに自己を限定することはできない」とし、「結論的には……『教会』型を評価し、その中に『ゼクテ』要素も『神秘主義』要素も取り込むという……『柔軟にされた教会』型に立ち」、その方向でドイツ教会の近代化、さらには現代的ヨーロッパ文化総合を目指したとされる。教授によれば、トレルチにおいては、つねにキリスト教的超世界的価値と世界内的文化的諸価値の二律背反的緊張が保持されつつ、なお両者は「創造的妥協」によって再結合していくのである（近下56ff.、同231、246参照）。われわれもこれがトレルチの基本的立場であったと理解する。

2　ホルのトレルチに対する反論

以上、宗教改革と近代世界の関係に関するトレルチの議論の骨格を描き出してきたが、われわれはこれから彼の議論に対するホルの批判を跡づけなければならない。ホルは秀でた教会史家であり、一九〇六年にテュービンゲン大学からベルリン大学に移り、そこで先輩であり友人であったハルナックと友好協力関係を結んだ（Pk 7 f.）。本稿の観点から注目すべきは、ハルナック宛の書簡からわかることだが、この移籍の年にホルは第九回ドイツ歴史家会議に出ており、そこでトレルチの講演「近代世界の成立に対するプロテスタンティズムの意義」を聞いているということである。ホルの弟子エマニュエル・ヒルシュのハンス・リーツマンへの書簡によれば、彼が「ホルのもとで勉強し始めた一九〇六年、ホルは本格的なルター研究家ではなかった。……ホルのルターとの本格的な取り組みは……〔ルターの〕ローマ書の講義に関する論文〔「ルターのローマ書講義における義認論」一九一〇年（GA I 111 ff.）〕からである」（K 221、212参照）。もちろん、ホルはすでに一九〇三年に論文「ルターの自己理解」（GA I 381 ff.）を発表していたが、高弟ヒルシュの印象に信頼するとすれば、ホルのルター研究は当時のカトリック史家ハインリヒ・S・デニフレのルター批判や、トレルチのルターおよび宗教改革理解からの刺激をも受けつつ本格的に展開されていった、と言ってよいであろう（徳68 f.）。ホルのルター研究に関しては、さらに、彼がエアランゲン版に代えてルターの初期の未刊行著作にも日の目を見させた最新のワイマール版を用いることができたということ（もっともその使用は一九一四年からのようであるが〔徳68参照〕）、また一九一四年からの第一次世界大戦という時代状況が濃く影響していたということが、言い添えられねばならない。それゆえに、ホルはルターのテキストの厳密な歴史批評的研究に基づき、宗教改革の神学を自身の時代の論争の只中で、印象深い決然性をもって、組織神学的にも展開した、といった評がなされるのである（徳70、L 234、G 194参照）。ホルは既述二論文に「宗教改革の文化的意義」（一九一一年、GA I 381 ff.）、「ルターと領邦君主的教会統治」（同、GAⅠ326 ff.）、「ルターの教会概念の成立」（一九一五年、GAⅠ288 ff.）、「ルターは宗教のもとに何を理解したか」（一九一七年、GAⅠ1 ff.）、「倫理の再建」（一九一九年、GAⅠ155 ff.）、「解釈学の進歩に対するルターの意義」（一九二〇年、GAⅠ544 ff.）の六論文を加え、一九二一年に教会史論集第一巻『ルター』として出版し（一九二三年第二版には「ルターと熱狂主義者たち」〔一九二二年GAⅠ420 ff.〕が加わる）、その学問的影響を確固たるものとした。ここからヒルシュやハインリヒ・ボルンカム、ハンス・リュッケルトらに代表されるいわゆるホル学派が抬頭してくる（L 235、Pg 24参照）。そして、宗教改革四百周年記念の一九一七年十月三一日やルター没後四百周年記念の一九四六年二月一八日といった日付けに刻印された、内実豊かないわゆる神学的ルター・ルネサンスが続くのである。

ホルのトレルチに対する批判・反論はこのルター研究書の主として脚注においてとくに『社会教説』を取り上げつつなされていることが明らかである。ホルがそこで「私は彼〔トレルチ〕から受けた刺激を感謝をもって認める」（GAⅠ243 ff.）と発言していることも覚えながら、われわれは以下に彼のトレルチ批判を何点かにわたって――年代的というよりは主題的に――提示してみたい（以下、頁数は断りがない場合はすべてGAⅠより）。

（1）　コルプス・クリスチアヌムに関する疑義

ホルによるトレルチ批判の根底をなすものは、全体として見るとき、中世ヨーロッパ世界概念としての「キリスト教社会」（corpus christianum, societas christiana）すなわち教権と俗権が仲睦まじく協働する統一世界（著Ⅷ56参照）へのルターの位置づけと言ってよいであろう。これにたいし、ホルは、この表現は教会法史家ルドルフ・ゾームやカール・リーカーに由来し、トレルチを介して「霊的であると同時に世俗的である全体的組織体」の意味に転釈されるようになり、世俗史家フリードリヒ・マイネッケまでが借用しているが、中世のなかにその典拠はなく、ルターにおいてはつねにただcorpus mysticumすなわち教会を意味しただけである、と述べる（340 f.）。むしろ、ルターにおいては、教会と国家は「それぞれ固有の領域と……責任」（323）をもった「二つの区別された自己完結的な団体」（344）

であり、それに関わる人々がキリスト者である限りにおいてのみ、その結合の全体はキリスト教的なものである。そもそも国家は、たとえ非キリスト教的であり無自覚的であっても、見える教会と共に、見えない教会としての神の国に奉仕しているのである（347）（ちなみに、これがルターのいわゆる二世界統治説である〔倉31参照〕）。

（2）教会型に関する疑義

次に、トレルチはこの corpus christianum に対応する社会学的形成概念としての彼のいわゆる「教会」型――つまり教会を「絶対的権威をもつ真理と秘跡的な奇跡力を備えた普遍的恩寵機関」（著Ⅷ269）と見る思想類型――にルター派の全思惟様式が本質的に属しているとするが（著Ⅷ286）、ホルは典拠を示しつつ、「ルターは教会をヴェーバーやトレルチが言う意味での……機関としてではなく、人格共同体として考えている。『社会教説』……が言う〔著Ⅷ289参照〕、それに属する（多数の）人格なしでも存立しうる機関としての教会といったものは、ルターにとっては無意味のみならず不信仰な観念である」（297）と反論する。ホルによれば、トレルチのゼクテの定義はもっぱらイギリス革命のそれから引き出されているが、人格的・内面的な修養に努めるそのような宗教共同体の概念こそ、「そもそもまず宗教改革および万人祭司性の教え以来可能であったのであり、今もただ宗教改革の地平においてのみ可能なのである」（244）。ゆえに、ルターの教会はけっして中世カトリック的な教会型には属さない。ルターの「良心宗教としての宗教理解は……中世からの決定的突破であったのみならずカトリック教会の視点全体からの訣別であり、同時に、啓蒙主義のたんに不完全な前段階に属するわけではない『自律』の基礎づけなのである」（110）。「〔トレルチによれば〕保守主義的人間である彼〔ルター〕はこれ〔彼が国家の人間的・理性的役割を肯定し、それに基づき具体的政策を提案したこと〕によって進歩の代理人となる」。けっきょく、トレルチには「ルターを『近代化』することへの不安があるのである」（106）。

（３）自然法に関する疑義

ホルがトレルチを批判する第三の要点は、トレルチが、ルターはその倫理に自然法を取り込み、二重の倫理を展開した、と論じる点である。トレルチによれば、「教会」はストア派による「罪をまだ前提としていない楽園の絶対的・原初的自然法」と「堕罪を前提として、合理的で強制的な組織によって罪を抑制しながら救いを与える相対的自然法」との区別を受容し、後者をその社会哲学としたが（著Ⅲ13、19）、教会型の枠内にあるルター自身も、イエスの山上の説教を規範とするラディカルな人格的愛の倫理を掲げる一方で、けっしてゼクテ型のようにこれのみを絶対的倫理規範とすることはなく、法・権力・強制・所有といった形を取ったこの世的な理性的秩序を職務の倫理として受容した。これがルターの「二重倫理」である（著Ⅲ309 ff.）。そして、ルター派の特徴はこの相対的自然法をきわめて保守主義的に強調することであり、それは支配権力への徹底した保守的賛美と身分・職業の体系への家父長的忍従をもたらす一方、内面的な心のキリスト教は一切の社会的政治的事柄とは無関係な態度を保つ「静寂主義」に結果するのである（著Ⅶ260、著Ⅷ310）。

トレルチの以上の分析に対して、ホルは「ルターは自然法に依拠することはなかった」（243）という根本主張をもって対峙する。彼は、トレルチがヴェーバーから二種の自然法思想を継承し、自身はその思想活用においてヴェーバーよりも前進したと考えていると指摘しつつ、トレルチのストア的自然法に関する知識や、その絶対的と相対的の区別と教会型とゼクテ型の区別との対応法にも疑義をはさみ、けっきょくは「ヴェーバーやトレルチが理解する自然法という全体的概念がただルターのなかに持ち込まれただけである」（244）と結論する。ルターが相対的自然法に言及するのは、強いて挙げれば、人間本性の部分的な悪の衝動を根絶しがたいものと説明する限りにおいてであるが、それはトレルチが考えるように、ルターはこの悪への国家の制裁を当然の権利としたということには繋がらない。さらに、ホルによれば、人類の根源的な平等性や共同性に基づく正しい権利という意味での絶対的自然法ということもルターは「完全に退けた」。彼よりももっと自然法を受容したとされるメランヒトンも、たとえばオッカムに現われた人民の合意に基づく統治といった中世的自然法概念を拒否している。こうして、「宗教改革はどこでも自然法を阻止し、そこから引き出された諸々の証明をキリスト教的倫理から取り出した議論をもって置き換えたのである」(482 f.)。

(4) 自然法即十戒に関する疑義

以上と密接に関連するが、トレルチは、ルターは世俗の倫理を併合したキリスト教倫理を樹立する必要にかられて、それを直観的に山上の説教にではなく十戒に求めた、とする。すなわち、トレルチによれば、ルターにおいては、十戒はラディカルなキリスト教的愛の内的衝動を客観的に叙述した倫理の啓示であると同時に、世俗的な道徳と秩序を取り込みうるものであり、その意味でキリスト教倫理の総括なのである(著Ⅷ 318)。しかし、ホルはこれをルターのテキストに基づかないトレルチの臆断だと批判する。たとえば、『小教理問答』を参照するだけでも、山上の説教が十戒の下位にではなく、反対に十戒が山上の説教へと高められて解釈されていることは明瞭である。これは、トレルチが自身の願望をもって正しいとするルター像とは著しく異なったルターである(248 f.)。

(5) 職務倫理に関する疑義

ルターの職務の倫理もトレルチが言う自然法をその基準としているのではない。正しい社会秩序のためにルターが示す基準はあくまでも「愛の律法」であり、「見えない教会すなわち神の国という思想」(251)である。重要なことは、「ルターが、神の国において自己実現する人間共同体と、世俗的秩序との——区別を消し去ることなく——意味統一性を打ち建てた」ということであり、「後者はただ前者に平行するものとして耐えられるだけでなく、前者と相関するものとして現われる」ということなのである(263)。こうして、ホルはルターの二重倫理というトレルチの根本テーゼに反駁する。

以上の論点の他にも、ホルは農民戦争や熱狂主義者との関連におけるルターの権力観・戦争観・刑法観・異端観をめぐるトレルチの、冷酷で非人間的な政治的保守主義者としてのルター、という見方に、典拠を示しつつ、反論する（255、269、270、369参照）。

（６）スピリチュアリズムに関する疑義

トレルチの『社会教説』で、とくにヴェーバーとの対比で、重要となった神秘主義もしくはスピリチュアリズムの概念についても（近下229ff.参照）、ホルはトレルチによる「再洗礼派と神秘主義（もしくはスピリチュアリズム）の鋭い区別を、私は前進と見ることはできない」（424）と批判する。コルプス・クリスチアヌム概念の場合もそうであったが、この場合もトレルチは現代としては通用しない古びた資料に依存しすぎているのである（コルプス・クリスチアヌムについてはR・ゾーム『教会法』第一巻　一八九二年に、二重倫理についてはB・ルートハルト『キリスト教倫理史』一八八八年―一八九三年や『ルターの倫理の根本特徴』一八七五年に、再洗礼派と神秘主義の区別については若きA・ヘグラー『セバスチャン・フランクにおける聖霊と聖書』一八九二年などに、である（326、339、263、282、424、436参照））。

このように、ホルの批判・反論は主としてトレルチにおけるルターのテキストや関係資料の解釈や取り扱いに向けられたものである。その正否については、門外漢である筆者は論評を慎み、ここでは教会史・教義史家ベルンハルト・ローゼの判断を紹介しておきたい。すなわち、「トレルチに対するその包括的な論駁のなかで、ホルは、個々の事例において、圧倒的に正しかった。ルターをよく知る者・ルター研究者として、ホルはトレルチにはるかに優っていた」（Ｌ236）。

（７）ルターの宗教改革とドイツ近代文化

こうして、ホルのトレルチとの対論の土台となったのは彼のルターの原典の厳密な学術的研究であることはわかるが、彼の議論全体を導いた背後的関心は何であったろうか。換言すれば、さきに示唆したことであるが、彼の組織神学的・社会倫理的関心は何であったか、という問いである。それを、われわれは、佐藤教授に従って、「宗教改革以来今日に至るドイツ・プロテスタンティズムとそれによって培われて来たドイツ近代文化に対する肯定」（佐I 119）と要約してよいであろう。ホルは宗教改革とくにルターの精神がドイツの近代文化をも引き続き育んできたと見て、その栄光を賛美するのである。ここでは、トレルチにおけるような、プロテスタンティズム二段階説は意味をなさず、またアングロ・サクソン型の近代民主主義思想への高い評価もくだされない。そのことは、たとえば、宗教的良心の自由や人権をめぐる次のようなホルの議論に典型的に現われている。すなわち、一五二七年、ザクセン選定侯はルターへの追随者として（「領主の信仰即臣民の信仰」という従来の慣行を破って）臣民を自身の信仰へと強制することを避け、またカトリック教徒をその信仰のゆえに異端として処罰することもなかった（ちなみに、ルターが教会指導を世俗的権威に委ねたこのザクセンの教会制度がその後その他の領邦教会の基準となっていく）。ドイツの小さな領地でのこの出来事が、一千年以上続いていた一つの伝統からの突破を、すなわち「国家自身による根本的自己制限と信仰の事柄における個人の権利の最初の公的承認」という「世界史的意義」を、しるしたのである。ドイツにおけるその後のアウグスブルグ宗教和約（一五五五年）やヴェストファリア条約（一六四八年）、またイギリスやアメリカにおける宗教的寛容をめぐるすべての同様の経験も、この最初の一歩に基づいているのである。その意味で、人は何よりもまずルターの宗教改革が国家における良心の自由の道を切り開いたことに栄光を帰すべきである（484 ff.）。

3　論争の現代的意義

以上、宗教改革と近代世界の関係に関するトレルチとホルの見解の相違を、とくにホルのルター理解からのトレルチの所論への批判という観点から、見てきた。個々の争点は明らかにされたと思うが、そこから全体として浮かび上がってくる、とりわけ現在のわれわれにとって顧慮すべき、両者の対論の要点は何であろうか。以下、それを三点にわたって述べてみたい。第一はトレルチとホルの方法論的差異から、第二は両者の政治的立場の差異から、第三は両者とわれわれとの差異から、思索を促されることである。

(1)　両者の方法論的差異から示される留意点

両者の議論を追うとき誰の眼にも明瞭となってくるのは両者の主題探究のいわば方法論的視野の相違ということではなかろうか。バーゼルの教会史家ウルリヒ・ゲーブラーは「哲学者トレルチの構想とは異なり、歴史家ホルの仕事は決然と個々のテキストから出発する。彼の関心はまずもってドイツの文化史や思想史におけるルターおよび宗教改革の位置づけということにはなく、むしろルターが実際何と述べたかという問いにあった」(G194・傍点西谷付加) と指摘する。トレルチのアプローチは文化史的・思想史的であり、ホルのそれは史実的・批評的だと言うのである。この問題を掘り下げているのはルター・ルネサンスの流れに属するハンブルクの組織神学者ヘルマン・フィッシャーである。彼によれば、トレルチにおいては、古プロテスタンティズムと中世の共通性を基礎づけるために、「従来のように主としてそれらの宗教的・神学的な内容があれこれ」検討されるのではなく、「神学史的・教義史的考察方法が文化史的・社会史的方法へと拡大し、それにより教会〔型〕の理解が研究の中心へと移ってくる」(F57. 傍点付加)。たしかにトレルチの史実的研究と歴史・文化哲学的評価作業とは有機的に結合し「成果の多い方法上の独自性」を醸し出しているが、長所の裏返しは欠点であり、「類型化の試み」においては「形式的視点が凌駕し、個々に研究された問題領域の特別な内容はその背後に後退してしまう」(F72) のである。実はこの問題性についてはホル自身が当初からはっきりと指摘していた。たとえば、トレルチによる再洗礼派と神秘主義 (ないしスピリチュアリズム) の鋭い区別を批判して、「トレルチははじめにすばやく彼らのなかの一群に統一的な『型』を持ち込むことによって、彼らの運動が全体として包含しているまさに特徴的なものを破壊するのである」(GA I 424) と述べている。

概して言えば、「トレルチは資料に立脚せず、彼にとってあらかじめ確定している概念の強制のもとに判断している」（GAⅠ248）のである。

ホルの陣営から言わせれば、トレルチのこのいわば方法論的強引性のゆえに、彼においては「ルターの義認論の帰結としての彼の教会論における批判的端緒や、その神学的基底と事実的結果〔領邦教会制度〕との乖離は、十分に検討されないままなのである」（F74）。トレルチにはたしかにこの批判を甘受しなければならない面がある。フィッシャーは、この関連で、ルターにより新たに獲得された神と人間の関係の思想が古い時代の特殊な形態から解放され、その普遍的意味がさらに汲み尽くされるべきだと述べるが（F77）、トレルチによるルターの教会型への固定はたしかにこの面を阻害してきたであろう。

しかし、われわれはここで問題視されているトレルチの「方法上の独自性」をも十分に評価しなければならない。否、むしろこれこそがトレルチが当時のドイツ神学界にもたらした新しい視点として、今なおわれわれにとっても意義を有しているのである。既述のごとく近藤教授はこれをヴェーバー的社会学的方法を取り入れた「文化史的方法」と表現しておられるが（近下234）、社会の歴史的・文化的・制度的な諸連関をとらえ、さらにそこにキリスト教的教理や理念の「社会学的形成物」（著Ⅶ12ff.参照）をも考察の対象としていく包括的な視野がトレルチが近代神学に要求したことであり、これがトレルチ神学の真骨頂の一つなのである。しかも、それは、さらに「宗教的生の社会学的地平における身体形成」にまで至る「キリスト教の本質形成」を目指す実践の神学であった（近下263）。この観点からするとき、ルターが留まった領邦教会という歴史的形態の事実は無視できないことになるのである。

しかし、トレルチは一方でキリスト教的な教理や理念の意義すなわち「原理的確信を持つこと」（著Ⅶ9）の重要性も深く認識していた。社会倫理的影響の根源ないし社会学的環境の反映としての教義的なもの・神学的なものの理解という点にトレルチの重点があったからである（GSⅣ11f.）。そして、この教理的なものの面から言えば、ホルが解明したルターの神学的側面、とりわけ教会論的な部分を――トレルチの教会的共同体形成論の苦闘を振り返れば（近下280)、なおのこと――さらに深く顧慮する必要があったであろう。いずれにせよ、両者のこの方法上の相違は、あれかこれかの問題ではなく、相互補完の問題として受け止められるべきである。この問題については倉松教授の次の論評が一つの至当な判断を示しているように思われる。すなわち、「中世における政治的統一体としてのキリスト教世界は、神学的にはルターにおいて、特にその二つの統治・国の区別によって、粉砕されたという〔ホルらの〕解釈も、社会倫理的には、例えばトレルチのように『連続』という評価を受けることになるのであろう」（倉26・傍点付加）。そして、さらに、ここから暗示されるのは、歴史的・社会的な現実形成を重視するトレルチ的視野は当然そこにおける錯綜した時間的経過・発展の要素をも前提しているということである。ローゼは、ホルに対して、「彼は部分的にルターを早計に近代化してしまわなかったか。〔ルターとわれわれとの〕時間的・即事的な隔たりを十分に考慮していないのではないか」（L233f・傍点付加）と批判的な問いを提起しているが、この要素の顧慮のゆえに、トレルチにおいてはきわめて慎重に――しかし、それだけ深く確証された――ルター的「良心の宗教」と近代文化との内実的関連が宣言されることになるわけである。

（2）両者の政治的立場の差異から示される留意点

トレルチとホルの論争と言っても、両者が近代の世界と文化を肯定的に受け止めていることは、以上見てきたことからも明らかなことである。コルシュは、ホルが、宗教の役割と意義とは近代的意識の地平で開陳されなければならないという、トレルチが不可避として示した枠組のなかで、終始、自身を保持した、と言う（K224）。すでに触れたが、ホルは近代的な「自律の思想」をルターを介して支持した。トレルチもまたルター的な「自由と人格の思想」を近代文化の最善の内容と規定した。いずれも政治的にはデモクラシーへの展開を連想させる思想だが、たしかに両者ともデモクラシーを高く評価した。しかし、その内容はより厳密な検討のもとに置かれなければならない。

ホルは、一九一七年、スイスの宗教社会主義者レオンハルト・ラガッツとの対論を意識した論文「第一次世界大戦の光に照らしたルターの福音・戦争・教会観」を発表したが、そこでは、一民族の価値を絶対視し他民族の召命を評価できないナショナリズムを弾劾し、法や経済の秩序は人間の尊厳を重視する仕方で構築されねばならないと説き、人間性回復の戦術については宗教社会主義者に同調する。そして、国際連盟の理想にも繋がる「諸国民共同体」の思想を提唱し、「労働者の地位向上」を訴える。その限り、彼はデモクラシー志向と映るが、しかし、次の発言によってもわかるように、その背後に潜んでいるのはドイツの伝統的家父長主義の支持である。すなわち、「われわれはドイツ人としてさらに次のように付け加えてよいだろう。つまり、弱者の存在権を守るのに最も適しているのは、ラガッツが社会的進歩の条件と見なすデモクラシーではなく、一つの強力な君主制である、と」(GA Ⅲ 160 ff.)。「われわれにとっては、儲けた数百万マルクでさらに痛ましい階級化が結果する、身分の平等化ということも、個人が自立した判断を世論に抗して主張することが実際には不可能な、国家からの自由ということも、同じように望ましいものではない」(GA Ⅰ 466)。あの諸国民共同体思想も一九二二年には戦争の不可避性の是認によって脆くも崩れ去る。ホルは、ルターに依りつつ、各国民の人格性と個性的課題という概念を仕立て上げる。そして、「そのように理解されるならば、諸国民共同体は戦争も排除するものではない」(同上)。戦争には諸国民の生命力確保のための生活空間の分配という正当な目的が認められるのである(GA Ⅲ 160 ff.)。このような思想の背後にホルの「祖国党」との関係——党員としては活発ではなかったが——が浮かび上がってくる(K 221参照)。祖国党は当時のドイツ・プロテスタンティズムの多数派を占めた保守的ナショナリズムと結合し「勝利の平和」を唱えた好戦的な右派政党の一つであった(河島幸夫「敗戦と革命と宗教」宮92参照)。こうして、われわれはホルによるルターの近代的解釈における重大な民族主義的・軍国主義的限界を見届けざるをえないのである。

一九一八年、第一次大戦後の運命的ヴァイマール共和国の時代を迎えて、このような伝統的家父長主義的・軍国主義的君主制を標榜する祖国党やドイツ国家人民党など保守反動的右派にたいし、アングロサクソン的デモクラシーの価値と必然性を強調したのがトレルチであった。「トレルチは、その普遍史の諸問題の研究と歴史考察の社会学的方法によって、とりわけ民族主義的なルター崇拝が花盛りであったまさにその時代に、先頭を切ってアングロサクソン的な自由教会および自由民主主義の伝統を粘り強く指し示し続けた」（L232）。彼はこの立場からたしかに祖国党をも批判している。大戦を皇帝フリードリヒに代わる最高権力者として指揮した将軍「ルーデンドルフとその参謀たちは百の仮面を被って働いた。不幸な祖国党はこの危険な仮面の一つであり、しかも彼ら自身はそのことを知らなかった」（SB14）。ホルが西欧的自由民主主義の擁護者としてのトレルチ像を抱いていたことは、『社会教説』でのトレルチによるグラッドストーンとビスマルクの等級づけ（GSⅠ769）に対するホルの抗議から明らかである。トレルチが言うような「権力政治屋」ではない「政治家ビスマルクのキリスト教はグラッドストーンのそれに匹敵するものである」（GAⅠ467）。ホルのような立場からは、ヴァイマール共和国時代のトレルチははっきりとアングロサクソン的デモクラシーの旗手すなわち政敵としてその存在理由を認識されていたのである。一九六八年のいわゆるプラハの春の破局においてソ連の裏切りに目覚めたチェコの神学者ヨゼフ・ロマドカの自伝的回顧におけるトレルチ評価も――これは評価だが――同一線上にある（拙382参照）。

もちろん、われわれはトレルチが単純に当時のドイツの保守的ナショナリズムにのみ対峙したのではないことを知らなければならない。彼は、ドイツ敗北後の歴史的現実を直視せず復古反動に向かおうとする右派ブルジョワ諸政党だけでなく、プロレタリアート支配を追求する社会民主党その他革命的左派をも退けて、フリードリヒ・ナウマンやヴェーバーらと共に、広範で強力な中道形成を目指す「ドイツ民主党」に属し、プロイセン文化省次官の実務に携わりつつ、「保守的デモクラシー」（SB313）を主唱した。すでに一九〇四年から彼は、キリスト教の絶対的な人格の価値の思想がもつデモクラティックな傾向とまた神の自然的世界の秩序への服従の思想がもつ保守的な傾向とを総合する政治倫理を提唱していたが（著Ⅲ95ff.参照）、これはその具体的実践であった。そして、これは、さらに大きくは、彼の「ドイツ精神と西欧」の「文化総合」のプログラムにまで繋がる態度である。だが、しかし、彼のドイツ精神への固執をとらえて、「ドイツの民主化・近代化が、西欧型とは『別の途』を行くべきものだ、とのトレルチ的議論が結局は、ナチズムに行きついてしまったことから、第二次世界大戦後の『西独』では『西欧型』への回心が生じた」という柳父圀近教授の評もありうるわけであり（柳父圀近「マックス・ウェーバーの大統領制論」宮222）、われわれとしてはトレルチの総合・中庸志向的な神学的思考がそれが内包する弁証法的力動性を失う仕方で社会倫理的に紋切型化されてしまわないよう留意しなければならないであろう。そこで、現在のわれわれが強調したいのは、なお、ドイツの神学者トレルチによるアングロサクソン型デモクラシーの評価の継続する意義ということである。

（3）両者とわれわれとの差異から示される留意点

以上、二点にわたって、トレルチとホルの相違から注意を促される事柄を確認してきた。総じて言えば、トレルチの神学的功績に対する――ホルの彼への対立・反論を顧慮した上での――批判的確認ということになる。標語的に要約すれば、第一は、教義的神学に対する歴史的・社会的・文化的神学による補完の必然性ということの確認であり、第二は、まさにその視点から明らかとなる、キリスト教の近代的展開としてのアングロサクソン的な自由教会形態および自由民主主義的諸価値への注視の必然性の確認ということである。一九八〇年代から始まったドイツにおけるトレルチ・ルネサンス、また時を同じくしてのわが国でのトレルチの本格的翻訳、さらに近年の近藤勝彦教授の包括的トレルチ研究の刊行などによって、トレルチの深い学びが可能となった現在、以上の確認はもはや月並みの感がしないでもないが、これらの研究を根底で動かしているトレルチ自身の魅力の大きな部分はやはりこの二点であろう。レントルフは、ドイツの神学および教会史が――北米神学はドイツからの輸出にすぎないという偏見や、それがどのような発展を遂げているのかということへの無知をも含めて――その視野を自国内にのみ固定してきたことが、たとえば、第一次大戦の戦中・戦後の時代の意味づけに西側とくに北米の精神とドイツの精神との批判的関係がいかに決定的な役割を果したのかについての、ドイツ側の認識の欠如をもたらしたと語る。より一般化して言えば、神学議論がいかに大きく神学と近代文化・教会と近代社会の関係によって規定されてきたかについての認識の欠如である。トレルチの意義はそのような認識をヨーロッパおよび北米両大陸間の神学的・文化的な緊張交差の只中に身を置きつつ自覚的に形成していったところにあるのである（R378参照）。

　このようなトレルチの普遍史的展望に倣うなら、われわれもまた、両大陸を繋いできた近代プロテスタンティズムの神学に真摯に学びつつ、なお、われわれ自身の時間や空間、社会・文化・政治がもつ歴史的に独自の特徴をも自覚した神学の営みに従事すべきであろう。だが、まず、この神学からわれわれが共通遺産として継承すべきは、今指摘した二点の認識である。これら二点がより深い理解をもって受け止められるとき、これまでのわが国における欧米神学の受容の仕方も今後は然るべく変化していくであろう。詳述はしないが、たとえば、第一点が真剣に受け止められるならば、従来に増してわが国の文化史的・社会学的な状況を顧慮した伝道方策が立てられることであろう。現状は、この認識が欠如しているか十全でないために、そのような志向をもった発言さえもが、まずもって浅薄な揶揄的態度をもって一蹴されている。この点で、第一次大戦の衝撃のなかで正面から取り組み論じ抜くべき「近代」という主題をあたかも回避するかのごとくに克服した!?「転向神学」・「転向プログラム」（R374、378）としての弁証法神学の独特な真理契機を、それなりにではなく、むしろ無批判的に高揚し続ける風のわが国の一部の雰囲気は、やはりいささかの反省を必要とするのではなかろうか。

　しかし、このように言うことは、けっしてトレルチの神学的方向づけをこれも無条件に受け止めるということではない。むしろ、「歴史的現実的態度」を重んじるトレルチの行き方に立脚すればなおさら、現在の日本のわれわれには存在としても当為としても受け止めがたい神学的な溝がトレルチやホルとの間に存することが認識される。端的に言えば、教会形態の問題であり、またこれに伴う社会倫理的課題遂行の枠組としての教会と国家・宗教と政治の分離という法制的原則の問題である。われわれのあの論争の叙述では論じ切れなかったが、近藤教授によれば、トレルチが「近代世界に耐え得る宗教共同体の形成の道」として最終的に選び取ったのは彼の教会・分派・神秘主義の「三類型の……総合の道」、柔軟化された国民教会の道であり、柔軟化された総合と言っても、「彼が歴史家としての現実感覚……に従い……立脚した出発点は、新プロテスタンティズムの中でも濃厚に『教会』型を残すドイツ・ルター派教会であった」。また、「トレルチは……後進国ドイツにあって広義のアングロサクソン派でありながら、ついにドイツでの『教会と国家の分離』に、それを非常に可能性のあることとしながらも、事柄の解決として、賛成しきることがなかった」（近下264 ff.）。そして、ホルもまた、「福音主義教会がこの〔領邦君主的教会〕制度がもたらす利点のために払った代価はあまりにも大きかった」（GA Ⅰ 380）とまでは言ったが、トレルチ的ゼクテの端緒としてのルターの教会論に従い領邦教会を否定したとは、われわれはついぞ聞かない。われわれが今後もそれに多くを学び刺激を受けていくであろうドイツの神学の霊性の基盤をなす教会の形態やそれを囲む法制上のエートスが、そこに無視しえない侵蝕が進行しているとの報告は絶え間なく聞くにせよ、われわれのものとはかくも異なるという歴史的事実は、よほど心して覚えなければならない事柄であろう。たとえば、パネンベルクが近代文化成立の決定的要因は十七世紀の三〇年戦争の破局にクライマックスを見た宗派戦争であり、その限り近代世界は宗教改革の予期せざる不本意な影響の結末であると解釈する背後にも（Pg 30）、ハンブルグの再洗礼派研究者ハンス・ユルゲン・ゲルツがアメリカの大家ジョージ・H・ウィリアムズによる「徹底的宗教改革」の主特徴としての「教会と国家の分離」の指摘を認めようとせず、徹底性は歴史的過去からの断絶においてではなく社会的意識的現実――それが今なお続いているわけだが――の突破において測られるべきと平凡に結論する背後にも（RR 17）、いわば領邦教会的現状維持という自明性意識の充満を感じ取らないわけにはいかない。

おわりに

以上のように述べてきた背後には、もちろん、筆者自身の生の場における自由教会形態と政教分離原則とへの決断的肯定があるわけであるが、これはおそらく現在の日本における同信の大方のキリスト教徒がまさに歴史的現実的態度から選択しておられる事柄であろう。われわれの伝道と神学の基盤がこのような社会的・文化的・政治的枠組のなかに与えられており、しかもそれはけっして宗教改革がもたらした負の遺産ではなくむしろ積極的に善用すべき利点であるとの認識において、あの近代プロテスタンティズムの神学をわれわれなりに継承し展開していくことが今後のわれわれの課題なのである。

（初出：「トレルチ＝ホル論争再訪――宗教改革と近代世界の関係について」、土戸清・近藤勝彦編『宗教改革とその世界史的影響――倉松功先生献呈論文集』、教文館、一九九八年所収）

第6章　パネンベルク政治神学の検討――公共宗教論か政教分離論か？

はじめに――問題への視座

本稿は現代ドイツを代表するプロテスタント・キリスト教神学者W・パネンベルクの政治神学的論考、とくに彼の宗教と政治、教会と国家、信仰と社会の関係をめぐる神学的論究を取り上げ、日本の神学徒としてそこから多くを学びつつ、同時に批判的論評をも加えようとするものである。

筆者はかつて拙著『ロマドカとニーバーの歴史神学――その社会倫理的意義』（ヨルダン社、一九九六年）の最終節を「文化総合と政教分離のディレンマ」と題し、パネンベルクのこの主題をめぐる議論を以下のような視野において取り扱ったことがある。すなわち、近代神学の泰斗E・トレルチは二十世紀初頭にヨーロッパ・キリスト教の歴史形成的課題としてきわめて現実的に同地域に限定した「キリスト教的文化総合」の構想―これが現在の「ヨーロッパ連合」に具体化しつつあると言えよう！―を掲げた。われわれもトレルチに倣い宗教による社会への倫理的・文化的影響を首肯する者として「現代世界のキリスト教的文化総合を志向する」が、そこではまた、「現在と将来のキリスト教社会倫理が抱える重大かつ永続的な課題」として、これもキリスト教自体に由来する「宗教的自由」および「政教分離」という近代的諸国家が受容した原則が考慮されねばならない。しかし、そうすると出てくるのは、この政教分離原則と、宗教的文化総合がある意味で当然含蓄している政教一致の形態とは、「端的に対立するものではないのか」、「この近代的原則はそもそもキリスト教社会倫理にとって確固たる指標ないし枠組たりうるのか」という問いである。このような難題を自覚しつつ、宗教と社会の関係という問題を正面から取り上げている数少ない現代神学者の一人がパネンベルクであって、彼の重厚だが微妙でもある議論はわれわれ自身の見解形成にとって検討するに値する（拙著467–468参照）。――ほぼこのような視座を据え、筆者はそこで彼の政治神学的議論を跡づけたのだが、今回は参照する資料も増加し、われわれの批判的視角もより鋭くして、再検討してみたいと考えるのである。

このように、あらためてパネンベルクの政治神学的論考を取り上げたいと思った動機の一つは、近年のいわゆる「公共性」をめぐる哲学、経済学、また神学、宗教学など多様な学問分野からの活発な議論である。一九七〇年代にはリベラリズムないしリバータリアニズムを再強化しようとした政治哲学的議論が起こったが、八〇年代にはそれに対峙する形で「コミュニタリアニズム」が思想的に台頭した。欧米のこうした思想運動をわが国に紹介し、自らコミュニタリアンの主張に同調するところが大きいと述べたのは、藤原保信『自由主義の再検討』（岩波新書、一九九三年）であった。その後、この思潮はわが国の識者たちにも少なからず共感を呼び起こし、数多の「公共の～」と題する著述が生み出されてきた。

その潮流のなかで神学や宗教学においては「公共神学」（public theology）や「公共宗教」（public religion）をめぐる議論が喧しくなった。その主旨はおよそ次のようなものである。すなわち、人間の苦楽の感情を善悪の判断基準とする近代的功利主義が東西の世界を問わず増大した結果、利己主義的個人が社会に跋扈し、公共の道徳規範の崩壊を招いているが、その健全な回復のためには、この道徳の源泉である宗教を見直し、その有効な働きに期待しなければならない、ということである。換言すれば、近代においては私的な事柄とされてしまった感のある宗教の公共性の復権への訴えである。これは現代の善良な市民を自認する人々に共通するある種の感情としてもよく理解できるものであり、それがまたこの公共心回復の主張を支えている。一般に現在の「公共宗教」論の主張はこの程度までであるが、しかしわれわれはこの論理を突き詰めていけばけっきょくは国家と宗教の「一対一対応」すなわちかつての国教制度にまで遡行していくことを心得ておかなくてはならないであろう(1)。従って、この主張をより厳密に追及していくと、少なからぬ問題性が見えてくる。すなわち、この「公共宗教」論も冒頭で触れた「宗教による文化統合」という企図と重なり合うものであって、ここでもまた「政教分離」論がこの議論に対してもアポリアとして立ちはだかる、ということである。

問題をより具象化して、わが国における具体的かつ典型的な公共宗教論的主張である「首相の靖国神社公式参拝」の擁護論に触れてみたい。そこでかならずと言ってよいほど用いられる論法は、政教分離の原則を重視しているアメリカでさえ大統領はその就任式でキリスト教の聖書の上に手を置いて宣誓を行なう。その伝で行けば、なぜ日本の首相の靖国公式参拝がとやかく言われる必要があるのか、と言うものである。(2) つまり、これは、たとえ一方で近代国家はその憲法により政教分離原則を確立しているとしても、他方でその国ごとに歴史的記憶や宗教的儀礼や文化的伝統があり、それらが政治上の公的儀式に反映されたとしても、違憲とは判断されるべきではない、という議論である。そして、この議論でよく引き合いに出されるのが、アメリカの宗教社会学者R・N・ベラーが提唱した「市民宗教」(civil religion) の概念である（これはわが国の公共宗教論者たちが提案する訳語では「公民宗教」とか「国民宗教」とされることが多い(3)）。

このように論じる人々が直接参照しているかどうか定かではないが、わが国の多くの一般読者のみならず識者たちにアメリカの大統領就任式の宗教的要素に関して多くの情報を提供しているのが、アメリカ宗教史を専門とされるキリスト教神学者森孝一氏の『宗教から読む「アメリカ」』（講談社、一九九六年）である。とくにその第一章「アメリカの『見えざる国教』」第二節「宗教的儀式としての大統領就任式」は、大統領の聖書に手を置いての宣誓も含めてこの式の次第を克明に追い、それがいかにキリスト教色の濃い儀式であるかということを説明する。森氏がこの式を取り上げるのは、それが氏の言う「アメリカの見えざる国教」が四年に一度だけ「はっきりと……『見える』瞬間」（同書52）だからである。氏はこのいわば準宗教的国家統合体制を、ベラーがルソーから借りてきた「市民宗教」の概念に基づき、それをさらに日本人向きに意訳するとして、「見えざる国教」(37) と呼ぶわけである。氏によれば、それは「きわめてキリスト教に近いものであるが、キリスト教そのものではない」「聖書を聖典とするという共通性を持った」「ユダヤ・キリスト教的伝統」（38）である。

信教の自由、政教分離原則、多民族国家ということで知られるアメリカにこのような社会的心理的次元が厳存することを示したことは、評価さるべき森氏の貢献であろう。そして、同書がこうした論述とともに人権思想といったリベラルな価値観に基づく議論をも展開しているという事実を見る限り、人は氏の思想のリベラルな部分も確かめうる。しかし、同書のインパクトはやはりこの第一章「アメリカの『見えざる国教』」という部分にあったと言ってよい。いまも指摘したとおり、この「見えざる国教」の概念はベラーの論文「アメリカの市民宗教」（一九六七年）から取られ、しかも「あとがき」で森氏は留学時代にベラー教授が「現在の私の研究に方法論的基礎をあたえてくださった」（273）と述懐しておられる。そして、ベラーは、彼自身が告げるとおり、コミュニタリアニズムの陣営に属する一種の「公共宗教」論者である。[4] ここからすれば、森氏が同書で全体として展開しているのもやはり一種の「アメリカ公共宗教論」なのだと言えよう。

森氏のアメリカの宗教状況の解釈における「見えざる国教」の指摘もそれなりに有意味と思われるが、より重要なのは、アメリカがそれにより自己を規制している国家的理念、とくに憲法修正第一条に明示された「宗教的自由」と「政教分離」の原則を十分に顧慮する解釈ではなかろうか。その視点を据えれば、氏の解釈は筆者には残念ながら不十分なものに思われてならない。そのことに関連して、大統領就任式の「宣誓」に関わる一点を指摘しておきたい。これに関する森氏の解説は「聖歌隊の合唱が終わると、いよいよクリントン大統領の宣誓である（章扉写真参照）」と、まことにあっけない。しかし、これに続いて、「彼はヒラリー夫人の持つ聖書に手を置いて、宣誓を行なった」と、例の件についてはしっかりと言及する（74）。しかし、筆者に言わせれば、就任式においてはこの大統領の宣誓（と演説）こそが中心であり、第一義の事柄である。この観点から極論すれば、森氏がその市民宗教的意味合いを丹念に説明される他の要素はすべて副次的で変更可能なものにすぎない。

森氏はこの「宣誓」については上述のごとく一行のみのコメントで済まされ、実質、解説はまったく付されなかったのだが、幸いにも（上記引用文中の）括弧書きからわかるようにその写真――これはクリントン大統領ではなくレーガン大統領の写真だが――を掲載され（53）、そこに「一九八一年一月二〇日、ウォーレン・バーガー連邦最高裁判所長官のまえで大統領就任の宣誓を行うロナルド・レーガン」と添え書きされた。思うに、人は米大統領の就任式を考える際にはこの中心場面の意義にこそ思いを致さねばならない。つまり、大統領は、聖書に手を置くことでその内面では彼個人の信仰と忠誠の対象である超越者にも誓っているのかもしれないが、彼がアメリカ国民を前にして公けに（in public）誓っているのは、彼らが従うべき「法」を象徴する人格としての「連邦最高裁判所長官のまえで」なのである。聖書に手を置く宣誓方法を採らなかった大統領も数名いたことが覚えられてよい。すなわち、この式で肝腎なこととして求められているのは神というよりは法に対する誓約であり、これは宗教の事柄ではなく法に関連する政治の事柄なのである。そして、ここでも本来的に要請されているのは、政治と宗教とを分離する、というまさにその法の遵守の精神なのである。

以上が、現代アメリカの諸相をその宗教状況から興味深く分析して見せてくれる秀作、森孝一『宗教から読む「アメリカ」』に対する私自身の応答である。いま示した象徴的一点を除けば、筆者の同書に対する批判は皆無であり、むしろ教えられるところ大である。繰り返すが、森氏も、アメリカに固有な特質である宗教的自由、政教分離、人権といったリベラルな諸価値と、アメリカに限らず古今東西の共同体に共通する統一や秩序といったコンサーヴァティヴな諸価値との緊張関係において、近年のアメリカを考察しておられる。しかし、その研究の方法をベラー的視点に置いておられるからか、あるいは自身で目撃されたアメリカがリベラリズムの混迷からそれを批判したいわゆるネオ・コンサーヴァティズムへの変化の時代にあったからか、この著作が発するメッセージは後者の方向でより生き生きと響くように感じられるのである。そして、それがまた、示唆したように、わが国の公共宗教論者に事寄せられる余地をこの書に看過しがたく残すわけである。

以上、すこし長くなったが、筆者の現在の関心を述べた。そして、これがじつはパネンベルクの政治神学的論考を検討しようとする際の本稿の視座でもある。つまり、筆者には彼の議論がいま触れてきた公共宗教論の方向に重なって見える部分が多いのである。もちろん、該博で思索豊かなこの現代世界屈指のキリスト教神学者の議論に近代的普遍的価値としての「政教分離」原則への顧慮が欠如したり過少であったりすることなどありえない。それゆえ、本稿の一見挑発的と思われるかもしれない副題も彼の議論をあれかこれかの仕方で断じる意図で付したものでないことを断っておかなければならない。公共宗教論と政教分離論の双方への顧慮があるなかで、なお筆者はパネンベルクの議論の公共宗教論的な傾きに対してある種の疑義を禁じえず、この議論に多くを学びつつも、自身の進路を模索するための参考としてみたいと思うのである。

そこで、以下においては、こうした筆者の問題意識のもとで、パネンベルクの政治神学の諸要点を呈示しつつ、それに対する筆者の批判的見解をも添えてみたい。パネンベルクからの引用は本文中に括弧で略記号により表示する。[5]

1　「教会的キリスト教による新しい総合」の思想

パネンベルクの議論を理解するために、われわれは、彼がトレルチによるヨーロッパのキリスト教的文化総合構想をどのように批判的に継承しているのか、という問題から始めるのが至当であろう。

（1）そこでまず確認されるべきは、彼による近代世界——とくにそこでの教会と国家の関係——に対するトレルチの意味づけの受容と、それに対する彼自身の批判的見解である。周知のごとく、トレルチは狭義の「近代」の開始を絶対主義王制や宗派主義との訣別としての十七世紀のピューリタン革命や三〇戦争や啓蒙主義に見、[6]これらをもって彼はプロテスタンティズムを「古プロテスタンティズム」と「新プロテスタンティズム」とに区分する。すなわち、彼によれば、中世の特徴は「中央集権的ヒエラルキー教会」と「普遍的帝国」とが「世界のキリスト教化のために打って一丸となる」点にあり[7]、十六世紀の「ルター派およびカルヴァン派の生粋の古プロテスタンティズム」においても「世俗政府」と「教会」は「仲睦まじい自発的な共同作業こそが理想」とされたのに対して[8]、「十七世紀以来の近代プロテスタンティズムは宗派間の同権を認める国家、もしくは宗教にまったく無関心な国家の地盤に進入したからである」[9]。すなわち、それまでの政教一致の社会体制に代わって、十七世紀以降は新プロテスタンティズムによって、個人の宗教的良心の自由と、それを基盤とする教会と国家の分離と、さらに「教会的強制文化」に代わって「教会から自由な個人文化」が、近代世界にもたらされた[10]。トレルチは、これらの起源をロード・アイランド州の創設者R・ウィリアムズに代表される北アメリカの分派主義およびスピリチュアリズムと、O・クロムウェルに指導されたイギリスのピューリタン革命に見出す[11]。そして、彼によれば、宗教改革の近代への影響は、一方では「間接的・無自覚な結果」[12]だが、他方で近代の思想の根底に「自由と人格」に関するプロテスタント的信念を注入したことにおいて実質的であった[13]。

パネンベルクは近代の開始に関する以上のトレルチの説を基本的にほぼそのまま受容するが、しかし「三〇年戦争」を頂点とする十六世紀来の百年にもわたる宗派戦争に対するトレルチの評価は不十分であると見る。「トレルチでさえも、近代文化の中世キリスト教からの分離と、それゆえにまた新プロテスタンティズムの教会文化からの分離とを誘発したのは、第一に宗派戦争の未決着のままの結果であったという事実の重みを、十分には評価しなかった」(宗近112)。彼がこのように評する背後には、この戦争を引き起こしたヨーロッパのキリスト教諸派――すなわち、カトリックとルター派と改革派――の「分裂は、全体教会的運動としての宗教改革の、成功ではなく、挫折の結果」であり、この「不本意な影響において、近代の成立に対する宗教改革の歴史的に最も重要な貢献がある」という独自の判断がある(同上)。トレルチにもたしかに近代世界を招来させたものとしての宗派戦争への言及は存在するのだが[14]、しかしパネンベルクとは違って、中世終焉と近代開始の区切りとなったこの戦争こそが「宗教改革の予期せざる帰結」（不在124）を招来したのだといった明確に否定的な判断は、トレルチにはないのである。なお、パネンベルクはこの確信的見解を第一にはプリンストンの歴史家T・K・ラブに負っている。すなわち、この宗派戦争が引き起こしたヨーロッパ社会の惨状から「人間の根本的に新しい態度と理解、とりわけ宗教的非寛容の放棄」（宗近103）をその根底にもつ近代社会が生長した、という見方である。

⑵　これに関連してパネンベルクは、近代の世俗化は「キリスト教的契機の実現」（不在124）であるという近年喧しかった議論を一面的・短絡的であるとして退ける。彼はこの議論集団に、神の死の神学者たちの他に、近代社会の世俗化はキリスト教的契機自体の実現とするF・ゴーガルテン、近代を中世キリスト教の神学的絶対主義への人々の反動的自己主張の所産とするH・ブルーメンベルク、そして近代的資本主義はカルヴァンの神の予定の教理によりもたらされたとするM・ヴェーバーさえも加えるのだが、彼によれば、近代とそのキリスト教的前史の関係はいかなるこのような思想史的・純理論的解釈によっても解明されえず、かの宗派戦争こそがキリスト教が従前有していた「公共的な影響力」（不在125）を大規模な仕方で喪失させ、その信仰解体のプロセスを早めたのである、という歴史的事実の重みを、それらの解釈は軽視しすぎているのである。世俗化はこの解体の随伴現象であると見るK・バルトやG・ヴァハニアンの認識も、それが世俗化の事実の認識として留まる限り全面的に否定される必要はないが、それがキリスト教的な由来や起源の認識を誘発するならば警戒されねばならない。パネンベルク自身は、近代の世俗化は宗派戦争による影響の不本意な結果であるゆえに、キリスト教神学が世俗化に直面してなすべきは、神の死の神学のように、この神不在の文化の精神にたいし「行き過ぎた順応」（不在130）を示すことではなく、この過程を阻止し逆転させることだと考えるのである。

⑶　さて、「宗派戦争」の意味づけの相違から、近代におけるキリスト教的文化総合をめぐるトレルチとパネンベルクの微妙に見えてしかし重要な相違が出てくる。すなわち、パネンベルクは「トレルチは彼の時代においてはいぜんとして教会から離れた自由な文化世界をキリスト教の将来にとっての決定的な要素と見なすことができた

が、今日、それはわれわれにとっては困難なことである」（宗近118）と指摘する。これは何を意味しているのか。トレルチの文化総合の決定的な要素も宗教であり、それはとりもなおさずキリスト教であったが[15]、しかし彼の文化総合は教会から自由なキリスト教を中心価値に据える総合の構想なのである。「この〔ヨーロッパ・アメリカ〕文化は……久しい以前から分裂してしまい、より強力な諸勢力の背後に押しやられてしまった教会には結び合わされていないとしても、しかし古代と近代すなわち歴史的連続性と生き生きとした近代の特殊性とを担い、それらを一つに結合しているキリスト教に結び合わされている」[16]。

　これに対して、パネンベルクはむしろ「教会的キリスト教」に立脚した「新しいキリスト教的総合」を目指す。トレルチの時代には教会から離れたキリスト教も実体をもち、かの総合もまだ現実的であったかも知れないが、世俗化が進行した「今日、それはわれわれにとっては困難なこと」だからである。しかも、パネンベルクがこの総合の基盤として希望を託すのは、エキュメニカルなすなわち世界教会的統一を志向するキリスト教である。それが彼の総合の――トレルチ流に表現すれば――社会学的基盤である。「教会的キリスト教それ自体が、今世紀のエキュメニカル運動をとおして、それ自身における相互帰属性と普遍性についての新しい意識を獲得してきた。……プロテスタンティズムにとっては、キリスト教のエキュメニカルな時代とともに、宗教改革の一つの成就の可能性が開けてくる。すなわち、十六世紀には停滞したままであり、〔その後十七世紀にはあの宗派戦争による〕教会の分裂によって挫折してしまった、全体教会〔の形成〕という目標設置の達成の可能性である」（宗近118−119）。こうして、パネンベルクは宗教改革においてすでに目指されていた目標の、新たな歴史的条件のもとでの達成を、すなわちエキュメニズムを基盤とする教会的キリスト教による新しい文化総合を提唱するのである。

2　「宗教的一致が社会的一致の基底である」という命題

(1)　このような新しいキリスト教的総合へのパネンベルクの神学的確信には、彼が繰り返し強調する「政治秩序は宗教を抜きにしてはそもそも不可能である」(信社192) という政治倫理的確信が随伴している。彼の見解の根底にあるのは、社会的統一を支えるのは宗教的統一である、つまり「社会の政治的な一致のための前提としての宗教の一致」(セオ143、信社191他) という、彼の議論の至る箇所に出てくる命題である。そこで彼が意味しているのは、およそ次のようなことである。すなわち、統治者は全社会の構造およびそこでの彼自身の機能をも根拠づける「真理」の現臨として自らを「代表」させうるなら、その統治権の正当性を被支配者たちに受け入れられ、彼らの忠誠心を獲得しうるのであり、このことは社会の秩序と対応するコスモスの秩序とその神的由来に関わる問題だということである (セオ147)。このように、あらゆる政治的・社会的秩序はその基盤のために有意味な「真理」を前提しなければならず、しかもそれはあらゆる人間的操作とは無縁であると信じられねばならない。その意味で、それは宗教的なのである (セオ116)。ちなみに、この点で、彼がしばしば引き合いに出すのは、「代表」という政治学的概念をまさに以上のように解釈するドイツの政治学者E・フェーゲリンである (人類260)。

(2)　ここで留意すべきは、政教分離を受け入れた近代の国家もまたこの事情を無視することはできず、その政治権力を何らかの宗教的な権威によって根拠づけざるをえない、とパネンベルクは確信しているということである (宗近116)。彼によれば、実際、近代国家はこの必要を準宗教的・イデオロギー的な信条や教説で埋め合わせしているのであり、その限り、宗教に対する国家の「中立性」という政教分離原則の一大要素も疑わしいものなのである (セオ146)。彼はその原則には「幻想」が潜んでいると鋭く批判する (宗近116、不在130他)。彼はその認識を近代の宗教社会学から得てくるが、その観察によれば、いかなる近代国家もその政治秩序のための合法的正当性を、あらゆる人間的操作を越えたものと信じられる、その限り実際には宗教的性格をもった擬似科学的言語で表現してきたのである。しかし、これこそ近代国家が犯してきた欺瞞的行為である。パネンベルクは「宗教に対する国家の中立性という命題は、それが個々の事例における自覚された虚偽を正直に明示しない限り、自己欺瞞に基づくものである」[17] (信社193）と述べる。

こうして、パネンベルクは「社会の成員の大部分にとって共通な一つの文化的伝統が……社会的共同生活のための基本的合意を基礎づけ」、この伝統を規定している「宗教の公的権威が社会体制統一のための不可欠な基盤である」ことを主張し抜く（法確257）。国家の法も、たとえばキリスト教徒にとっては自らが信じる神からの法的要求との一致にあると見られうる限りで、拘束性をもつのである。従って、パネンベルクにとっては、政教分離原則とは国家教会的なものは禁止するが、国家の宗教的中立性そのものを意味するものではない、ということになる。

(3)　以上のごときパネンベルクの基本的確信は、この政治神学的議論の「公共宗教論」としての性格を強く印象づけるが、それをさらに強めるのは、現代においてもなお「神政政治的要素は不可欠である」（聖政101）として、「セオクラシー」の必然性を訴える彼の姿勢であろう。パネンベルクが立脚するのはもちろんキリスト教だが、この唯一神教が歴史的に久しく示唆してきたのは「セオクラシー」であった。そして、中世までの「テオクラシーとは教会が世俗の諸問題について主権を保持すると考える」[18]一般的な教説であり、すでに見たように、トレルチによれば、それは、中世ではカトリック教会と神聖ローマ帝国とが、古プロテスタンティズムでは領邦教会と世俗政府とが、社会のキリスト教化のために共同作業を行なう政治体制であった。

ただし、プロテスタント神学者としてのパネンベルクが注目するのは、宗教改革者カルヴァンにおける、旧約の中命記思想の影響の濃い、「統治したもうのは神のみであり、神の被造物は何人も何物も、君主制的な支配をしたり、神の真理を独占的に主張したりするように任命されてはいない」（聖政86）と確信する「神政政治」、とくに世襲制を批判しカリスマ的・聖霊主導的（pneumatocratic）な指導者原理を重視する「共和主義的統治形態」（聖政82）である。この政治理念は、パネンベルクにとって、それが含む以下のような弁証法的両側面において意味深い。すなわち、一方でそれは、神の包括的な「主権」はキリスト教徒の「聖化」という宗教的領域に留まらず「市民的統治」という政治的領域にまで及ぶというその確信において、教会と国家とを峻別しすぎるきらいのあるアウグスティヌス的・

ルター的ないわゆる「二世界統治説」とは対照的に、キリスト教信仰に含まれる救済待望（Messiahnism）のもつ政治的含蓄を十分に生かしうる、という点である。しかしまた、それは他方で、被造物神格化へのその拒否の信念において、宗教と政治とを親和的に、場合によっては同一的に、把握することにより、性急な政治行動を通じこの世にキリストの国を――その内実は理想からはほど遠い暫定的な人間的統治にすぎないのだが――樹立しようとする、これまたキリスト教が生んだ一政治倫理的思想である「千年王国説」の過激な誤謬を回避しうる、という点である。

3　「宗教的自由」および「宗教的多元性」の理解

以上のように、世界教会的キリスト教による文化総合、人間社会の統一の基礎としての宗教の統一性、現代世界における神政政治の必然性といったパネンベルクの主張を呈示してくれれば、彼の政治神学的議論がきわめて公共宗教論的色合いの濃いものであることが察せられるであろう。

しかし、それを早計に単純素朴な公共宗教論と同一視できないことも、たとえば直前に見た彼が掲げる神政政治理念の内容に留意すれば、言えることである。すなわち、パネンベルク自身、「国家と教会の前近代的な関係への回帰はもちろん可能ではないし、また望ましいことでもない」（信社193）と述べるように、それは中世のキリスト教的ヨーロッパ社会における政教一致形態も、ましてや現代のイスラム原理主義に見られるような（宗教的最高指導者が政治的最高権力者となる）いわゆる直接神政政治も許容しない理念であった。このように彼の政治神学的論考がその歴史的視野においても十分に広く、またその思索においても未分化なものでないとすれば、われわれの課題は彼の見解をよく理解した上で、そこに批判の余地があるとすれば、注意深くそれをするということであろう。そこで、以下においては、⑴近代的な「自由」の思想と、⑵「宗教的多元性」とをめぐる彼の見解を跡づけ、その上でわれわれなりのそのような批判的論評を加え、最後に思想の「地域帰属性」の観点から、彼我の差異について述べることとする。

(1) さて、さきに見たごとく、パネンベルクは中世および宗教改革と近代とを分離する決定的な裂目をかの宗派戦争に見出し、それを等閑視する両者の関係の純粋に思想史的な説明を拒絶する。しかし、それならば、宗教改革は近代世界とは無縁か、後者は前者に対する単なる反立なのか。パネンベルクの回答は、そうではない。彼によれば、権威主義的中世からの近代社会の解放にやはりキリスト教的理念が作用しているのだが、それが宗教改革的な「自由」の思想である。そして、そこでパネンベルクがとくに注目するのが後期ヘーゲルによるこの自由の理解である。その点で、深井智明論文「近代世界とキリスト教——W・パネンベルクの視点」（パネンベルク、深井編訳『近代世界とキリスト教』、編訳者解説）が彼によるこのヘーゲルの論考の解釈を紹介しており、興味深い。それに依りつつ、要点を述べてみよう。

ヘーゲルは、初期の「国民宗教とキリスト教」（一七九三年）などではギリシアの宗教を重視していたが、後期の『歴史哲学講義』（一八二二年）ではギリシア人は人間が自由であることを知らなかったと批判するようになり、キリストによる解放によってはじめて神の前では万人が平等であり自由である、という教説が生まれたと述べ、身分や教養など生の外的状況に左右されない確かさをもつこの自由はキリストが啓示した信仰による神と人間の一致によるものとし、これを「神における絶対的自由」と呼んだ。キリスト教へのヘーゲルのこの見方の転換が確認されるのは、W・グラーフによれば、「不幸な意識」の概念が登場する『精神現象学』（一八〇七年）においてである。ヘーゲル左派はキリスト教の彼岸信仰をこの概念に結びつけるが、ここでのヘーゲルによれば、ギリシアやローマの時代に見られた、真理と本質からの自己の疎外を知っているというこの「不幸な意識」は、むしろキリスト教信仰により克服されるものなのである。後者は神的なものと人間的なものとを分離せず、その統一において和解させるからである。にもかかわらずキリスト教内部でこの「不幸な意識」が存続したとするなら、それはかの和解・統一がイエスという個別存在においてしか認識されず、その普遍性が認識されてこなかったからである。

しかし、ヘーゲルによれば、この普遍性への移行が宗教改革によるキリスト教的自由の把握において起こった。彼は『歴史哲学講義』で真理に対する主体の特殊内容の放棄の必要を説くことにおいて、信仰者は自身の正義の完全な放棄によって神の義に与ると説くルターの信仰義認とキリスト者の自由の教説を「完全に理解していた」と、パネンベルクは理解する（深井18）。さらにヘーゲルはこの宗教改革の義認論と自由理念の結合のうちに近代世界を形成することになる自由の原理を見る。すなわち、一切の人間的権威に対抗する信仰における個人の自律を支えるこの宗教改革的自由の世俗の領域への影響を認め、それが必然的に啓蒙主義の自律的理性やフランス革命の政治的自由のうちに具象化したと見たのである。しかも、彼もまた――深井氏によれば、「あまり知られていないことだが」――この宗教改革的自由の世俗領域での普遍化は教会分裂の意図せざる結果だが、それもこれを現実化するための必要条件であった、と考えたのである（深井18）。パネンベルクはヘーゲルの以上の見方をそのまま受け入れる。そこで彼のヘーゲル解釈に関する深井氏の結論は次のごとくである。すなわち、パネンベルクはヘーゲルとともに、「近代の特徴である自由を、宗教改革的なキリスト教的な自由の系譜から認識し、近代の成立におけるキリスト教的自由の意義を確認し、さらに宗教改革と近代との間にある逆説的であるが、不連続の連続を認識しているのである」（深井20）。

そして、パネンベルクは、さらに進んで、この自由がイギリスにおいて顕著な展開を見せたことに言及する。さきに触れたカルヴァンの神政政治思想のピューリタニズムやアナバプティズムにおけるその後の展開をトレルチは「新カルヴィニズム」と呼んだが、このトレルチの示唆に負いつつ、パネンベルクはカルヴィニズムから「教会と世界の相違、聖化と政治の区別」（聖政84）の原理を継承した新カルヴィニズムの顕著な特徴をイギリスの「ピューリタン革命」に見て、次のように述べるのである。すなわち、英国教会の勢力制圧後の長老主義のピューリタンたちの全国的な宗教的統一（religious uniformity）政策のなかに、あの「区別」を曖昧にする神政政治の危険を察知した「独立派」のピューリタンたちは、「宗教的自由」（religious freedom）の原則を採用し、その結果、社会には「宗教的多元主義」(religious pluralism) の状況がもたらされた。これに加えて独立派が導入したのはカルヴァンの神政政治理念にはいまだ受容されていなかった「人民に固有の主権」の思想であったが、パネンベルクによれば、これら近代デモクラシーの根本原理となる諸要素をもって「キリスト教政治思想史における重大な突破がなされたのである」(聖政85)。そして、彼自身も、現代における神学的政治倫理のいかなる試みもこのイギリス革命で確立された宗教と社会の関係づけのための新カルヴィニズムのモデルを一般的な統治形態や政策達成の評価基準として取り込まなければならないと、肯定的に評価する。

以上のような近代的「自由」の思想的展開に関する現代神学者としてのパネンベルクの理解に対してわれわれには何らの疑義もない。むしろドイツ人神学者としてはキリスト教のアングロサクソン的展開に対して十分に公平を尽くした見方と受け取れる。しかし、彼がこのイギリス的な宗教的自由や市民的自由を肯定する背景にある彼独自の視点を知るとき、われわれの以上の評価にはいささかの動揺が生じてくるのである。それは、これらの自由はルターが宗教改革の根本原理として言い表わした信仰による神との一致における「キリスト者の自由」の政治的実現であり、カルヴァンやピューリタニズムもこの政治的自由を聖霊の導きのもとでの個人の神との直接性のうちにとらえたのだ、という彼の強調の仕方に起因するものである。つまり、パネンベルクにとっては、宗教的自由も政治的自由も「神の聖霊の導きに個人が従う程度に応じて増大する自由」「神の真理を告白する可能性を提供するかぎりにおいての自由」(聖政88) に基づく、というキリスト教的・宗教改革的な理解が何よりも重要なのである。そこで、キリスト教会が現代世界にたいしなすべきは、近代の自由理念や人権思想やデモクラシーの原理がキリスト教精神の表現であることを承認させ、それらをたえずこのキリスト教的・宗教改革的起源に関わらせることだということになる (信社200)。

この強調はそれ自体として誤りではないが、しかしパネンベルクが次のような見解を提示するとき、われわれとしては一定の反論をせざるをえないように感じられる。すなわち、彼によれば、十七世紀以降、人権思想や社会契約論には自由主義の影響により自然法的な自由概念が入り込み、これが現代において「放縦」と理解されかねなくなった自由概念へと導いた（霊性88）。「万人には本性において自由が与えられているという推定と、キリスト者の宗教改革的な自由との間」には「根本的な違い」があるのである（宗近115）。このように、パンネンベルクは、十七世紀以降の自由概念への自然法の貢献への評価において、われわれが見る限りでは、端的に否定的である。だが、近代の自由概念にはたしかにキリスト教的と同時に非キリスト教的な由来の事実があり、さらにその折衝や融合やトレルチ流に言えば「妥協」の歴史的経過がある。そして、トレルチや二十世紀アメリカの代表的神学者ラインホールド・ニーバーにはこれらの歴史的事実に公平を尽くす展望がある。すなわち、トレルチは「キリスト教倫理は……他の建築家と仕事を分け合わねばならず、また彼らと同様に、土地や材料の特殊性に拘束される」[19]と比喩的に述べ、ニーバーも「近代的自由社会の文化的諸資源はキリスト教と近代世俗主義の双方から供給されている」[20]と証言する。パネンベルクもそのことを自覚していることは、たとえば「人間の尊厳の思想は、とくに近代において、キリスト教会以外にもその由来をもつと、正当に反論されている」（法確260）という彼の言葉から明らかである。

しかしながら、われわれは近代的文化価値のキリスト教的由来を論じる際のパネンベルクに、全体として、キリスト教的エートスと非キリスト教的それとの弁証法的緊張関係の事態を簡単に越えて、「宗教改革」へと性急に遡行し、その根本意義を過大評価する感を禁じえないのである。真の問題は、パネンベルクがキリスト教教理と歴史的現実との緊張関係について十分に忍耐的で熟慮的であるかどうか、ということである。トレルチの「妥協」概念はいささか否定的な響きをもつきらいはあるが、より積極的に解釈すれば、この世的な観念をキリスト教的理念に編入していくプロセスに対する終末論的な忍耐を含蓄する概念であるとも言えよう。パネンベルクには、彼が言うように「放縦」へのベクトルをも内包する自然法的「自由」概念ではあっても、それをキリスト教的に精練する歴史的プロセスへの考慮があってもよいのではないか。それが十分でないゆえに、彼においては近代の自由思想の根源は宗教改革的なキリスト教的自由であるという遡及的・還元的な議論がもっぱら支配し、その後の歴史におけるこの自由のいわば社会的受肉の過程への評価が過少になるのではないか。その神学の基本的確信を「歴史としての啓示」という命題に置き、キリスト教信仰の可変的な歴史的経験との関連における把握こそ重要とするパネンベルクにしては、これは筆者にはいささか腑に落ちない事態である。

これとの関連で、いましばらく先述のニーバーの「自由と平等」[21]と題するデモクラシーの本質を分析した論文の内容に触れ、それと対照しつつ、パネンベルクの議論の傾向を浮き彫りにしてみたい。ニーバー論文の第一の要点をごく簡潔に述べれば、デモクラシーの双子原理である「自由」と「平等」は、人類史が証言している政治の病的状態としての、為政者による「統一」の過度の確立の結果たる「専制」と、「秩序」の行き過ぎた形成の帰結たる「身分制」とに対する、解毒剤として有効な、「規制原理」だ、ということである。すなわち、独裁に対しては、個人は唯一神への信仰と服従の自由を他の何人にも奪われないというキリスト教的な自由理念が、身分制に対しては、万人は唯一神に等しく生命を授けられた者として差別されないというキリスト教的な平等理念が、規制する原理として、適用されるのである。しかし、これは、裏を返せば、自由も平等も人間社会では完全な実現はありえないということでもある。しかも両者は究極的には矛盾する要素をもつ。また、それらが濫用された場合、前者は放縦と無政府主義、後者は低劣な悪平等主義という病弊に陥る。つまり、双方ともあくまで終末論的な「希望」のもとに仰がれるべき「目標」なのである。

以上は自由と平等に関する十分に抑制された議論だが、ニーバーのねらいがデモクラシーに対するそれら理念の根本的意義の強調であることは明白である。これに対して、われわれが容易に気づくのは、すでに見たように、パネンベルクはそのキリスト教的総合への志向において社会の「統一」とか「秩序」という概念を頻繁に使用し強調するということである。その点で言えば、彼の政治神学は社会の統一と秩序にもっぱら腐心する政治的保守主義への傾向を免れないのではないか、という危惧を感じられても仕方がないのではないか。そこで、さらに、われわれは、彼の議論はいささか社会の統一の方向に重点を傾けすぎており、個人の自由をその分疎んじているのではないか、という印象を禁じえないのである。

第二の要点として言及したいのは、自由や平等の理念をめぐるニーバーの歴史的な考察である。ニーバーは、トレルチや彼が参照したドイツ人法学者G・イェリネックと同様に、自由と平等の理念を歴史にはじめて導入したのはフランス革命ではなく、それより一世紀前のイギリス革命における左派キリスト教徒たちによってであったと指摘する。ただし、平等の理念はそれよりはるかに早くギリシアやローマのストア派によって導入され流布された。このように歴史に久しく培われていた平等理念をキリスト教信仰に取り込み、さらにそれとキリスト教信仰に基づく自由理念とをはじめて結合させたのが、十七世紀イギリス革命期の諸分派であった。すなわち、キリスト教信仰は、あらゆる人間的権威を凌駕する唯一絶対神の権威を示し、この神による信仰者の特別な価値の承認を指し示すことによって、個人の自由および平等という思想を確立するのであるが、それが政治的領域にも展開されるに至ったのは、歴史的にはイギリス革命をもって初発とするのである。その後、イギリス的知恵はこれら終末論的理念を伝統的社会とほどよく調和させてきた。ニーバーは、それ以前のキリスト教会における自由概念がルターの宗教改革的自由をも含めて「国家に抵抗する個人の権利」としての自由ではなかったとし、ピューリタン詩人J・ミルトンが「カエサルのものはカエサルに、神のものは神に返しなさい」というイエスの言葉を「私の良心は神から賜わったものだから、私はこれをカエサルに渡さない」と解釈してはじめて、ルターが発見したキリスト教的な自由理念が政治的・市民的な自由にたいし影響を及ぼすようになったと指摘する。さらに、かのイギリス的知恵に貢献した思想家として、歴史的諸現実の感覚をトマス的自然法概念と結びつけたR・フッカーと、彼の思想を継承したJ・ロックを挙げる。

自由と平等の理念に関する以上のようなニーバーの歴史的考察を前にするとき、われわれは彼とパネンベルクとの間にルターの「キリスト者の自由」をめぐって微妙にして重大な解釈の相違が存在することに気づくであろう。すなわち、パネンベルクは、見たごとく、神との信仰による一致に基づくルター的自由があらゆる権威への批判の根拠であり、宗教改革以後の自然法に基づく自由概念はそれからの逸脱として見るが、ニーバーはルター的自由に政治的抵抗権は含蓄されていなかったと見ているのである。また、パネンベルクは宗教改革的自由と十七世紀以降の市民的・政治的自由との間には「対立」（宗近115）が存在し、それらの関係には「根本的な曖昧さ」（聖政88）が残ったままであると考えるが、ニーバーは後者はミルトンの解釈を経た上での前者の政治的実現ととらえる。この相違は、パネンベルクもミルトンの「宗教改革それ自体の改革」という思想に言及はするのだが（聖政85）、その内容をいかに解釈し、また歴史的発展の固有な事実というものをいかに評価するかということから、出てきているように思われる。

さらに付け加えれば、パネンベルクは、W・フィッケンシャーに依りながら、憲法に宗教的寛容の理念を導入する決定的なきっかけはすでに十六世紀末のオレンジ公ウィリアムとその周囲によるスペインに対するオランダ解放戦争の最中につくられ、この理念は個人の良心の声に従い自身の判断や選択を行なうという宗教改革的な自由の観念に動機づけられ正当化されるものだ、としばしば強調する（セオ144、法確258）。しかし、それは、ルターの優れた研究家であり崇敬者でもあったドイツ人教会史家K・ホルが、（ニーバーと同様に）キリスト教的自由概念のアングロサクソン的展開に注意を喚起するトレルチを意識して、一五二七年にルター派のザクセン選帝侯が領邦内のカトリック教徒に寛容の態度を示したのが個人の信仰の自由とそれに対する国家の自己制限の最初の事例であって世界史的意義をもつ、とドイツ至上主義的に高揚するのに[22]、いくぶん似てはいまいか。問題は、この近代的「自由」の宗教的起源・由来ということもさることながら、それが政治的・市民的自由にまでいわば受肉し展開していった歴史的現実である。イェリネック流に言えば、宗教的自由が憲法に成文化され、社会制度化された歴史的事実と、それを実現させた宗教的力が重要なのである[23]。

(2)　さて、以上の宗教的「自由」概念の理解とともに重要なのは、その法制的形態としての「政教分離」原則、またそれがもたらす「宗教的多元性」の理解である。パネンベルクが現代世界においてもなお「神政政治的要素は不可欠だ」と主張する場合、それが聖職者による直接統治といった古い神政政治の形態ではないことはすでに確認した。彼はこの新しいセオクラシーを「多元性を認めるエキュメニカルな霊性に立脚して刷新された」(聖政101) 神政政治と表現する。彼によれば、社会の一致のために人々にただ一つの信仰を強制するやり方はすでに十七世紀後半には社会状況に即さなくなっており、そこから宗教的自由理念の法制化が実現し、宗教的多元性の社会が出現してきたのである(世俗47)。このように、パネンベルクは近代社会に受容された政教分離原則とそれによる宗教的多元性の状況を十分に意識し、この原則の「継続的権利」を認めている(信社197)。しかし、問題は、この場合に彼が言う「多元性」ということで何が意味されているかであろう。

パネンベルクの場合、「多元性」はまず、キリスト教内部の宗派・教派の分裂による多元性と、それにある程度対応する、キリスト教的文化世界における公共社会や個人生活の意味体系における価値多元性の意味で用いられることが多い。そして、この後者の状況における現代人の「意味方向性の喪失」の克服のために、キリスト教に基づく文化的アイデンティティーの再強化が最も望みのある道と説かれるわけである(世俗63、73)。これと同様のことは、彼がまた別の箇所で、「多元主義」——彼においては「多元性」と「多元主義」は厳密に区別されずに使用されている——という語を、ある社会において複数の代表的世界観が事実上存在していることを「記述」するための実際的な意味で使用したいと言い、その場合でもこの社会の存続はその成員の大部分に共通な一つの宗教的・文化的伝統に依存することが暗々裡に承認されている、と述べるときにも(法確257)、示唆されている。

以上のような多元性・多元主義の意味合いに対しまったく意味が異なるものとして、パネンベルクは「原理的多元主義」ないし「世界観的多元主義」の概念を挙げる(法確257)。それはとくに——すでに触れたが——「近代的憲法諸国家」の「世界観的・宗教的中立性」という観念において前提される立場である。それを近代社会は「社会体制の再構築の原理」として掲げるのであるが、しかしパネンベルクにとってそれはさきに見たごとく「幻想」であり、しかも「自己矛盾的な立場」である。「なぜなら、それは一方でいかなる真理主張や価値主張も数多のなかの一つとして相対化するが、他方で自身の立場すなわち他の何ものによっても超克されることのない諸々の世界観の多元主義という主張だけは規範的なものとして主張するからである」（法確257）。これはある意味で尤もな意見であり、さらにさきに指摘したように、国家は現実にはこの中立性原則に反して「個々の事例において自覚されている虚偽」を示している、すなわち準宗教的・イデオロギー的信条を自らの統一性のために、隠れた仕方ではあるが、かざしている、というのがパネンベルクの見解であった。そして、彼によれば、いぜんとして現代の諸国家においても「宗教の統一性は社会の統一性の欠くべからざる前提であるという古くからの理解は、理論的にはけっして力を殺がれてはいない」（法確258）のである。

しかし、これに対してわれわれは、国家と特定の宗教のみとの相互支援の関係、少なくともかつての国家教会的な体制は厳禁されるべき、という意味での国家の宗教的「中立性」は、近代的憲法国家が自らに課した規範として貫かれなければならない、と反論することができるし、そうすべきであろう。現実にはそうではないという観察から、当為としてもそうあるべきではない、という判断が出てくるべきではないのである。上述のようにパネンベルクが批判する国家の中立性は政教分離原則から当然出てくるわけであるが、すべての宗教に自由を認めるはずの政教分離原則自体も、公共宗教——極言すれば「国教」——たらんとする宗教だけには宗教的自由を認めないのであるから、これも自己矛盾的だ、という意見も存在する。[24] そのような論理を構成することはむろん可能ではあるが、しかしそれに対して言われるべきは、政教分離原則は宗教が有する公共性志向をけっして否定するものではない、ということである。この原則によって、宗教はその公共性の放棄を迫られるのではなく、むしろその公共的影響力発現の従来の作法の変更を迫られるのである。少なくとも、一国家と一宗教とが相即するかつての国教体制への後ろ向きの志向は決定的に放棄されなければならない。しかし、だからと言って、宗教が本来的に抱く、公共性志向が零封されるわけではない。では、それはどのように発現されるのか。そのことについては本書第8章「ヴォランタリー・アソシエーションとしての私立キリスト教学校」において述べるつもりであるが、いずれにせよ、今述べた点をしっかりと確認することが、今日の公共宗教論がけっきょくは従前の国教体制論に立ち戻ってしまわないために、重要なことと思われる。

以上のように宗教的多元性をめぐるパネンベルクの見解を見てくれば、当然最後に彼がキリスト教以外の諸宗教をどう見ているのかという問題を取り上げねばならない。それを本格的に論じている箇所は多くはないが、以下の箇所は、彼がキリスト教内の宗派的・教派的多元化と関連する形でキリスト教外の諸宗教の多元性を理解している点で興味深い。彼は次のように述べる。すなわち、現在の世界のキリスト教によるその再統一を図るエキュメニカル運動は、キリスト教会を越えて、あらゆるものにとっても意義深い。「なぜなら、教会内的な多元主義の容認によって、キリスト教以外の宗教や非宗教的立場とキリスト教との関係も変えられるからであり、そのことはキリスト教の社会への影響という点では重要なもののひとつだからである」（セオ166）。つまり、キリスト教内部の諸宗派・教派が相互の存在を承認し合ってふたたび一致を目指そうとするその態度を、諸宗教間にも敷衍適用し、「結局は人類のために宗教が有している意義についての普遍的な意識を形成することへと導く」（セオ160）ことを期待するということである。パネンベルクによれば、宗教と社会の関係をめぐる最近の議論においては、宗教の存続よりはむしろ「公共社会」の存続への人々の不安の増大が指摘されており、そのために「宗教」が有する意義が強調されなければならないのである（セオ161）。

以上の論旨は、彼がその組織神学において「歴史的諸宗教の学[25]」や「宗教史の神学[26]」の営みを重視することとも合致しており、このように他宗教の「多元性」の問題の解決方向をキリスト教自体の問題とその解決の構図に組み込むことで、この組織神学者のキリスト教的公共宗教論は全体の整合性・一貫性を保つのであろう。しかし、諸宗教の「多元性」の問題との彼の取り組みはこのような構想止まりであると言ってよい。そして、より問題なのは、パネンベルクのこの見通しはいささか楽観的に過ぎはしないであろうか、という印象を残すということである。もちろん、彼もこの問題解決の困難さは承知しており、それは、たとえば、「他の宗教との競合」は宗教の代替物・

埋め合わせとしての世俗主義やイデオロギー的救済論がキリスト教に久しく加えてきた重圧よりも「さらに危機的なものである」(セオ160)と述べることからも窺える。しかし、全体として見れば、彼の議論はキリスト教以外の諸宗教の「多元性」とどう取り組むかというよりは、まずキリスト教自体の再建という課題により大きな重点を置くものであり、真の意味での「宗教的多元性」の問題の真剣な考察は先延ばしにされているように思われる。

おわりに

以上、現代ドイツを代表する、その該博さにおいて群を抜いた、すなわち国家と教会・政治と宗教の分離という事態が生起した歴史的経過やその必然的理由などとうに熟知している、キリスト教神学者パネンベルクの、しかしながらやはりどうしても公共宗教論として響いてくる政治神学的論考を跡づけ、適宜われわれ自身の批判的論評を添えてきた。そのようなわれわれの印象は、彼の一方での「宗教的統一性が社会的統一性の基底である」という強力な主張と、他方での法制史上十八世紀末アメリカではじめて十全に確立された「政教分離」原則をめぐる本格的な神学的考察の不足に、起因しているように思われる。その場合にどうしても思い至るのは、これが、法制上は政教分離原則を(ルター発の「自由」に基づくものとするがゆえに、あたかも逆輸入のような形で)受け入れつつも、従来の歴史的慣習的諸形態において――たとえば公教育における宗教教育や公共儀礼における宗教的要素やとりわけいわゆる「教会税」の徴収方式などにおいて――いまだこの法原則の精神を明確に貫きえていないヨーロッパ――ドイツはその典型ではないか!――を「生活の座」(Sitz im Leben)としている神学者の議論だからか、ということである。

かつて東ヨーロッパ共産主義圏の神学者J・ロマドカは自身や他の神学者が抱える時空的制約を意識して「神学的実存の地域帰属性」ともいうべき事態を指摘したが[27]、われわれもここでパネンベルクの政治神学的議論にこの概念を適用する必要があるのではないか、と思わざるをえない。そう思わざるを得ないのは、宗教による文化的統合こそ社会のまとまりの基盤だと主張し、さらに自国のキリスト教民主同盟やキリスト教社会同盟の政治家たちに「基本法」のキリスト教的由来を強調する発言を期待するパネンベルクの姿勢が（法確265）、現在のドイツではなお適切でありうるのだとしても、このようなやり方を日本の保守的政治家たちが利用し模倣して、彼らが言う日本的な宗教的伝統を担ぎ上げ、独自に政教一致形態を志向するとするなら、そこにはきわめて皮肉な状況が発生するのではないか、と危惧されるからである。これは冒頭に取り上げた森氏のアメリカ的市民宗教の分析をわが国の公共宗教論者たちが自分たちに都合の良いように利用しうるのと同様の事態である。

このように見てくると、やはり重要なのは近代的諸国家の憲法に受容された「政教分離」原則の十全な理解、とりわけキリスト教政治神学的な視点からする十分に掘り下げられた理解ではなかろうか。私見では、少なくともわが国においてその作業はいまだ充実した仕方では行なわれていないように思われる。これはわれわれが担わなければならない喫緊の課題であろう。パネンベルクは近代ヨーロッパにおいて顕著になったキリスト教信仰の私事化や宗教と政治を分離する傾向にただしくも反対する。彼の神学的確信は、聖書的・キリスト教的諸真理は個人の領域に限定されるべきではなく、ひろく公共生活全体に適用されるべきである、というところにあるからである。その意味で、彼にとっては、近代デモクラシーの根幹をなしている社会契約論的個人主義は批判の余地のあるものであろう。そして、宗教的自由や政教分離の原則も部分的にはそこに思想的関わりをもつ。

しかし、他方、他の信仰的・宗教的立場は原理的に排除するというかつての宗教的絶対主義・権威主義が、政教分離の方向性を必然なものとした。この歴史的経過もパネンベルクは熟知している。そこで、彼でなくとも、問うべき問いは、「国家と教会の分離の本質的要素を尊重しつつ、この状況から抜け出す（すなわち公共生活にキリスト教の健全な影響力を取り戻す）道があるのだろうか」（政倫235）、ということになる。これに解答を示すことがわれわれの課題なのである。パネンベルク自身は、「キリスト教徒が自分自身の多元主義の問題を解決することに成功するなら、キリスト教徒は多元性と包括的精神的統一性全般を結びつける一つのモデルを生み出すことができるだろう」（政倫

236）と示唆するのみで留まる。

この「多元性」と「統一性」とを力動的にかつ均衡の取れた仕方で連結することが現代世界における政治の最重要課題ということになろう。私見では、この課題と取り組む際の指標の一つに二十世紀アメリカの指導的神学者の一人であったH・リチャード・ニーバーが示した「徹底的唯一神論」[28]の概念がある。おそらく、上記問題の真正にして究極的な解決は、われわれがこの「徹底的唯一神論」の最深のキリスト教的理解にいかにして到達し、またそれをこの世界に対していかに政治哲学の観点から説得しうるか、ということにかかっている。唯一神信仰が徹底されなければあらゆる人間および人間的事物の相対化は不可能である。すなわち、「徹底的唯一神論」なくしては「徹底的人間相対論」としての真正のデモクラシーは不可能なのである。H・R・ニーバーは、歴史上はじめて「宗教的自由」と「政教分離」原則とをその憲法第一条に明示した国家に生きた神学者として、パネンベルクが示唆したような課題をつとに明確に自覚し、それをかの神学的概念において展開しようとしたと思われる。そこで、われわれは、より丹念なその解明をも含む「政教分離」という主題の継続的探求の課題を銘記することとして、ひとまず本稿を閉じたい。

【注】

（1）住家正芳「宗教的多元性と公共空間」、日本宗教学会編『宗教研究』336号、（二〇〇三年六月）、11頁。

（2）この種の言い方については、たとえば中西輝政「日本国家の聖なる場所」、『Voice』297号、（PHP研究所、二〇〇二年九月）、48-59頁、篠沢秀夫『ニッポン大好き　ヘンでも好き』（扶桑社、二〇〇二年）などを参照されたい。

（3）坂本多加雄「国家存立の根底にあるもの」、『産経新聞』二〇〇一年二月一一日、コラム「正論」。なお、同「庶民は首相参拝を望んでいる」、『Voice』297号、（PHP研究所、二〇〇二年九月）、72-74頁も参照のこと。

（4）R・N・ベラー他、中村圭司訳『善い社会』（みすず書房、二〇〇〇年）、4-5頁。

（5）以下の論述においては、紙幅の都合もあり、パネンベルクからの引用は本文中に括弧で次のごとき略記号により表示する。数字は頁を表わす。パネンベルクの著述については多く邦訳がなされてきており、それらを用いるが、場合によっては私訳に代えている。「聖化と政治」＝（聖政）、「神学的視野における神の不在」＝（不在）、西谷訳『現代キリスト教の霊性』（教文館、一九八七年）、九八年改訂再版。「政治問題とキリスト教倫理」＝（政倫）、佐々木勝彦訳『信仰と現実』（日本基督教団出版局、一九九〇年）所収。「キリスト教信仰と社会」（西谷訳）＝（信社）、「人類の未来と統一」（原一子訳）＝（人類）、近藤勝彦監訳『キリスト教社会倫理』（聖学院大学出版会、一九九二年）所収。（法確）＝"Christliche Rechtsüberzeugungen im Kontext einer pluralistischen Gesellschaft," in: *Zeitschrift für Evangelische Ethik*, 37 (Gütersloher Verlagshaus, 1993), S. 257.（世俗）＝「世俗化された世界におけるキリスト教」、「宗教改革と近代」＝（宗近）、「セオクラシー的な選択」＝（セオ）、深井智朗訳『近代世界とキリスト教』（聖学院大学出版会、一九九九年）所収。

（6）E・トレルチ、近藤勝彦訳『歴史主義とその諸問題』一九二二年、トレルチ著作集第六巻、（ヨルダン社、一九八八年）、431−435頁。

（7）E・トレルチ、西村貞二訳『アウグスティヌス』（新教出版社、一九六五年）、35頁。

（8）E・トレルチ、堀孝彦訳『近代世界の成立に対するプロテスタンティズムの意義』一九〇六年、トレルチ著作集第八巻、（ヨルダン社、一九八四年）、56頁。訳は一部変更。

（9）同上、40頁。

（10）同上、50頁。

（11）同上、88−95頁。

（12）同上、109頁。

（13）同上、146頁。

（14）同上、68、70頁。

（15）E・トレルチ、西村貞二訳『ドイツ精神と西欧』（筑摩書房、一九七〇年）、201−203頁。

（16）E・トレルチ、近藤訳、前掲書、368頁。

（17）このパネンベルクの指摘は、わが国における過去数十年の政教分離をめぐる諸判例においてある種「自覚された虚偽」を目撃してきたわれわれにとっても、重要である。平野武『宗教の自由と宗教的人格権』（法蔵館、一九九〇年）、井戸垣彰『信教の自由と日本の教会』（いのちのことば社、一九八三年）などを参照されたい。

(18) M・パコー、坂口昂吉・鷲見誠一訳『テオクラシー』（創文社、一九八五年）、3頁。
(19) E・トレルチ、芳賀力訳『キリスト教の諸教会および諸集団の社会教説　結び』一九一二年、トレルチ著作集第九巻、（ヨルダン社、一九八五年）、184頁。訳は一部変更。
(20) Reinhold Niebuhr, "Democracy, Secularism, and Christianity," in: *Christian Realism and Political Problems* (Charles Scribner's Sons, 1954), p. 95.
(21) Reinhold Niebuhr, "Liberty and Equality," in: *Pious and Secular America* (Charles Scribner's Sons, 1958), pp. 61-9.
(22) Karl Holl, *Gesammelte Aufsätze zur Kirchengeschichte. Luther* (J. C. B. Mohr, 1921, 19487), S. 484f.
(23) イェリネックの『人権および市民権の宣言』（一九八五年）の強調点は、「私がひたすら追求している問題は、歴史上どの時点で……人権が法律文書の中に承認されたか、という問題である」という彼の言葉に最もよく表現されている。人権が自然法的次元から実定法において定立されたことがとりわけ有意義なのである。この引用文は、G・イェリネック、初宿正典編訳『人権宣言論争』（みすず書房、一九八一年）、203頁より。他に、31、111頁など参照されたい。
(24) 加藤尚武「宗教と戦争――過去のない文化の世界」、『岩波講座 宗教と科学5 宗教と社会科学』（岩波書店、一九九二年）、307―311頁参照。
(25) 西谷「パネンベルク歴史神学の要点」、前掲訳書『現代キリスト教の霊性』、訳者付論、208頁。
(26) Wolfhart Pannenberg, "Erwägungen zu einer Theologie der Religionsgeschichte," in: *Grundfragen systematischer Theologie* (Vandenhoeck & Ruprecht, 1967)
(27) 西谷『ロマドカとニーバーの歴史神学』、43頁。
(28) H. Richard Niebuhr, *Radical Monotheism and Western Culture* (Harper & Row, Publishers, 1960)
（初出：「パネンベルク政治神学の検討――公共宗教論か政教分離論か？」、『ヨーロッパ文化史研究』5号、東北学院大学大学院文学研究科ヨーロッパ文化史専攻、二〇〇四年三月所収）

第7章　ロジャー・ウィリアムズとアメリカ合衆国憲法修正第1条

はじめに――わが国の自由教会及びキリスト教学校の思想史的基盤

エルンスト・トレルチはその主著の一つ『キリスト教の諸教会及び諸集団の社会教説』（一九一二年）の末尾で、「教会史全体が十八世紀に入って新しい諸制約の下に突入し、近代的思惟の自立化と共に国教会的な生の統一が崩壊して以来、教会史は統一的に完結した対象を眼前にもつことがなくなった」[1]（傍点西谷）と述べた。トレルチが同書において「教会《キルヘ》」・「分派《ゼクテ》」・「神秘主義《スピリチュアリスムス》」という三類型を背景に各時代のキリスト教の社会教説を分析したことは周知の事実であるが、以上のトレルチの言葉は、近代社会においてキリスト教の存在形態はキルへの類型からゼクテないしスピリチュアリスムスの類型へと必然的に移行し、新しい教会の時代が到来するという彼の判断を示すものである。

端的に言えば、政教一致から政教分離の原則へと移行する時代において新しい形態の教会が出現するということであり、その教会の最適の呼称が「自由教会」なのである。そこで、筆者の立場は、キルへの伝統を重視しつつも、スピリチュアリスムスの個人主義的信仰は退け、ゼクテから出発しそれを超えて発展してきた「自由教会」（free church）の線に自己のアイデンティティを見出そうとするものである。実際、自由教会は世界的にも実勢を得てきており、わが国のキリスト教会もまさにそうした概念的枠組の中に現存していることを自覚すべきと考える。もっぱら伝統的な神学の枠組のなかで教会を理解しようとすると、わが国においても依然としてその本質をトレルチが言う「キルへ」の概念でとらえてしまう傾向が残っているわけであるが、日本のキリスト教会は「自由教会」という、社会学的・政治学的にも新しい意義を擁するその存在形態において、自らの生活の座があることを自覚すべきと考える。筆者がトレルチ＝ホル論争の要点を再確認し、パネンベルクの宗教と政治の関係の議論を批判的に再検討したことも、まさに以上の点がわが国のキリスト教にとって自覚されることが重要であると判断したからであった。

しかも、さらにまた、この自由教会を中心とし、それを取り囲むキリスト教共同体が現代世界の民主主義的法制において確立され拡大しており、それら共同体を特徴づける最適の概念が「ヴォランタリー・アソシエーション」である。本書を貫く関心が、この「教会」を土台とする、わが国における「私立キリスト教学校教育」であることは再三述べてきたが、ここで筆者の研究主題を簡潔に表現すれば、「現代社会におけるヴォランタリー・アソシエーションとしての自由教会及び私立キリスト教学校」ということになる。教会は法制上は宗教法人であり、学校はまた学校法人ということで、社会に果たす役割もそれぞれ異なるが、社会を支える文化共同体として両者は質的に共通性をもつものと考えるのである。しかし、本書の究極的主題は、「ヴォランタリー・アソシエーションとしての私立キリスト教学校」とその教育ということである。

さて、上記の「自由教会」というキリスト教の存在形態の源泉を、トレルチもまた——ゲオルグ・イェリネック『〔フランス〕人権及び市民権の研究—近代憲法史の一研究』（一八九五年）を介してであるが——ロジャー・ウィリアムズ（以下、すべてRWと略記）に見ている。(2) 本稿も、「ヴォランタリー・アソシエーションとしての自由教会及び私立キリスト教学校」という見解の歴史的起源はまさにこのRWにあると見て、論を進めていきたい。そして、近代における「信教の自由」権と「政教分離」原則こそが、この命題を成り立たせる根本価値なのであるが、それは現代においてはいわゆる意味論的飽和状態に陥り、その歴史的成立の記憶は薄れ、真の意義も曖昧となり、形式的結果のみが権利として幅を効かせている感が強い。そこで、本稿ではまずその確認に絞る形で、「ロジャー・ウィリアムズとアメリカ合衆国憲法修正第1条」という主題のもとに、以下、論じていきたい。

アメリカに移住しロードアイランド州創設者となったイギリス・ピューリタン分離派牧師《セパラティスツ》ＲＷこそ、イェリネックによれば、「人権」観念の基礎たる「信教の自由」権と「政教分離」原則を、法律文書に明記することにより、公共社会に実現しえた最初の人物であった[3]。そして、筆者の見るところ、このＲＷにおいてすでに「ヴォランタリー・アソシエーションとしての教会」の観念の開始も見届けられるのである。

そこで、本稿では、まず、

(1)ロジャー・ウィリアムズ（RW）の生涯の事蹟と政教分離思想の要点を確認し、次に、

(2)それとアメリカ合衆国憲法修正第一条との思想史的関連を跡づけ、最後に、

(3)ヴォランタリー・アソシエーションとしての教会という命題を、

ＲＷにおいて確認してみたい。とくに、(2)は、近代社会の根本的な法制的指標としての「宗教的自由」(religious freedom) 権と「政教分離」(separation of church and state) 原則を世界中で最も明確な仕方で規定した合衆国憲法修正第一条が、やはりＲＷの思想の継承として確認されうる、ということを示そうとするものであり、彼の没後三百周年（一九八三年）をきっかけに輩出した研究書でようやく本格的に議論されるようになったテーマであって、わが国でも熟知されているとは言えない議論であるため、本稿ではいささか詳細にしるしておきたいと考える。その分、(1)と(3)の叙述は簡潔を心がけたい。(1)はわが国においてもいくつかの研究書によりすでに明らかにされているからであり、(3)は本稿に続く次の論稿においてあらためて論じるつもりだからである。

なお、筆者は本稿も含め、本書の諸論考を、日本における私立キリスト教大学の宗教主任《チャプレン》である自覚のもとに提示するものであり、その内容はこの職務遂行のために備えておくべき弁証学的知見として必須のものと理解している。

1　ロジャー・ウィリアムズの生涯と政教分離思想の要点

本節では、（1）RWの生涯の事蹟と、（2）その時々に表わされた彼の政教分離思想の要点を確認する。

（1）RWの生涯の事蹟

まず、RWの生涯について簡潔に述べよう。RWは一六〇三年にイギリスはロンドンに仕立屋の子として生まれ、八三年に後述するアメリカのプロヴィデンス植民地で没した。

渡米まで　RWは裁判所の速記係をした少年時代、のちに「権利請願」(Petition of Rights) を起草することになる首席裁判官エドワード・コウクにその才能を認められた。二〇年のメイフラワー号によるいわゆる分離派ピューリタンたちのアメリカ入植の頃には、RWもピューリタン信仰の影響を受けていた。その後、ケンブリッジ大学に学び、二九年にイギリス国教会の按手礼を受けるが、思想的にはただちに非国教徒《ノンコンフォーミスツ》中もっとも急進的な分離派《セパラティスツ》に転向する。同年の非国教徒排除の国王令を理由にトーマス・フッカーやジョン・コットンなどケンブリッジ卒のピューリタン牧師たちがアメリカはニューイングランドへと渡ったが、RWも三一年二月五日、妻メアリーと共にアメリカのボストン近くへ到着した[4]。のちにマサチューセッツ湾植民地初代総督となるジョン・ウィンスロップともすでに知遇を得ていた。

ニューイングランド到着からマサチューセッツ湾植民地追放に至るまで　ウィンスロップは「ライオン号が神に仕える敬虔な牧師ウィリアムズ氏と同伴の妻女を乗せてきた[5]」と記しており、ただちにRWにボストンの分離派教会への牧師就任を要請したのだが、RWはこれを断る。その後、ボストン北のセイラムの教会や南のプリマス植民地の教会と——それへの就任を含めて——関わりをもつが、ついに三五年十月、マサチューセッツ植民地総会議により追放処分を受ける。

マサチューセッツ植民地追放の理由　これらのことが起こったのは、RWの徹底した政教分離主義思想の観点からして、これらの教会も植民地政権も不徹底であったからである。追放処分の直接の理由は、①イギリス国王が「特許状」をもってアメリカ先住民インディアン所有の土地を自身の臣民に植民地として授与するというのは正義に反する、という彼の批判であったが、とくに決定的であったのは、②植民地為政者による「一般居住民の宣誓」の強制への反対であった。マサチューセッツはその統治への服従の宣誓を正規教会員による「自由公民《フリー・マン》の宣誓」として実施し、これをさらに教会員でない市民にも拡大適用することを三四年に決議した。これに対して、RWは、植民地政権が信仰心が確認されていない人々に統治への服従の宣誓を神の名のもとに強制するのは政教分離原則に反する、と主張したのである。宗教的には不信仰者に神への宣誓をさせるべきではないと述べたが、この宣誓は同時に為政者による宗教的領域への不当な政治的侵害としても非難されるべきものであったのである。

この「宣誓」反対の問題はRWの政教分離思想の要点を示す象徴的な事柄である。大きくとらえれば、RWは、当時のマサチューセッツを中心とするニューイングランド諸植民地に「時代錯誤的」に再現された政教一致的体制に対し、徹底した政教分離思想によって対峙したのである。

プロヴィデンス植民地の建設　マサチューセッツから追われたRWは、公式にはウィンスロップ総督らの決定で本国イギリスへの送還命令を伝えられるが、しかしすでに二十人以上の同調者を得てプリマスの南方ナラガンセット湾周辺での植民地建設を計画していた。じつはウィンスロップは表向きはRWに本国帰還を命じたが、RWのこの計画を知っており、むしろ「私的」にはRWが「高邁な宗教的かつ公的な目的のために」先住インディアンの保護を求めることを手紙で勧めていた。強大なナラガンセット族の言語を習得し、彼らに伝道し、信頼を得ていたR

Wが彼らの居住地に入ることは、布教上の観点からも、また白人植民地にとっての軍事的緩衝の観点からも、評価しうることであったからである。[9] ここにRWを高く評価したウィンスロップの深謀遠慮の現実政治家としての側面が垣間見えるが、RWはこの「思慮深い提言」を「神からの示唆」と受け止めたと三十五年後に親友に述懐している。[10]

こうして、RWは、一六三六年四月、長年の個人的信頼と物心両面のやりとりによってナラガンセット族から譲り受けていた土地に家族や同志五人と共に入植し、彼らに平等に土地を譲渡し、これを「プロヴィデンス植民地」と命名した。その後ナラガンセット湾内のロードアイランド島(旧アクィドネック島)上のニューポートとポーツマス、さらにはウォリックの3植民地がこれに合流し、現在のロードアイランド州となる。

プロヴィデンスにおける教会生活　なお、プロヴィデンスでRWは「〔一六三六年に〕アメリカ最初のバプテスト教会を設立し」、自ら再洗礼を受けた。「彼は数ヶ月間〔四ヶ月間程度〕のバプテストでしかなかったが、代わりに“a Seeker”〔Seekers は一般に十七世紀初期の——邦語では「求正教徒」と呼ばれてきた—ピューリタンの一派で、特定の教派教会に所属せず、理想の信仰と教会を追い求めた人々とされるが、多くはのちにフレンド派に吸収された〕の道を歩んだ。にもかかわらず、バプテスト派はためらわず彼をバプテストと見なしてきた。宗教的自由や他の聖書的教義をめぐる彼の見解がきわめて〔バプテスト派と〕親和的だからである」。[11]

ヘンリー・チューパックによれば、RWがアメリカ初のバプテスト教会を設立したというよりは、「バプテストたちに加わり、再洗礼を受けた」のであるが、いずれにせよ、「ウィリアムズは、バプテストの信仰に立った一六三六年の短期間を除けば、セイラム教会離脱以降はいかなる教会にも属さず、〔使徒的継承を重んじて〕使徒時代の教会の在り方を追求する a Seeker となった」のである。しかし、より重要なことは、「植民地におけるその生涯をとおして彼の宗教的情熱は燃え続け、ホームタウンでは〔他の Seekers と共に〕公けの礼拝を守ることを常とした」ということであろう。[12]

プロヴィデンス植民地誓約書　以上の教会活動もヨーロッパの政教一致体制から宗教的自由を求めて飛び出したRWの理想的教会像探求を物語るが、このプロヴィデンスで最も重要な出来事として記憶されるべきは、この植民地の統治形態を定めた「プロヴィデンス植民地誓約書」（Plantation Agreement of Providence）であろう。一六三六年にしるされたとされる短い覚え書きであるが、これこそが人類史上初の政教分離原則を記した法文書なのである。これについては②であらためて取り上げる。

さて、このプロヴィデンス植民地建設に伴って、RWのイギリス国王及び政府への態度の変化が現われる。それを示すのが36年八月頃のウィンスロップ宛ての上記誓約書の文言を含む書簡である。その要点は、プロヴィデンスに対する「国王の承認《プレジャー》〔特許状〕を得る」[13]ために、ウィンスロップに「「イギリス国王によるアメリカ先住民の土地の植民地化は不当と非難した」従来の行き掛かりを捨てて……助言を敢えて求めた[14]」ということである。ここに新しい共同体建設のために強い覚悟をもって臨もうとするRWの現実主義が読み取れる。

植民地特許状取得のための渡英　その後、RWは、じっさい43年夏に、イギリス国王からの植民地特許状取得のため本国に赴き、翌44年三月にその取得に成功し、九月にはボストンに到着、マサチューセッツ植民地の通過も許され、「プロヴィデンス・プランテーションズ」に凱旋した。この特許状は彼らに対し多数決原理による完全な自治（full power and authority to rule themselves）を承認するものであった。[15]こうして、RWは、新しい植民地での宗教的自由と政教分離の原則を実行しうる基盤を得たのである。

しかし、国王からの特許状取得はRWが当初から目論んでいたことではなく、むしろ歴史の偶発事によって選択せざるをえなかった政治的現実主義であったということを覚えておくべきであろう。それらの出来事の詳述は避け、要点を述べれば次のごとくである。すなわち、「宗教的自由の避難所にあらゆる者を歓迎したことの問題は、やがてあらゆる者が来てしまったということであった[16]」とゴースタッドがいみじくも指摘したように、プロヴィデンスに移り住んできた者たちが土地の私的所有で宗教集団間の闘争を繰り広げ、その権利保護をプロヴィデンス植民地自体にではなく自領地拡大を目指していたマサチューセッツ植民地に求めて、問題をのっぴきならない仕方でこじらせたために、RWはプロヴィデンスとニューポートとポーツマスの3タウンを代表して、国王の特許状を求めたわけである[17]。要するに、プロヴィデンス植民地にも、国王の特許状を根拠として統治していた他の植民地と同じ政治的次元で競合する必然性の認識が生まれた、ということである。

本国ピューリタンたちとの交流及び出版活動　さて、そこで、特許状取得のためRWに多大な支援を提供したのは、四三年当時、長期議会におけるピューリタン革命推進のため大きな働きをした下院議員ヘンリー・ヴェイン卿であった。オクスフォード卒の熱烈なピューリタンであったヴェインは三五年にマサチューセッツに渡り、翌年には同植民地の総督に選出されたが、三七年にはウィンスロップに総督の座を奪われ、失意のうちに帰国していた。しかし、その実力と由緒ある家系も手伝い、四〇年には下院議員に当選し、四三年には国王軍に対し不利にあった議会軍のために、スコットランド議会との卓抜な交渉術で長老主義を受け入れることなくスコットランド軍の支援を取り付け、国王軍を退ける基盤を据えた。

そして、宗教的自由を重視する点でRWと一致していた彼は、RWの特許状申請を受け止め、イングランド議会をして、四三年十一月、自分のほかオリヴァー・クロムウェルを含む12名の植民地委員会を設置させ、マサチューセッツ側の妨害工作も退けて、翌年には特許状公布を実現させたのであった。この成功は自分と同様に宗教的自由の原則を確立しようとしていたヴェインの支援の賜物である[18]、とRW自身が記している。

なお、RWはこの一年余りの本国滞在を機会にロンドンで以下の4冊の書物を刊行した。

①『アメリカ現地語案内』（四三年）、
②『信仰の大義を掲げて迫害を勧める血まみれの教義』（四四年）、
③『最近公刊されたコットン氏の書簡に対する検討と回答』（四四年）、
④『洗礼でキリスト教徒ができるわけではない――インディアンを呼ぶのに通常用いられる「異教徒」なる語に関する論考』（四五年）、

である。[19] ＲＷの分離主義者としての思想は、これら著作をとおして、ピューリタン革命の最高指導者であり護国卿となった上記クロムウェルや、宗教叙事詩『失楽園』の作者でピューリタン革命に身を投じクロムウェル政府のラテン語秘書官となった詩人ジョン・ミルトンにもよく知られたと思われる。クロムウェルとのつながりはＲＷの書簡に見届けられる。のちの護国卿クロムウェルからの書簡は植民地総裁ウィリアムズを励ました。[20] また、ミルトンとのつながりについては、『血まみれの教義』の編集者サミュエル・コールドウェルが、言論の自由を訴えるミルトンの『アレオパジティカ』が『血まみれの教義』出版後の四四年十一月末に出版されたことをもってであろう、その有名な「宗教改革それ自身の改革を為さん」という下りに続く、「今、見よこの広大なる都会〔ロンドン〕を……そこでは多数のペンを持つ人が……来たるべき宗教改革に献ぐべき新しい概念・観念を……探求し思索している」という下りで、ミルトンはＲＷを考えていたかもしれないと述べる。[21] ミルトンとのつながりは再渡英の際にも存続していたようである。[22]

プロヴィデンス植民地総裁就任 さて、ＲＷによるプロヴィデンス植民地のための特許状取得は居住民に大歓迎されたが、その後の統治が順調に進められたわけではなかった。むしろ事実は反対であり、とりあえず４タウンの連合政権は四七年五月の総会議で成立したが、その後も上述諸集団の対立は続き、ニューイングランド植民地連合と通じる策動も続いた。それはイギリス本国の（四九年からの共和制下に新設されていた）国務会議《ザ・カウンシル・オヴ・ステイト》を動かすことによってプロヴィデンス植民地を乗っ取る画策であったため、RWは再渡英を余儀なくさせられ、関係者に訴えてその阻止に努めた。その成果は、五二年十月に国務会議から、敵対勢力に有利な以前の決議の是非は「審議中で未決定」であり、プロヴィデンス連合政権は「イングランド議会からすでに与えられている指示に従って、貴植民地の秩序維持を担当する権限を有する」[23]という通達を得ただけであったが、RW自身はこれについて、「神の絶大なご慈悲により、われわれは国務会議から暫定的ではあるがわれわれを勇気づける前向きの回答を得て、この紛争が解決するまで、われわれの植民地は存続できることとなった」[24]とプロヴィデンスに書き送っている。

そして、五四年に帰郷し、同年八月末に4タウンの代議員24名が集い、「プロヴィデンス植民地の再統一に関する4タウン代議員の合意書」を採択した。要するに、その初期の契約に従い、またかの特許状の権威に基づいて、4タウンはこの総会決議により、自己統治を継続し、RWをこの再統一後の初代総裁に任命する、という決定であった。[25]こうして、以前はこの植民地への多大な貢献にもかかわらず政治的指導においては遠慮がちだったRWが、今回はこのロードアイランド(以下、4タウンをその頃定着したロードアイランドの呼称で呼ぶ)を統治する強い使命感をもって再出発し、その後3期3年にわたり総裁職を務めたのである。

市民共同体確立の苦闘

だが、この再統一後も、問題は絶えなかった。その原因は、先にも記したとおり、この地の「宗教的自由」のゆえに、ニューイングランド植民地を追われた宗教難民の「あらゆる者」がそこに来たからであった。その主たる集団を挙げるとすれば、多数勢力のバプティスト派であり、クウェイカー派〔彼らの自称はSociety of Friends〕であり、アン・ハッチンソンに率いられたいわゆる戒律不要論者《アンティノミアンズ》(無律法主義者)たちであった。ハッチンソンは三六年にマサチューセッツに入植しコットンに傾倒していたが、その後律法の業によらない瞑想と聖霊による神の一方的恩恵の会得という独自の救済観を唱え、ボストン教会で分裂騒動を起こしたため、同調者たちと共にマサチューセッツを追われていた人物である。これらの人々から先述したような策謀をめぐらした者たちが出てきたのであり、その一部はまたクウェイカー派に転向したのであった[26]。

ロードアイランドの内政問題としては、これらの者たちが宗教的自由を享受しながら、例えば、タウンが実施した自衛軍の訓練招集に対し、自身の信仰的良心に反するとして、市民としての参加を拒否したということがある。その中にはＲＷの実弟でバプティストであったロバートも含まれていた。クウェイカー派もその平和主義ゆえにこの点でバプティスト派と共通していた。また、聖霊の働きを重視する点ではアンティノミアンズと共通し、その意味で、宗教的にも、市民生活上でも、問題を醸し出していた。ＲＷはこうした勢力に対し、五五年一月の「国家を船に譬える書簡[27]」（The Ship of State Letter）で、宗教的自由と市民的政治的自由とは区別されるもので、後者については全市民に一定の節度と責任とが要求され、それを是認しない者たちは責任ある市民性《シヴィリティ》から逸脱しているのだ、と主張したのである。しかし、他方で、そう主張するＲＷの姿勢《スタンス》にも問題があった。その点も、次節（2）で取り扱いたい。

さらなる出版活動　なお、ＲＷは上述の再滞英の際にも次の3冊の書物を刊行した。
①『バトラー少佐が議会福音普及推進審議委員会に提出した第四の建白書』（五二年）、
②『雇われ牧師はキリストに仕える者に非ず――福音普及に関する一論考』（五二年）、
③『コトン氏が神の子羊の血で清めようとしたが更に血まみれになった教義』（五二年）、である。

③はコットンとの論争の続編で大冊だが、①と②はＲＷがロンドンに到着した頃盛んであったピューリタン革命中の議論に加わったものだが、彼の政教分離思想をコンパクトに表明した重要な著述であり、次節（2）で詳述する。ちなみに、七六年にボストンで最後の著作『巣穴からつまみ出されたジョージ・フォックス〔狐〕』が出版されるが、内容は痛烈なクウェイカー批判であった。

下にその全文を引用する。

（2） RWの政教分離思想の要点

プロヴィデンス植民地誓約書　RWの政教分離思想を確認するにあたって、まず明示しておくべきは、プロヴィデンスの統治形態に関わる誓約書「プロヴィデンス植民地誓約書」（Plantation Agreement of Providence）であろう。以下にその全文を引用する。

「われわれプロヴィデンスのタウンに居住を希望する下記の者は、公共の安寧と福祉のため、家長会議を構成する現在の居住者及び将来タウンの交わりに加入を認められる者の多数決により、合法的に定められるすべての命令と合意事項に、自ら進んで、あるいは異議があっても、従うことを誓約する。ただし、それは非宗教的な事柄においてのみ（only in civil things）である」[28]（傍点西谷）。

これが、短い覚え書き形式ではあるが、13名の署名を伴う人類史上初の政教分離の原則を記した法文書である。最重要点はこの原則を明示するその末尾の表現であるが、それを取り上げる前に2つの留意点に触れておく。

第一はこれが記された時期の問題である。通説では一六三六年のものとされており、イェリネックもそう理解しているが[29]、その後の研究によれば、一六三八年秋とするのが合理的な推定とされる[30]。だが、その時間の隔たりはこの文書のもつ歴史的意義をなんら変更するものではない。

第二は、この誓約書には、「メイフラワー契約」に見られる「神の名において、アーメン」といった、この時代この地域の政治団体の誓約書に見られる宗教的な定型句は一切用いられていないことである[31]。徹底した政教分離思想に立つRWの精神からすれば、世俗の統治機構に関わる法文書であるゆえに、それは当然のことであったかもしれない。

この誓約書の最重要点としての「非宗教的な事柄においてのみ」すなわち政治と宗教との分離を謳う下りに関わることであるが、ＲＷが三六年八月にウィンスロップにこの誓約書を含む書簡を宛てたことはすでに述べた。じつはその文言には以上のような表現はなく、代わりに「われわれは（自身に関する国王の承認《プレジャー》を得るまで）相互に誓約する」とだけしるされていた。上述したように、それはイギリス国王の特許状を取得するということが最優先事であり、当該表現はむしろその取得の障害となるかもしれないからであった。しかし、こうした方便を用いつつも、ＲＷの政教分離思想への確信は不変であったのであり、それがタウンの公式誓約書では「非宗教的な事柄においてのみ」の下りに凝縮して表わされたのである。いずれにせよ、この誓約書こそＲＷの政教分離思想の原点をなすものである。

ニューイングランド方式への反対　前節①において、ＲＷのマサチューセッツ植民地からの追放処分の理由は、大きくとらえれば、当時のニューイングランド諸植民地に再現された政教一致的体制へのＲＷの徹底した反対であったと述べた。その体制とは、換言すれば、ピューリタンたちにより新大陸で試みられたカルヴァン主義的神政政治体制である。ＲＷの政教分離思想の否定的な背景としてこの問題は十分に理解されねばならない。

ＲＷは、『血まみれの教え』の第2部で、「教会と俗界の権力構造モデル」と題する文書を取り上げ批判している。その文書の副題は「血まみれの迫害の更なる確証としてセーラム教会に送られたもので、これを書いたのはコトンである」であり、ここから、その執筆時期はＲＷのセイラム教会への牧師再就任の是非をマサチューセッツの諸教会や為政者たちに取り沙汰されていた頃と推定される。[32] ただしコットン自身は「この文書の作成には関与していない」[33]と述べている。しかし、ＲＷは自著でたびたびコットンを対論相手としており、彼が著者でなかったとしても、その思想内容は彼のものと共通したであろう。「ウィリアムズが真正面からぶつかったのは、一六三三年にニューイングランドに到着し、〔直後に〕ボストン教会の教師職〔主任牧師はジョン・ウィルソン〕に就き、ニューイングランド方式〔すなわち神政政治体制〕の主導者となっていたコットンであった」と言われている。[34]

ニューイングランド諸植民地の当時の政体は、一言で言えば、カルヴァンがジュネーヴで取った政体を範とする神政政治であった。この“New England Way”の新しい要素と言えば、その教会的主体がスコットランド的長老主義《プレズビテリアニズム》から会衆主義《コングリゲイショナリズム》へと変わったという点にすぎない。カルヴァンは、たしかに教会と国家をそれぞれ霊的なものと地上的なものを司るものとして区別したが、信仰が国家を支え、国家は信仰を擁護すべきとし、政体においてそれらの分離を認めるまでには至らなかった。端的に言えば、教会と国家が依然として一丸となる体制であり、これをエルンスト・トレルチは「古プロテスタンティズム」と呼んで、教会と国家の分離を原則とする「新プロテスタンティズム」からは区別した[35]。宗教改革期プロテスタンティズムはカトリシズムに対して「信仰義認」の教理を中心に宗教的には革新をしるしたが、社会学的にはカトリシズムと同じ政教一致の古い体制を保持したのである。そして、コットンはニューイングランドで同様の政体を会衆主義の旗幟のもとで主張し、その主唱者となっていたわけである。

これに関して、ジョン・ノートンは次のように記している。すなわち、マサチューセッツの人々は「自分たちは神の民であり、この国の全員が同時に教会員であるから、神の法に従って治められるべきだと考え、神からモーセを経て授けられた道徳的（即ち永遠にして普遍的な）正義に関する国法の摘要の起草をコトン氏に頼んだので、彼は之を作り且つ神の民の上にセオクラティ（即ち神の統治組織）を確立する意図を持続するよう勧告した[36]」。

この問題をめぐるRWの見解のニュアンスをよりよく伝えてくれるのは、サクヴァン・バーコヴィッチである。彼によれば、コットンを筆頭とする神政政治派は、イギリスの迫害を逃れ大西洋を渡って新大陸の荒野に到着した自らを、エジプト脱出を経験したイスラエルの民に喩え、新しい行動指針や先例を旧約聖書に多く求めた。教会中心の国家建設も旧約預言の実現と見なし、そこに歴史的な連続性を求めたのである（ここには世襲でないカリスマ的指導者による旧約の神政政治へのカルヴァンの傾倒からの影響を確認しうる）。これに対し、ウィリアムズは、旧約の出来事はイエスの事蹟の予型としてのみ有意味であり、現代世界と歴史的な連続性はない、旧約の事例や法は現代に対してはメタフォリカルな意味のみをもつ、と解釈した。[37]『血まみれの教え』の序文の第7条項にその旨が述べられている。

『血まみれの教義』序文に表明されたRWの政教分離思想の基本要点　いま、カルヴァン主義的セオクラシーに対するRWの批判の論拠が『血まみれの教義』にあると言ったが、一六四四年にロンドンで出版されたこの大著が彼の政教分離思想の中心著作であり、その3序文中の冒頭序文の12条項にその要点が示されているゆえに、以下、その全文を引用する（いま触れた第7条項も注意して確認されたい）。

第1　現代及び前代の諸戦争において、幾多のプロテスタント及びカトリック教徒の血が各々の信仰を守らんがために流されたことは、平和の君イエス・キリストの求めたもうことでも、嘉したもうことでもない。

第2　信仰の大義のために迫害を勧める教えに反対する豊富な聖句と議論とが本書をとおして示される。

第3　信仰の大義のために迫害を勧める教えを支持する聖句、及びカルヴァン氏、ベザ氏、コットン氏、ニューイングランド諸教会の牧師諸賢、ならびに前代及び現代の他の諸氏に対して、十分な回答が示される。

第4　信仰の大義のために迫害を勧める教えが聖壇の下で報復を願い泣き叫ぶすべての血に対し責めを負うものであることが証明される。

第5　すべての国家とその法を行う役人は、その政体及び管轄において、本質的に現現世的であり、それゆえ、霊的あるいはキリスト教的な国や礼拝の裁定者、支配者、守護者たりえない。

第6　神の御子、主イエスの到来以来、あらゆる民族や国民において、もっとも異教的な信仰や礼拝、ユダヤ教、イスラム教、反キリスト教的な信仰や礼拝でさえも、すべての人々に分け隔てなく認めることは、神のご意志であり、ご命令である。そして、それら異教の信仰と戦うために用いられるべきは、魂の事柄において唯一勝利しうる剣、すなわち神の霊の剣である神の言葉である。

第7　イスラエルの国家、平時や戦時におけるその諸王や人民は、象徴的・儀式的なものであり、この世のいかなる王国や市民国家にとっても倣うべき模範や先例ではない。

第8　神は、いかなる国家においても、宗教の統一が法制化され、強制されることを求めたまわない。宗教の統一の強制は、早晩、内乱が誘発され、人々の良心が強奪され、キリストがその僕たちにおいて迫害され、幾百万の魂が偽善と破滅に陥れられる、最大の原因となる。

第9　国家において宗教の統一を強行し持続しようとするとき、ユダヤ人をキリストに回心させせんとする望みは捨てなければならなくなる。

第10　一国民、一国家に宗教の統一を強いることは、現世的なものと宗教的なものとを混同し、キリスト教と国事との諸原則の区別を拒絶し、キリストが到来し受肉されたことを否定することである。

第11　国家が奉じる一信仰以外の他の信仰や礼拝を許容する場合にのみ、神によれば、確固とした永久の平和を獲得しうる。ただし、国家がすべての市民から一様にの権力への服従を確保する叡智をもつことが、その条件となる。

第12　ユダヤ教徒や異教徒など多様で相克する信仰を許容するとしても、真の国事と真のキリスト教とは一国家あるいは一王国において共栄しうるのである。

いささか重複する部分があるとはいえ、これら条項はじつに明確な政教分離思想の表明である。当時すでにこれに類する思想表明は他にもあったかもしれないが、全体に徹底した信念と明快さを感じさせることにおいてやはり卓越した文言であろう。例えば第6条項を現今のいわゆる「宗教多元主義の神学」の主張と比較するとき、前者のほうが饒舌な後者よりもはるかに簡潔にしてより深く要所を衝いており、しかも神学的に筋の通った主張であるという感を禁じえない。

諸要点の具体的適用　以上がＲＷの政教分離思想の要点であるが、彼が再渡英した際に急遽執筆刊行された二著作の内容は、当時のイギリスの問題状況に対する以上の要点の具体的適用であり、われわれにとっても示唆的であるゆえに、以下、簡潔に取り上げたい。

一六四七年にピューリタン革命勢力中の急進的水平派《レヴェラーズ》から出された『人民協約』(The Agreement of the People) の線に対して、政権を担う独立派《インディペンデンツ》側は自身の政策を現実主義的に、つまりは保守主義的に展開せざるをえなかった。そこで彼らは、宗教と国家の関係に関わる政策として、キリスト教の国教化、従ってその国教内部での公共の秩序を乱さない範囲での宗教的自由の容認、それゆえ国家に認められた説教者への公費による給与負担、ということを掲げた[38]。そして、四九年からそのための法制化が準備されていたが、最終的に五一年に『福音普及推進及び聖職者の給与負担に関する法律』が議会へ提出されたのである[39]。

こうした状況で、水平派や分離派に近いバトラー少佐が上記委員会に提出した批判的意見にＲＷが賛同し論評を加えたのが、『バトラー少佐が議会福音普及推進審議委員会に提出した第四の建白書』（五二年三月）であった。その要点は以下の４点である。

1. キリストは伝道者を各地に送り出されるが、その働きはキリストご自身が確かめたもうものであるゆえ、人間による資格証明や報酬は必要ない。
2. 神により是とされるべき者が明らかにされるために、それと対照的に滅亡に至る異端が存在するというのも、神の思し召しである。その裁きは神ご自身がなされる。
3. 世俗の権力が宗教事項を規定するのは、キリストがその信仰者に与えられた自由に反することである。
4. われわれはユダヤ人の改宗を望むが、彼らがわれわれ〔キリスト教徒〕の間で自由に平穏に暮らすのを認めることは、為政者の義務である[40]。

以上のバトラーの見解に加えられたRWの肯定的論評を繰り返す必要はないであろう。同様の議論は『血まみれの教義』に――すでに上記の12条項に――見届けられる。現代からの論評を添えるとすれば、1は、真のピューリタニズムは根本的に「説教運動」であって、しかも一種の「実力主義」によるものであり、それがまた「自由教会」の形態を必然化させたということを確認させてくれる。2は、ミルトンの『言論の自由』論でも良書と悪書について用いられた論法である。3は、上述のRWによる数条項に重なり合う。4も同じだが、西洋キリスト教社会におけるユダヤ人の存在が宗教的寛容論の重要な起源であり、またその対象であり続けていることを想起させてくれる。キリスト教徒側から言えば、彼らのキリスト教への改宗は純粋に宗教的に――政治的・文化的な権力を介してではなく――なされねばならないのである。

取り上げるべきもう一書『雇われ牧師はキリストに仕える者に非ず――福音普及に関する一論考』（五二年四月）も当時の「福音の普及推進」論争をめぐるもので、RWの議論はその末尾に10点にわたり要約されており、啓発的であるので、これも簡潔に紹介する。ここでも厳格な政教分離思想が、国教制の否定、教職者の実力主義といった点で、あらためて再確認されうる。法廷での宣誓の問題は、じつはRW自身の家族内遺産相続問題の裁判とも関わっているが、要は宗教と司法という国事との明確な峻別への訴えである。

1. 国教会制・教区教会制はわが国〔イギリス〕が犯した大きな誤謬である。
2. これを国民に強制することはわが国におけるもっとも重大な魂の迫害である。
3. 金銭で雇われて教会に勤める牧師は真の意味でキリストに仕える聖職者ではない。
4. そうした聖職者と教会に隷属する大学もキリストの御心に適う教育機関ではない。
5. そうした聖職者と教会の抑圧から万人の魂を自由に解放することが、世俗の権力機構としての国家の絶対的義務である。
6. 全国民、各個人は、信仰・聖職者・給与負担の方法を自らの目で確かめ、自由に選ぶことを許されるべきである。

７．使徒の宣教の任務の伝承は遠い昔に途絶えた。
８．しかし、反キリスト教徒が行動を起こすとき、主は預言者たちを振るい起される。彼らは来たるべきその破滅が成就するまで証しと預言を続けねばならない。
９．法廷での宣誓は神の怒りを招く。宣誓の仕方を改めない限り、神の名を妄りに口にする者を神は無罪とはされない。
10．あらゆる信仰と信仰者の集会の自由を認め、それに参加する自由を認めることは、福音を宣べ伝えるための重要な方途である。(41)

「国家を船に譬える書簡」（The Ship of State Letter）　再渡英からのロードアイランド帰還後ＲＷはこの植民地再統合への大いなる決意をもって総裁に就任したが、それを揺るがす問題として一部の市民たちの兵役拒否に直面したということについては、すでに述べた。これに対してＲＷは、宗教的自由とは区別される市民的政治的自由については全市民が一定の責任を果たすべきと主張した。それが記された「国家を船に譬える書簡」を翻案・要約すると、以下のごとくである。

国家とは、カトリック教徒、プロテスタント教徒、ユダヤ教徒、イスラム教徒といった多種多様な人々が乗り組んで航海する船のようなものである。そこに二大原則があり、第一は、それらの人々には各々の宗教的自由が認められる、という原則である。しかし、第二は、自分たちの間に正義と平安と節度が保たれるように、これらの人々は船長に従い、運賃〔税金〕を支払うとか、共同防衛に協力するといった、共通の義務を果たすべきである、という原則である。(42)

こう述べて、ＲＷは、その市民的義務違反者に対しては、船長すなわち為政者が処罰を加えることは是認されると主張する。この考え方はすでに『血まみれの教義』において〈ローマ書13章〉を引きつつ述べられていたが、それも要約すると以下のごとくである。

世俗の国家においては、神ははじめから為政者に対して悪事を働く者を処罰する権限を与えておられる。従って、親や為政者に対する反抗はいかなるものであれ人間社会では放置されるべきではなく、ローマ書13章［ママ］、公共の安全に資するよう、適宜抑制されるべきである(43)。

このように、RWは宗教的自由と市民的政治的自由とを峻別した上で、後者についてはすべての市民に一定の節度と責任とが要求されるのであり、その違反に対しては政府により刑罰も加えられるという、伝統的で保守主義的な見解を保持したのである。これはRWの政権担当者としての現実において表明された、その宗教的自由の主張の必然的裏面として理解してよいであろう。

彼の晩年（一六七六年）のクウェイカー批判もこの姿勢の延長上でとらえられうるが、しかしその際の彼の市民性《シヴィリティ》の強調は政教分離の精神それ自体からの逸脱ではないかとの疑念を抱かせるものでもあった。すでに述べたが、クウェイカー派もその平和主義ゆえに兵役を拒否する点でバプティスト派と共通しており、ロードアイランドでの市民生活上でも問題を醸し出していた。RWが問題をこの点に絞り彼らを批判したのであれば、上述の「呉越同舟」の議論の範囲内で理解しうる市民性の事柄であったろう。しかし、RWは彼らの宗教的な教義と実践の領域にまで立ち入って批判し、しかもそれをロードアイランドの公式的見解のように表現した。そこが問題であった。事の経緯は以下のごとくである。

ニューイングランド植民地連合はRWが総裁職を辞した頃から、ロードアイランドに向け、近隣植民地をクウェイカーの危険思想から守るため貴管内のクウェイカーの排除を要請する、と伝えてきた。ロードアイランドはこれに対し、当然のことであるが、宗教的理由で彼らを排除したり処罰したりすることは法制上できない、と答えていた。植民地連合はクウェイカー派の全面的排除を意図したが、ロードアイランドは彼らの市民性までも否定することはなかった、ということである。

ＲＷも「クウェイカーを信仰の自由の大原則に則り……受け入れたロードアイランド植民地」と述べ、クウェイカー排除を直接意図していないことを示唆する。しかし、続けて、彼自身は「彼らの教義まで支持するものでない」として[44]、宗教上の論争を挑んだのである。こうして、たしかにＲＷは彼らの「偽りの教義、偽りの身震い……男女が街路や集会の場で……裸となる奇怪な行動……不貞などの忌まわしい罪[45]」を攻撃した。ことに神学的に問題としたのは、彼らによる聖書に対するあの内面の光の先行性・優先性の主張であった。「彼らの主張では、この内面の光は聖書より先に存在し……聖書より上位にあり……聖書がこの内面の光によって裁かれる、とのことである。……それゆえ、クウェイカーは個人で聖書を読まず、公的な礼拝でも、家族の中でも、聖書を用いないのである[46]」。「聖書原理」に対するＲＷのピューリタン的確信にとって、これは受け入れがたい見解であった。

ＲＷのこうしたクウェイカー派への批判が彼個人のキリスト教信仰からのものであるならば、ロードアイランドの宗教的自由と政教分離の原則下での宗教論争として何の問題もない。「彼ら〔クウェイカー派〕の意見に反対していることをこのような仕方で公けに証言することは……この私の霊と良心にとって避くべからざる務めであると判断した」という言葉も、彼個人の態度表明としてならば何の問題もない。

しかし、問題を醸し出すのは、この言葉の直前の「私が心に決めていたのは……これらの人々〔クウェイカー派〕を受け入れたことについて、この植民地の立場を弁明することであった」という下りである[47]。ＲＷがこの傍点の表現で自身の宗教的見解をロードアイランド当局のそれを代弁するものと同定しているとすれば、それは彼自身が重んじた政教分離原則からの逸脱と言われても仕方ないであろう[48]。

じっさい、ＲＷが六五年に、ロードアイランドを訪れたイギリスからの使節団に「当植民地政権の統治に非協力的な人々〔クウェイカー派〕がいるが、どう扱ったらよいか」と尋ねたことが、プロヴィデンス住民でクウェイカーに転向したリチャード・スコットによって伝えられている[49]。ＲＷはその年の五月まで総裁補佐官を務めていたが、もしこのような政権担当者的な視点が、彼の内面で継続したまま、七六年のクウェイカー論駁書公刊の重要な動機となったとするなら、やはり問題なしとしないのである。

以上、RWの生涯と政教分離思想の要点を、最晩年に見えたその難点も含めて、跡づけた。いささか長くなったが、要所は抑えたつもりである。こうした歴史的記述法は、イェリネックの視点に敬意を払い、人権の起源としての宗教的自由権がアメリカでRWの「歴史的生」において出来事化され法制化されたという事実をしっかりと確認するためであった。宗教的自由を基盤とする人権観念が、日本国憲法第97条が言うように、「人類の長年にわたる自由獲得の成果」であり、「幾多の試練に堪え」たものであること、歴史におけるその嚆矢がアメリカの荒野に移り住んだRWなる人物の上述のごとき具体的な苦闘において確かめられることが、銘記されなければならないのである。

【注】

(1) Ernst Troeltsch, *DieSoziallehren der christlichen Kirchen und Gruppen* (1912; Scientia Verlag, 1965), p. 965.

(2) E・トレルチ（堀孝彦訳）『近代世界の成立にたいするプロテスタンティズムの意義』（一九〇六年）、『トレルチ著作集』第8巻（ヨルダン社、一九八四年）、56頁。

(3) ゲオルグ・イェリネック（初宿正典訳）『人権宣言論争』（みすず書房、一九八一年）、99頁、第7章、また、付論「人権宣言再論——ブトミー死への回答」、203頁を参照。

(4) Edwin S. Gaustad, *Liberty of Conscience: Roger Williams in America* (William B. Eerdmans Publishing Company, 1991), pp. 20-2. RWに関するこの伝記的記述のためには、ゴースタッド以外にも、邦語著作でもっとも充実したRW研究である久保田泰夫『ロジャー・ウィリアムズ——ニューイングランドの政教分離と異文化共存』（彩流社、一九九八年）やその他の資料に依っている。

(5) John Winthrop, *The Journal of John Winthrop, 1630-1640*, ed. by R. S. Dunn, J. Savage, & L. Yeandle (Cambridge, Mass., 1996). 久保田、前掲書、37頁より再引用。See also Gaustad, p. 23.

(6) See Roger Williams, *John Cotton's Answer to Roger Williams*, Samuel L. Caldwell(ed.), *Complete Writings of Roger Williams*〔以下、CWと略記〕,II, pp.46-7 and Winthrop, op. cit., p. 107.

(7) John Cotton, "A Reply to Mr. Williams his Examination; and Answer of the Letters Sent to Him by John Cotton." CWII, pp. 41-51. 久保田、前掲書、51–52頁、注17頁、(1)を参照。

(8) CW III, p. 221.

(9) See Samuel H. Brockunier, *The Irrepressible Democrat, Roger Williams* (New York, 1940), pp. 87-8.

(10) RW's Letter "To Major John Mason and Governor Thomas Prence, 22 June 1670", *The Correspondence of Roger Williams*〔以下、CRWと略記〕, Vol. II, 1654-1682, ed. by Glenn W. LaFantasie (Brown University Press, 1988), p. 610.

(11) Derek H. Davis, "Staking Out America's Sacred Ground: The Baptist Tradition of Religious Liberty", B. A. McGraw and J. R. Formicola (ed.), *Talking Religious Pluralism Seriously: Spiritual Politics on America's Sacred Ground* (Baylor University Press, 2005), p. 195.

(12) Henry Chupack, *Roger Williams* (Twayne Publishers, 1969), pp. 115, 60.

(13) To Deputy Governor John Winthrop, CRW I, p. 53.

(14) 久保田、前掲書、97頁。

(15) See John Russell Bartlett(ed.), *Records of the Colony of Rhode Island and Providence Plantations in New England*, Vol.1. (Providence, 1857), p. 145. 久保田、前掲書、161頁、注41頁の(46)を参照。

(16) Gaustad, op. cit., p. 175.

(17) これらのことは、久保田、前掲書、第9、10、11章に詳しい。ちなみに、このRW研究書は本場アメリカのそれらに優るとも劣らない充実した内容を有するものと思われる。

(18) See CW I, pp. 305-6.

(19) ①と③はCWⅠに、②はCWⅢに、④はCWⅡに収録されている。

(20) See CRW I, II, pp. 305, 358, 360, 392, 394, 408-9, 428, 495, 500, 628, 631-2. この五五年の護国卿としてのクロムウェルからの書簡は、四四年の特許状の有効性を再確認するもので、その効果が翌五六年のコディントンのプロヴィデンス植民地の権威に「心から服す」という態度への転換を招いたのであった。CRW II, p. 437. See also Sydney E. Ahlstrom, *A Religious History of American People*, Vol. 1 (Doubleday & Company, 1975), p. 220.

(21) CW III, Editor's Preface, p. x. ミルトン（上野他訳）、前掲書、58—59頁を参照。訳文はわずかに変更した。

（22）CRW II, p. 393. プロヴィデンスへ戻った直後であろう、一六五四年七月十二日付のウィンスロップ二世宛てのその書簡には、「何人かの人々とヘブライ語、ギリシア語、ラテン語、フランス語、オランダ語を学習するのは楽しみでした。私のオランダ語のために私が〔その教科書を〕読んでいた政府秘書官（ミルトン氏）〔ママ〕は、私のためにもっとたくさんの言語を読んでくれました」と記されており、RWが2度目の渡英でミルトンから語学を教わっていたことを示唆している。

（23）Richard LeBaron Bowen, *The Providence Oath of Allegiance and Its Signers 1651-2* (Providence, 1943), p. 40. 久保田、同上書、297頁、57頁の注（17）を参照。

（24）CRW I, pp. 366-70. 久保田、同上書、299頁、57頁の注（19）を参照。

（25）J. R. Bartlett (ed.), *Records of the Colony of Rhode Island and Providence Plantations in New England*, Vol.1. (Providence, 1857), pp. 276-9, 282. 久保田、同上書、311–312頁、59頁の注（21）、（22）を参照。

（26）久保田、同上書、113–127、134、330頁を参照。

（27）これは後代のプロヴィデンス植民地総裁スティーヴン・ホスキンスがそのように名づけた書簡である。See CRW II, pp. 424.

（28）Horatio Rogers et al. (eds.), *The Early Records of the Town of Providence*, 1(Providence, 1892), p. 1. 久保田、前掲書、92頁、28頁の注（14）のBを参照。久保田の訳文はいくらか変更した。

（29）イェリネック、前掲書、第7章を参照。

（30）久保田、同上書、94頁を参照。

（31）久保田、同上書、95頁を参照。

（32）久保田、前掲書、49–50、191、207–208頁を参照。

（33）John Cotton, *The Bloudy Tenent, Washed, and Made White in the Bloud of the Lambe: Being Discussed and Discharged of Bloudguiltiness by Just Defense* (London, 1647; Reprinted. by Arno Press, 1972), p. 192.

（34）Chupack, op. cit., p. 42.

（34）エルンスト・トレルチ（堀孝彦訳）『近代世界の成立に対するプロテスタンティズムの意義』（ヨルダン社、一九八四年）、40–41頁を参照。

（36）John Norton, *John Cotton, an Ideal Puritan* (1652). アメリカ学会編『原典 アメリカ史』第1巻（岩波書店、一九五一年）、「ジョン・コトンとロジャー・ウィリアムス」、192頁より再引用。

（37）See Sacvan Barcovitch, "Typology in Puritan New England: The Williams-Cotton Controversy Reassessed", American Quarterly, XIX (1967), p. 175.

（38）See A. S. P. Woodhouse (ed.), *Puritanism and Liberty: Being the Armey Debates (1647-9) from the CLARKE MANUSCRIPTS with Supplementary Documents* (Chicago, 1974), pp. 361-2. 久保田、同上書、261頁を参照。

（39）久保田、同上書、261頁を参照。

（40）See Clarence C. Brigham (ed.), *The Fourth Paper presented by Major Butler, with other papers edited and published by Roger Williams in London* (New York, 1968). 久保田、同上書、264-265頁、53頁の注（10）を参照。

（41）See The Hireling Ministry None of Christ, CW VII, pp. 149-50. 久保田、同上書、270頁、54頁の注（21）を参照。

（42）See CRW II, pp. 423-5. 久保田、同上書、313-314頁、60頁の注（27）を参照。

（43）See CW III, pp. 108-9. 久保田、同上書、314頁、60-61頁の注（28）を参照。

（44）久保田、同上書、338頁を参照。

（45）*George Fox Digg'd Out of His Burrowes*, CW V, p. 43.

（46）Ibid., p. 49.

（47）Ibid., p. 40.

（48）森本あんり「ロジャー・ウィリアムズにみる政教分離論の相克」、大西直樹／千葉真編著『歴史のなかの政教分離――英米におけるその起源と展開』（彩流社、二〇〇六年）、61頁は、その点を、「ウィリアムズはここで、大方の〔彼への〕弁護論にもかかわらず、明らかに厳格分離主義からは一歩踏み出している」と批判的に指摘する。

（49）George Fox and John Bartlett, *A New-England Fire-Brand Quenched* (London, 1978), The Second Part, p. 248. この『ニューイングランドの危険な火種は消し止められた』はＲＷの書に対するフォックス側の抗弁書だが、そこにスコットの当該文が掲載されている。久保田、前掲書、334頁参照。

2　アメリカ合衆国憲法修正第1条との思想史的関連

以下の論述は、以上で跡づけたＲＷの政教分離思想とアメリカ合衆国憲法修正第1条とが思想史的関連をもつということを論証しようとするものであるが、そのために、まず、（1）ＲＷが主導して一六三六年に成立したとされる、人類史上初の政教分離原則を明示した法文書としての「プロヴィデンス植民地誓約書」から、一七九一年にアメリカ連邦議会がいわゆる「権利章典《ビル・オヴ・ライツ》」として公布した「修正十箇条《ジ・アメンドメンツ》」中の、「公定宗教」（an establishment of religion）禁止条項と「宗教的実践の自由」（free exercise of religion）条項を含む修正第1条に至るまでの、各州のとくに宗教的自由ないし寛容に関わる法文書について確認しておきたい。その上で、（2）上記誓約書と修正第1条との関連について、公定宗教禁止及び宗教的自由の視点から、ＲＷとトーマス・ジェファーソン及びジェイムズ・マディソンとの関係にも言及しつつ、論じていきたい。

（1）プロヴィデンス植民地誓約書から憲法修正第1条に至る間の各州の宗教的寛容の法文書

独立宣言前後までの宗教的自由・寛容関連の法文書　アメリカ建国の基盤となった13植民地中、ロードアイランド以外で、いわゆる宗教的自由ないし寛容を法的文書で布告していたのは、メリーランドが一六三二年の特許状と四九年の寛容令、コネティカットがトーマス・フッカーにより主導された三九年の「基本法」と六二年の特許状、ニュージャージーが六四年の寛容令、ニューヨークが六五年と八三年の寛容令、ノースカロライナが六九年の憲法、ペンシルヴァニアが八二年の寛容令と一七〇一年の憲法、マサチューセッツが九二年の特許状、ジョージアが一七三二年の特許状において、であった。

ただし、この場合の宗教的寛容の意味合いは、まず基本的にイエス・キリストを告白するキリスト教徒間での寛容であり、その限りで各人は意見の相違により不利益を被ることはない、とするものであった。あるいは、ジョン・ロックの起草になるノースカロライナの憲法のように、ユダヤ教徒その他の異教徒をも寛容に取り扱う、という程度のものであった。メリーランドが一六三二年にチャールズ一世から得た、キリスト教徒に不利になることは一切定められてはならない、とする特許状は、はじめ同植民地の大半を占めるカトリック教徒によって自分たちの宗教的自由を保護するものと解されたが、のちにこの地が英国教会を奉じる直轄植民地に変わると、その自由は破棄された。この時代、すべての州で、カトリック教徒は概してないがしろにされたが、それに影響を与えたのはイギリス本国の一六八八年の名誉革命を経てウィリアム三世とメアリーが出した八九年の権利章典下の、これもカトリックだけは排除する「寛容令」であったよう。この寛容令にもカトリック教徒を無神論者と同様に扱うロックの寛容論が影を落としている。

こうした状況から宗教的自由の動きが飛躍的に進展していくのが、アメリカ独立革命をきっかけとした、権利宣言を伴う各州の憲法の制定である。周知のように、イギリスがアメリカ植民地に対し強化していた課税への不満は「代表なくして課税なし」との主張と共に膨張していたが、一七七三年のいわゆる「ボストン茶会事件」をきっかけに一気に爆発し、13植民地は七六年七月四日に「独立宣言」を発し、イギリスとの武力闘争の末、八三年に独立を達成した。七四年から召集された13州による大陸議会《コンティネンタル・コングレス》は、七六年五月、各州に自身の憲法を制定するよう要請した。これに応えて権利宣言を伴う憲法を制定したのは、六月にヴァージニア州、九月にペンシルヴァニア州、11月にメリーランド州、十二月にノースカロライナ州、翌七七年七月にヴァーモント州、八〇年三月にマサチューセッツ州、十月にニューハンプシャー州であった。

権利宣言はなかったが、七七年四月にニューヨーク州、その他ニュージャージー、サウスカロライナ、ジョージア、デラウェア各州も続いて憲法を設けた。憲法典に当たるものをすでに備えていたり、古い特許状に憲法典としての性格を与えていたゆえに、憲法制定の必要を感じなかったのがコネティカットとロードアイランドであったが、しかし、前者は一八一八年に、後者は一八四一年に、あらためて新憲法を制定した。

以上のうち、宗教的自由と政教分離について——憲法制定以前から——明確な条項を保持していたのは、ロードアイランドの他、ニューヨークと、クウェイカーの領主ウィリアム・ペンが指導したペンシルヴァニアであった。これらに続いて、ヴァージニアが、一七八六年、以下に詳述するいわゆる「信教自由法」（The Virginia Act for Establishing Religious Freedom, The Virginia Statute of Religious Liberty）を制定することとなる[1]。

ヴァージニア信教自由法と合衆国憲法修正第1条

13州の憲法制定史とその特徴はおよそ以上のごとくだが、合衆国としては、七七年締結の「連合規約」（The Articles of Confederation）の脆弱性を強化するために、憲法制定議会《コンスティテューショナル・コンヴェンション》を開催し、八七年九月には合衆国憲法を採択し、八八年までに11州がこれを批准して、これが発効した（発効に必要だった批准州は9州）。八九年一月にノースカロライナがこれを批准する。さらに八九年の第1回連邦議会で修正10箇条が同意され、これを包括した憲法をロードアイランドが九〇年に批准し、結局、13州すべてで批准された。こうして、上述のごとく、九一年にこの合衆国憲法があらためて公布されるのであるが、宗教的自由及び政教分離の原則の観点からは以上の過程がきわめて重要である。

修正10箇条は、権利章典なしに合衆国憲法制定を急いだ連邦主義者《フェデラリスツ》たちすなわち革命保守派が、個人の人権を重視した反連邦主義者たちすなわち民主的急進派の要求により、その討議を約束し、実現した条項であった。とくに修正第1条に直接の影響を与えたのが上記「ヴァージニア信教自由法」であった。これは「独立宣言」の主導的起草者でありつつ反連邦主義の先頭に立ったヴァージニア州議会議員トーマス・ジェファーソンにより七七年に起案され、同じくジェイムズ・マディソンの尽力によって八六年に同議会で成立した。

はじめマディソンはフェデラリストであったが、ジェファーソンに影響され、後者が結成したリパブリカン党（現在の民主党の前身）に属した。ジェファーソンは大陸議会に参加後ヴァージニア州知事ともなったが、その後、フランス駐在公使を経て、初代大統領ジョージ・ワシントンのもとで国務長官を、第二代大統領ジョン・アダムズのもとで副大統領を務め、ついに一八〇一年に第三代大統領となった。マディソンはジェファーソンのもとで国務長官を務め、一八〇九年に第四代大統領となった。両者共に啓蒙主義哲学の影響を受け、とくに宗教政策についてはジョン・ロックの寛容論に学び、理神論的表現を用いて広くキリスト教的でリベラルな立場を堅持した[2]。

ヴァージニア信教自由法成立の経緯について、いささか詳しく説明すれば、以下のごとくである。すなわち、ヴァージニアは最初のアメリカ植民地としてエリザベス一世にちなむその州名からも察せられるとおり、一六〇七年の入植以来、イギリス国教会を「公定宗教」(establishment, established church, official religion と表現される）としていたが、その革命議会は一七七六年の独立宣言の直前、ウィリアムズバーグで、ジョージ・メイソンが起草しマディソンが仕上げた「ヴァージニア権利宣言」を採択した。これはアメリカ独立宣言の模範ともなったが、ジェファーソンは翌七七年にこのヴァージニア宣言中の宗教的自由を保障する第16条をあらたに敷衍して「ヴァージニア信教自由法案」を起草していたのである。

この法案にはジェファーソンの特別な意図が込められていた。すなわち、先のヴァージニア権利宣言もたんに国教会派以外の諸教派への寛容令にすぎず自州の公定宗教制度は従来どおり揺るぎないものと解した国教会派に対して、この宣言は公定宗教制度廃止を意味すると解する非国教会派キリスト教徒たちに同調し、これを法的、政治的に実現するという意図である。そこで、八一年、ジェファーソンは州議会に当該法案を上程したのだが、しかし守旧派の猛烈な反対によりいったんはその成立の断念を余儀なくされた。

にもかかわらず、その守旧派がパトリック・ヘンリーの主導で八四年に「キリスト教教職者給与支給法案」（A Bill Establishing a Provision for Teachers of the Christian Religion）という、各教派の教職者支援に当該教派の信者の税金が当てられるという、一見したところは宗教的寛容の政策だが、実質的には多数派のアングリカンによる従来の公定宗教制強化を目的とした反動的法案を提出したことが（これはマディソンの審議延期動議で未通過となった）、かえってヴァージニア西部の住民多数の反感を惹起し、翌八五年にこの法案を批判するマディソンの文書『請願と抗議』（Memorial and Remonstrance）が回覧され、それが大きな反響を呼んだことも手伝って、同年、マディソンが添削したジェファーソンの上記法案が再度上程され、八六年に成立するに至ったのである。ジェファーソンはこの知らせを前年に着任していたフランス駐在公使として聞いたのだが、この法の成立は革命前夜のフランスの市民たちにも伝わり、大きな評判となったのであった。(3)

これは宗教的自由と政教分離の原則に関する最も徹底した立論による完全な姿の法文と言われ、世界観的根拠を示しつつ本法の主旨を明らかにする長い前文と、包括的かつ簡潔な本文と、将来可能な反対立法はすべて「人類の自然権に対する侵害である」という警告を発する後文から成るものである。以下は、前文（五つの要点を要約）と本文（全文）のみを引用する。

〈前文〉

・宗教界や世俗界の立法者や支配者が、彼ら自身の見解や思考方法を唯一無謬の真理として、他の人々の信仰に対する支配権を奪取し、幾多の虚偽の宗教を公定宗教として樹立してきたことは、誤りである。

・一個人に対し、当人が信じない見解の宣布のために、金銭の供出を強制することは、罪深いことであり、暴政である。

・一個人をして特定の教職者への経済的支援を強制することは、その教職者がその個人の宗派の者であっても、その個人の意志の自由を奪うことであり、その教職者に対しても個人からの称讃ゆえに生じる金銭的報酬を奪うこととなる。

・市民権は宗教上の見解に何ら左右されるものではない。従って、市民が特定の宗教を信奉するしないを理由として、その市民から官公職に就くことの法的能力を剥奪したり、その市民を公共の信頼に値しない者として差別することは、その市民が同胞と等しく自然権として享受する特権や便益を不当に奪うものである。

・特定の思想や信条は有害であるとの推定のもとに、行政官吏が思想の領域までに権力を発動したり、信条告白や宣布に制限を加えたりすることは、一切の信教の自由を破壊するものである。

〈本文〉

「何人に対しても、宗教的礼拝に参列し、宗教的場所を訪れ、または教職者に経済的支援を与えることを、強制してはならない。何人に対しても、その宗教上の見解または信仰のゆえをもって、強制、制限、妨害を加え、または身体もしくは財産に関して負担を課し、その他一切の困苦を加えてはならない。すべての人は、宗教についての各自の見解を表明し、これを弁護支持する自由を有する。かくして、宗教についての各自の見解の如何を理由としては、各自の市民的及び法的な資格能力に、その減少増大その他何らの変更も来さしめてはならない[4]」。

このヴァージニア信教自由法が成立した翌八七年、大陸会議は独立宣言の時と同様、フィラデルフィアのインディペンデンス・ホールに憲法制定会議を招集し、同年九月に合衆国憲法を採択した。そして、八九年四月には初代大統領ワシントンの就任式が行なわれ、第１回の連邦議会が開かれると、上述のごとく六月には憲法の改正条項の討議が開始された。そのイニシアティヴを取ったのはマディソンであった。彼の提案は、原憲法が十分に人権保障をしていないゆえに、上記のヴァージニア信教自由法の精神をそれに付加しようとするものであった。彼から具体的に提出されたのは、

・いかなる基本的市民権も信仰を理由として剥奪されてはならない、

・いかなる国教（national religion）も制定されてはならない、

・良心の完全で平等な権利はいかなる形でも侵害されてはならない、
・国家は出版の自由、陪審による裁判を侵害してはならない、
という条項であり、これらはほとんどが現行修正第1条に内容的に重なり合うか、もしくは他の修正箇条に含まれる事柄であった。

しかし、多くの州が公定宗教制度を採っていることや、あるいは州ごとに相違する利害や法文修正の技術的な問題もあって、マディソンの提案は順調には受容されなかった。しかし、コネティカットのロジャー・シャーマンが八月に修正条項は現憲法の各条に挿入せず区別して規定するという案を提出して、議論は再燃した。その再燃は宗教的自由というテーマがやはり多数の議員の強い関心であったことを物語っている。そして、九月に上院は現行修正第1条とほぼ同一の修正案（その最終構成者はマディソンとされる）を出して両院は一致し、結局、これが他の修正9箇条と共に九〇年までに各州によって批准され、九一年に権利章典として発効したのである[5]。

ちなみに、ここで現行のアメリカ合衆国憲法修正第1条を掲げておきたい。

"Congress shall make no law respecting an establishment of religion nor prohibiting the free exercise thereof."（連邦議会は、国教の樹立に関する法律も、宗教の自由な活動を禁止する法律も、制定してはならない）。

（2）RWの政教分離思想と合衆国憲法修正第1条との思想史的関連

以上の叙述によって、アメリカ合衆国憲法修正第1条がヴァージニア信教自由法をその鑑として成立した所以と過程は明らかであろう。両者の同時代的関連性もきわめて明白である。しかし、ここで本稿が明らかにしたいのは、本節の冒頭にも述べたように、RWが主導した一六三六年成立の（あるいは一六三八年成立とも言われる）プロヴィデンス植民地誓約書と、合衆国憲法修正第1条との、思想史的関連性の問題である。

両者の時代的隔たりはおよそ一世紀半である。RWが一六八三年に没した頃には、ニューイングランドでは彼の名は忘却の彼方にあった。宗教的自由の実験を試みたロードアイランドはすでに一六五七年に「ニューイングランドの屋外便所《ラトリン》」と蔑視・蔑称されていたほどであったし、[6] 革命期のアメリカ諸州の図書館のカタログにはもはやRWの著作はなかったのである。[7]

RWと修正第1条とを隔てた時代状況

その背景には、まず第一に、さきほども触れたが、多くの植民地で連綿として公定宗教制度が存続していたという状況がある。修正第1条が発効した時点でも、公定宗教制度をもたないという選択をした州はロードアイランド、ペンシルヴァニア、ニュージャージー、デラウェア（ここでは州として数える）、ヴァージニアの6州のみであり、その他は、イギリス国教会《アングリカニズム》を公定宗教としていたのがニューヨーク、メリーランド、ノースカロライナ、サウスカロライナ、ジョージアの5州、会衆派教会《コングリゲイショナリズム》を公定宗教としていたのがマサチューセッツ、コネティカット、ニューハンプシャーの3州で、公定宗教制度を維持していた州は全体で8州であった。

この関連でさらに明確に認識しておかねばならないのは、「議会《コングレス》は、宗教公定化（an establishment of religion）に関する法律も、宗教の自由な活動（the free exercise thereof）を禁止する法律も、制定してはならない」と謳う修正第1条の主語「議会」は、「連邦議会」を意味しており、「州議会」ではない、ということである。権利章典、とりわけ修正第1条に対する13州の批准は、この連邦憲法修正第1条は自州における公定宗教制度の存続を妨げるものではない、と公定宗教制度維持の8州が解釈できたことをもって、可能となったのである。これについて、歴史家マーク・ノルは、最初の連邦議会における憲法改正に際し「建国の父たちによって選ばれた妥協策は問題を回避するということだった[8]」と述べる。すなわち、連邦レヴェルでの国教制定は禁じるが、州レヴェルでは公定宗教制度と政教分離制度のうちいずれかの選択を認めることによって、対極的な立場にあった2組の諸州の連邦としての共存が実現したのである。すなわち、「政教分離」に当たる英語表現は“separation of church and state”であるが、はじめ修正第1条に意味されていたのは、ただちにあるいは普遍的に宗教と政治の分離ということではなく、諸州で公定された諸教会と連邦政府との分離ということなのである。じっさい、一八三三年に最高裁長官マーシャルは「この修正〔第1〕条項は州政府にもその適用を迫るような表現を含んでいない。ゆえに、裁判所は修正条項を州政府に適用することはできない」と述べている(9)。

ここで本稿の視点を再強調しておきたいが、それは、現代世界ではアメリカにおいて最も明確に示されている政教分離原則に基づく法制を、その出発点と言えるRWの政教分離思想の視野からとらえ論じる、ということである。その視点からすれば、上記の州レヴェルにおける公定宗教制度の存続や、その影響のもとにアメリカ文化のなかで継承されてきたキリスト教的な諸々の（後に言及する熊本信夫の表現を借りれば）「慣行」も、基本的には廃止されるなり、新たな意味づけに基づいて改正されなければならない、ということになる。

これら「慣行」については後述するが、それらの廃止の方向の性格を、マックス・ヴェーバー風に表現すれば、近代社会における非宗教化、非魔術化の進展と表現することもできるかもしれない。そして、それはアメリカ独立革命を推進したと言われる啓蒙主義の主張と重なるとも言えるであろう。

しかし、本稿はそうした方向をむしろキリスト教信仰の立場を拠点に、具体的にはRWの政教分離思想を参照しつつ、肯定的に論じていきたいのである。その視点から、啓蒙主義的な政教分離思想に残る曖昧な要素を指摘し、そこになお確認されるべきキリスト教的使信を明示したいと考えるのである。誤解を恐れずに言えば、近代的な政教分離原則を必然化するキリスト教信仰思想の構造の開陳ということである。

さて、そこで、話題を修正第1条発効後の公定宗教制の状況に戻せば、この政教分離原則はかの公定宗教制度維持派の8州にもじょじょに浸透していき、イギリス国教会を公定制にしていた5州がまずこれを廃止した。しかし、カルヴァン主義的神政政治の伝統に立って会衆主義教会を公定制としていたマサチューセッツ、コネティカット、ニューハンプシャーの3州は、ヨーロッパからの移民流入も多くなかったことも幸いして、その廃止は遅れた。マサチューセッツを例に取れば、その公定制の枠組は約半世紀をかけて段階的に緩められ、ようやく一八三三年に公定制自体が廃止された。コネティカットは一八一八年にこれを廃していたが、ニューハンプシャーに至ってはこれが実質的に廃されたのは一八七七年のことであった[10]（しかし、同州の権利章典にはいまだに「プロテスタント教職者」を公的に擁護する旨が謳われている）。

熊本信夫がキリスト教に由来しアメリカ文化に「慣行」化したものと言うのは、上述の大陸会議から始められた議会における「祈祷の採用、〔議会〕付属牧師《チャプレン》の任用、合衆国の表章、標語の決定等[11]」である。大西直樹は大陸議会が制定した一七七五年年七月二〇日の「断食の日」（Fast Day）や一七七七年十一月三十日の「感謝の日」（The Day of Thanksgiving）にも言及している[12]。現在も残存し最も目立つ例は、大統領就任式で聖書に手を置いて行う宣誓の作法であろう。これは当時から行われていた法廷における不偽証宣誓の作法の名残りである。熊本はこれらの宗教的要素を、「植民地以来の根強い伝統……に支配された当時の実情を物語る」ものであり、「その意味でまさに修正1条は……信仰の自由と政教分離の……貴重な……宣言にとどまった」とし、修正第1条を非実質化していたものと見なす[13]。

大西は、そうした指摘に止まらず、それらを、ピューリタニズム研究家ペリー・ミラーのピューリタニズム「衰退説」（Declension Theory）を修正するような、十七〜十八世紀アメリカの活性的なキリスト教的要素としてむしろ提示する[14]。ただ、大西の議論では、公定宗教制を公定する立場なのか、政教分離原則を徹底する立場なのかが、判然としてこない。

本稿は熊本は後者の立場に近いと考えるが、いずれにせよ、以上のごとき宗教的要素は政教分離原則の徹底においては除去されるか新たに改正されるべきとする立場に立つものである。それらは根本的には政治による利用にすぎないからである。

RWと修正第1条とを結ぶ新しい時代状況　以上、RWと修正第1条とを隔てる約一世紀半がどのような状況を呈していたかを見てきた。一言で言えば、RWの意図とは反対のヴェクトルがより強く働いていた状況であったと言ってよい。そうした中でRWの存在や思想が軽視どころか忘却さえされてしまったのは当然でもあった。しかも、その状況は十九世紀半ばまで続いた。しかし、その状況を大きく覆す重要な要素が現れる。すなわち、南北戦争を経た後の、「奴隷制廃止」を謳う一八六五年の修正第13条と、「いかなる州も、正当な法の手続きによらないで、何人からも生命、自由、または財産を奪ってはならない」（傍点西谷）と謳う六八年の修正第14条の制定である。これら2箇条の直接の受益者と目されたのはかつて奴隷州に住みあらたに解放された人々であったが、しかし第14条はその効用をはるかに超えて、修正第1条が謳う自由権を各州に対して適用する根拠として作用し始めたのである。二十世紀に入り、その適用はさらに進展していった。[15]

ここではその適用過程を刻印する具体的な訴訟事件の数々には言及しないが、一九四〇年代からその適用はさらに顕著になり、そこから、最高裁の裁判官たちがその判決のために、（本稿の冒頭に記したように）修正第1条に「集約されている精神」を示す文献を参照し始めたということを強調しておきたい。ただ、しかし、法学者ティモシー・ホールによれば、修正第1条前半の宗教条項に関わる判決がこれまで参照し、依拠し、また深く影響されてきた過去の文献は「驚くほどわずかの史料」すなわち「3組の数頁ほどの文献」であった。それらは先に触れたものも含め以下のものである。

・修正第1条が発効して10年後〔一八〇一年〕に記された、トーマス・ジェファーソンからコネティカットのダンベリー・バプティスト集会に宛てられた書簡と、
・七七九年にジェファーソンが起草し一七八六年に成立した『ヴァージニア信教自由法』と、
・ヴァージニアで提案され一七八〇年代後半に最終的に敗北した公定宗教制度案〔上記「キリスト教教職者給与支

給法案」〕へのジェイムズ・マディソンの抗議書『請願と抗議』〕。

しかし、ホールによれば、これらは、修正第1条をめぐる問いに対しては、「きわめて大掴みな答えしか提供してくれない」。しかも、「憲法の意味を主としてジェファーソンとマディソンという二人のスポークスマンの思想によって理解する際の曖昧さは度外視するとしても、これらの史料に過度に熱心に依存してきたことが、修正第1条の法学を貧しいものにしてきたのである[16]」。

これに対して、「ロジャー・ウィリアムズの著作は、憲法制定時期以前及び最中に書かれた他の誰の著述よりも包括的な議論と理論の枠組みを提供してくれる。それらは、憲法による宗教の保護を正当化し、同時にその保護の限界を決定する基礎を丹念に呈示する、理論的根拠の諸要素を示してくれるのである。ロジャー・ウィリアムズによる宗教的自由の主題の取り扱いに比べれば、しばしば引用されるトーマス・ジェファーソンの教会と国家の『分離の壁』という表現は憲法をめぐる誤解を招きやすい抜粋標語《サウンドバイト》にすぎない[17]」。このように述べて、ホールはRWの政教分離思想を修正第1条の現代的解釈のためになお有効で豊かな資源であるとして指し示す。さらに、「彼の重要性は憲法解釈の問題という狭い範囲に留まらない[18]」とも指摘する。

しかし、それにしても、いま触れたジェファーソンやマディソンとRWとの思想史的関連を示す史料は存在しないのであろうか。ホールによれば、修正第1条の起草者たちの見解とRWのそれとの特別な関連は跡づけられない。「いずれにしても、ロジャー・ウィリアムズの意義は、彼の思想と憲法テキストとの明確な系譜的関連《ジェネオロジカル・ライン》〔があるかどうか〕によって、左右されるものではない[19]」。こう述べて、ホールは両者の系譜的関連の不明確さを指摘しつつ、それを超えたRWの重要性に注意を喚起するのであるが、それにもかかわらず、これまでその関連の蓋然性は示唆されてきたということがある。そして、本稿も、その蓋然性は歴史学や文献学が要求する精確さまでに達しないとしても、その蓋然性の指摘は事柄の本質からして有意義と判断する立場に立つ。そこで、以下においては、その蓋然的関連性を示す事実を紹介しておきたい。

RWの想起者としてのバックスとリーランド　すでに述べたように、ジェファーソンやマディソンがロックをその代表的思想家とする啓蒙主義哲学の申し子であり、また彼らの理神論的言語が独立宣言や権利章典に反映していることは周知の事実である。しかし、修正第1条に集約された教会と国家の分離をめぐる思想に影響を与えたのは、彼らの啓蒙主義的理神論のみならず、一七三〇年代から始まったいわゆる「大覚醒運動」に貢献したバプティスト、メソディスト、プレズビテリアンといった——会衆主義教会やイギリス国教会による公定宗教制に反対する——自由教会型の教派から輩出したアイザック・バックス、ジョン・リーランド、ジョナサン・エドワーズ、ジョン・ウィザースプーンらの政教分離思想であった。「これら福音派の思想家たちは、ジェイムズ・マディソン、パトリック・ヘンリー、トーマス・ジェファーソンら指導的な啓蒙主義者たちと手を結び、連邦及び州双方のレヴェルにおける宗教的自由と政教分離主義とに対して憲法的保障を与えるために、労したのである」[20]。すなわち、双方が、互いの思想的出発点は異なっても、教会と国家の分離を主張することでは、まったく一致したわけである。

そこで、次の問いは、十七世紀のRWとこれら十八世紀の人々との連結点はまったくなかったのか、ということになる。先にRWの名は忘却され、革命期のアメリカ諸州の図書館のカタログにもはや彼の著作は記されていなかったと述べたが、じつは独立宣言の1年後にアメリカ政治思想界においてRWの名前と思想が再浮上してくる。というのは、マサチューセッツの公定宗教制下の他教派差別へのバプティスト派の反対論を代表した上記歴史家バックスが、一七七七年、その著作のなかでRWの政教分離思想をあらためて紹介したからであった[21]。彼はコネティカット出身だが、大覚醒運動の影響によりコネティカットの公定宗教制を否定し、マサチューセッツにおいてバプティストの牧師となっていた人物であった。そして、同じくバプティストであったリーランドがこのバックスの思想と闘争を継承していった。

リーランドはマサチューセッツ人であったが、この人物も一七七六年から七九年にかけて、その公定宗教制に対する宗教的自由のための闘争の最中にあったヴァージニアにおいて、勇敢で活力に溢れたバプティスト派牧師また宗教的自由の理論的闘士として、ジェファーソンやマディソンと協働した。彼は七七年のジェファーソンの信教自由法案の起草にも関わり、後年のマディソンの『請願と抗議』支持議員の署名集めにも協力した。七九年には初代大統領ジョージ・ワシントンとのバプティスト派問題協議会のヴァージニア代表をも務めた。

ワシントンはリーランドに対して「宗教的迫害を防ぐ効果的な盾を築くのに、私ほど熱心な者はいないことを承知していただきたい」と伝えてきたのだが、それにもかかわらず、リーランドは宗教的自由をめぐる憲法草案の不明確さを見抜き、八八年にはマディソンと会合し、彼に宗教的自由を明文化する権利章典すなわち修正箇条の憲法への導入を要請する一方、それと引き換えにマディソンに対するバプティスト派の支持を約束したのであった。なお、ここで留意されるべきは、リーランドが主張した宗教的自由は、バプティスト派やキリスト教徒にのみ利する類のものではなく、万人に平等な自由であった、ということである。[22] これこそがＲＷの宗教的自由の思想に元来刻印されていた特徴の一つであった。

以上のごとく、蓋然性の域を超えるものではないが、ジェファーソンやマディソンがヴァージニア信教自由法の起草時辺りからＲＷの思想に触れえた状況証拠は指摘しうる。彼らほどの思想家でしかもバックスやリーランドとの接触をもっていた人物が、ＲＷの思想をまったく意識していなかったと想像することのほうがむしろ困難であろう。しかし、他方、厳密な史学的・文献学的論証の試みは成功してこなかったことを確認しているホールの指摘も尊重すべきであろう。そこで、以下は、そうした限界を自覚した上で、ＲＷからジェファーソンへの、またマディソンへの、思想的継承を示唆する史料を紹介しておきたい。

ＲＷとジェファーソン　まず、ジェファーソンであるが、先に示したように、彼には「教会と国家との分離の壁」という表現がある。ところが、これは、ゴースタッドによれば、ジェファーソンが「無意識にロジャー・ウィリアムズの言葉遣いを真似たもの」[23]（unconsciously echoing the language of Roger Williams）である。そこで、まず、ゴースタッドがその典拠と見なしているRWの1節を以下に記す。これは、第（2）節でも触れた、RWが第1回目の渡英の際にロンドンで刊行した『最近公刊されたコットン氏の書簡に対する検討と回答』（一六四四年）の中の1節である。

「この世に接したイエス・キリストの多くの証人たちの信仰のわざは、旧約聖書のユダヤ教徒たちの教会［ママ］も、新約聖書のキリスト教徒たちの教会も、共にこの世からからは隔てられていたことを、豊富に証言している。そして、また、彼らが教会という庭園とこの世という荒野を隔てる分離の垣根や壁（the hedge or wall of separation between the garden of the church and the wilderness of the world）を開放してしまったとき、神はいつもその壁そのものを破壊し、燭台も取り除き、そうしてご自分の庭園を荒野に変えてしまわれたことを示している。今の時代がまさにそうである」[24]（傍点西谷）。

このようなイメージによってRWが言おうとしているのは、教会すなわち宗教的領域は国家ないし政治の領域に自ら迂闊に門戸を開いてはならず、また後者の侵入から守られるべきである、ということである。もちろん、RWはその逆の、教会が政府に干渉・介入する危険性にも警告を発する。すでに第（2）節で見たように、RWは俗権のいわば自律性を承認した。

いずれにせよ、ここでは文献上の類比の問題に絞ることとし、次にジェファーソンの上記表現の由来となる『ダンベリー・バプティスト連合への返書』（Reply of Thomas Jefferson to the Danbury Baptist Association）の中心部分を記す。

「私も皆さんと共に以下のことを信じます。すなわち、宗教は人間と神との間にのみ存在する事柄であること、人間は自らの信仰や礼拝について他の誰にも説明する義務を負わないということ、政府の合法的権力は〔個人の〕行為《アクションズ》にのみ及び見解《オピニオンズ》にまでは及ばないということ、です。私はそのように信じつつ、『議会《コングレス》は、宗教公定化（an establishment of religion）に関する法律も、宗教の自由な活動（the free exercise thereof）を禁止する法律も、制定してはならない』と宣言し、教会と国家の間に分離の壁（a wall of separation between Church and State）を築いた、全アメリカ国民の行動を、最高の厳粛さをもって受け止めるものです。私は、良心の権利を擁護するという国民の最高意志を表わした以上の表明にくりかえし立ち返りつつ、人間の社会的義務に対立するような自然権というものはないと確信して、人間にその自然権のすべてを回復しようする私たちの願いが進展していくことを見届け、心からの満足を得たいと思っております」[25]（傍点西谷）。

これは、ジェファーソンがフェデラリスト党第三代大統領ジョン・アダムズを破り第四代大統領に就任した年、一八〇一年の十月にコネティカット州の小さなバプティスト連合から新大統領に宛てられた書簡への、翌一八〇二年元旦付けの返書である。その教会側からの書簡は、ジェファーソンの大統領就任を喜ぶ挨拶から始まるが、中心内容を要約すれば、おおよそ以下のごとくである。すなわち、

自分たちは宗教的自由を奉じ、宗教は神と諸個人の間の事柄だと信じていますが、この州の公定宗教制のもとで自分たち少数派は、その宗教的自由を、「譲渡不可能な権利としてではなく、〔州政府の〕好意で叶えられた恩恵として」、しかも「屈辱的な感謝という代価を払って」、享受しているにすぎません。これでは、政治と宗教の隠れ蓑のもとで権力を追求して止まない者たちが、自分たちの大統領〔ジェファーソン〕をも――この大統領は神からの大権を執行しないからと称して――非難しても、驚くには足りない、ということになってしまうでしょう。私たちは、大統領が各州の法を廃棄することができないことは承知しておりますが、しかし、すでにこれだけの功績を達成した尊敬すべき大統領の思いが全州に浸透するように強く望んでおります。どうか、神があなたの務めを支えてくださり、人々の貧困と屈従の上に自らの富と地位を築こうとしている者たちによりすでに準

備されているあなたへの反対にも打ち勝たせてくださいますように。神の加護を祈ります、私たちの救い主イエス・キリストによって。(26)

ここから、この少数派バプティストたちが宗教的自由という譲渡不可能の人権の認識をもち、かつそれに立脚し、それが将来コネティカット州のみならず全米に普遍的に適用されることを、修正第1条に基づいて、強く希求していることが、ひしひしと伝わってくる。彼らはもちろんジェファーソンがヴァージニア信教自由法の起草者であり、修正第1条の信奉者であることを承知しているのである。また、公定宗教制のもとで政治家のみならず教職者たちさえも権力と金力の虜になっていることへの批判は、RWの同様の批判に通じるものがある。RWも、教職者たちが、州の支援に頼りながら、官吏職を「自分たちの裕福で名誉ある地位に駆け上がるための踏み台(27)」にしてしまった、と批判したからである。

ジェファーソンは、マサチューセッツ出身のフェデラリストであった大統領アダムズとは異なり、少数派バプティストたちに十分な共感を抱くことができた（晩年、アダムズとは友好裡に交流したが）。根本的には啓蒙主義者ではあっても、「私は本当のキリスト教徒である、イエスの教えの弟子である(28)」と自称しえた人物であり、RWの政教分離主義には政治家として十分に同意しえたのである。それが、RWの“the hedge or wall of separation between the garden of the church and the wilderness of the world”という表現に対する——意識的であったか無意識であったか確認はできないが——ジェファーソンの“a wall of separation between Church and State”という表現のパラレリズムの根底にあったことは疑いない。

もちろん、ジェファーソンは、建国間もないアメリカの現実に向き合う大統領として、ダンベリーの人々の願いに安易な回答を寄せることはできなかった。それゆえに、彼らに対しては、これから将来「人間にその〔宗教的自由権も含む〕自然権のすべてを回復しようする私たちの願いが進展《プログレス》していくことを……見届けていきたい」と伝えたのである。しかし、ジェファーソンは少なくともアダムズが行なったような「神聖なる内省と断食と祈祷の日」の慣行は廃止した[29]（そのことについて彼は上記書簡の草案には記していた）。

　もちろん、ジェファーソンとＲＷの政教分離思想には質的に相違する部分も存在する。それにも触れながら、次はＲＷとマディソンとの関連について述べよう。

ＲＷとマディソン　マディソンとＲＷの間には、ジェファーソンの場合のような、ＲＷに類似するような表現は存在しない。しかし、両者の政教分離をめぐる考え方にはより実質的な類似性が確認される。その背景には、マディソン自身が青年時代に触れた政教分離の神学の影響があるかもしれない。

　すなわち、ジェファーソン、マディソン共に、アングリカニズム公定制下のヴァージニアの出身であるが、ジェファーソンがヴァージニアの他のエリートたちと同様、同州の名門ウィリアム・アンド・メアリー大学で典型的な経験主義的啓蒙主義的学問を修めたのに対し、マディソンのほうは長老主義系のニュージャージー大学（現在のプリンストン大学）に一七六九年に入学し、そのキャンパスで大覚醒運動の雰囲気を経験していた。さらに、そこで哲学などを修め二年後に卒業した後も、学長としてスコットランドから着任したばかりのジョン・ウィザースプーンのもとでヘブライ語と神学を学ぶため、一年長くプリンストンに留まり、さらにまた法学も学んだ。

　ウィザースプーンは現役のキリスト教教職者として（ニュージャージーを代表し）独立宣言に署名した唯一の人物であり、大覚醒運動にも貢献した福音的長老主義者《エヴァンジェリカル・プレズビテリアン》であった。彼はＲＷの著作集第1版を所有していたと言われており[30]、ウィザースプーンを介してマディソンはＲＷに関する知見を得ていた可能性は大である。アメリカ教会史家フォレスト・チャーチによれば、「ウィザースプーンの教会と国家の分離の福音に対して、マディソンは完璧な弟子であった[31]」。

　こうしてマディソンは、ヴァーモント滞留を経て、七三年にヴァージニアに戻り、若い法律家として出発したが、そこでただちに弁護したのが、ヴァージニアの公定宗教制下で説教資格を取得せずに説教したかどで逮捕されていたバプティストの教職者たちであった。そのとき、プリンストンの学生で彼の親友であり、やはりバプティストであったウィリアム・ブラッドフォードに宛てたマディソンの2通の手紙の重要な下りが、以下である。

「公定宗教制というのは政府を抱える市民社会を支えるために絶対に必要なものなのでしょうか。そして、それは〔公定宗教制に〕依存している州に対してどこまで有害なものなのでしょうか」。

「地獄のようにひどく考案されたあの迫害の原理……これほど私を怒らせるものはありません。いま、隣の郡に、自分たちのごく正統的な宗教的見解を出版したかどで投獄されている善意の人々が5～6人はいます。この件で噂に聞くことに私はもはや我慢ができません。というのも、私はもう十分すぎるほど長くこの件で論争してきたからです。どうか私を憐れんで、そして、良心の自由の〔再興の〕〔ママ〕ために祈ってください[32]」。

このような事件の弁護に取り組んだ初期のいわば実存的な経験が、マディソンがプリンストンで学んだ宗教的自由と政教分離の思想の重要性への確信を与えたのだと思われる。その後、彼がヴァージニア州議会の議員に転身し、ジェファーソンの片腕としてヴァージニア信教自由法案の作成と成立に貢献したことは上述したとおりだが、その際に彼と協働していたのもバプティスト派牧師イライジャ・クレイグであった[33]。

先の2つの引用文から、マディソンが二十二歳の若さで当時のアメリカの公定宗教制、より一般化して言えば、政教一致体制に対して根本的な疑念を抱いていたこと（宗教は政治に絶対に必要なものか）、そして、宗教的自由（良心の自由）の観念を知り、その実現と展開を心底願っていたことは明白である。これら2点はRWとまったく一致する根本見解であるが、とくに後者の要素が彼において明確であることで、ジェファーソンの政教分離思想とのきわめて重大な相違が浮かび上がってくる。

ホールは、ジェファーソンの宗教的自由の思想は、見紛うことなく、「宗教のための自由」すなわち「個人が宗教的である自由」の側面よりは、「宗教からの自由」の側面に重点を置いている、と分析する。換言すれば、彼は修正第1条前半における「公定宗教禁止条項《エスタブリッシュメント・クローズ》」の筆頭の父祖ではあったが、彼の思想はその「宗教的実践の自由条項《フリー・エクササイズ・クローズ》」に対してはほとんど顧慮を示していないと言うのである。[34] 別の言い方をすれば、ジェファーソンの関心は宗教的見解に対して司法権は干渉・侵入すべきでないという部分に集中しており、個人の信仰・良心に対する侵犯・強奪――RWの特徴的用語では“rape”――という局面にまで及んではいない、ということである。[35] この欠如が理解されるとき、ジェファーソンの政教分離思想の不十分さが判然としてくる。

そのことを象徴的に示す、ジェファーソン自身の、しばしば引用されて有名な、一七八四年の『ヴァージニアの現状に関する覚書』からの1節が、以下である。

「支配者の権限は、われわれ人民が彼らに委託した自然権についてのみ、及びうる。われわれはけっして良心の権利を彼らの手に委ねはしなかったし、また委ねることなどできはしない。良心の権利については、われわれは神に対して責任をもつのである。政府の合法的な権限は、他人を害するような行為に対してのみ、及ぶものである。たとえば、私の隣人が、神の数は20あるとか、神は存在しないとか、言ったとしても、［そうした見解が］私に害を及ぼすことなどまったくない。それで私の財布が奪われることもなければ、私の脚が折られることもない[36]」（傍点西谷）。

ここにジェファーソンの宗教的自由及び政教分離の思想の基本線が示されており、それが上述の一八〇二年のダンベリーへの書簡のなかにも貫かれていることは、あらためて比較すれば、明瞭であろう。あそこでも、政府の権力は個人の見解には干渉せずただ行為にのみ及ぶ、とジェファーソンは述べていた。

しかし、宗教的自由に関して重要なのは、それが見解や意見のレヴェルに留まるものではなく、あきらかに行為や実践の領域にまで及ぶ、ということである。そして、それは礼拝や教会生活の範囲のみに留まらず、市民的・政治的行動にも及んでいくことがありうる、あるいは信仰者の宗教的主観にもかかわらず客観的には政治的営為ととられる場合がありうる、ということである。ジェファーソンは、バプティストの人々に向けて「人間の社会的義務に対立するような自然権というものはないと確信しています」と慎重に但し書きしたが、政治的支配者が「社会的義務」と理性によって規定し、市民にそれを課したとしても、それに抵触せざるをえない宗教的実践あるいは非実践（すなわち不服従）が生じることもありうるのである。そして、後者が前者に原理的に優先され擁護されるべきなのである。「宗教的自由」(religious freedom) という、「人権」概念の起源であり基盤である観念の枢要は、その点の理解と承認にある。この観念をめぐってRWが洞察し、市民社会において何としても確立しようとしたのが、そのことであった。イェリネックが強調して止まなかったのも、その点であった。

もちろん、RWも、上述のごとく、実質的には「憲法による宗教の保護……の限界」を認識し、それを「規定する基礎を丹念に呈示する」、理論的根拠の諸要素を示す」ことにも努めた。しかし、何よりもまず、根本的普遍的権利としての宗教的自由という観念の健全な認識が必要なのである。その点からして、マディソンは、ジェファーソンに比べて、はるかにRWの精神に接近している思想家であり政治家であったと判断しうるわけである。

そこで、以下に、そのことをよく表わす、彼自身の宗教的自由と政教分離の思想の真髄を象徴的に——啓蒙主義的語彙によってではあっても——語っている一七八五年の『請願と抗議』(前文・本文15項目・後文から成る文書) の本文第1項目全文を掲げる。彼には他にもいくつか類似の文献は存在するが、以下の文章にその要点は集約されている。

「私たちは次のことを根本的で否定しがたい真理と考えます。すなわち、『宗教、あるいは私たちが創造者に対して負う義務とそれを遂行する方法とは、ただ理性と確信のみによって命じられうるものであり、武力や暴力によって命じられうるものではない』、ということです。各人が奉じる宗教は各人の確信と良心に委ねられるべきもので、この確信と良心が命じるままに、それを実践《エクササイズ》することは、各人の権利なのです。この権利こそ、その本質からして、他に譲渡することの不可能な権利です。なぜなら、各人自身の知性により認識された明証性にのみ立脚する各人の見解《オピニオンズ》は、他の者からの命令に従うことはできないからです。それが譲渡不可能なのはまた、ここに他の者たちに対する権利として存在するものが、同時に神に対する義務であるからです。各人が創造者に対しそのような崇敬を捧げ、各人が創造者に受け入れられうると信じるもののみを捧げることは、各人の義務なのです。そして、この義務は、時間の秩序においても、責務の程度においても、市民社会の要請に対して優先《プリシーデント》するものです。各人は、市民社会の一員と見なされうる以前に、宇宙の統治者の臣民として考えられなければなりません。市民社会の一員としての義務も、宇宙の主権者への忠誠を確保した上で、果たすべきです。こういうわけで、私たちは、宗教という事柄についての各人の権利は、市民社会の制度によって縮小されるというようなことはけっしてありえず、宗教は市民社会の管轄権からの全面的例外である、と主張します。たしかに、多数決というルールによるならば、社会を分断しかねないような提案であっても、それを最終的に決議してしまうことは可能です〔ここでは例の「キリスト教教職者給与支給法案」が意識されている〕。しかし、多数決は少数者の権利を侵害しうる、ということもまた確かです[37]（ルビは強調の意味で西谷）。

ここには宗教的自由という基本的人権に対する根本的で十全な理解が示されている。

最後に、上述のごとく、ジェファーソンの関心が届かなかった修正第1条の「宗教的実践の自由」（the free exercise thereof = of religion）条項の表現自体も、その最終的組み入れも、マディソンの思念と執念によるものであったということを言い添えておこう。まず、この条項は第1回連邦議会で紆余曲折を経て最終制定にこぎつけたものだが、最終文案作成の上下院合同委員会でその文案も含めてイニシアティヴを取ったのはマディソンであった、ということがある[38]。また、次のこともわかっている。すなわち、彼は一七七七年の「ヴァージニア信教自由法」の元になった76年の「ヴァージニア権利宣言」を検討するヴァージニア議会で、その第16条原案の“all men should enjoy the fullest toleration in the exercise of religion”という表現中の「トレレーション」は尊大な響きをもつとして（しかし、真の理由としては、この文言では従来の公定宗教制を打破しうる観念とはならないと判断したからであるが）、“all men should enjoy the free exercise of religion”という変更案を提出し、それが認められたということである。[39] マディソンは彼自身のこの修正案の議会への提出を有力議員であった——将来、自身の最大の政敵となる——パトリック・ヘンリーに新米議員として恭しく依頼し、そのときヘンリーは愛想よくそれを引き受け実行したのであった。

【注】

（1）以上の4段落の叙述は、主としてイェリネック『人権及び市民権の研究』を参照したものであるが、同一主題について前掲の熊本『アメリカにおける政教分離の原則』も詳しい。

（2）以上の2段落の叙述のためには、主として、西修他『各国憲法論』（学陽書房、一九八二年）、阿部照哉他『世界の憲法集』（有信堂高文社、一九九一年）、アメリカ學會編『原典アメリカ史』第2巻「革命と建國」（岩波書店、一九六四年）、熊本、前掲書、137頁を参照した。

（3）以上の2段落の叙述のためには、主として、熊本、前掲書、103-105頁を参照した。

（4）『原典アメリカ史』第2巻、272-276頁。

（5）以上の2段落の叙述のためには、主として、熊本、前掲書、139-160頁を参照した。

（6）E. T. Corwin (ed.), *Ecclesiastical Records of the State of New York*, Vol.1 (J. B. Lyon, 1901), p. 400.

（7）Thomas Curry, *The First Freedoms: Church and State in America to the Passage of the First Amendment* (Oxford University Press, 1986), p. 91.

（8）Mark A. Noll, *A History of Christianity in the United States and Canada*(Eerdmans, 1992), p. 145.

（9）W・N・マーネル著／野村文子訳『信教の自由とアメリカ』（新教出版社、一九八七年）、176頁より再引用。

（10）マーネル、前掲書、164頁を参照。

(11) 熊本、前掲書、150頁。
(12) 大西直樹「初期アメリカにおける政教分離と信教の自由」、『聖学院大学総合研究所 紀要』34巻（二〇〇四年）、210–211頁。
(13) 熊本、前掲書、169頁。
(14) 大西、前掲論文、207頁を参照。
(15) J・F・ウィルソン「アメリカ憲法修正第1条――特に宗教条項をめぐって」、『聖学院大学総合研究所 紀要』第10巻（一九九七年）、24–25頁。
(16) Timothy L. Hall, *Separating Church and State: Roger Williams and Religious Liberty* (University of Illinois Press, 1998), pp. 4-5.
(17) Ibid., p. 5.
(18) Ibid., p. 7.
(19) Ibid., p. 3. See also E. S. Gaustad, *Liberty of Conscience* (Eerdmans, 1991), p. 207.
(20) John Witte, Jr., "The Theology and Politics of the First Amendment Religion Clauses: A Bicentennial Essay," *Emory Law Journal*, Vol. 40 (1996), p. 91.
(21) Hall, op. cit., pp. 116-7. See also Gaustad, op. cit., p. 203.
(22) D. H. Davis, "Staking Out America's Sacred Ground: The Baptist Tradition of Religious Liberty," A. McGraw and J. R. Formicola(ed.), *Taking Religious Pluralism Seriously: Spiritual Politics on America's Sacred Ground* (Baylor University Press, 2005), pp. 199-200.
(23) E. S. Gaustad, *Neither King nor Prelate: Religion and the New Nation 1776-1826* (Eerdmans, 1993), p. 46.
(24) Roger Williams, *Mr. Cotton's Letter Lately Printed, Examined and Answered* (London, 1644). CW I, p. 392.
(25) *Danbury Baptist Association Correspondence 1801-1802* (lonang.com./exlibris/misc/danbury.htm). マーネル、前掲書、141頁を参照。
(26) Ibid.
(27) Roger Williams, *The Bloudy Tenent of Persecution for the Cause of Conscience* (London, 1644), CW III, p. 178.
(28) 大西、前掲論文、209頁を参照。
(29) 熊本、前掲書、163–164頁。
(30) 阿久戸光晴『近代デモクラシー思想の根源』（聖学院ゼネラル・サーヴィス、一九九八年）、239頁を参照されたい。

（31）Forrest Church, *So Help Me God: The Founding Fathers and the First Great Battle over Church and State* (Harcourt, 2007), p. 311.
（32）Letters from James Madison to William Bradford, December 3, 1773 and January 24, 1774. Robert S. Alley (ed.), *James Madison on Religious Liberty* (Prometheus Books, 1985), pp. 46, 48.
（33）Ralph Louis Ketcham, *James Madison: A Biography* (University of Virginia Press, 1971), p. 57.
（34）Hall, op. cit., p. 130.
（35）Ibid., p. 128.
（36）*Thomas Jefferson, Notes on the State of Virginia*(1784). Merrill D. Peterson (ed.), *Thomas Jefferson: Writings* (Library of America, 1984).
（37）James Madison, *Memorial and Remonstrance* (1785). *The Mind of the Founder: Sources of the Political Thought of James Madison* (University Press of New England for Brandeis University Press, 1981).
（38）熊本、前掲書、159-160頁を参照。
（39）Church, op. cit., p. 313.

おわりに

以上、イェリネックが見たごとく、「信教の自由」権及び「政教分離」原則を法律に確定し公共社会に実現した歴史的嚆矢をロジャー・ウィリアムズに見て、その生涯の事跡を追い、彼の起草になる「プロヴィデンス植民地誓約書」から「アメリカ合衆国憲法修正第1条」へとつながる思想史的線を辿ってきた。RWの宗教的・社会的・政治的な功績は、まさに上記原則の史上初の法制化を敢行し、紆余曲折を経てではあるが、それを国民的規模の受容にもたらした点にある。

しかし、筆者の見るところ、彼の功績はさらにそこから新しい宗教共同体の在り方を指示し実践した点にも見届けられる。それは、一言で言えば、キリスト教会の「ヴォランタリー・アソシエーション」としての在り方ということである。ＲＷ自身がそれを明快に言い表わしている。そして、それは現代のキリスト教学校の在り方に深い示唆を与えてくれるものである。本稿に続く次の論文はそれについて論じるものである。

（初出：「現代社会におけるヴォランタリー・アソシエーションとしての教会——その観念の嚆矢としてのロジャー・ウィリアムズ」、青山学院大学宗教主任研究叢書紀要『キリスト教と文化』26号、二〇一一年三月所収）

第8章　ヴォランタリー・アソシエーションとしてのキリスト教学校――その宗教的社会的意義

はじめに

本稿が論じようとするのは、「政教分離」を原則とする民主主義憲法下の「キリスト教学校」の在り方、その宗教的社会的意義について、である。とくにそれを現実にそうした学校に奉職する教務教師としての視点から論じる。本書を貫く関心は「日本におけるキリスト教学校」であると再三述べてきたが、先の論文数編ではそれを囲む近代的な民主主義法制をドイツのキリスト教神学界がどのように受け止めてきたのかを提示した。その際強調したのは、現在のわが国日本をも規定している法制的政治的枠組への十分な自覚をもたないまま、もっぱら西欧の神学書に教会やキリスト教学校の神学的規範を学ぼうとするやり方は的外れではないか、ということであった。わが国の神学は、「国家教会」体制から脱し切れていないヨーロッパ、とくにドイツの神学に学ぶ――これに学び続ける状況は継続しているが――場合、「自由教会」としての十分な自覚において、留保付きで、そうしなければならないのである。

そこで、以下においては、わが国のキリスト教学校が目指すべき在り方を「ヴォランタリー・アソシエーションとしてのキリスト教学校」と性格づけ、そこで留意されるべき幾つかの要点について述べていきたいのだが、事柄の十全な理解のためには、まずわが国のキリスト教会及びキリスト教学校が置かれている歴史的位置の認識が必須である。そこで、近代に入ってからのキリスト教会の新しい存在形態について、ごく大掴みではあるが、理解しておきたい。そうしたことは百も承知と自認される読者もおられようが、事は意外に実感をもってとらえられていないきらいもある。そこで、煩を厭わず、一応の歴史的経過を、第1節を、国家教会体制崩壊後のキリスト教会の新しい存在形態、第2節を、アメリカにおけるヴォランタリー・アソシエーションの展開、と題して、辿ることとする。その上で、国家教会体制すなわち政教一致体制時代の勢いをかって出てきた「キリスト教の絶対性」主張を、「宗教経典の本文内部性」概念をもって、第3節、宗教の絶対性から経典の本文内部性へ、と題して、再解釈し、さらに、この新しい宗教理解においてこそ適切に意義づけられるべき、第4節、キリスト教学校の宗教的社会的役割、について述べる。最後に、第5節、ヴォランタリー・アソシエーションとしての日本のキリスト教学校の基本要件、として、三つの重要事例を紹介して、おわりに、を短く添えたい。

1　国家教会体制崩壊後のキリスト教会の新しい存在形態

(1)　ヨーロッパに残存する国家教会体制

まず、国家教会体制崩壊後のキリスト教会の新しい存在形態の前身としての、ヨーロッパ諸国の国家と教会の関係について、あらためて確認しておこう。問題は、これがヨーロッパ諸国で、現在においても、国家教会体制の残滓のような形で継続しているということである。十八世紀後半にデモクラシー憲法がアメリカ、フランスで制定され、十九世紀にそれはヨーロッパ諸国に拡がった。ドイツでも、遅ればせではあったが、民主主義的な「共和国憲法」が一九一九年にワイマール国民議会で制定され、その第１３７条は、ドイツにはいかなる国家教会も存在せず、宗教団体設立は無条件に行われうる旨を謳っている。これが現在の「基本法」(一九四九年)にも継承された。しかし、それにもかかわらず、現実にはいわゆる「領邦教会《ランデスキルヘ》」制度が厳然として存続し、「教会税《キルヘンシュトイヤー》」という用語とその実態も生きている。これが従来の国家教会の、より「小さな枠組」[1]における代物であることは明白である。

このように、ヨーロッパ大陸では、政教分離を謳うデモクラシー憲法を掲げながらも、実質は準国家教会《ステート・チャーチ》体制を保持している国々が依然として多いのである。イスラム諸国の憲法の、一方でイスラム教を国教とし、他方で信教の自由を認めるという、ダブルスタンダード的条文の不整合性は責めたとしても、キリスト教的ヨーロッパ圏とイスラム教圏の現実における政教一致的実態は変わらないのである。以下は、スイスの現状に関する報告である。

「教会は国教会としてなお公的な活動を保障され、教会税徴収の権利を持ち、公立学校で宗教〔キリスト教〕教育を行う。そしてその活動に国家は協力し、また国家はなお教会に対する監督権をもって、両者の強い結びつきが示されるのである」[2]。

こう指摘される実態に即応するかのように、ヨーロッパ大陸の神学者の近代デモクラシーの政教分離原則をめぐる言説も、表面上はそれを首肯しつつも、根底においては残存している準政教一致体制を容認するものであることを、われわれはすでにドイツの代表的神学者故ヴォルフハート・パネンベルクにおいて確認した。彼は、「国家と教会の前近代的な〔政教一致の〕関係への回帰はもちろん可能ではないし、望ましいことでもない」[3]と述べ、「人民主権」を導入したイギリス・ピューリタンの「独立派」を高く評価しつつ、こうした近代デモクラシーの根本原理によって「キリスト教政治思想史における重大な突破がなされた」とまで宣言するのだが[4]、他方で、ドイツ基本法が禁じているのは「国家が特定の宗教団体と自己同一化しない」ということのみであり、国民の「文化的伝統と、その伝統の宗教〔キリスト教〕的刻印」に対する国家の関係を否定しているわけではないとし、ドイツの「指導者たちは、その公的〔政治的〕発言において……もっと遠慮なしに……キリスト教がわれわれ国民の文化的アイデンティティにとって有している意義を……語るべき」と述べて[5]、ドイツの事実上の準政教一致体制を肯定するのである。パネンベルクがこう主張して憚らないのは、同じことが「ドイツ基本法よりはるかに決然として国家と教会の分離を明記している」「アメリカ合衆国憲法」のもとでさえも、「アメリカの大統領たち」によってなされていると、彼が考えているからである。

しかし、筆者は、その両方の場合とも、本来のデモクラシーと政教分離原則からは逸脱した状況であると考えるものであり、そのことについてはすでに述べた。アメリカにおいて公権力と特定宗教との結びつきを象徴的に表わしている事例はその殆どの大統領就任式におけるキリスト教の聖書を用いた宣誓であるが、これは政教分離原則からは大いに問題なのである。その不適切性は、これとその問題性においては本質的に異ならない、わが国の総理大臣による靖国神社公式参拝を想起すれば、容易に理解しうることである[6]。

政教一致体制ないし国家教会体制の問題性とは、神学的に言えば、本質的には「十戒」第三戒「神称濫用禁止」の違反すなわち政治権力者による神的権威の不当な占有ということであるが、その数多の歴史的具体的事例についてここで再言及する紙幅はない。ともかくも、こうした問題を抱えたままのヨーロッパの神学に、日本のとくにプロテスタント教会やキリスト教学校が、何らかの参照をすることはまだ有意義としても、そこに規範を求めるというようなことは、相当な見当違いである、という認識を保持しなければならない。

(2)　ヴォランタリー・アソシエーションとしての教会理解の嚆矢

さて、そこで、では、近代的な政教分離体制における教会やキリスト教学校をどう性格づければよいのか、いかなる概念をもってその本質を最もよくとらえることができるか、という問いが立てられることになるが、その問いに対する最良の回答がアメリカで培われてきた「ヴォランタリー・アソシエーション」概念であるというのが、本稿の想定である。そこで、以下、そのことについて、幾つかの視点から述べていきたい。

ところで、わが国のプロテスタント教職者たちには神学概念としての「自由教会《フリー・チャーチ》」はすでに熟知されているであろう。けれども、政治権力と協同して国民を教導統治する「国家教会」とはまったく質を異にするようになった宗教共同体の、とくにアメリカにおけるその歴史的現実的形成過程の認識は不足し、ましてやその経験的実感という点では依然として心許ない部分が多いのではなかろうか。しかし、わが国のプロテスタント教会は歴史的に見てもそうした信仰共同体の体質《コンスティテューション》を大きく継承しているわけであり、かの経験的実感はさらに本格的に培われねばならないであろう。

そのとき、その体験的会得の感覚へと誘ってくれるのは、むしろ一般のヴォランタリー・アソシエーションのほうであるであるように思われる。わが国でも昨今、NPO、NGOと称される、非営利民間団体の盛んな活動が顕著化し、その価値が一般に広く実感されるようになってきたが、これら一般のアソシエーションというチャンネルをとおしてではあっても、その本質の学習会得は大いに有益なのではなかろうか。しかし、そのように考えるとき、じつは政教分離原則下の自由教会としてのキリスト教会が、まさにそのようなヴォランタリー・アソシエーションとして出発していたことに気づかされる。そして、そうした考えを述べた歴史上最初の人物もまた、前稿で取り上げたロジャー・ウィリアムズであった。

2 アメリカにおけるヴォランタリー・アソシエーションの展開

そこで、そのRWから該当する一節を引用してみたい。それは彼の『血まみれの教義』（一六四四年）からの以下のような箇所である。

「教会あるいは礼拝者の集団は（その真贋を問わず）、都市における医師会《ア・ボディ・オヴ・フィジシャンズ》に似たようなものです。あるいは、ロンドンのどこにでもあるような……会社《コーポレイション》、協会《ソサイエティ》、商社《カンパニー》に似たようなものです。これらの団体は独自の裁判機構、記録、討論をもつことができ、彼らの団体に関する事項について、意見を異にし、分裂し、分派や党派を形成することができ、互いに法に訴えて、起訴し、訴追することができるのです。それで、完全に解散し、消滅してしまうこともありえます」[7]（傍点西谷）。

　ここには「ヴォランタリー・アソシエーション」なる表現は出てこないが、教会のこうした性格づけは内容的にはまさにヴォランタリー・アソシエーションなる概念と重なり合う。このＲＷの言葉にまず驚かされるのは、現代人が聞いてもほとんど違和感をもたないほどのその新感覚である。十七世紀前半のキリスト教界にこうした感覚をもった人物がどれほどいたであろうか。

　ちなみに、以上の一節は市民共同体と宗教共同体の本質を峻別するＲＷの議論の中で現われる。アメリカの先住民たちでさえその「タウンやシティ」において平和裡に暮らしている。そしてその平和は「ただ本質的に市民生活にのみ関わる」ものであり、それに対し「霊的な平和はそれよりも高く遠い次元にあり、性格がまったく異なる」と述べられて、さらに続けられるのが上記の一節である。ここで都市の平和と言われていることについては、宗教による強制的統一がかえって内乱を誘発する、というＲＷの指摘が想起される。いずれにせよ、これは、信仰と良心の自由に深く目覚め、その帰結として社会生活においては政治と宗教の分離の原則が貫かれねばならない必然性を深く確信した人物でなければ、言いえなかった言葉であろう。ともかくも顕著なのは、ＲＷがここで「教会」を「医師会」や「会社」や「協会」に似たものと性格づけた点である。それらは独自の規律をもち、協議し、活動し、成員の意見が合わなければ分裂し解散さえする団体である。そして、ここに表わされているのが、個々人の自発的意志により同志的で契約的な結合をなす、国家から独立的《ノン・ガヴァンメンタル》した「自発的結社《ヴォランタリー・アソシエーション》」の思想なのである。

　こうして、ＲＷはすでに十七世紀前半のアメリカで、トレルチが十八世紀に入り新しいキリスト教会の存在形態が到来すると指摘した事態の、まさに先駆者として、その新しいキリスト教信仰共同体の在り方を言い当て、かつそれを実践していた人物であった。もちろん、イギリスの「東インド会社」は一六〇〇年に発足していたし、イギリスのバプティストたちは一六一〇年前後から彼らの信条において政教分離原則下の同志たちの自由と合意に基づく教会共同体の理念を表明していた。ＲＷの念頭にもこうした先例は意識されていたであろう。しかし、それでもなお、先の引用文は、教会をはっきりと一般のアソシエーションと同列にとらえようとする独特な視野において新鮮である。いずれにせよ、政教分離原則下では、キリスト教会も必然的にこうした社会学的相貌を呈さざるをえないのである。

（1） デノミネーションも基本はヴォランタリー・アソシエーション

そして、以上のような各個教会を共通の教理的確信によって束ねるアメリカの各キリスト教教団は従来「デノミネーション」と呼び慣わされ、それは「教派」と邦訳されてきた。この語はアメリカで十七世紀後半から各教派を指す用法として始まったが、アメリカ宗教史家シドニー・Ｅ・ミードは、「教会と国家とが分離している〔アメリカ〕社会」で生まれた、「今までのキリスト教社会にはかつて存在しなかった」「まったく新しい型の教会を……正しく表現するのに、『デノミネーション』〔字義としては、「特定の名称」という程度である〕という言葉が最も適切であろう」と述べる。彼によれば、それは政教分離原則下で「自由教会が採用している組織形態」であり、トレルチの言う「『教会』(church)や『分派』(sect)というカテゴリー」をもってしてもとらえられるものではなく、「強いて言えば……同じ目的をもつ個人から成る自発的共同体」なのである（傍点西谷）。こうして、各個教会をまとめる団体組織としてのデノミネーションも「ヴォランタリー・アソシエーションとして」性格づけることができる。

ミードは、さらに興味深く、「アメリカでは……教会は、法的には世俗的な法人団体として取り扱われ、その名の下に財産の保持や事務の執行がなされている」とも解説する。[8] ミードによるこうしたアメリカにおける教会の法制上のステータスの説明も、ＲＷの先の教会観を裏打ちするものである。

（2） ヴォランタリー・アソシエーションの歴史的根源としての自由教会

さて、以上においては、キリスト教会がRWが言うように一般のアソシエーションと「似たもの」である、という観点からの議論に触れてきた。しかし、この両者の類似現象の歴史的起源へと遡るとき、まさにキリスト教会こそが政教一致の絶対主義的体制を打破し、そこに国家権力が支配しえないアソシエーションの発生と存続を許容する「自由な社会空間」を創造し、自らまずそれとなった主体であった、という事実に辿り着く。

自発的結社論の第一人者であり実践家でもあったアメリカ人神学者ジェイムズ・ルーサー・アダムズは、自発的結社を、国内外の政策への影響行使や慈善事業を目的とするような「手段的《インストゥルメンタル》」結社と、同好会や社交クラブや教育的文化的協会のような「表出的《エクスプレッシヴ》」結社とに大別しつつ、キリスト教会を後者のカテゴリーにおいてとらえ、次のように述べた。

> 「教会と国家の分離以来、教会は自発的結社として分類されてきた。教会は原理上、自発的に参加するメンバーと自発的な献金に頼ってきた。日曜礼拝における献金皿は……この団体が自発的な性質をもつことを示すし、シンボルそのものなのであり……それは、『これ〔教会〕はわれわれの自発的で自主的な事業であり、われわれ信じる者は神の恵みのもとでそれを支えるのである。われわれはそれを支えていくために国家の強制力に訴えるようなことはしない』と、共同体に対して語る一つの語り方なのである」(9)（傍点西谷）。

アダムズによれば、礼拝における「献金皿」こそ、キリスト教会の自立的アソシエーションとしての自己貫徹の決意の象徴なのである。近藤勝彦教授『キリスト教倫理学』第6章「ヴォランタリー・アソシエーションの意味」は、この自由教会の決意がいかほどのものであったのか、またそれゆえにこそ自由教会が他の一般のアソシエーションとの「特別な親和関係」を保持するのか、その所以を次のように語る。

「教会と国家の分離の原則……に基づく『自由教会』がはじめてそれ自体としても社会学的にヴォランタリー・アソシエーションをなし、自由な社会空間の創設に対して決定的に関与した。この文脈で具体的には……自由教会の生きた経験が身についた仕方で想起されねばならない。ここには時にはそのために殉教の死も辞さない、生きた宗教的な営みがあったのであり……そうした宗教的集団の決死の覚悟なしに国家的支配から自由な社会空間が創設されることは不可能であった[10]」(傍点西谷)。

ここに、教会が人類社会にまったく新たな仕方で切り開いた国家的支配からの自由空間はその生死を賭けて獲得した「価値」であったことが示されている。信仰の自由のために、キリスト教徒は、RWの生涯そのものが証言するごとく、「命懸け」の戦いを乗り越えてきたのである。そして、そこから、アメリカにおけるヴォランタリー・アソシエーションの大きな流れが生じてきたのだが、今暫くはそれを歴史的に追い、そこに示される重要論点を押さえておきたい。

(3) 十九世紀以降のアメリカに輩出したヴォランタリー・アソシエーション

アメリカ教会史家フォレスト・チャーチは、アメリカでの自発的結社の理論と実践の先駆者としてライマン・ビーチャーを取り上げ、彼を指導者として、「聖書協会、社会奉仕協会、禁酒協会、伝道冊子協会、奴隷制廃止協会、日曜学校協会といった……アメリカ的ヴォランタリー・アソシエーションズが、主としてキリスト教伝道団体の支援により創設されていった[11]」と述べる。ビーチャーは、コネティカットで信仰復興運動《リヴァイヴァリズム》(一七三四年〜)を主導したジョナサン・エドワーズやその孫でイェール大学学長ティモシー・ドワイトの線に連なる長老派牧師であったが、同州が一八一八年に会衆主義の公定宗教制度を廃止したことを「コネティカット州に起こった最良事」と宣言し、「それにより、教会は国家による支援への依存状態から解放され、完全に自らの資源と神とに頼む」こととなり、

「失うよりも得たのであり、自発的な努力による伝道団体や協会〔の設立〕により、かつてよりも深い影響力を行使する」[12]と述べて、自らもこの時代に「性格も目的も多様な少なくとも12個の団体を組織・支援[13]」したのである。しかし、ビーチャーのこの動きは一例であって、他に多くのデノミネーションにより自発的結社が創設され、発展していったのであった。

第一次信仰復興運動《リヴァイヴァリズム》（一七三四年～）は独立宣言や憲法制定以前の時代であり、その影響範囲は東部に限られていたが、第二次のそれ（一七九〇年代～）は米英戦争（一八一二年）の勝利でナショナリズムが高揚した西部開拓時代にも重なり、「全国的な《ナショナル》ヴォランタリー・アソシエーションズ[14]」の展開を招いた。つまり、アメリカは建国初期には州毎の国家教会制《ステート・チャーチ》に固執していたが、それが全体として廃止されていった十九世紀に入ってからは本格的にヴォランタリー・アソシエーションとしてのキリスト教会の理解と現実を推進したわけである。キリスト教史家ケネス・S・ラトゥーレットはこの状況を次のように印象深く特徴づける。すなわち、「アメリカ合衆国で一八〇〇年以降に発展したキリスト教はきわめて特異なものであり、今まで、どこの国にも、いかなる時代にも見出されないものであった[15]」。

(4)　アメリカのヴォランタリー・アソシエーション論が示す重要論点

アダムズがアメリカの自発的結社の理論家としてとくに取り上げるのは、ビーチャーと同時代人であった、バプテスト派牧師でブラウン大学学長も務めたフランシス・ウェイランドと、ユニテリアン派のウィリアム・エラリー・チャニングであるが、本稿でまず注意を喚起しておきたいのは、自由や自発性の原理が個人としてのみならず「団体」として具現化されることの価値を説くチャニングの見解である。なぜこの点を強調したいのかと言えば、チャニングのこの見解は、わが国ではいまだ十分に自覚されず、従って浸透もしていない、個人ではなく「団体」が有する「信教の自由」権という重要事項の理解を促進させてくれるものだからである。近代的価値としての「信教の自由《レリジャス・フリーダム》」権は――今「わが国では」と言ったが――わが国に限らず、世界においても、総じてもっぱら個人の権利として偏って理解され、それゆえ宗教とは私的な事柄であると誤解されてきたきらいがある。

しかし、「宗教的自由《レリジャス・フリーダム》」は個人に限るものではなく、団体のものでもある。宗教にはもちろん個人主義的神秘主義的な要素や側面も観察されうるが、本来的に普遍宗教は信仰者の「交わり」——宗教学的には「教団」——を形成するものであり、それゆえにこそヴォランタリー・アソシエーション概念が宗教団体にまず適合されるわけであり、さらにはキリスト教学校にも適用されるのである。そして、このことが宗教が有する文化形成力の基盤として有効に作用する。キリスト教学校の宗教的社会的意義はこうした点に見出されることになるが、それについてはさらに後述する。

さて、もう一人の理論家ウェイランドが強調した、ヴォランタリー・アソシエーションとは「契約」と「同意」に基づく良心の媒体であるという点は、ある意味では常識的な指摘でもあるが[16]、しかし、これもまたわが国においては、その認識が十分でないために、あらためて再確認されるべき事柄となる。とくに学校の側でこの点の自覚が欠け、入学志願者にその宗教的な建学の精神や教育方針を事前に十分に伝達しえていないために、入学後の学生や保護者から、個人は宗教の強制を受けないのではないか、などと抗議を受ける始末になるのである。「宗教立私立学校」はこの点で曖昧であってはならず、入学志願者に対するその宗教的姿勢の周知においては用意周到でなければならない。後述する東北学院大学の入学試験時の受験生へのキリスト教教育の方針の伝達も、この問題に深く関わる事柄である。

以上に加えて、アダムズ自身の自発的結社論で筆者に啓発的であった点を紹介するとすれば、「自発的結社への参与を通して、多くの教会の教会員は、社会的現実に対する理解をより深めることができた」ゆえに、「自発的参加の教会は、神学的前提やキリスト教固有の規範に関して彼らと異なる見解を持つ者とも、社会秩序と社会正義のためには協力する必要がある」ということ、さらに「神は宗教をもたない人々や『異教徒』を通してさえ働くことができる」ということを学んだ、という指摘であった。筆者も拙著『宗教間対話と原理主義の克服』（二〇〇四年）

において類似した議論を展開した。すなわち、諸宗教間の対話は、相互の宗旨自体の調停や融合を試みようとすること――これがまさに「習合宗教」の営みであったが――においては不毛であって、むしろ共通の社会倫理的課題への協同的な取り組みにおいて効果的であり有意義である、という論旨である。

いずれにせよ、以上のアダムズの議論は、十九世紀以降のアメリカの諸教会が、他教派や他の宗教団体、また教会外の諸アソシエーションとの協働を通じて、社会に対する福音の適用の重要性やまた超教派的でエキュメニカルな姿勢を学ぶことができたということ、そしてそのことはアメリカ社会全体として有益であった、ということを示している。

3　宗教の絶対性から経典の本文内部性へ

ところで、アダムズは、アメリカの諸教派の社会倫理的な協働について、「こうした協力は教会が自らの絶対性を主張するのを防ぐのに繰り返し役立ってきた」(傍点西谷)とも述べる。[17] この「絶対性」とは「キリスト教の絶対性」の意味であるが、これは近代のキリスト教神学で取り上げられた「キリスト教と諸宗教」といった議論からもたらされた概念である。その議論の来歴を簡潔に辿れば、キリスト教国教体制のヨーロッパ諸国がその植民地拡大によって世界の諸宗教を知るに至り、あらためてそれら諸宗教のうち真正なる宗教はいずれかを判定するという課題が課され、その答えとして、やはりキリスト教が真正にして卓越した唯一の宗教である、ゆえにキリスト教は相対的でなく「絶対的」な宗教である、と結論する人々が多勢を占めた、ということである。哲学者ヘーゲルも「キリスト教の絶対性」なる表現を用いたが、キリスト教神学者たちもこの表現を使用したのであった。

ところで、以上の経過の中で新たな学問として確立されたのが「宗教学」であった。これは時を同じくして誕生した「自然科学」の諸基準を用いた宗教研究であり、キリスト教神学の中にも「宗教」の観点から「キリスト教」を再認識する必要性を確認させた。それでもなおキリスト教界において「キリスト教の絶対性」の主張は保持されたわけだが、そのことにより、他方で、キリスト教の歴史的相対的な把握の方向も促進されたわけである。そして、それがアメリカにおいては制度的かつ実践的な視野において現実のものとなったというのが、先のアダムズの言葉が証言していることである。

そこで、本節では、この「キリスト教の絶対性」の観念が、中世の国家教会体制から近代における自由教会を包含する新たな政教分離体制下で、その内容においてどのような神学的論理的変容を遂げるべきか、また遂げたか、という観点から、論じてみたい。結論を先取りしてその議論を一言で性格づければ、本節の小見出しのように、「宗教の絶対性から経典の本文内部性へ」となるわけである。事は宗教の本質理解に関わっているゆえに、まず筆者なりの、キリスト教も含めた、「宗教とは何か」の理解を披露して、その議論への導入としたい。

(1) 宗教的救済の個人的次元と社会的次元

筆者は、宗教の根本は個人の限界状況（K・ヤスパース）からの救済である、と考えている。これをさらに岸本英夫『宗教学』（一九六一年）に依拠して敷衍すれば、宗教とは人間が個々に限界状況としてぶつかる「あらゆる問題」の解決に関わり、そうして人生の「究極的な意味」を啓示するものである。しかし、この「あらゆる問題」というところから、宗教は同時に原理的に人間集団すなわち社会が遭遇する全ての問題に対処しうる包括的価値体系の様相を呈するものでもある、と言うことができる。

そして、この点を、共時的言語学や文化人類学の視野を援用しつつ、キリスト教神学として明らかにしてくれたのが、先の論文数編で言及した、リンドベックの「宗教の文化的言語的理解」なのである。すなわち、その根本主張は、宗教はその経典本文の内部で現実全体を記述し解釈するものである、ということであった。換言すれば、信仰者は、自宗教の経典本文が示す神・人間・世界の全体を包括する真理の「物語」すなわち自己完結的内部的価値体系に対する全面的帰依の態度をもち、この物語の「文脈」の中に自己を含む全対象を置いてそこからそれらの意味を汲み出すのである。そして、信仰者のこの経典への帰依性をリンドベックは「本文内部性としての忠実性」(faithfulness as intratextuality) と言い表わした。じつはこの全面的忠実性こそが自宗教を絶対とする態度の実質内容なのである。[18]「宗教の絶対性」とは、宗教徒がただやみくもに自宗教が絶対であると高揚強調することではなく、以上の意味での自宗教経典の「本文内部性」の堅持のことなのである。

そして、そこから――宗教の救済に個人的次元と社会的次元とを区別するとすれば――後者の次元が浮かび上がってくるわけであり、それが本節でテーマとしたい事柄なのである。それは宗教に潜在している自宗旨による社会全般の救済統御への志向のことである。この要素は「宗教」の名にふさわしい宗教にとっては普遍的な希求と姿勢である。「世界宗教」と呼ばれるような宗教は、元来そのような社会救済の展望をもち、実際それを相当程度に達成したゆえに、その名を冠せられているのである。宗教の本文内部性は、信者個人の自宗旨への直向きな帰依の要素とともに、その宗旨がもつ社会の救済統御への悲願的希求の要素を包含する。

(2) 政教一致体制から政教分離体制へと移行した論拠

そして、キリスト教は、自身のこの希求を、古代四世紀末のキリスト教国教化をきっかけとし、その後の政教一致体制の確立をもって、中世ヨーロッパにおいて実現したと自任していたわけである。しかるに、まさにそのキリスト教自身が、自らのこの長きにわたる国教体制に大いなる陥穽と矛盾を看取して、これを宗教的にも政治的にも変革し、そこに国家教会に代わる自由教会を生み出し、また近代デモクラシー体制すなわち政教一致体制を確立した。筆者なりに、ごく簡潔に、その陥穽と矛盾について述べれば、政教一致体制下において形成された従来のキリスト教社会は、それがとりわけ政治的強制を梃子として、キリスト教において重視さるべき良心の自由、信仰の自発性を疎んじてきた点で、宗教的に決定的な欠陥を抱えたのであり、「神の国」のヴィジョンからはほど遠いものであった、ということである。この社会の主眼はキリスト教国教制を通じた政治的統一とそれを補完する秩序形成であったために、そこから専制と身分制が結果したのだが、十六世紀の宗教改革をきっかけに、それらは許容の限度を超えた積年の弊であるという人々の実感とともに、変革の対象となったのであった。そこで、イエス・キリストの福音が示す「自由」と「平等」の理念が宗教的にも政治的にも適用されて、十七世紀から十八世紀にかけて世界三大革命（イギリス・ピューリタン革命、アメリカ独立革命、フランス市民革命）が勃発し、政教分離に基づく近代デモクラシー社会が出現したわけである。

しかし、この新しい事態は、保守的な人々にとっては、取り返しのつかない喪失・損失と映る。冒頭に紹介したように、ヨーロッパの多くの国々で、その憲法にはアメリカから逆輸入した近代的政教分離原則を掲げつつも、なお実態としては従来の国家教会体制を残存させているという二重構造が維持されているのは、まさにそのゆえである。この「キリスト教社会」としての中世ヨーロッパから「政教分離社会」としての近代世界への法制的移行は——世界宗教、普遍宗教を自任する他の宗教すべてにとってもそうなのだが——宗教が本来内具する社会の救済統御のヴィジョンを放棄させてしまう不本意なものと映るわけである。

（3）政教分離社会で宗教の本文内部性はどう理解されるべきか

そこで、問題は、こうした新しい状況のなかで、人類社会全般の救済統御のヴィジョンをも含んだ宗教の本文内部性を、宗教自体があらためてどのように把握し納得すればよいのか、ということになってくる。まず根本の問いは、そもそも、そうした宗教的ヴィジョンとその実践的展開を政教分離原則下では断念せざるをえないのか、という問いである。これに対し本稿が示そうとする答えは、端的に、断念する必要はない、また断念すべきではない、ということである。ただし、そこには考慮されなければならない幾つかの条件が付けられる。

そうした条件をよく理解するためにも、以下においてはこの問題に関わる3つの議論を引証して、それらの条件をよく把握したい。それら議論の第一は、政教分離原則下でも各宗教がその本文内部性を保持しうる在り方とその際諸宗教が守るべき相互規律を洞察し説明する議論であり、第二は、政教分離社会においては宗教間のみならず宗教団体と一般アソシエーションとの間でも競合や協同が発生することを示唆する議論、第三は、それにも拘らず、宗教が人間社会に対して有する固有の役割を説く議論である。そして、これらの議論の展開の中で、キリスト教学校の宗教的社会的役割も明らかにされてくる。従って、以下は、キリスト教学校の宗教的社会的役割、と題する節として論じる。

4　キリスト教学校の宗教的社会的役割

(1)　政教分離原則下での宗教の自由競合のメタファー

アメリカを代表する宗教社会学者の一人ピーター・バーガーは、政教分離原則下での多元的で対等な宗教の競合を「自由市場」という経済学的概念を用いて隠喩的《メタフォリカル》に説明した。彼によれば、中世までの国教体制はいわば「独占企業」状態であったのであり、政教分離原則下の諸宗教の対等的多元性は「自由市場」状況に相当する。教会は「自由企業」としての「会社」に「似たようなもの」である。つまり、市場で各企業の収益事業が自由に競合するように、各宗教の伝道事業も自由に競合してよいのであり、またすべきなのである。[19]

政教一致体制を前提とする伝統的保守的キリスト教神学はバーガーによるこの隠喩を当然拒否するであろう。しかし、先に見たように、すでに十七世紀前半にRWはこれがキリスト教会が身を置くべき来たるべき法制的枠組であると見抜いていた。そして、本稿もこのRWのヴォランタリー・アソシエーションとしての教会論を首肯する。というのは、それこそが、政教分離原則下で、キリスト教の「普遍性」主張を、他宗教に対しても市民社会に対しても、最適な仕方で——すなわち、国教体制下で強制的にでなく、自由において競合的かつ建徳的に——訴えうる教会の存在形態と思われるからである。

そして、深井智朗教授は、自由市場の隠喩における宗教の絶対性主張は可能であるが、同時にそこで諸宗教が守り合うべき規律があることを、次のように言い表わした。

「この宗教の市場では宗教が取り扱う内容としての超越性や聖なるものは相対化されない。相対化されるのは、絶対性を主張する宗教団体そのものである。それ故に、この市場の中では、それぞれが絶対性を主張してよい。市場はその『内容』についてはもちろん介入しない。しかし、その絶対性の主張の『仕方』については競い合い、影響を受け合い、そしてルール違反〔その究極が国教化への策動であるが〕があれば忠告を受けるのである」[20]。

この引用での「絶対性」を本稿は「本文内部性」と言い換えているわけであるが、こうして各宗教は政教分離原則下においても自身の経典の本文の内部に示される包括的価値体系に従うその社会的ヴィジョンの実践と展開は奨励されるのである。しかし、同時に、それは中世までの政教一致体制下での宗教と公的政治権力との融合や癒着以外の「仕方」でなされるべき、という条件が課されるわけである（その融合や癒着がルール違反である）。そこで、各宗教による社会救済統御の実現の努力は必然的に「競合」の形を取っていく。それはいわばある種の「実力主義」である。それゆえに、RWは、あの『血まみれの教義』の序文（第6条項）で、政教分離原則下における諸宗教は「魂の事柄において唯一勝利しうる剣」すなわち言葉による自宗旨の伝道布教によって健全な競合をなすべきと、すでに今から4世紀も以前に述べていたのである。

こうして、多元的諸宗教の自由な競合において、社会の現状をそれらの社会救済のヴィジョンに沿って変革していくことが、近代社会では許容されている。しかも、国教制により宗教を一特定宗教にもはや限定しないわけであるから、この競合による変革は永続的な様相を呈することとなる。キリスト教は、こうして繰り広げられる人間社会の変革途上の状況を、その神学的な歴史理解において、かつてのキリストの第一の救いの啓示と、来たらんとするその再臨における神の国の成就との間の、「中間時」としてとらえる。この中間時においては、人類はいまだ罪のうちにあるゆえにその社会は未完成に留まるが、しかし、来るべき神の国の待望において、その完成を求めた不断の永続的変革に励むのである。

（2）ヴォランタリー・アソシエーションの生への意味付与の機能

さて、宗教の社会的救済統御の希求をよりよく理解するために次に参照したいのは、ヴォランタリー・アソシエーションを国家と個人の間に存在する「中間団体《インターミーディエト・グループス》」と呼んで、宗教につながるその働きの意義を示唆した、フランス人社会学者エミール・デュルケムの議論である。それは彼の有名な著作『自殺論』（一八九七年）で提示された。

この労作の学問的貢献は、デュルケムが、従来の「自己本位型」と「集団本位型」の二種の自殺に加えて、近代社会における常軌を逸するほどの個人化および経済的発展による欲望肥大とその未達成の欲求不満から、「無規範《アノミー》的自殺」および殺人が増加する現実を社会学的に分析し指摘した点であった。しかし、じつは、それと同時に、彼はその解決の方途をも提案しており、本稿がとくに注目したいのはその議論のほうである。

デュルケムは、それを、一七八九年の「市民革命」以降フランス革命政府によって禁止され破壊されてきた「職業的結社」の再興強化ということで、論じる。すなわち、彼は、近代社会においてばらばらに孤立させられ、無規範的な自殺や殺人に追い込まれる個人を「包み込み、その義務を想起させ、必要な場合には自分を支えてくれる」[21]集団や団体すなわち人生の意味を示し救済を与える「職業集団」や「同業組合」の意義を訴えたのである。デュルケムによれば、諸個人が同志的に結合するこの中間諸団体の人生の意味提供の機能が失われたゆえに、無規範的自殺や殺人も増加したのであった。

ヴォランタリー・アソシエーションは、現代では同業組合に限らず、教育団体や医療機関や社会施設、また非政府諸組織や非営利諸団体など、多岐にわたっており、そこでの人々のつながりは、商業的利害に関わるものもあれば、それでは済まされない人格的関係性や非営利的理念的一致に関わるものもある。そのなかで、教会は信仰者たちの神との契約の共同意志に基づく団体として、もっとも超越的で霊的な次元の団体であろう（ただ、政教一致ではなく政教分離の原則下では、その外貌はＲＷが言うように「医師会……会社、協会、商社」と何ら変わらないのだが）。しかし、デュルケムはその『自殺論』で、この教会の救済機能に準じる中間団体の存在可能性とその機能とを確信し強調したわけである。

ちなみに、フランスの政治思想家アレクシス・ドゥ・トクヴィルが、１８３０年代のアメリカの政治事情を克明に分析したその名著『アメリカの民主主義』（一八三五―四〇年）で、世界中でアメリカほど結社《アソシエーション》をよく利用している国はないと述べ、その実態を丁寧に紹介して以来[22]、アメリカに特徴的な思想と実践としての自発的結社が知られるようになった。デュルケムがこのトクヴィルの指摘を知らなかったわけはなく、それに影響は受けていたであろうが、「中間団体」という呼称は同じくフランスの十八世紀啓蒙思想家モンテスキューに由来すると言われる[23]。

いずれにせよ、デュルケムは国家とは次元を異にして人々を包み込むアソシエーションというものが宗教団体と並んで分担する生への意味付与機能を指し示した。この線上においては、教会とその他のアソシエーションとは協同ないし競合の関係をもちうるが、しかし両者は、この生への意味付与の機能において不全な国家に対しては、ともに提携しつつ共同戦線を張ることができるのである。筆者がキリスト教学校をとらえる視点もここに大きく関わっている。キリスト教学校は教会に準じる人々の生への意味付与機関なのである。

さて、以上見たごとく、政教分離原則は、ある意味では国家に対する宗教の独立固有性の再確保ということから出発したものであるが、それとともに宗教が国家と合体したゆえに独占していた宗教的諸機能の他の諸団体への分化をもたらしたものでもあると言うことができる。より大きな視点からとらえれば、この変化は近代デモクラシー社会における権力の均衡的分立という原則にも沿うものであると言えよう。

（3）生への究極的意味付与という宗教に固有の役割

さて、以上のごとく、デュルケムの中間諸団体《アソシエーションズ》再興の示唆を熟考するとき、政教分離原則下の社会で宗教がその本文内部性を主張する新しい構図が判然としてくる。すなわち、宗教は本文内部性の根拠とも言うべき生への究極的な意味付与機能というその固有かつ永続的な役割をもち、全ての宗教に対して中立的無関与を標榜すべき国家との新しい緊張関係のなかで、その役割を遂行し続けるという構図である。

こうした問題状況を顧慮するとき、二十世紀アメリカを代表したキリスト教神学者ラインホールド・ニーバーがその論文「宗教多元性をめぐる覚え書き」（A Note on Pluralism）（一九五八年）でしるした一節がきわめて興味深くかつ示唆に富む言葉として現われる。この表題に言われる「宗教多元性」とはアメリカの憲法修正第1条下での多元的宗教の自由な競合状況を指しているが、当該の一節というのはニーバーがアメリカの公立学校教育とカトリック私立学校教育の問題を論じる箇所で出てくる。彼は、そこで、連邦政府なり州政府なりが運営する公立学校教育の問題点を、宗教の多元性と同時に宗教の固有の意義を承認する立場から、鋭く批判的に指摘する。ここでもちろん覚えておくべきは、公立学校では上記の法条項によりその教育に宗教的要素を持ち込むことは原則的に禁止されている、ということである。さて、そこで、その言葉は以下のごとくである。

「認識されるべきは、教育の世俗化〔すなわち、国民の教育の一部が政教分離原則下で公権力によって営まれている状態〕は、それを受容する個々人にとっては一つの喪失《ロス》を意味している、ということである。なぜなら、生には宗教的次元――すなわち、絶対的な献身と服従の対象への魂の探求――が存在するのであり、それなくして生は停滞し無意味に堕していくのだからである」[24]。

要するに、教育には本来、宗教的次元の参照が不可欠である、なぜなら生はかならず自身の究極的な献身と服従の対象への霊的な求めを伴うものであり、その究極的対象への指し示しなくして人間の教育を十全に行なうことはできないからである、ということである。しかるに、政教分離原則下での公教育はそれを控えざるをえないゆえに、それは社会にとっては損失でしかないのだ、ということである。換言すれば、信教の自由権確保のため政教分離原則を堅持する社会は、公教育の分野においてはきわめて高い犠牲を払っているのだという見方である。

しかし、他方、ニーバーは、政教分離原則それ自体は、「その代価がどんなに高いものであろうとも、公共の生にとって利得《ゲイン》である」と明確に主張する。これは取り去ってはならない近代の価値なのである。従ってまた、カトリックの親たちからの（自分たちは宗教立私立学校における自らの子女教育の負担に加えて、公教育を負担する税をも払わせられている、という）二重納税《ダブル・タクセーション》への抗議も、また彼らによる政府の公的支援に対する要請も、同情と副次的対案は示しつつも、退ける。

こうしたニーバーの議論から示唆されるのは、第一に、生に対する究極的意味付与の役割を担いうる社会的文化的領域は宗教をおいて他に存在しない、ということである。その意味で、政教分離原則下でも宗教の存続必然性はたんに許容されているというよりは、政教分離原則はまさに宗教のその究極的役割を保障し存続させるための法制上の枠組なのだ、と言うことができよう。この場合、「究極的」という意味合いは、宗教共同体以外の中間諸団体による生の意味提供も意義なしとはしないが、とりわけ宗教は個々人にとり最後決定的な生の意味を示すものである、ということである。宗教には哲学のように人間の「下から」の真理探求と言いうる面もありそれも有意味であるが、宗教が宗教たる所以はそこではもっぱら「上から」の神による真理が「啓示」されるからであり、そこに人知を超えた「究極的意味」が求められるのである。「理性の府」である大学であっても、それがキリスト教的建学理念によるものであれば、そこに「礼拝」の時が設けられることは、まさにその事情を証言するものである。

（４）私立学校教育も共有する生への究極的意味付与という役割

以上の第一点を踏まえた上で第二に示唆される点は、宗教は人間の教育における不可欠の視野を提供するという意味で、教育的アソシエーションとしての「学校」と深甚なる関係を有しているということである。逆に言えば、学校教育は、その本質からして、宗教による生の意味の究極的啓示への参照を不可避とする教育共同体である、ということである。しかるに、その学校教育には公権力が介在して行う類のものすなわちいわゆる「公立学校」も参入するようになった。そして、そこに近代社会の政教分離原則が働くゆえに、そこではニーバーが言うごとく「一つの喪失」が結果せざるをえないのである。けれども、他方では、この原則のゆえにこそ、「私立学校」においては正面から宗教的価値観に基づく学校教育が推進されうることになる。この後者の教育共同体に対しては宗教共同体に認められるのと同じ「信教の自由」権が認められるからである。ここに、先に述べた教会と他のアソシエーションの「親和的関係」の典型例が示される。

こうして、近代社会の政教分離原則は、国家に対してはかつてのように宗教が提供する全体包括的価値体系を占有利用して国民の宗教的政治的一致を図ることを禁じる一方、宗教に対しても政治権力と癒着して自宗教による国民精神の教導のための独占的支配（国教制）を図ることを禁じて、あらたに両者の緊張関係を生み出すのだが、宗教の立場で言えば、自身に課された禁止事項をあくまで守りつつも、その絶対性主張を含めた宗教的自由の行使を勢力的に行ない、その本文内部性に従って宗教的教理を文化価値へと展開することが、近代社会では可能であるばかりか、むしろ社会的貢献としての当為でもあるのである。

5　ヴォランタリー・アソシエーションとしての日本のキリスト教学校の基本要件

さて、最後に、「ヴォランタリー・アソシエーションとしてのキリスト教学校」という本稿のテーマの展開を促進させるような、近年のわが国の高等教育をめぐる一つの出来事と、加えてキリスト教学校の3つの積極的現実例とに言及して、それらの意義にあらためて注意を喚起したい。前一者は、具体的には、一九九一年の文科省による大学設置基準の改正の出来事であり、後三者は順に、一九九四年の国際基督教大学による建学の理念の再確認、青山学院の『寄付行為』第4条に明記された建学の精神および青山学院大学『学則』第3条に表明されているキリスト教教育の具体的方針、東北学院大学の入学受験者へのキリスト教教育方針の伝達、である。

（1）「大綱化」とは何であったか——各大学の自由な個性化

いわゆる「大綱化」とは、中曽根康弘元総理大臣直轄の「臨時教育審議会」の提案により一九八七年に創設され二〇〇〇年まで活動した「大学審議会」の諸答申中、最大のインパクトを与えた一九九一年二月の答申に従う文科省による大学設置基準の改正（同年七月より施行）であり、これについては文科省文書『我が国の文教施策』（一九九一年）第Ⅱ部第4章第2節1「大学設置基準等の大綱化と自己評価」で説明されている。

その中心ポイントは、上記表題が示すとおり、①文科省が大学設置基準を簡素化し、それに対応して、②大学に自己評価システムの導入を促す、という二点であったが、当時メディアが盛んに報道したのはとくに①で、その①の六項目中、従来方式からの著しい転換をもたらしたその最初の二項目に絞って紹介すると、

① 各大学・短期大学に……義務づけていた授業科目の科目区分（一般教育科目、専門教育科目、外国語科目及び保健体育科目）を廃止する。

② 学生の卒業要件として定められていた各科目区分ごとの最低修得単位数を廃止し、総単位数（大学の場合、124単位以上）のみ規定するにとどめる。

というものであった。

その結果として、もっぱら学部一、二年生を教える「教養学部」を廃止した大学が少なくなかった。そこで、一

般教育科目を担当していた教員は自分の次の所属学部や担当科目に少なからず不安を抱いた。専門教育科目を担当していた教員は一般教育科目を担当させられることに違和感を抱いた。今から振り返ると、一般科目担当と専門科目担当の教員の間には一種の「グレード意識」が出来ていたのであろう。しかし、こうした意識など、ある意味で、わが国の大学教員が勝手に醸成した心理的錯覚と言ってよいほどのものである。戦後、東京大学が「教養学部」を設置したのも、その真の目的は同大学の哲学的統合のためであり、この学部は下級学部と目されるようなものではなかった。

従って、上述のような大綱化の受け止め方が確かにあったとしても、それは大学教員としては皮相に過ぎるもので、その真のねらいからは逸脱した反応であったことは、この際しっかりと指摘されねばならない。では、その真のねらいは何であったか。井門富二夫『大学のカリキュラムと学際化』は、「大学審議会の今回の提案を、大局的観点からまとめ直してみると……一般教育と専門教育の両過程の固定化・惰性化を再検討して、各大学の種類・教育目的に即した自由でかつ多様な科目構成を行なわせたい」とするものであった[25]、と指摘している。

実際、先の大綱化の意義を説く文科省文書は、次のように記している。

「このように高等教育の規模が拡大し、広く普及した状況では……様々なタイプの高等教育機関が育っていくことが考えられる。各高等教育機関が、それぞれの理念・目標に基づき、個性を発揮し、自由で多様な発展を遂げることにより、高等教育全体としては社会や国民の多様な要請に適切に対応し得るものと考えられる」（傍点西谷）。

本稿の視点からというだけでなく、大綱化を全体として捉え直してみても、以上に事実謳われているように、日本社会の多様な要請に適切に対応するために、各大学がその建学の理念に則り、自由で個性的な展開を目指すことを可能にする、というのが、この施策の重要なねらいであったと言えよう。要するに、「各大学の自由な個性化の推進」ということである。ここからして、各大学の「不断の自己点検・自己評価」（傍点西谷）の必然性が指示されたのも当然の成り行きであった。自己の在り方に自覚と責任をもて、という奨励である。

そして、もしこれが「大綱化」の真の意図であったとすれば、その意義は——行政法人化大学にとってもある程度そうであろうが——とりわけ私立大学にとっては好機であると同時に大きな挑戦として受け止められるべきものであろう。繰り返すが、大綱化の真意は「各大学の個性化への自由化」であったのである。ジョン・ダウアー『敗北を抱きしめて』（原著一九九九年：三浦陽一他訳、岩波書店、二〇〇一年）が、日本の民主主義は言わば恩賜の民主主義であって〔概念的には〕矛盾であったと指摘しており、この大綱化にも私立大学にとっては本来不本意なはずの上からまた外からの指導といった側面は確かにあるが、しかし日本の民主主義が失敗だったとは言えないように、日本の私立大学もこの指針を真剣に受け止め、自己の個性化への自由を自ら納得のいくように活用し、その新しい内実を創造すればよいだけの話である。

さて、学制の観点からすれば、わが国の大学は、戦前は、教養は高等学校《ギムナジウム》、専門は大学で、というドイツ方式、戦後は、大学で前半2年の教養と後半2年の専門というアメリカ方式を採用してきた。今回の大綱化はこの後者方式の再改編であるが、ドイツ方式への回帰ではなく、むしろ、大学ではしっかりと教養教育を、専門教育は大学院で、という方向を示すものである。そして、高等教育の理念からすれば、高等教育機関の自主性を尊ぶというアメリカの精神により近づいたと言えよう。本稿の観点からすれば、つまりは、ヴォランタリー・アソシエーションとしての私立学校の「自由」をあらためて認めたものなのである。

（2）国際基督教大学による『ICUのキリスト教理念』の宣言

この大綱化施策実施からほどなくして1994年に国際基督教大学（以下、「ICU」と略記）から括目すべき文書が発表された。『ＩＣＵのキリスト教理念』と題する、「ＩＣＵのキリスト教理念検討委員会」がその最終報告を基に刊行したパンフレットがそれである。

　これは文科省の大綱化を受けてＩＣＵが起こした動きではない。むしろ、ある学内事情に起因する出来事であった。すなわち、一九九二年秋に教授会が承認したある教員採用人事案件にたいして、財務・常務理事会が『学校法人国際基督教大学寄付行為』第7条のいわゆる「キリスト者条項」の「例外規定」をあらためて適用しなかったのであった。そして、これを機会として、ＩＣＵの「理事会は建学の精神に鑑みて『キリスト者条項』を堅持することを確認し」、同時に「特別委員会を設置して『キリスト者条項』の再検討を行うことを決議し[26]」、その成果として発表されたのが、上記文書であった。これはたしかに大綱化施策に直接影響されたものではないが、しかし私立キリスト教大学の当時の行き方としては大綱化の文脈で考えれば象徴的な意味を感じさせる出来事であった。

　今少し経緯を述べれば、次のごとくである。すなわち、ＩＣＵは、一九五二年設立当時の『寄付行為』においては、全教職員が「福音的信仰を告白する基督教信徒でなければならない」と定めていたが、六八年以来は「専任の……教育職員〔のみ〕は、基督者であること」（傍点および挿入は西谷。以下も）とし、しかもこのキリスト者条項には理事会の議を経ることを条件に「例外を認め」ていた（ただし、八七年以来は「これ〔例外規定〕により任用された者には、在任中の行政職（科長を含む）を委嘱しない」と定めていた[27]）。

　こうして、ＩＣＵは、そのキリスト者条項が「教学規模の拡大に伴って弾力的に運用される〔世俗化の〕傾向が強くなり」つつあったまさにそのときに、ある人事案件をきっかけとして、理事会が建学の精神の「堅持」と「再吟味」の方向を打ち出し、全学的にＩＣＵの「学問共同体のアイデンティティーの表明としての『キリスト者条項』」と「『キリスト者条項』維持の下での人事の原則」を再確認した、ということなのである。そこで、上記文書は、戦後多くのキリスト教大学がキリスト者条項を撤廃してきたが、今日ではそうしたキリスト教的教育理念の稀薄化を反省する状況があり、それに鑑みれば、「本学における『キリスト者条項』の再確認はまことに時宜に適うものであると言わなければならない」と誇らしげに述べる[28]。

以上が一九九四年になされたICUによるそのキリスト教理念の再確認の出来事であるが、本稿の視野からはこれをどのように理解すればよいか。事柄自体はいわゆる「キリスト者条項」の再確認と再執行であったが、しかし今見たようにICUはこれを全学的で象徴的な事柄と捉えて、自身の「学問共同体のアイデンティティーの表明」と性格づけた。つまり、団体としての大学の教育理念たるキリスト教信仰を全体として確認した、という意識である。換言すれば、「ヴォランタリー・アソシエーション」としての私立キリスト教大学の「信教の自由」権を確認したのである。

しかも、このためにある外部調査を行ない、明確な結果を得た。きわめて重要な事柄であるため、以下にそれを明記しておきたい。そもそも、どのような調査であったか。ICUは外国人教員採用も多いからであろう、アメリカ国内法下の「キリスト者条項」の妥当性を米国系法律事務所に問い合わせ、以下のごとき答申を得たのであった。即ち、ICUは「『宗教的な教育団体』として認定される」存在であり、従って、

「ICUは、日本国内で『キリスト者条項』を有することも、また米国内で『キリスト者条項』による教員募集をすることも自由であって、法律的に何ら問題はない[29]」

とするものである。

これは、即ち、わが国に留まらずその他の近代的民主主義憲法を擁する国々で承認されるべき、私立キリスト教大学の団体としての信教の自由権の確認である。この答申は、職場での宗教も含めた差別やハラスメントを禁じる、米国連邦法中のいわゆる「公民権法第七編《タイトル・セヴン》」が、「職業上、業務上必要な『真正な職業要件』であることが客観的に示されれば、宗教、性別、出身国や民族を条件とすることが許される[30]」と規定する点を根拠としている。

こうして、キリスト教的リベラル・アーツ大学を自認するＩＣＵは、その「キリスト教理念」の堅持のために、政教分離原則の法制を根拠とし、改めて「宗教的な教育団体」としての自己理解と自己主張を掲げたわけである。大学自体が、「信教と思想の自由を守る決意を示す(31)」として、自ら宗教的自由権を行使した。

わが国の私立キリスト教大学がこのようにその本来の立場を鮮明にすることを、あの『大綱化』も奨めている。この当然と言えば当然のことが行なわれず、日本の他のキリスト教大学では諸事情を理由に譲歩が重ねられてきた。アメリカのかつてのキリスト教大学もその実利主義の故に世俗化に足を引っ張られてきた。従って、今回のＩＣＵ的振起は、今やわが国に留まらず、世界のすべてのキリスト教大学に求められているものである。そして、それが示した私立キリスト教大学の在り方の本質とは、宗教的自由権と政教分離原則に基づく、私学としての自由な教育理念の掲揚と堅持ということである。これは私学の本質を保障する言わば外面的形式的な枠組の事柄ではあるが、きわめて重要である。

（３）青山学院大学の建学の精神――「永久にキリスト教の信仰に基づく教育」

そのような観点からすれば、青山学院大学のキリスト教的教育理念を堂々と表明する文言は、まさに『ＩＣＵのキリスト教理念』と同様の精神によって掲げられたものであり、しかもより久しい伝統のなかで培われてきたものであることを、以下に指摘したいと思う。それら青山学院大学の「個性的」な建学の精神を表明する文言とは、学校法人青山学院『寄附行為』第４条、青山学院大学『大学学則』第１条であり、『青山学院教育方針』（一九六四年制定）や『青山学院大学の理念』（一九九三年制定）である。本稿の視点からは『寄付行為』第４条の「建学の精神」の文言に集中することで所期の目的を達しうると判断するゆえに、これに限りたい。その文言とは、以下のごとくである。すなわち、

「青山学院の教育は、永久にキリスト教の信仰に基づいて、行なわなければならない」。

ちなみに、他の私立キリスト教大学の『寄付行為』中の、これに相応する文言は、例えば、以下のごとくである。すなわち、

「本法人は新約聖書に表示されたキリスト教主義に基づき学校教育を行うことを目的とする」。

「この法人は、キリスト教に基づいて徳育を施すとともに、教育基本法及び学校教育法に従い……教育を施すことを目的とする」。

以上からも、青山のそれが、他に比して、それ自体が独立固有な文言であり、より明快にして堅固な決意の印象を与えるものであることは、了解されうるであろう。

なお、ICUも、上記報告書によれば、「キリスト教の信仰に基づいて教育することを『……寄付行為』第3条において定め(32)」ているとあるが、実際には、「教育基本法及び学校教育法に従い、基督教の精神に基づき」大学や研究施設を「設置することを目的とする」、という文言である。じつは、それら諸文言は戦後間もなく「寄付行為」の雛型として流布していた「参考資料 学校法人寄付行為 例」と題する文書の範にほぼ従った文で、それに「基督教の精神に基づき」が加えられた形である。ただし、ICUの「『人権に関する世界宣言』の理想に則り、国際的協力の下に」という付加部分は、ICUらしく特徴的である。

さて、上述の青山の文言がいつ定められたのかについてであるが、『青山学院大学五十年史 資料編』からは、一九一八年（大正七年）頃から大学設立の計画があり、それが戦後体制に至ってようやく本格化し、一九四八年（昭和二三年）七月に「大学設置認可申請書」が文部大臣に提出され認可されて、一九四九年四月に開学の運びとなった、

という経過がわかる。その四八年の申請書とともに提出された『財団法人青山学院寄付行為』（一九四七年十二月六日変更認可）も『資料編』に掲載されており、その第2条には

「青山学院ノ教育ハ永久ニ基督教精神ニシテソノ教義ノ大綱ハ日本基督教団ノ示ストコロニ拠ル[33]」。

とある。これは、見るごとく、まだ現行と同一の文言ではない。しかし、これが、一九四二年（昭和十七年）に準備された『青山学院大学設立主意書』が、「学内ニ漲ル皇道精神ニ起チ」と述べつつ、「青山学院建学ノ本義ハ……『基督教ニヨル日本ノ国土ヲ養成スルニ在リ』」とした軍国主義的雰囲気からは、たしかに断絶した、新時代の新機軸の宣言であったことは明白である[34]。

じつは、上記一九四七年の『寄付行為』第2条からはるかに遡り、一九〇六年（明治三九年）の私立青山学院財団法人設立時の『寄付行為』第2条に、その淵源と思われる、本来のキリスト教教育の確信の宣言を見届けることができる。それは、以下のごとくである。

「青山学院の教育は永久に基督教主義にして其教義の標準はメソジスト・エピスコパル教会条例第1章の信仰箇条に拠るべきものとす[35]」。

『青山学院大学五十年史〔通史編〕』によれば、開学の翌五〇年七月から九月末まで四回にわたり「青山学院寄付行為作成審議会」が開催されたのだが[36]、そこから翌五一年二月の『学校法人青山学院寄付行為』がもたらされた。そして、そこに現行と同一の文言が示されているのである（なお、この文言は上記審議会の第二回目まで出ていた「福音的基督教」ないし「基督教新教」を第三回目で「基督教」と確定したものである[37]。なお、『寄付行為』自体はその後部分的に何度

も変更を経ているが、この建学の精神の文言は「基督教」が「キリスト教」の表記に変更された以外は一貫して不変であった)。

「寄付行為」とはおそらく明治期の邦人法学者によるドイツ語 Stiftungsgeschäft の直訳であろうが、それが財団法人や学校法人のための根本的統括的規定を指す名称として定着してきた。これをより丁寧に、財の寄付で設立され《シュティフトゥングス》た団体事業《ゲシェフト》、と言い表わせば、そこから、この事業団体の根源的な目的と財とは世代を超えて「永久に」継承されなければならない、という含意が汲みとれる。そのことを示すものとして、一九四七年の『寄付行為』第25条は、その変更について「如何なる場合にも変更することを得ず」とし、これは現行の『寄付行為』第4条2項にも引き継がれ、さらにその3項は「前1項の字句を変更する場合は、理事全員及び評議員全員の同意を要する」と謳っている。

これらのことが示すのは、法人に万一の場合があったときにも、同一の目的を掲げ遂行する事業体にその財もまた移されねばならない、それも叶わぬときは原寄付者に返還せよ、ということであり、これを要するに、原初の目的と寄贈財の使用との根本的永続的一致ということであり、これが私立学校法人の在り方の公準であるということなのである。

以上、青山学院の『寄付行為』にしるされた、きわめて明確にして確固たるキリスト教的教育理念を紹介しその歴史的経緯を跡づけたのは、これが戦後流布していた私立学校法人「寄付行為」作成のための「参考資料 学校法人寄付行為 例」等におもねることなく、文科省があの「大綱化」により一九九一年にようやく示唆した、私立宗教立大学の教育の「自由」を、本来の「信教の自由」、「政教分離」の精神に従い、その当初から表明し実践しようとしてきたことを示すためであった。

(4) 東北学院大学によるキリスト教教育方針をめぐる学生との「同意締結」行為

最後に、以上との関連で、指摘を忘れてならないのは、東北学院大学において久しく伝統的に行われている入学試験時における受験生との同大学のキリスト教教育への同意締結の行為である。これは、具体的には、同大学の試験監督たる教師が、受験時間の前に、キリスト教的なその建学の精神の具現としての、必修のキリスト教関連科目に言及し、また毎日の大学礼拝への出席を促す主旨文を、読み上げの形で受験生に伝える行為である。その際これに関する受験生からの試験終了後の質問も促しており、これはそれ自体がキリスト教大学としての東北学院大学の建学の理念への学生との一種の同意締結の営みである。

以上、わが国の私立キリスト教学校で、「信教の自由」および「政教分離」原則下において、その建学の理念に則り、正面からその宗教と教育の自由権を表明し行使している三事例を挙げた。それらにヴォランタリー・アソシエーションとしてのキリスト教学校のアイデンティティが明確に表明されている。これらはたしかにわが国のキリスト教学校における単発の事例であり、理想を言えばそこに示された要件がすべて各学校において具備されていく必要があるのだが、しかし各学校としてはこうした実例を自身の範としてそれらに向け自らの現実を整える努力を続ければよいのである。あるいは、必要に応じて、これらに言及して、自らの立場の説明とすればよいのである。そして、キリスト教学校教育同盟等は、こうした点を全加盟校に啓発し、その漸次的実現を奨励し支援する責任的立場にあると考える。

おわりに

以上、ヴォランタリー・アソシエーションとしてのキリスト教学校について、るる論じてきた。そこで、終わりに、教会とキリスト教学校の関係について、トレルチとパネンベルクの「キリスト教的文化総合」の対論を批判的に参照しながら、基本的な方向を得ておきたいと考える。こうした議論に学ぶのは、それが宗教と文化の関係を取り扱う議論であり、教会と学校はまさにその参照枠《フレーム・ワーク》の中でとらえられる実体だからであるが、しかし、そこにわが国のキリスト教の現実の視点からの批判も加えなければならない。

さて、トレルチは、周知のごとく、ヨーロッパのキリスト教的文化総合を構想したのだが、その際に彼が抱いたキリスト教のイメージは次のようなものであった。すなわち、「久しい以前から分裂してしまい、より強力な諸勢力の背後に押しやられてしまった教会には結び合わされていないとしても、しかし古代と近代の歴史的連続性と生き生きとした近代の特殊性とを担い、それらを一つに結合しているキリスト教[38]」である。

これに対し、パネンベルクは、トレルチが以上のように特徴づけたキリスト教の文化圏を「教会から離れた自由な文化世界」と呼び、それを基盤にした文化総合は「今日…われわれにとっては困難」であり、自分はむしろ「エキュメニカル運動をとおして、それ自身における相互帰属性と普遍性について新しい意識を獲得してきた」「教会的キリスト教」に立脚した「新しいキリスト教的総合」を目指すと言う[39]。

筆者は、両者の以上の見解に関し、いずれにも評価と同時に疑問を抱いている。まず両者への評価点を述べれば、トレルチが思い描くキリスト教は近代において古代・中世よりもさらに大きく展開したキリスト教文化の側面を大きく包括しようとするものであり、これは現代のヴォランタリー・アソシエーションの存在形態における教会と私立キリスト教学校をダイナミックな関係においてとらえるべきと考える本稿の視点を力づけまた支えてくれるものである。これに対して、パネンベルクが教会こそがキリスト教文化の基盤であり、教会的キリスト教を基盤とするのでなければキリスト教的文化総合は困難である、と主張する点も大いに首肯しうる。

疑問点はそれらの評価点とは裏腹になる。トレルチの場合、そのキリスト教的文化総合を性格づけて「教会には結び合わされないとしても」とまで言うのだが、これは彼の親友マックス・ヴェーバーが近代の根本性格を「世俗化」すなわち非宗教化と宣言したのに似て、いささか行き過ぎである、というのが、筆者の見解である。現代の多くの教会が政教分離原則下の自由教会であり、中世の教会のように国家権力を分有したものでなくとも、それは現代世界において文化を根底から支える宗教的霊的生命に最も近く触れ、これを媒介する働きをなお継続しているものだからである。

これに比して、パネンベルクの教会に重点を置く構想は現代世界に対するキリスト教の責任の自覚と奮起を促す点でたしかに共感しうるが、しかしじつは彼が現代の「教会的キリスト教」と言う場合の「教会」の内容はきわめて曖昧であると筆者は考えている。すなわち、すでに見たように、それはドイツの領邦教会《ランデス・キルヘ》など依然として准「国家教会」型の教会を大前提にしつつ、他の地域の「自由教会」をも含むというものではないか、という疑問が残るからである。そして、そうであれば、パネンベルクが構想する文化総合もまた大きな「困難」を抱えていると言わざるを得ない。

冒頭でも本書は現代日本におけるキリスト教学校に奉職する教務教師《チャプレン》としての視点から執筆されている旨を述べたが、以上のごとくドイツの優れた神学者たちの見解に学びつつも、わが国の現状をしっかりと踏まえつつ、ともにヴォランタリー・アソシエーションである自由教会と私立キリスト教学校との在るべき関係を見定めていきたいと考えるものである。そこで結論は、学校にとっては教会の霊的源泉としての重要性が、教会にとっては学校の文化的伝道的前衛としての重要性が、従来に増して強調されるべき、という、ある意味で、常識的で月並みに響くものとなるのであるが、ここ数十年のキリスト教学校の十分とまでは言えないとしてもある種の充実を見れば、今後は教会の側が学校（のキリスト教教育）に対する理解と協働を推進していくべきと考えるものである。

【注】

（1）拙論「トレルチ＝ホル論争──宗教改革と近代世界の関係について」、本書、129頁参照。

（2）村上みか「スイス改革派教会の過去・現在・将来 2」、『福音と世界』58巻3号（新教出版社、二〇〇三年三月）、36頁。

（3）ヴォルフハート・パネンベルク「キリスト教信仰と社会」、近藤勝彦監訳『キリスト教社会倫理』（聖学院大学出版会、1992年）、196頁。

（4）ヴォルフハート・パネンベルク「聖化と政治」、西谷幸介訳『現代キリスト教の霊性』（教文館、一九八七年）、84－85頁。

(5) ヴォルフハート・パネンベルク(西谷訳)「多元主義社会の文脈における法をめぐるキリスト教の諸確信」、東北学院大学論集『教会と神学』38号(二〇〇四年)、19–23頁。
(6) 西谷幸介「『公共神学』について――歴史的文脈・基本的要件・教理的考察」、東北学院大学論集『教会と神学』41号(2005年)、13–17頁参照。
(7) Samuel L. Caldwell(ed.), *Complete Writings of Roger Williams*(以下、CWと略記), III, p. 73.
(8) S・E・ミード(野村文子訳)『アメリカの宗教』(日本基督教団出版局、一九七八年)、77–78頁、199–200頁。
(9) J・L・アダムズ(柴田史子訳)『自由と結社の思想――ヴォランタリー・アソシエーション論をめぐって』(聖学院大学出版会、一九九七年)、117頁。
(10) 近藤勝彦『キリスト教倫理学』(教文館、二〇〇九年)、176頁。
(11) Church, op. cit., p. 383.
(12) Ibid., p. 382.
(13) アダムズ、前掲書、130頁。
(14) Church, op. cit. p. 383.
(15) Kenneth Scott Latourette, *A History of the Expansion of Christianity*, 7 Vols. (Harper & Brothers, 1937-45), Vol. IV, p. 424.
(16) チャニングやウェイランドの見解については、アダムズ、前掲書、128–136頁を参照。アダムズ自身も、ヴォランタリー・アソシエーションは「結合的で制度的な概念である」と指摘する(同上書、112頁。傍点西谷)。
(17) アダムズ、同上書、138–139頁。
(18) 拙著『宗教間対話と原理主義の克服』(新教出版社、二〇〇四年)、69–70頁、75–76頁を参照。
(19) ピーター・バーガー(薗田稔訳)『聖なる天蓋――神聖世界の社会学』(新曜社、一九六七年)を参照。
(20) 深井智朗「『宗教の市場化』としての教会と国家との分離の原則」、日本宗教学会編『宗教研究』345巻(二〇〇五年九月)、290頁。
(21) エミール・デュルケム(宮島喬訳)『自殺論』(原著一八九七年:中央公論社、一九八五年)、363頁。
(22) アレクシス・ドゥ・トクヴィル(井伊玄太郎訳)『アメリカの民主主義』第3巻(原著一八四〇年:講談社、一九八七年)、200–201頁を参照。

(23) アダムズ、前掲書、117‒118頁、また144頁を参照。
(24) Reinhold Niebuhr, "A Note on Pluralism," John Cogley(ed.), *Religion in America: Essays on Religion in a Free Society* (The World Publishing Company, 1958), p. 47.
(25) 井門富二夫『大学のカリキュラムと学際化』(玉川大学出版部、一九九三年)、12頁。
(26) 学校法人国際基督教大学『ＩＣＵのキリスト教理念――ＩＣＵのキリスト教理念検討委員会 最終報告と解説』(一九九四年)、3頁。また、並木浩一『キリスト教は大学においてなお意味を持ちうるか』、*Issues of ICU*, Vol. 5 も参照。
(27) 同上書、17‒18頁参照。
(28) 同上書、8、10頁参照。
(29) 同上書、20‒21頁。
(30) この引用文は田中英夫編『英米法辞典』(東京大学出版会、一九九一年)からの再引用である。
(31) 『ＩＣＵのキリスト教理念』、11頁。
(32) 同上書、3‒4頁。
(33) 青山学院大学五十年史編纂委員会編『青山学院大学五十年史 資料編』(二〇〇三年)、88頁。
(34) 同上書、8‒9頁参照。
(35) 青山学院『青山学院九十年の歴史』(一九六四年)、100頁。
(36) 青山学院大学編『青山学院大学五十年史〈通史編〉』(二〇一〇年)、146頁。
(37) 青山学院大学資料センター蔵『学校法人青山学院寄附行為(作製)関係文書』(日付不詳)参照。
(38) E・トレルチ(近藤勝彦訳)『歴史主義とその諸問題』(一九二二年)、『トレルチ著作集』第6巻(ヨルダン社、一九八八年)、368頁。
(39) W・パネンベルク「宗教改革と近代」、パネンベルク(深井智明訳)『近代世界とキリスト教』(聖学院大学出版会、一九九九年)を参照。

(初出:「『政教分離』原則下における『キリスト教の絶対性』の理解――私立キリスト教学校教育の在り方を考察のケースとして」、東北学院大学オープン・リサーチ・センター『ヨーロピアン・グローバリゼーションと諸文化圏の変容に関する研究』、

二〇一二年三月所収）

III 学問論とキリスト教学校

第9章　学問論の復権をめざして——「日本の大学の神学」の一課題として

はじめに

今回の（東北学院大学と青山学院大学の）「合同チャプレン会議」の主題は、私がこれを決める立場にはなかったのですが、たまたま私が発言したことで、「日本の大学の神学」ということになったようです。十分な準備もなく、大きなことを口走ってしまい、心苦しいのですが、私にできる範囲で、ここでの責めを果したいと思います。さて、この表題は、ご想像がおつきになるように、古屋安雄先生の『大学の神学』をヒントにしたものです。あの書物を読めば、日本のキリスト教大学でチャプレンの任に当たっている者なら、ある意味では、とうぜん、「日本の大学の神学」という課題を想定するかとも思います。

しかし、それだけではなく、わが国においてこのような主題設定を必然化する時代の流れも起こってきた、とも言えるかと思います。その流れは二つあり、しかもそれらをこの主題において収斂させうるのではないでしょうか。その一つは、ここ20年以上にわたって蓄積されてきた、日本におけるキリスト教学校教育をめぐる、キリスト教界の側からの発言や研究の事実です。もう一つは、日本の大学教育をめぐる、ここ十数年の一般の大学人からの研究や著作の公刊です。この二つの流れをもうすこし詳しく振り返って、私がとくに関心を抱いております、その「収斂点」を指摘してみたいと思います。しかし、それに関する自身の議論を本格的に展開するまでには至らず、ただ問題意識を披瀝するのみ、ということになりますが、ご容赦いただきたいと存じます。

1　キリスト教学校における「教育の神学」運動の成果と課題

さて、第一の流れについては、私自身もこれに当初から多少なりともコミットしてきた自覚がありますが、そのうねりを起こしたのは一九八〇年代の初めから小倉義明先生（元女子聖学院中高校長）を中心に始められた「学校伝道研究会」というキリスト教学校のチャプレンたちの研究会ではなかったでしょうか。数年にわたるその研究成果が『教育の神学』第一集（一九八七年）として発表されました。なお、これに先立ち、単著としてキリスト教と学校教育の関係を論じて、やはりこの流れを推進した書物がありました。それが倉松功先生（元東北学院大学学長・東北学院院長）の『宗教改革、教育、キリスト教学校』（一九八四年）です。その後、同じく東北学院大学の雨貝行麿先生が『キリスト教教育の使命――大学教育とキリスト教』（一九八九年）を出されました。そして、前述の古屋先生の『大学の神学――明日の大学をめざして』（一九九三年）が発表されます。続いて青山学院キリスト教文化研究センター編『現代におけるキリスト教教育の使命』（一九九六年）が上梓され、翌年には『教育の神学』第二集（一九九七年）が出されます。さらにその翌年、倉松先生と近藤勝彦先生の共著『キリスト教大学の新しい挑戦』（一九九八年）と大木英夫先生の『「宇魂和才」の説――二一世紀の教育理念』（一九九八年）とが刊行されました。このほかにも、この時期以降、キリスト教神学の立場からキリスト教学校教育を論じた書物が、キリスト教学校教育同盟や幾人かの著者たちによって、それぞれ公刊されてきました。これらの著作活動が、「日本の大学の神学」という主題探究を必然化するキリスト教の側からの「うねり」を表わしています。

ここで、かんたんに、私なりにですが、この研究活動が確認した要点を押えておきたいと思います。まず、第一に、「教育の神学」の復権と強調ということが言えるかと考えます。とくにそのことは、わが国への「弁証法神学」の受容以来の久しいその影響によるキリスト教学校教育への相対的に低い評価との対比において、覚えられる必要があります。佐藤敏夫先生はバルト的な「神の言の神学」を重んじつつなおティリッヒ的な「文化の神学」の重要性を説かれましたが、その枠組のなかでのキリスト教学校教育への積極的評価ということです。大木先生はこれを「ピエタス・エト・スキエンチア」という表現で強調されました。これは、十三世紀の神学の中心パリ大学の二人の巨頭トマス・アクィナスとボナヴェントゥーラのうち、前者を批判した後者の行き方を、大木先生が象徴的に言い表わされたものです。ボナヴェントゥーラは、自然なスキエンチアから超自然的な神の啓示へと至る道を肯定し展開したトマスにたいし、それではキリスト教的英智「サピエンチア」は壊されると批判しました。まずピエタスすなわちキリスト教的敬虔にしっかりと立脚し、そこから学問的知識すなわちスキエンチアの研鑽に励むという、換言すれば、学問や教育のなかにキリスト教性をもち込むというよりは、それらをキリスト教の立場からトータルに考え、とらえる、という行き方です。古屋先生はこの行き方をさらに具体的な大学の歴史と現状を踏まえた「大学の神学」の方向で展開されました。

　第二点は、第一の強調と密接に関連していますが、日本のキリスト教学校の「キリスト教性」の堅持の必要性が確認されたということでしょう。これはとくに倉松先生がその重要性を主張された点でした。いわゆる「クリスチャン・コード」を含む、私学としてのキリスト教学校の憲法的文書である「寄付行為」の遵守と堅持、そのキリスト教性の具現化としての学内礼拝と正課としてのキリスト教科目の保持と充実、それらキャンパス・ミニストリーを担う主体としての教務教師（チャプレン）の自覚、といった点を押えての、キリスト教学校のキリスト教性の主張でした。当然と言えば当然のように思えてもそうではなく、これがいかに緊急性をもった主張であるかは、わが国の多くのキリスト教学校における――ファカルティのみならずアドミニストレーションにさえおける「キリスト教徒条項《クリスチャン・コード》」の廃棄という事態に象徴される――キリスト教性の後退の状況を直視するときに、理解されます。この点で、一九九四年末の国際基督教大学による『ＩＣＵのキリスト教理念』の公表はある種エポックメイキングで象徴的な出来事であったと言えるかと思います。これは同大学がそのキリスト者条項を「維持すべき根拠」を自己反省をも加えながら「全面的に検討」して公表した、その根本的立場の再確認・再表明の文書でした。象徴的と言う一つの意味は、同種の明確な立場表明の言葉は青山学院大学や聖学院大学などの学則にも見届けうるからです。すなわち、この件によって、今回、「宗教的な教育団体」たることを自覚し公言する私学は法人格としてそれ自身の「信教と思想の自由」が認められるのである、ということがあらためて確認されたわけです。キリスト教徒条項に抗議する根拠の一つとして、キリスト教学校のキリスト教徒でない教員がその個人の「信教の自由」に訴えるということがありえますが、これは、事柄の順序として、就任時に彼の奉職が特定の宗旨を堅持する私学へのそれであることが約束事としてしっかりと了解されれば、原則的に防ぎうる事態でしょう。

以上の二点は、ここ二十年以上にわたる「教育の神学」運動（と呼ぶことにしますが）によって確認されてきたことで、わが国のキリスト教学校に少なからぬ力づけと適切な方向指示とを与えたのではないかと思います。そのような評価に立って、さらに私が今後の課題の一つとして指摘しておきたいのが、この報告の主題に掲げました「学問論」の研究と展開の必要ということです。ここでは、申しましたように、問題の指摘ということに留まらざるをえませんが、これについてしばらく述べてみたいと思います。

『教育の神学』第一集に近藤勝彦先生の「プロテスタント大学の理念――『大学の神学』をめざして」という論文が掲載されましたが、その「諸科学の神学」という節に事柄の基本的要点はほぼ言い表わされております。私がこの問題へと導入されたのもその叙述によってでした。そこにしるされていたのは次のことです。すなわち、ヨーロッパの思想界には昔から、「大学論」との結びつきにおいて、「学問論」の営みがあった。それは中世のスコラ的学問体系が動揺して近代に入ると神学的学問論から哲学的学問論に取って代わられたが、いずれにせよ十九世紀前半までは諸学の体系論の試みがなされていた。その意味で大学人はこの時期まで「個別的専門の科学者であり、かつ同時に全体的総合の哲学者でもあった」。この体系化の例としては、ドイツ観念論の流れにおいてフィヒテの『全知識学の基礎』、ヘーゲルの『エンツィクロペディー』、シュライエルマッハーの学問論が、またイギリスのA・スミスの「道徳哲学」もその意図を有していたものとして、挙げられます。

しかし、十九世紀後半になるといわゆる諸科学の専門化・細分化が深刻になり始め、その結果が、ドイツ史の専門家はフランス史についてさえあまり知らない、まして世界史についてはほとんど知らない〔でも済ませられる〕という〔いわゆる学問の「蛸壺化」であり〕「全体的関連や価値の喪失」でした。そこで、とうぜん、それは自らの部分的研究自体の意味・目的さえ見失っていきます。今日「学際的研究」が叫ばれているのも、人間はほんらい「意味」を必要とする存在であり、「意味」はけっきょくは全体的なものとの関連を前提するものだからです。近藤先生はこの学問の問題状況と真剣に取り組んだ学者としてヴェーバーに言及されます。確かにヴェーバーは学問の専門化とその限界とを自覚しつつ、「学問は事実の確定に関わるが、価値判断はしない〔wertfrei〕」とし、大学の学問と、個としての人間の価値判断的・宗教的態度決定とを、截然と区別しました。しかし、これでは問題の真の解決には至りません。そこで、進むべき方向は、「諸学問の統合……〔すなわち〕科学と、価値・意味・目的の考察との関連づけが、ヴェーバー的あるいは新カント派的二元論的分裂をこえて、試みられなければならない」という仕方で示されます。ティリッヒやホルクハイマー流に言えば、「技術的・道具的理性」を超えた「目的的・存在論的理性」の回復ということです。

その後、近藤先生が倉松先生との共著『キリスト教大学の新しい挑戦』などで述べられたことも、以上の指摘のヴァリエーションであったと言えます。そのうち、私にとって印象深かった二箇所だけを紹介しておきます。一つは、古屋先生の『大学の神学』への、あるヴェテランの大学教授による批評への近藤先生のコメントです。その批評とは大体以下のようなものでした。すなわち、「大学は唯一絶対の真理を追求するところではない」、なぜなら、個々の研究者やグループがそこで事象の一断面の構造を解明し理論化しようとする作業は留まるところを知らず、しかもそれが新しい発見などでさらに克服されるということが限りなく続くから……。近藤先生はこの主張を十分に尊重すべきとしつつもなお、次のように言われます。すなわち、

「その主張は『大学と真理』の関わりを問題にすることを断念して、『科学と真理』の関係だけに問題をしぼっていこうとしていると思われるのです。そして手厳しい言い方になりますが……大学人の教授としては……理論的なレベルでの責任の放棄にならないとも限らないと思われるのです。『大学と真理の関わり』というと、まことに大時代的とも思われる問題提起ですが、この問題提起を欠いては……大学は『大学的』に扱われなくなるのではないでしょうか。その時、『科学』は栄えるかもしれません。しかし『大学』は衰退するのではないでしょうか。そして大学の衰退は、やがていつの日か科学そのものの衰退にもつながっていくのではないかと予想されます」。

ここからまた、「理性的探求をおこなう組織」（A・ブルーム）としての大学を支えうる「真理」概念が論じられますが、そこでの要点も、やはり、ヴェーバーの「学問的無神論」では大学の基盤は備えられず、また「大学はただ社会の需要を供給するためだけに、存在することはできない」のであって、「真理の普遍性、その全体性に対する信頼がなければ、知性的探求と教育の共同体は存続不可能」である、ということです。

もう一つの叙述で、私自身が満腔の賛意とともに受け止めたのは次の下りでした。

「大学は、文字通りには“universitas”『一つのものに集合した交わり』です。事実そのようにあろうとしたら、そこに共同体の形成原理、共通精神が必要です。……その共通精神は、多元性を受容しながら、しかもそれを固定化させず、動的自由と共同の中に、一つの交わりを表わしていくものでなければならないでしょう。“open unity”が必要なのです」。

これは大学を可能にするものとしての、近藤先生自身の「終末論的な普公的〔catholic〕真理」という概念の具体的一側面ということになりますが、とくに日本のキリスト教大学のチャプレンでありかつファカルティの一員でもある者には、よく理解できる、と言うよりは、切実な問題でもあります。倉松先生も「キリスト者〔教員〕と非キリスト者〔教員〕の共働」という問題を指摘しておられました。この共働が事実上成り立っていなければ、どんなに理論を整えても、それは「空論」に堕すでしょう。そして、そのためにはキリスト教徒でない教員の方々との「人間的なお付き合い」もほどほどにうまくいっていなければならないということもあるでしょう。しかし、そのことが、この共働において、より本質的なものでないことは、キリスト教徒でない方々も気づいておられます。

そこで、私が意識し続けてきたのが、「教育の神学」運動のなかで、おそらく近藤先生お一人が言及し指摘してこられた、そしてまだ本格的には展開されていない、日本のキリスト教大学のための、より掘り下げられた「学問論」の試みの必要ということなのです。数年前にやはりこの場で、「キリスト教関連科目の弁証学的課題」という題で、他の科目担当者との対論の姿勢の必要についてお話しし、「あるレヴェルの学問体系論」、「真理探究の論理から出てくる学問論、それに則った学部・学科・科目の設置の議論がやはり必要」だ、ティリッヒやパネンベルクの学問論を学習すべきだ、などと私も言っておりました。そこから君はどれくらい前進したのか、と問われれば、穴があったら入りたいくらいのところなのですが、しかし問題の意識は変わりません。やはり、そのような志向が必要だと思います。一つには、このような試みは、さきに述べたキリスト教学校の「キリスト教性堅持論」がいささか「他律的形式的な側面を担うものだとすれば、学問共同体の自律的「内発」的努力としてはじめて成立しうるものとして、意味がある、と思うからです。

そして、キリスト教の側からのこのような志向と収斂しうると思われる、日本の大学そのものにおける、「学問」とは何か、をあらためて問う問いが、ご存知のように、起こってきました。

2　日本の大学における学問統合論の萌芽

そのきっかけは、なんと言っても、一九九一年六月の文科省による「大学設置基準」のいわゆる「大綱化」すなわち基準緩和の出来事でしょう。そのなかで一般によく知られたのは、従来の一般教養科目と専門科目の区別・固定化の撤廃や教育課程・卒業単位数・教員定数などに関する自由裁量権が各大学に大幅に容認されたという点でした。これに伴って、大学の（自律化のしるしとして）いわゆる「自己評価・点検」が促されました（と言うより、課せられた、と受け取った大学も多かったと思いますが）。日本の近代の大学史の観点から言えば、これは、直接には、敗戦後に開始され約半世紀を経過してきたいわゆる「新制大学」制度の、情報化・グローバル化時代を迎えての、見直しの作業の機会、と言えますが、けっきょくは、それも、明治維新以来のいわゆる「旧制大学」から抱えてきた問題の反省・再検討、ということにまで行き着くでしょう。

ここで、問題を思い切って焦点化すれば、それは、明治14年のあの政変（大隈重信が政府から追放され、伊藤博文や井上毅らがヘゲモニーを握った）後の大学職制改変によって輸入されたヨーロッパ的、とくに当時科学技術の中心であったドイツ的な学制の性格が、戦後のアメリカ風の「新制大学」化にもかかわらず、そこに残存してきたという問題、すなわちそこではいぜんとして一般教養科目（人文・社会・自然の三系列）を旧制高校の教育と同一視して専門科目の準備教育と見なす、つまり前者は後者よりも一段低いとする誤解が今日まで継続してきてしまった問題として、取り上げることができるでしょう。もちろん、帝国大学のドイツ化と言っても、中山茂氏（『帝国大学の誕生』）が指摘されるように、「神学部」的なものは――伝統的な儒教的教学の提案さえも――まったく拒否され、大木先生が言われる“truncated system”すなわち円錐で言えばその頭部が削除された知的共同体!?であったことが言い添えられねばなりませんが。いずれにせよ、丸山真男教授（『日本の思想』）が指摘されたように、開国後間もない日本の大学は十九世紀後半のヨーロッパの「学問の専門化」の事態を自分の都合のいいように「タコ壺化」して受け取ったのです。伊藤や井上らのいわゆる「実学」至上主義がまさにそれを欲し（明治十九年の「帝国大学」創設から間もなく総合大学としての東京大学のなかに「工学部」が設置されますが、これは世界で最初の出来事でした！）、それは現在もなお日本の大学のＤＮＡ構造として複製が続けられているように思えます。

大綱化というのは以上の問題の反省への示唆ですから、そこで大学の学問と教育を統合しうる概念として「教養」

ということがにわかにスポットライトを浴びることになりました。ご存知のように阿部勤也教授（『教養とは何か』）などが精力的に「教養」を主題化して論じておられます。その定義は、特殊専門化された実学を排除して「純粋学問」を尊んだベルリン大学創立者フンボルトが好んだ「教養」とはいささか違って、「自分が社会の中でどのような位置にあり、社会のために何ができるかを知っている状態、あるいはそれを知ろうとしている状態」というものですが、しかし、いずれにせよ、私自身は、これは諸学を統合しうる概念として果たして十分なものであろうか、という疑問を抱いています。いま、その点に深く立ち入ることはできませんが、ここでは、この問題を考える際の参考として、「二一世紀の教養教育」と題して二〇〇二年五月に東北学院大学でもたれた——これは当時の倉松学長の発案になるものと承知していますが——全学シンポジウムの内容を、そこで5学部（文・経・法・工・教）を代表し報告された5人の先生方のレジュメをもとに、私なりの解釈も添えて、お伝えしておきたいと思います。

まず私もある種納得がいったのは、3人の先生方による、「教養と専門の区分けはないと思う」、「教養か専門かということは問題ではない」、「専門教育が何で、教養教育が何であるかという絶対的な基準は存在しない」というコメントです。事柄をあまり単純にとらえてはいけないと思いますが、この点では、さきに触れた大綱化の一つの大きなねらいは達成されたと言えるのではないでしょうか。これからの日本の大学では従来の「講座」（chair）制的な思考法や振る舞いは確実に消滅していくのでしょう。ここには教員間、またその担当科目間の「平等・対等」の意識の増大も影響していると思えますが、基本的には肯定さるべき現象でしょう。それは相互の「共働」への入り口となりうるからです。

つぎに言及しておきたいのは、「教養」の定義です。これも3人の先生方が、それぞれ、「自律的で、善く生きようとし、周囲から信頼されるオトナになること」、「モノの見方・考え方、自分で考える力・生きる力を身につけること」、「幅広い学問の基礎を身につけ、人間形成に対して自己判断を行うことができるようになること……倫理観の教育も大切である」と言われ、上記の阿部教授の定義と共通している部分もあるかと思われますが、しかし、これらの発言の背景には、「教養の定義を取り上げて議論することにあまり意味があるとは思われない」とか、現代において「何が教養教育であるかを決定する意味は希薄化している」といった雰囲気があるのも、確かです。私の受け止め方ですが、これらの先生方には「教養」の大切さは自明であって、これを取り立てて大学の諸学問相互の統合概念として据えることにそれほどの意味を見出すものではない、といったところなのかと感じます。大学教員の耳目を引く学問統合論ないし体系論はまた別様になされうるのかと思います。

これにひきかえ、「専門科目」への継続する評価は５人中４人もの先生方に共通しています。「専門教育の中で教養が身につくと考えるのが自然」、「専門教育の名の下に、いかに教養教育の実をあげられるかがとくに重要」といったマイルドな表現で、専門科目に重点を置く雰囲気はいぜんとして続いています。さらに、これよりもいささか直截すぎるほどに、「いずれにせよ、『専門教育』をウリにしないで、『教養教育大学』として、学生を集めることは難しい」、「高度な専門教育を行なう研究機関と主張することが学生確保につながる。教養だけで人は集まらない」とも、宣言されます。もしこれだけを声高に言い放つだけならば、さきに触れた明治以降の日本の大学の――「世間」のご利益主義的要望に応じるのみの――実利主義的ＤＮＡの純然たる再現で、当時以来いささかの進展・改変もなし、ということになりますが、しかし、さすがに東北学院大学だけのことはあって、以下に紹介する哲学・倫理学担当の岩谷信教養学部教授の報告があり、これが議論の全体を引き締める形になりました。ちなみに、私自身、専門教育を「ウリ」にするという発想をけっして否定するものではありません。そういう要素も大学には必要と思います。しかし、それは、大学にふさわしい学問と教育に関する「大きな構え」が公表・公認された上での「副産物」として意味をもつと信じます。それらのものは「すべて添えて与えられるであろう」ということです。

岩谷先生の議論のポイントは、「大学設置基準」の言葉遣いを用いながら、まず、「専攻に係る専門の学芸」を教授する専門教育と「幅広い教養」を培う教養教育という「実体的区別」に拘泥するのは「非生産的」と、現行の大方の議論の構図の問題点を指摘するところから始めて、むしろ肝心なのは、これら二者に対峙する「総合的判断力」

の教育、すなわち「諸種の『知識』を『よい知識』として実感できる『知恵』の育成」としての「全人教育（人格の陶冶）」であると、倫理性の本質的契機としての「知恵」を強調される点にあります。これは学生を「無自覚的エゴイズム」（愚鈍）から、「自覚的エゴイズム」（精神としての私・我々）へ、さらに（②を越えて）「一回限りの人生の生き方と意味づけを自省する……心構え」（実存としての私）へと促す使命を帯びた教育であり、それを支える可能性として「キリスト教人間学」が示唆されます。この姿勢があってはじめて大学は「カルチャーセンターとかレジャーランド」から区別されるのです。ここで岩谷先生には明らかに私立キリスト教大学としての東北学院大学のアイデンティティ意識があることがわかります。

私はここまでの岩谷先生の議論に一種感銘と信頼を覚えておりましたが、私自身の関心からさらに「わが意を得たり」と喜んだのは、岩谷先生がこの議論の最後に次のような「学問の見取り図の作成と提示」という提案を加えられたからでした。すなわち、

「学生諸君に、『いま自分がどこにいるのか、諸種の知識の位置と価値とはいまどうなっているのか』を自覚せしめるために、『知恵』の主体を共同体に移して、その福祉に資するように、『人類の知的遺産』や今日の先端研究を再編成した『諸学の今日的な見取り図』を、先の〔キリスト教〕人間学を踏まえ、全学的に協力して作成し、それをカリキュラム編成に活用していく」。

ここで言われる「学生諸君」を「教員諸君」と言い換えてもいいのではないか、という言い方は、大学人としての先生方にはあまりにも失礼なことでしょうか。しかし、この問題を十分に自覚してこられた先生方は別にして、このような試みをむしろ喜ぶ大学教員は少なくないのではないでしょうか。私たちはこれまで日本の大学の「学問の専門化・個別化」構造にあまりに浸りすぎてきたのであり、その分、この全体的「見取り図」の意義にたいしてあまりに久しく鈍感なままできすぎているからです。

だからこそ、私は、このような――今般の「大綱化」の真の意義を主体的に受け止める大学教員から出てくる――真摯な発想が、キリスト教側の「教育の神学」運動から出てきた「学問体系論」への志向と、適切に収斂しうるのではないか、と思うのです。

おわりに

以上、日本の、キリスト教学校界における「教育の神学」運動と、一般の大学における今般の「大綱化」をきっかけとする議論との、一つの可能な、また重要な収斂点として、「諸学の統合論ないし体系論」ということについて、述べてまいりました。これが私の問題意識にすぎず、以上はまったくの序論にすぎない、ということは繰り返すまでもなく、本当に重要でしかも困難な課題はこの学問体系論をじっさいになんとか試みていくということです。そのためには、今後はもっと精進しろ、と自分にも言い聞かせるしかありませんが、その際の心がけの一つとして、その議論は、可能な限り、日本の近代の大学史に沿ったものでなければならないではないか、と考えます。日本の諸キリスト教大学（ひいては一般の諸大学）の先生方一人びとりに実感をもって受け入れられる議論でなければ、意味がないからです。

その意味でも、またじっさいに現在も学問論が産出されているという意味でも、ドイツのサンプルに学ぶということは役立つかもしれません。「帝国大学」が大いに参照した――しかし、その頭部は切り取ったわけですが――当時のドイツの大学に内在していた諸学問論の再学習から始めて、現在までの学問論の検討は意味があると思います。私は神学者たちの学問論しか知りませんが、ティリッヒの『諸学の体系』（一九二三年）や、パネンベルクの『学問論と神学』（一九七三年）の学習はいぜんとして有意味だと思います。佐々木勝彦先生からお伺いしたことですが、最近モルトマンも神学的学問論を試みているようです。学ぶ材料には事欠きません。もちろん、私たちはドイツ至上主義ではないわけで、これはあくまでも「日本の大学」のための試みですから、どんな国の大学論・学問論にも学び、その上で私たち自身のためのそれとして展開していくべきでしょう。

しかし、これは何よりもまず、私たち日本の大学教員の意識改革を必要とする課題です。つい最近まで、こんな話をしても、まず、鳩が豆鉄砲を食らったような顔をされるか、いまさら何を言ってるんだと冷笑されるかが関の山でした。しかし、上述の岩谷先生の発言などに接すると、これまでの日本の大学の空気もそうした歪みや淀みからやはり解放されなければならないのだと思うのです。

ご静聴、ありがとうございました。拙い内容でしたが、いかほどかでも先生方の刺激となったならば、幸いです。

（初出：「学問論の復権を目指して」、青山学院大学・東北学院大学『合同チャプレン会議 報告書』22号、二〇〇五年三月所収）

第10章　ティリッヒの学問体系論の意義について

はじめに

小論はパウル・ティリッヒ『諸対象と諸方法に従う諸学の体系』（一九二三年）が示す現代日本の大学にとっての一般的な意義について述べようとするものである。

同書は今般、青山学院大学総合研究所の研究プロジェクト「キリスト教大学の学問体系論」の研究作業の一環として原著独語版から邦訳され、『諸学の体系——学問論再興のために』という邦題のもとに、大学人のための法政大学出版局ウニベルシタス叢書の一書として刊行されることとなった。そこで、この機会に同書の意義を再考し、いささかの導入的議論を示しておくことは、日本の神学界にとっても、また大学全般にとっても、有意味なことであろう。

同書はティリッヒの初期の力作の一つである。むしろ、学者としての本格的デビュー作と言ってよい。彼は一九一六年、29才で、ハレ大学の私講師として、大学におけるその研究歴を開始した。三年後、十九年にベルリン大学の私講師、二四年にマールブルグ大学の員外教授、二七年にライプツィヒ大学の組織神学教授を歴任している。そして、二九年にはフランクフルト大学に哲学の正教授として迎えられ、テオドール・アドルノやマックス・ホルクハイマーらとともにいわゆるフランクフルト学派を形成した。しかし、その間、ドイツではヒットラーに率いられた国家社会主義労働党すなわちナチスが台頭し、彼らに反国家的ないし左翼と見られた1千人近くの大学人（正教授・員外教授・私講師）が追放され、社会民主党員であったティリッヒもまた三三年にフランクフルトの教授職を追われたのであった。しかし、彼のこの窮状を知ったラインホールド・ニーバーらの尽力によってアメリカへと亡命し、ニューヨークのユニオン神学大学院の教授に就任した。その後の同国でのキリスト教神学者としてのティリッヒの活躍はわが国にもよく知られているところであり、ここであらためて触れる必要はないであろう。

ドイツを追われるまでの間、ティリッヒの主要著作には、「文化と神学の理念について」（一九一九年）、『大衆と精神』（二二年）、「宗教哲学」（二五年）、俗に「マールブルグ講義」と呼ばれる『教義学』（二五年）、『カイロスとロゴス』（二六年）、『現代の宗教的状況』（二六年）、『悪魔的なるもの』（26年）、『社会主義的決断』（三二年）などがある。この最後の書がナチスにより焚書とされたのであった。これらの著作と共に、一九二三年、ベルリンで著わされたのが、当該の書 *Das System der Wissenschaften nach Gegenständen und Methoden* (Göttingen: Vandenhoeck & Ruprecht, 1923) である。これは一九五九年にティリッヒ全集の第1巻に再録されている（Paul Tillich, *Gesammelte Werke*, Bd. 1, Stuttgart: Evangelisches Verlagswerk, 1959, SS. 109-293)。本書には英訳もある（Paul Wiebe〔tr.〕, *The System of Sciences*, Associated University Press, 1981)。同書の原稿が印刷に回っていたときに、ティリッヒはベルリン大学の偉大なる先輩神学者エルンスト・トレルチの訃報に接する。そこで、トレルチを尊敬して止まなかった彼は、即座に、同書をトレルチの思い出に捧げる、とその冒頭にしるしたのである。

さて、以下、三点に絞りつつ、筆者なりの視点から、上記のごとく、同書の現代日本の大学にとっての一般的意義について述べ、その導入的解説ともしたい。

1　学問体系と大学統治

「諸学の体系」であるとティリッヒは言う。「体系」は思想家ティリッヒの萌芽時代からの根本的観念であった。一九六三年、チュービンゲン大学で行なった「キリスト教の絶対性主張」という講演で、彼はそれについて次のように回顧している。

「いまここで想起するのは、私がチュービンゲン大学の学生時代、教会通り11番地に住み、そこで眼前に世界が広がっていた、一九〇五年の夏の頃〔18才〕のことです。……その頃、私のなかには、世界を思惟の体系によって把握するのだ、という考えがすでに生まれていました。それを真剣に試みてみよう、ということは、その当時はまだ一つの夢にすぎませんでしたが、しかし、その夢を実現することを、私はそこからじっくりと試みてきたのです」[1]（傍点西谷）。

ティリッヒにおけるこの「体系」の観念が、ドイツ観念論、とりわけヘーゲルのそれに由来すると考えることは至当であろう（ここで詳述はしないが、実際、ティリッヒの学問体系論の三部構成はヘーゲルの『エンツィクロペディー』のそれに対応している）。ドイツ観念論によれば、真理は「体系」としてのみ現実的であったからである。そして、ティリッヒは青年時代に獲得したこの学問的確信を最後まで貫徹した思想家すなわち体系家《ズュステマティカー》であった。その第一の顕著な展開が『諸学の体系』としてなされたのである。

同書で彼は次のように述べる。「すべての学問は唯一の真理に奉仕するものであって、全体との関連を失えば死滅してしまう」[2]（傍点西谷）。また、次のように述べる。

「学問の体系を構築しようとする意志は、認識の生きた統一を求める精神の意志である。精神の力と生とが自己を開示するのは、たんにそれ自体で充足することによってではなく、統一へと至るような充足においてである」[3]（傍点西谷）。

以上の引用に現われた「体系」と「全体」と「統一」という概念はすべて密接な内的関連をもっているが、このことを本稿の上述の視点から解釈すれば、以下のごとくである。すなわち、「体系《システム》」の元来のギリシア語「シュスタシス」の意味は「一つに結び合わせること」であり、これは「統御《ガヴァンメント》」をも意味する。「大学《ユニヴァーシティ》」のラテン語「ウニヴェルシタス」も「一つにまとめられたもの」の意であって、教師と学生とが合一した団体の意味から出発し、彼らの「諸学問が統合された一つの全体」という意味にも取られるようになった。そして、「統治」すなわち「統べる」もまた、「すべてをまとめ、治め、従える」という意味である。そして、その対象が「大学」という団体であるならば、そこにはその「行政」の論理をも整える根源的言語が存在するのであって、その顕著にして強力な一つの例――これはまた深い知的苦闘の果実でもある――が、このティリッヒ『諸学の体系』なのである。

そこで、同書をまず読んでいただきたいと願うのは、大学で「長」という役職にある方々である。大学長、研究科長、学部長といった方々、さらには理事長の職にある方々である。数年前の私学法改正により、教授・研究経験はなくとも学長職を兼任するか、そこまでは行かずとも、実質、教学のイニシアティヴをも取ろうとする私学の理事長はさらに増えていかれるかもしれない。そうした方々にも読んでいただきたい。「大学」の「統治《ガヴァナンス》」に関わっておれる方々であるからである。

大学のガヴァナンスはけっして利潤最大化の「経営」の言語には依らない。授業料・運営交付金・経常費補助金は株主資本ではない。大学のガヴァナンスは諸学問の「統御《シュステーマ》」の言語――それが経営学の言語も含むわけだが――によってしか導かれえないものなのである。いかに環境が変化しようとも、「大学」と言う限り、このことは不変である。だから、理事長職にある方々にも読んでいただきたいわけである。

ちなみに、現今は、近代ヨーロッパの知的帝国主義への対抗から始まったポストモダン思想運動の帰結の一つ、「多」の思潮が幅を利かせている。曰く、文化多元主義、宗教多元主義、等々。そこにも、少数や部分や個別に顧慮せよ、という傾聴すべき一理がある。しかし、ティリッヒは「絶対的多神教は不可能[4]」とする思想家である。このことは、神学や哲学をもち出さずとも、「統治」の視点から問えば、よくわかることである。「多」を強調する言語を、甘えた「寄生」ではなく、力動的「一」への創造的「寄与」へとつなげるべく、統治者自身がそれと対論しなければならないし、できなければならないのである。

ところで、しかし、明治期以来の日本の大学においては、諸学を全体的関連においてとらえるという、この学の体系化の言語の習得と鍛錬は決定的に不足してきた。現代のわが国の大学が、当時の欧米の大学の制度とカリキュラムを輸入しつつも、大きくは律令制下の大学寮以来の官僚養成を主目的とし、いわゆる「実学」志向を旨とする体制の刻印を帯びてきたことは、周知のとおりである。一八七一年（明治三年）、政府は「大学規則」で学科を法科、医科、理科、文科とし、その冒頭に教科を据えていた。「教科」とは当時のドイツの大学の「神学部」に当たり、これに法科の「法学部」、医科の「医学部」を加えて伝統的三学部であり、そして文科と理科は「哲学部」であった（そのうち理科は当時台頭著しかった「自然科学」を指している）。政府内の保守的国粋的勢力は「神教学」としてのこの「教科」に儒教的教学を当てようとしたが、伊藤博文のエリート官僚養成機関としての大学構想はこれをも退けた。(5)

これにより、同時に、「学問の学問」たる「学問論(6)」（Wissenschaftslehre）の営みが、日本の大学からすっぽりと抜け落ちたのである。もちろん、哲学科や教育学科の個々の教員が、哲学の一主題として、あるいはカリキュラム研究の一環として、これに取り組んでもきた。しかし、大学全体の自覚としては、この課題は取り上げられてこなかったのである。入学生に「学問通論」として始められるべき、まさにこの学問的営為が等閑視されてきたために、それを経験しなかった現在の大学教員もこの主題について馬耳東風を装うことができるわけである。今でも担当の教科目へのきちんとした緒論《イントロダクション》をやってくれる先生がいれば、それだけで、立派な先生だと、学生は思ってくれるにちがいないのだが。

明治期以来、日本の大学の歴史は、ある意味で、西洋の諸学問に学びこれを自家薬籠中のものにする努力の歴史であった、と言えよう。現在、その目的はある程度達成されてきたと言えなくもない。筆者の神学の分野で言えば、アウグスティヌスのほぼ全集に近い著作集の邦訳が完成間近い。トマス・アクィナスの『神学大全』は最近完訳された。多くの学問領域で似たような現象が見受けられるはずである。しかし、「学問論」はどうであろうか。カント全集の邦訳を二つの出版社が企画し、最近、新しいほうも完了した。(7) しかし、いずれにおいても彼の学問論『諸学部の争い』の訳が遅れたのは、それがカント最後の書き下ろし著作ゆえの編集上の理由のみによるものとは思われない。これも従来の日本の大学における「学問論」の取り扱いを象徴しているのかもしれない。あるカント学者にこの著作について尋ね、「何の話?」という表情をされたときのことが忘れられない（正確を期せば、同著の部分的邦訳は教育学者によって一九七一年に刊行されていた(8)）。

日本の大学の学部構成は、学問として共通の根幹をもつ「ササラ型」でなく、それを無視した「タコツボ型」だ、諸学部・諸学科を「関連づけ基礎づける」はずの哲学自身がタコツボ化した、との批判的指摘（丸山真男）を受けて久しい(9)。しかし、この問題を克服する「学問体系論」の努力は、実際、行なわれてきたのか（本書＝ティリッヒ『学問の体系』の邦訳書の副題はそうした日本の大学の現状に鑑み、つけられたものである）。

以上の問題提起に対する然るべき十分な対応がなされてきたとは言い難いが、そうした観点からすれば、二〇〇九年に西山雄二編『哲学と大学』（未来社）という、カント以来の学問論・大学論を照射する研究論集が刊行されたことは、日本の大学にとっては注目すべき学術的出来事であった。もちろん、その間にも、同様の問題意識は日本の大学人のなかで披歴されていなくもなかった。そうした貴重な例の一つを以下に引用の形で紹介するが、それでも、そこに事柄自体との十分な取り組みの姿勢はまだ見えていない、と感じるのは筆者の偏向であろうか。いずれにしても、そうした貴重な自覚を披歴しているのはやはり哲学者の木田元である。長くなるが引用する。

「近代ヨーロッパの哲学者たちにとっては、『学』とは神のロゴスないしその顕現友いうべき世界の理性的秩序の相関者なのであて、究極的な根拠をもつ知識の体系である。Wissenshcaft という言葉は、もともと知識 Wissen に集合名詞を示す後綴 -schaft がついたものであるが、本性上真であることを主張するすべての知識はその根拠となる他の知識をもとめるといったかたちで相互に根拠づけの連関をなし、最終的には究極的な根拠に支えられた厳密な体系をなすべきものなのである。そして、『理性』を意味するラテン語の ratio という語には『根拠』という意味もあり、したがってまさしく理性こそこうした究極の根拠をもとめる能力にはかならない。このような理性主義的な学の理念は、十七世紀のデカルトやライプニッツらの普遍学の理想以来、そうした神学的な背景を切り捨ててしまった十八世紀の哲学、たとえばカントの『理性批判』の試みやフィヒテの『知識学』Wissenschaftslehre、さらにヘーゲルの『絶対知』にいたるまで連綿として受け継がれている。こうした学的認識が不可能だということは、そのまま神の存在の否定あるいは世界の理性的秩序の否定につながるものであったし、近代のヨーロッパ文化はこのような理性的秩序への素朴な信頼に支えられて形成されてきたといっても過言ではない。こういった学の理念はわれわれにはおよそ縁遠いものであり、そのために、やはりこうした学の理念を根本に置いて発想されているフッサールの思想がわれわれに馴染みにくいのでもあろうが、是非はともかく、すでに西欧文明のはらむ問題をみずからの問題として採り上げねばならなくなっているわれわれとしては、どれほど異質に思えるにせよ一度はこうした学の理念に寄せる彼らの信念を理解しておく必要があるのではなかろうか」[10]（傍点西谷）。

2　学問体系と「大綱化」

一九九一年の文科省によるいわゆる「大綱化」すなわち従来の一般教育と専門科目の区分撤廃という規制緩和は、いわゆる「教養学部」の改廃問題も惹起し、以来、「教養とは何か」の議論や「学際的研究」の試みがさかんに行なわれてきた。これはある意味で「人文学とは何か」という問いでもあるが、その探究の営みは現在も続けられており[11]、それも学問論にとっては有意味なことであろう。しかし、その構図は、あの西南学派による「自然科学」に対峙して「文化科学」の固有性と意義とを高揚する姿勢を超え出るものであろうか。ティリッヒは、この「対立関係を明らかにした」のはリッケルトの功績だが、他面、その対立は学問論の「不毛性《デンケン》を増大させている」とも言う[12]。そうした二つの「異なった種類の考察」を超えるさらに上位の視点が、彼の思惟《ザイン》と存在を「統合」する精神《ガイスト》の視点なのである。

「大綱化」以来のもう一つの顕著な傾向は、さまざまな「大学論」の輩出である。諸具体例を超えて、その特色を一言で言い表わせば、それらは対外的な視点からの大学論であるということにならないであろうか。日本社会における大学の使命、社会から求められる大学の姿勢、といった観点からの議論が、大勢を占めてはいまいか。かつて学長であったりヴェテラン大学人であった著者による大学論であっても、その傾向は隠せないのではなかろうか。それにたいして、このティリッヒの著作は大学の学問の問いそれ自体から発する内発的な議論である。こうした「学問論」が踏まえられてこそ、重厚にして創造的な「大学論」も輩出しうると思われる。

その関連で、邦人著者による少数だが参照すべき近年の「学問論」は、例えば、西部邁『新・学問論』(講談社、一九八九年)、佐々木力『学問論——ポストモダニズムに抗して』(東大出版会、一九九七年)である。吉田民人・鈴木正仁『自己組織性とは何か——二一世紀の学問論に向けて』(ミネルヴァ書房、一九九五年)は、一九三〇年代に論理実証主義が全学問を物理学的言語に還元して志向したが結局は挫折してしまった「統一科学」への視界を、物理化学的「法則定立」科学に分子生物学的「規則解明」科学を架橋し、さらに進化論的視点を導入して、あらためて開こうとする試みである。分子生物学の展開をいまだ見てはいなかったティリッヒであるが、彼の「存在科学」をめぐる「継起」(Folge)の概念は、上記の「進化」の視点とある種共通の問題意識を伺わせるものである。

「大綱化」との関連で「学問体系論」についてもう一点覚えられるべきは、大綱化の表面的規制緩和の先に据えられたその主旨である。それを述べる文科省文書『我が国の文教施策』(一九九一年)は、「各高等教育機関が、それぞれの理念・目標に基づき、個性を発揮し、自由で多様な発展を遂げることにより、高等教育全体としては社会や国民の多様な要請に適切に対応し得る」[13](傍点付加)とする。要するに、大綱化のねらいは「各大学の自由な個性的発展」であった。これを「学問体系論」の観点から翻訳すれば、各大学の建学の精神や理念に則った教育研究目標の設定と、それに沿う学部学科構成およびカリキュラムの設定の自由、ということになる。個々の大学にその教育と研究を統合する作業があらためて委ねられたのである。

民主主義憲法の政教分離体制下では、国公立大学はその教育研究の理念に特定の宗教や世界観を据えることはできず、他方、私立大学はむしろそれを規範的価値観として掲げうる、というのが原則である。しかし、国公立であれ、本来、大学の教育と研究のわざはそれを統合する価値理念なくしてなされうるものではない（ヴェーバー[14]に反対！）。それゆえ、大綱化とそれに続く国公立大学の「独立行政法人化」施策も、その学問的統合理念を明確化する方向において受け止められてよいのである。もちろん、そこでも政教分離原則に抵触するような理念はけっして掲げられてはならないが、そうでない統合理念の選択も大いに可能なはずである。

そうした視点に立てば、大綱化以降の事態は次のように理解しうるし、また理解すべきであろう。すなわち、わが国でも、高等教育と学術研究という、政府からは独立した、社会の一「領域主権」Sphere Sovereignty（アブラハム・カイパー[15]）が公けに承認され始めた、ということである。そして、そうであるなら、運営交付金のために国公立大学法人の理事会が文科省官僚の天下り先となるような姑息な状況は回避されるべきことは言うまでもない。また、わが国の私立大学も、従来に増して自由でより個性的な——つまりその建学の精神を高揚する——大学形成に向かわねばならない。そのためにも、諸学統合の学問的言語の鍛錬は必須であり、ティリッヒ『諸学の体系』はそれに資する第一級テキストの一つなのである。各大学の課題は、こうしたテキストから学びうる成果を、具体的状況のうちにある自らの大学にいかに適用し、その学部学科構成・カリキュラム編成をいかに意味づけうるか、その術を会得していく、ということになる。

3　学問体系とキリスト教大学

『諸学の体系』の序文で、ティリッヒは、本書を「当初……『哲学の道』に導くための入門書」として意図し、「哲学的素養のない専門的な科学者にも……自身の研究領域が学問体系にとってもつ意義を理解できるようにする」つもりであったと述べている。しかし、そうした「教育的—伝達的な課題」に、さらにティリッヒ自身の「学問的—生産的な課題」が重ねられることになった。その意味は、彼はここで「学問論における神学の位置づけ」（グンター・ヴェンツ）[16]をなそうとした、ということである。

ティリッヒはいみじくも「哲学的神学者」、「存在論的神学者」と呼ばれてきた。彼はあくまでもキリスト教神学者として立ちつつ、哲学・存在論からの問いを真剣に受け止め、それに聖書的福音による答えをもって関わろうとした神学者であった。これを彼自身の言葉で「弁証神学」、「調停神学」の立場と呼ぶこともできよう。いずれにせよ、こうした彼の神学的姿勢が、カント、フィヒテ、シェリング、ヘーゲル以来のドイツの哲学的学問体系論を正面から受け止め、さらにそれに神学がどう応えるか、という、本書のような著作を生み出したわけである。キリスト教徒でもないし神学にも興味はないから、と言って敬遠してしまっては勿体ない中味が、ここには展開されている。学問体系論として大学人一般としても読むべき価値を十分に備えた著作である。

なお、同書はティリッヒの自身の神学的道程からすれば、その初期の顕著な一作品でもあるわけだが、彼の神学の全体像に関心をもたれる読者には、芦名定道『ティリッヒと弁証神学の挑戦』（創文社、一九九五年）、同『ティリッヒと現代宗教論』（北樹社、一九九四年）をお薦めしたい。包括的で最も徹底したティリッヒ研究である。また、A・クリストファーセン、C・シュルゼ（深井智朗・佐藤貴史・兼松誠訳）『アーレントとティリッヒ』（法政大学出版局、2008年）は、人間ティリッヒについて伝えてくれるわが国では稀少な書である。

以上に関連して、キリスト教徒の読者向けに付け足すならば、キリスト教大学の在り方を問うためにこうした著作に学ぶことは必須であるが、その際に認識しておくべきは、ティリッヒの本書や近々に邦訳出版が予定されているヴォルフハート・パネンベルクの『学問論と神学』（一九七三年）といった著作は、上記の神学用語を用いれば、「弁証神学《アポロジェティック・セオロジー》」の真理契機を確信し貫徹しようとする神学である、ということである。この論題をめぐる詳述はここでは避けるが、わかりやすいキリスト教神学史上の標語を借りれば、「アテネとエルサレムは何の関係があるか。アカデメイアと教会は何の関係があるか」（テルトゥリアヌス）[17]ではなく、「信じ、而して、知る」、「知解を求める信仰」（アンセルムス）[18]という立場に立つ信仰的知的営みを決断的に選択した神学的方向性ということである。前者の線を徹底しようとするなら、専門学校としての教派神学校のような行き方のほうがよほど実効的であろう。そもそも「キリスト教大学」を営むということ自体が、一つの重大な神学的態度決定の表明なのである。そこでは scientia でもある pietas が、また pietas でもある scientia が、実現していなければならない。"pietas et scientia" でなければならない。チャプレンはパスターであると同時にスカラーでなければならないのである。

「大学」とはヘブライズムすなわちユダヤ＝キリスト教的伝統とヘレニズムすなわちギリシア＝ローマ文明との対論と融合の久しい歴史から生まれてきた文化形成物である。双方の要素のいずれを欠いても大学は成立しえない[19]。そして、この遺伝子構造は、これをいかなる他宗教・異文化圏へもち込んでも、容易に変わりうるものではない。わが国の大学人もこのことは心しなければならない。そこで、わが国の大学では手薄のままであった、その学問体系論への本格的取り組みの着手を、看過できない重要意義をもつこうした著作の邦訳を踏み台として、進めていくことには大きな意義があると思われる。

おわりに

以上、ティリッヒの学問体系論の現代日本の大学にとっての意義を、筆者なりに、1大学の「統治」、2文科省の「大綱化」施策、そして、3「キリスト教」大学という、三つの視点から、述べてきた。

最後に、いま直前にしるしたことと内容的に密接に関連する、ティリッヒ自身の学問体系論の意味づけの文章を引用して、本稿を締め括りたい。これは彼がアメリカに渡って三年後の一九三六年に刊行した、自らの弁証神学的

——総括して言えば、人間の実存的・哲学的問いに福音的・神学的答えをもって関わろうとする——立場、つまりは「相関の方法」を表明する、最初の単行本『境界に立って』（On the Boundary）からの一節である。そこに彼自身の神学的姿勢が明示されているわけであるが、それはとりもなおさず現代日本のキリスト教大学の取るべき姿勢を方向づけるような説得的な神学的理解であると言えよう。

「この書において、結局私にとって問題であったのは、いかにして学問としての神学は可能であるかという問いであった。神学およびその個々の学科は、他の諸学問に対していたにかかわるのか、神学の方法の特殊性とは何であるのか。私は、あらゆる方法的認識を、思惟的、存在的、精神的諸学問に分類し、また方法的体系の基礎として一つの意味哲学を展開し、また形而上学を絶対的なるものを理性的象徴のうちで表現しようとする思惟の試みとして規定し、最後に神学を神律的形而上学として定義した。私はこのようにして神学に、認識全体のうちで正当な場を占めさせようと試みたのである。この試みが成功するための前提は、いうまでもなく、認識そのもののもつ神律的性格が承認されるという点にある。つまり、意味根拠でありかつ深淵であるものとしての絶対的なるものに、思惟が根差しているということが承認されるという点にある。神学は、すべての認識が不明確に前提しているものを、明確な仕方で対象とするのである。このように神学と哲学、宗教と認識とは、相互に包括しあう。まさにこのことが、境界から見られるならば、両者の現実的関係であるように私には思われるのである[20]」。

【注】

（1）Paul Tillich, *Dogmatik* (Düsseldorf: Patmos Verlag, 1986), p. 11.

（2）パウル・ティリッヒ（清水正・濱崎雅孝訳）『諸学の体系——学問論復興のために』（法政大学出版局、二〇一二年）、1頁。

(3) 同上書、5-6頁。
(4) パウル・ティリッヒ（鈴木光武訳）『組織神学』第1巻（新教出版社、一九五五年）、306頁。
(5) ティリッヒ『諸学の体系』、4頁。
(6) 中山茂『帝国大学の誕生――国際比較の中での東大』（中央公論社、一九七八年）、40-41頁。
(7) 二つの出版社とは理想社と岩波書店であり、前者ではカント（小倉志祥訳）『学部の争い』は『カント全集』第13巻（一九八八年）に、後者ではカント（角 忍訳）『諸学部の争い』は『カント全集』第18巻（二〇〇二年）に収められている。
(8) カント『学部の争い』の全3部中、第1部のみが、カント（勝田守一・伊勢田耀子訳）『教育学講義 他』、「世界教育学選集」第60巻（明治図書出版株式会社、一九七一年）に訳出されている。
(9) 丸山真男『日本の思想』（岩波書店、一九六一年）、129、132頁を参照。
(10) 木田元『現象学』（岩波書店、一九七〇年）、38-39頁。
(11) 例えば、森本あんり編『人間に固有なものとは何か――人文科学をめぐる連続講演』（創文社、二〇一一年）を参照。
(12) ティリッヒ『諸学の体系』、39頁。
(13) 文部科学省『我が国の文教施策』（一九九一年）、第Ⅱ部「文教施策の動向と展開」、第4章「高等教育の改善・充実」、第2節「高等教育改革の推進」、1「大学設置基準等の大綱化と自己評価」、(1)大学設置基準等の大綱化。
(14) Max Weber, *Wissenschaft als Beruf* (1917); *Gesamtausgabe*, 1/17 (Tübingen, 1992)、マックス・ヴェーバー（尾高邦雄訳）『職業としての学問』（岩波書店、一九八〇年）を参照。とくにそこで留意すべきは、ヴェーバーの「価値からの自由」(Wertfreiheit)や「神々の闘争」(Götterkampf)の概念である。後者についてはティリッヒも言及している（『諸学の体系』、13頁を参照）。
(15) アブラハム・カイパー（鈴木好行訳）『カルヴィニズム』（聖山社、一九八八年）。また、近藤勝彦『キリスト教倫理学』（教文館、２００９年）、158-162頁を参照。
(16) Gunther Wenz, *Subjekt und Sein: Die Entwicklung der Theologie Paul Tillichs* (Chr. Kaiser Verlag, 1979), S. 150.
(17) テルトゥリアヌス（土岐正策訳）『護教論』、「キリスト教教父著作集」第13巻（教文館、一九八七年）、10頁を参照。
(18) アンセルムス（古田暁訳）『アンセルムス全集』（聖文舎、一九八〇年）、152頁。
(19) その観点を意味深く示唆するのが、Edmund Fuller (ed.), *The Christian Idea of Education* (Yale University Press, 1957) に掲載

された Reinhold Niebuhr, "The Two Sources of Western Culture" である。
(20) パウル・ティリッヒ『境界に立って』、「ティリッヒ著作集」第10巻（白水社、一九九九年）、42頁。
(初出：「ティリッヒの学問体系論の意義について」、青山学院大学宗教主任研究叢書紀要『キリスト教と文化』27号、二〇一二年三月所収。これはまた改稿しパウル・ティリッヒ、清水正・濱崎雅孝訳『諸学の体系——学問論復興のために』叢書・ウニベルシタス970、法政大学出版会、二〇一二年に「まえがき」として所収)

第11章　日本のキリスト教大学における神学と制度

――青山学院大学の場合

はじめに

大掴みには、大学における人文科学はより観念的・理念的なものを扱い、社会科学やとりわけ自然科学はより現実的・具体的なものを扱う、と言えよう。そして、後者の要素は可視的・機構的な意味での制度につながりやすいであろう。工学の牙城たるマサチューセッツ工科大学の英語名は Institute であって、初期はまさに実験研究教習所の施設そのものであった。

しかし、「制度」とはその理念と関連諸規定およびそれを具現する機構や施設によって成り立つものであり、制度を考える場合、後者の側面にのみ目を奪われるべきではない。その意味で、大学において人文学が要する教育研究上の制度の重要性が今日あらためて深く認識されねばならないと考える。人文学が向かう理念的・普遍的なものが直接的な効用性・効率性を実感させるものではないということが、愚かにもその軽視につながってはならないのである。

大学史において人文学を代表する哲学は学術全体を統合する機能を担ってきた。神学も哲学との対論をもって自己研鑽し、同様に真理全体を探究するその本質により、必然的に学術一般を統合する役割を帯びてきた。ゆえに、そうした統合機能を遂行するための制度的保障は大学において必須である。問題は、わが国の近代的大学がそうした学術の統合機能を無視して制度化せず、官僚や技術者の養成といった目先の実利のみを求めて成立し、それが大学の本来の在り方を覆い隠す方向に作用してきた点にある。MITの設立は一八六一年であったが、東京大学は創立の九年後、一八八六年に早くも工学部を設置した。しかも総合大学に工学部を置いたのはこれが世界の嚆矢であった。

しかし、一九九一年のいわゆる大綱化以来、人文学が大学教育の基礎であり、学術研究全体の統合機能をも担うという、大学本来の在り方への自覚が、従来に優って深化してきた、と思われる。今や「人文学と制度」というテーマが真剣に掘り下げられるべき所以である。

以上のごとき観点から、以下はわが国のキリスト教大学の一例として「青山学院大学における神学と制度」の問題をめぐって筆者なりに報告してみたい。「神学と制度」とは大仰に響くが、実際の中身はきわめて具体的である。キリスト教的な建学の精神すなわち特定の宗教的理念により統合《インテグリティ》を保持しようとする一大学の例であり、一部の読者には異質な感じを与えるかもしれないが、「大綱化」による各大学の自由な個性的展開への奨励を待たずとも、元来それに努めてきた例でもあって、何らかの参考になれば幸いである。

1　青山学院大学の統合に関わる問題の構図——神学科、キリスト教概論、大学宗教主任

まず問題に関わる歴史事項を簡潔に押えておきたい。青山学院の起源は一八七四（明治七）年の女子小学校開設であるが、青山学院大学（以下、「青学」と略記）の実質的前身は七九年に開校された「美會《みい》神学校」（神学科、普通科）（なお、「みい」はMethodist Episcopal Church メソディスト監督教会の“ME”から来ている）である。これが一九〇四（明治三七）年に専門学校（神学部、高等科）として認可された。〇六年に「青山学院財団法人」を設立し、その「寄付行為」第二条には「青山学院の教育は永久にキリスト教の信仰に基づき行われればならない」旨が記され、これが現在にま

で継承されてきた。

戦時中に大学開設案が生まれていたが、戦後あらためて設置を申請し、四九年に認可された。旧専門学校を改編したこの新制大学の構成は、文学部：基督教学科、英米文学科の他、商学部、工学部であった。その後の発展状況については省略し、以下は本稿に関わるキリスト教関係学科・研究科および関連の重要事項のみに触れつつ、述べていく。そこに織り込まれているのは、①神学諸科目を教え牧師を養成する「神学科」、②青学の教育研究の象徴的必修科目としての「キリスト教概論」、③学内のキリスト教活動を掌りキリスト教概論を担当する「宗教主任」、という相互に絡み合う三つのテーマである。

神学科　まず神学科の問題から始めるが、既述のように青学は牧師養成専門学校として出発した。その伝統が新制大学では文学部基督教学科として再現される。しかし、学部四年間の教育では英米の大学院三年間の課程を経ての牧師養成という基準に満たないため、これに（旧）修士課程二年を加えるという工夫がわが国ではなされた。それが一九五五年の文学研究科聖書神学修士課程設置に表わされる。六一年の基督教学科から神学科への改称もこの牧師養成の線に沿ったものであった。しかし、青学のこの牧師養成教育は七六年の神学専攻修士課程および七七年の文学部神学科の廃止によって終焉する。

なぜそうした結末を迎えたか。それを考えることが「人文学と制度」の問題、より特定的には神学や哲学による現代の大学の統合という問題の急所把握につながると思うが、今しばらくその後の青学史を追ってみる。

じつは、戦後の新制大学設置に至る以前、戦時下の宗教統制という時局もあり、青山学院神学部は四一（昭和一六）年のプロテスタント諸教派合同による日本基督教団の設立になる神学校（四九年より現在の東京神学大学）に合同し、自らは四三年に閉部していた。ここから、大学設立の際には、往年の牧師養成機関の復活を推進する方向と、それは東京神学大学に委託し、青学の基督教学科は大学における一般的なキリスト教研究・教育の場とすべきだとする新たな方向が現われ、基督教学科をめぐる考え方は二分したのである。

事実としては、第一の方向の勢いが当時は優り、これが継続されたが、やがてその神学科自体において「永久にキリスト教の信仰に基づきその教育を行なう」とする青学の姿勢に抵触する姿勢が顕著となり、これを理事会が封じる形で、上記七七年をもっての神学科廃止となったわけである。その際の理事会の考え方は、上記の第二の方向を取りつつ、なおキリスト教的な建学の精神を堅持しようとするものであった。

キリスト教概論　青学の神学科廃止は、外部から見て、六九年の大学紛争とその余波が原因であろうとの印象が抱かれていたかもしれないが、それが触媒作用程度は及ぼしたとしても、事の本質は大学紛争以前、すでに六四年の大磯での大学キリスト教教育協議会における必修科目「キリスト教概論」をめぐる議論に象徴されていた。神学科教員自身が青学開学以来の必修科目であったキリスト教概論を選択科目化するという提言を行なったのである。建学の精神を自ら選んで入学してきたわけではない大半の学生にこれを必修化することは大学として不適切との主旨である（この問題については本書258頁を参照のこと）。これが問題の発端であり、大学紛争を経て、それは実際に七一～七二年の文学部等での同科目の選択科目化という形に結果した。

これにたいして理事会は、キリスト教概論は「本学の建学の精神に基づき設置された」ものであり、「キリスト教の知識を与え、可能な限り宣教的意味をもって教導するという特殊の任務をもつ学科目」であるとして、選択科目化を認めなかった。その結果、全学部はこれを一般教育科目の枠外必修科目化とするという特別措置を取る。この措置は九〇年に解除されるが、それは同科目が一般教育科目の枠内で再度必修化されたからである。

大学宗教主任　以上が、「キリスト教概論」という青学のキリスト教的建学精神の象徴的必修科目に深く絡んだ「神学科廃止」の顛末である。しかし、これに加えて、そこに登場してくることになる大学宗教主任（chaplain）なる役職についても説明が必要であろう。キリスト教では、教会（church）以外の病院、学校等の諸施設に付属する礼拝堂をchapelと称する。このキリスト教諸施設の付属礼拝堂《チャペル》の活動に責務を負う仕え人(minister)がチャプレンであり、キリスト教大学の宗教活動と教育を担う者は大学宗教主任《チャプレン》である。

この大学宗教主任に関する青学の理解とその規定は、開学以降の二〇年間ほどは概して曖昧であった。その間、実際には学長が学部に所属する教員を数名、宗教主任として委嘱していたが、七二年、理事会は「宗教主任が学問研究の教師である」場合「牧師の職責を果たしていない」という判断のもと、開学以来はじめて「大学宗教部長および大学宗教主任に関する規則」を本格的に制定し、大学教員に準ずる特別職として宗教主任職を設置した。学院宗教センターに所属し、教授会にも列席し、同時に「キリスト教概論専任の担当者となる」との骨子である。要するに、宗教主任人事はキリスト教的建学精神を堅持しようとする理事会主導の案件とするということである。その背景には、上述の判断の他、その前年の学長のキリスト教徒条項《クリスチャン・コード》削除への考慮もあったと思われる。

しかし、これが理事会が証言したとおりの「一時的措置」であったことは、八四年に改正された同規則が「大学宗教主任は各学部に所属し当該所属学部教授会の構成員とする」と謳う点に明瞭である。この規則はまた、宗教主任は「大学教育の根幹をなすキリスト教信仰を堅持し、かつ学生・教職員に対する宣教の使命の達成、及び大学におけるキリスト教教育の徹底をはかる」というその目的を明示する。その後、九五年の改正規則では宗教主任の任用手続きを学部の一般専任教員と同じくし、さらにその後、学部長はこの任用において大学宗教主任会を代表する大学宗教部長の同意を得るべき旨が加えられた。

現在、青学では宗教部長も含み11名の宗教主任が、学内のさまざまな宗教活動に加え、キリスト教概論Ⅰ・Ⅱの他、自身所属の「学部の学問領域に関連させて講義しようという努力」のもと、「青山スタンダード科目」等で多様なキリスト教関連科目を担当している。

2　大学の統合をめぐるいくつかの留意点――青学の例から

以上、青学のキリスト教的建学精神に沿う統合《インテグリティ》の保持の努力を、その内状に立ち入って紹介した（なお、本稿では個人名の言及は不要と考え、一切挙げていない)。これを、頑固なほどの宗教的確信に立った一大学当局の、大学の何たるかもよく弁えない一徹すぎる大学統治の例として、辟易しつつ読まれた向きもあるかと想像する。しかし、あの大綱化による各大学の自由な個性的展開の奨励以降、それぞれの理念に基づき自覚的な大学統合を志向する場合に、この青学の例もいくつか参考となる点を示唆しているのではないかと考える。

ベルリン大学哲学部の問題との類比　そこで想起するのは、近代の大学の模本とされたベルリン大学(一八〇九年創設)の哲学部の問題である。この大学が、上級三学部すなわち神学部・法学部・医学部と下級学部すなわち哲学部より構成された従来の大学像を打破して、形式的には四学部が対等化し、実質的には哲学部が真理探求の立場から他三学部の学問的営為を検証し統御するという考え方に基づいて創設された大学であったことは、周知のごとくである。これはカント『学部の争い』(一八九七年)による大学論であった。

しかし、晴れて従来の上級三学部と並ぶのみならずそれらの主導さえ志向したこの哲学部が、自ら問題を醸し出す。簡単に言えば、この大学の諸学問を関連づけその統合に努めるというその一方の栄えある責務を疎かにし、むしろ自学部内での哲学固有の諸分野諸主題の深化の方向に走ったということである。要するに、上級三学部と肩を並べることに懸命となったわけである。対等化政策がかえって仇となった。哲学部としては統合の契機すなわち学問体系論への取り組みのほうがよほど重要であったと思われる。

ここに大学統合という課題の遂行者につきまとう自己二分化のパターンの問題がある。そして、興味深くも、キリスト教概論に絡んで青学の神学科が惹起した現象も上記哲学と同様のパターンでとらえられうる。しかも、その選択科目化も、自覚的に目論んだというよりは、問題認識の稀薄さがもたらした事態であったように思われる。理事会はキリスト教概論は「宣教」のためというもっぱら宗教的な表現のみを用いてこれを堅守したが、しかし、大学の理念に従う学問の統合という視点から解釈すれば、意味ある姿勢を貫き通したと言えるであろう。キリ概のクラスは学問講義の場であり伝道の場ではない、といった、したり顔の発言が現在でもなされるが、じつは視野狭窄であり、問題把握の十全さに欠けている。理事会も「広い意味での宣教」と性格づけていたのであり、ファンダメンタリスト的理解を振りかざしていたわけではない。

以上、青学神学科によるキリスト教概論選択科目化をベルリン大学哲学部による大学の学問統合課題の放棄との類比において考えた。青学のこの経験がもたらす教訓は、一定の建学理念に基づく大学形成にはこうした問題が随伴するということが自覚されるべきであり、その問題はやはり建学理念に沿う仕方で克服されるべきだということである。

建学の理念の担い手の制度化の必然性　こうして、青学においてはキリスト教的建学精神を堅持しようとする理事会と他学部と同じ発想に傾こうとする神学科との間に一つの陥穽が生じたのであるが、青学においてその陥穽を埋めるために強化されたのが大学宗教主任制度であった。そこで、その意味をあらためてキリスト教神学の観点から押えておきたい。

現代の神学は組織神学・歴史神学・聖書神学・実践神学の四部門から成るが、ここで取り上げたいのは組織神学であり、その三分野、教義学・弁証学・倫理学中の弁証学である。簡単に言えば、教義学は三位一体の神の啓示の真理をその主要証言者たる聖書本文等に依りつつ体系的に探究し叙述する。弁証学はそれを教会外の哲学等の知的営為との対論において弁証する。倫理学は前二者に基づきもっぱらキリスト教的行為規範を探究し提示する。

ここからキリスト教大学の象徴的科目たるキリスト教概論を担当する宗教主任の機能を性格づけるとすれば、やはりそれは弁証学的営為であると言えよう。神学部自体は神学全般を教授し、牧師（神父）を養成する。総合大学に設置され、学生全般へのキリスト教教育への関与を要請された場合はそれに携わるべきであろうが、その本務はやはり聖職者養成であり、そのための教育研究であろう。そこで、総合大学の学生へのキリスト教教育、教職員への宣教、教員との知的対論に専従する役割とそれを担う存在が必然化する。これが日本のキリスト教大学における宗教主任である。

青学は、見たごとく、牧師養成を単科大学大学院としての東京神学大学に全面的に委託し（同大学に青山学院奨学協力基金を設置している）、これをもって神学科・神学専攻科を廃止した。実際、青学を卒業し東神大に入学する学生は少なくない。これは四年制大学を終えて三年制の神学・法学・医学大学院（Divinity School, Law School, Medical School）で聖職者・法律家・医師の専門職資格を得るというアメリカのような制度に類似する。こうした経過を経て、青学はあらためて大学宗教主任制度を確定したわけである。すなわち先に見たあの二分化つまりは神学的営為の分・業をある決断のもとに制度化したのである。

わが国のキリスト教大学で神学部を有する場合も並行して他学部に所属する形で宗教主任を置く例がほとんどであり、神学部がない場合は青学と同様の宗教主任制度を取っている。それらとの比較で青学の制度の特徴を挙げるとすれば、宗教主任が各学部毎に一名配属されているということであろう。しかもその講義における各自の弁証学的課題が自覚されている。すなわち、所属「学部の学問領域に関連させて講義しようという努力」がなされているのである。

以上のごとく青学の宗教主任制度に即して述べてきたことを、一定の建学の理念に基づく大学形成という課題に移して考えれば、その理念と各教員の教育研究との対話が絶えず行われ、相互の関連づけがなされ、その上で理念の堅持と展開がなされるべきであるということである。神学はその弁証学においてキリスト教以外の思想学問との対論を怠ってきたことはなかった。むしろギリシア古典哲学、ローマストア哲学等との対話こそがキリスト教神学の足腰を強めた最大の要因と言って過言ではない。こうした弁証学の営為に象徴される対論の態度が、総合大学の統合には不可欠なのである。

おわりに

以上は「人文学と制度」という主題をめぐる私立キリスト教大学としての青学における一視点からの報告であるが、最後に、あの大学紛争で神学部が解体された一キリスト教大学のその神学部教員によって紛争中に提示された大学観と対論しつつ、一言しておきたい。

それによれば、大学を制度として統合する理念は、大学が本来もつ普遍性・公共性のゆえに、特定のイデオロギーや信仰であるべきでなく、「真理」という普遍的なものであるほかはない。しかもその真理の把握の仕方は大学の研究者個々人の自由に委ねられるべきである。個人や一定の制度（教会や政府）がその真理理解を普遍的と主張することはありうるが、大学はそうすべきではない。官吏養成の理念に立った日本の国立大学にたいし、独自の理念を掲げた私立大学の存在は一定の意義をもったが、それで特定の信仰を私立大学の統一原理としてよいわけではなく、それは「正しく非宗教化」された場合にのみ容認しうる。要するに、大学の制度はキリスト教信仰を理念とする研究教育方針とは相容れない。

筆者はこれも一つの大学観として許容されうるし、そこに謳われるような大学があるのであれば、それはそれで結構なことだと考えるが、ここで注意を喚起したいのは、そうした大学も含めて多様な理念による大学の多元的存在を可能ならしめているのが、日本もそれを擁する政教分離を原則とする（近代プロテスタンティズム発の）民主主義憲法だということである。そして、それに則れば「個々人の自由」のみならず「結社の自由」も承認され、それを基盤として「私立大学」も含めた自発的結社《ヴォランタリー・アソシエーション》としての「中間団体」（デュルケム）も可能であって、これが社会を活性化する中心勢力となっていくとき、その社会はその健全さをさらに増強していくことが可能となるのである。

私立大学を考える場合、以上の認識はきわめて重要である。先の大学観に違和感を覚えるのは、それが依拠するであろう「学問の自由」の観念もきわめて特化されたものであり、以上の認識に欠けたものに映るからである。政教分離原則がその一つの代価としてもたらした「非宗教化」すなわち教育に必須の——と筆者は信じる——宗教的次元への禁忌化は、当然のことながら、私立ではなく、国立・公立学校に対するものであった。それゆえにこそ各宗教立私学はその理念が志向する公共性をもって存在意義を発揮すべきなのであり、社会は賢明にもそれを要請しまた受容しているのである。もちろん、そこでは、私学に子女を学ばせる保護者の実質的二重納税という代価が払われてもいるわけであるが（それを均衡させるのが私学経常費補助金である。故大木金次郎青山学院理事長も同主旨の議論を展開した）。そもそもキリスト教総合大学としての青学の素地そのものが以上の法制的土壌から生い立ってきたものなのである。

さて、こうした私立大学も含めて、大学における人文学の重要性の認識は今後さらに大学制度の中に反映されていくべきであろう。制度はとくに危機に際してその意義を確認させる。わが国のキリスト教は、キリシタン排除を主たる理由とするあの約二五〇年間の鎖国政策以来、ずっと危機の中に置かれてきた。本稿ではわが国の深層文化においてなお継続するそうした流れにおける一キリスト教大学の現代的局面を紹介させていただいた。

【参考文献】

青山学院大学五十年史編纂委員会編『青山学院大学五十年史 資料編』（二〇〇三年）
青山学院大学編『青山学院大学五十年史〔通史編〕』（二〇一〇年）
森本あんり編『人間に固有なものとは何か――人文科学をめぐる連続講演』（創文社、二〇一一年）
拙論「ベルリン大学創設前後のドイツの学問論・大学論の状況」、青山学院大学総合研究所 研究プロジェクト「学問体系論」編 *Credo Ut Intelligam*, Vol.2（二〇一二年）
高尾利数編著『キリスト教主義大学の死と再生』（新教出版社、一九六九年）

（初出：「日本のキリスト教大学における神学と制度――青山学院大学の場合」、西山雄二編著『人文学と制度』、未来社、二〇一三年三月所収）

第12章　近藤神学の根本主張――三位一体論的救済史と人間の経験的現実

はじめに

小論は、近藤勝彦先生の神学的諸著作から筆者が学んだ重要諸点をしるし、それに関する筆者なりのささやかな論評を加えるものである。近藤先生の著作全体とその内容を本稿では敬意を込めて「近藤神学」と呼ばせていただく。そこで、以下は、いささか学術形式的に言えば、近藤神学の根本主張あるいは基本綱領のパラフレーズ、ということになる。

近藤先生の著作・論文は、近年、筆者のような者には全部を熟読してその深い理解に至ることが――そうあるべきで、そのことは続けているつもりだが――容易には叶わないほどの、数量となっている。しかし、私見では、近藤神学の根本主張は、たとえば『啓示と三位一体――組織神学の根本問題』（二〇〇七年）にくっきりとしるされたと思われるし、近著『二十世紀の主要な神学者たち――私は彼らからどのように学び、何を批判しているか』（二〇一一年）を読めば、そのことが再確認でき、さらにより豊かなニュアンスの味わいを加えられると思うゆえに、主としてそれらに依拠しつつ、以下をしるしたい。

筆者は一九六八年に東京神学大学に入学し、翌六九年に北森先生殴打事件が起こって東神大も学生紛争の波に呑み込まれていったが、その年、近藤先生は修士二年におられた。その後、いわゆる革マルと対峙して東神大がこの紛争を乗り越えた数カ年の経過において、先生は対峙する側の精神的かつ理論的な支柱であった。その後も、筆者は個人的に先生の出身教会および関係のキリスト教大学に牧師、教務教師として関わり、その務めの上でも交わりをいただいた。その間、筆者がたえず参照してきたキリスト教神学が「近藤神学」であった。

紛争で講義がなされなかった時期にティリッヒを読み始め、続いて熊野義孝、バルト、北森嘉蔵、ラインホールド・ニーバーと読み、その間、佐藤敏夫先生、大木英夫先生、古屋安雄先生の諸著作にもずっとお世話になったが、当時東神大でさかんに議論されたモルトマン、パネンベルクも含め、これらを総じて、わが国のプロテスタント・キリスト教、その教会と神学の状況において、どう受け止めればよいのか、その方向を明確に指し示してくれたのが、筆者にとって近藤神学であった。そして、それを今も頼りにし続けている。

『トレルチ研究』上下巻が出されて読んだとき、キリスト教神学にとってのトレルチの深遠な意義としかしまた限界が指摘されるなかで、揺るぎのない信頼感が湧くのを覚えた。『デモクラシーの神学』、『キリスト教の世界政策』、『キリスト教倫理学』、『キリスト教大学の新しい挑戦』は、筆者の大学での講義のための重要な参考書であり、『礼拝と教会形成の神学』、『中断される人生』以来の説教集や神学講演集は教会生活のための力強い糧となっている。

近藤神学によって筆者はとくに欧米の神学の読み方、理解の仕方を教わっている。かつて、ヨーロッパでの学位のための最終総合試験を意識し、その不安を先生の前で口にしたことがあった。その返事は、受験者の国の神学のレヴェルがその受験者の実力となる、という主旨のものであった。そこで、それを全部吸収できれば何とかなる、それでも落ちたら仕方がない、という意味だと解した。その試験は何とか済ませたが、結局はそれもわが国の神学のレヴェルのお陰であり、その大きな部分に近藤神学があったと思う。少なくとも邦語でこれだけの議論を読ませてもらえる。一人でこれだけの神学者たちの著作を読み、その内容を適確に理解しうるか。

そして、それよりはるかに重要なことだが、それらと対等のレヴェルで議論ができるか。否、それらを凌駕するほどの自立した神学を展開しうるか、という問題がある。それを見事に実現しているのが近藤神学であろう。この点で、筆者にとって近藤神学は満腔の信頼を預けうるトーチベアラーであってきたし、あり続けているのである。

前置きが長くなったが、以下は筆者が理解した限りでの近藤神学の根本主張であり、それらに関わる筆者の自由なコメントである。筆者独自の受け止め方であり、もとよりこれで近藤神学の十全な理解が得られるわけではないが、この神学を読みそこから多大な示唆を得ようとされる方々のための、一つの導入となれば、幸いである。

1　近藤神学の基本構想

近藤神学の根本線が命題化されているのが、以下の『啓示と三位一体』の冒頭の一節である。そこに筆者が大きな信頼を置く根本綱領が示されている。これをもとに以下の論述を進める。

「私自身の神学の構想としてあるのは、イエス・キリストの出来事から出発し、そこに認識される『歴史的啓示』から三位一体の神の理解に至り、さらに内在的三位一体の内から外への神の永遠の意志決定を重視し、神の主としての自由を明確に理解する道である。またその神の永遠の意志決定の内容が、三位一体論的救済史的意志であり、そこに御子の到来とともに御霊の派遣が根拠を持っている。さらにはその神の永遠の意志決定の中に、神の国に向かう創造、そして契約と和解が位置を持ち、契約の民の選びとそこに人々を加える伝道が与えられる[1]」。

2　「歴史的啓示」からの出発――バルトとの批判的対論

近藤神学は、「神が神である」、「神のみを神とせよ」とし神の主語性・主体性を重んじる神学の本来的在り方を強調し、神学的認識の根拠と出発を「啓示」に置く点で、バルト神学と軌を一にする。そして、その意味で、バルトの「神学が与える自由に触れた」こと、「神学の素晴らしさを知った[2]」ことを、彼の神学からの得た最大の恵みとする。バルトこそ神の主権的自由を正しく強調した神学者であり、その自由によって神は啓示の主体なのである。

さて、この点で、筆者自身がある種の覚醒をもって近藤神学から教えられたことを、早々にではあるが、しるしておきたい。「啓示」から出発するということは「いきなり『神の言葉』からでも、『聖書正典論』からでもない……『イエス・キリストの歴史的出来事』の認識からということである[3]」と言われるのだが、これに関連してバルトの神学について次のようにも述べる箇所がある。すなわち、バルトは「聖書それ自体によって神学しているのではない」、その「奥」の「神の言葉の出来事」から神学している。それが彼が渡辺聖書論が注目したような「正典の文書的な閉鎖性にこだわらない」所以である[4]、と。そして、近藤神学が神学の根拠を置くのも、バルトに似て、「聖書の証言がそれに基づいている背後の歴史の事実」たる「イエス・キリストの歴史〔あるいは出来事〕」における啓示なのである[5]。

筆者はG・リンドベック『教理の本質——ポスト・リベラル時代の宗教と神学』（一九八四年）によって示された通常「物語の神学」と呼ばれている神学的思潮の理論的根拠づけに影響を受け、渡辺善太先生が強調されたような「聖書正典論」のキリスト教神学全般にとっての重要性にあらためて目覚め、今もなおその真理契機に一定の説得力を感じているのであるが[6]、しかしそれが神学にとってきわめて重要ではあってもやはり相対的にでしかないことを、以上の近藤神学におけるバルト評価から知らされたのである。キリスト教神学の出発と根拠はイエス・キリストの出来事において啓示された神の真理それ自体なのである。聖書はその証言者にすぎない。もちろん第一の主要な証言者であるが。かつてリンドベックに依拠した評者の発表を「聖書主義だね」と近藤先生に評されて以来、随分と考えさせられてきたことを思い起こす。

さて、しかし、他方で、近藤神学はバルトへの強列な批判を辞さない。それは神学的認識のまさに根拠である「啓示」の理解をめぐって、バルトにたいしては重大な異議を有するからである。すなわち、バルトはその神学的思惟を「イエスという歴史的存在」における神の自己啓示すなわち「歴史的啓示」からではなく、彼自身の「神思想」である「神の言葉の神学」あるいはその「神智学的思惟」[7]から出発させている。

バルトは神の自己啓示を論じるにあたって好んでF・オーファベックの「原歴史」概念を用いたが、歴史家オーファベックにとって「原歴史」とは歴史的出来事の容易に可知化されえない核心であってもなおそれ自体として「歴史的」な「時間の中の時間」を示す概念であったのにたいし、バルトはこれを「時間の中の瞬間とはならない瞬間」として「非歴史化」して援用したのである。[8]こうして、バルトもまた「啓示の歴史性」を語ってはいるのだが、それは啓示に関わる人間の歴史性《ゲシッヒトリッヒカイト》の意味であって、「ヒストーリッシュなもの」ではないのである。[9]

これにたいして、近藤神学は、キリスト教教義学は歴史的批評的方法によって認識の対象とされるべき「イエス・キリストの歴史的出来事」における「歴史的啓示」から出発すべきことを主張し抜く。バルトのようにある種の「神思想」から出発すると、けっきょくは主観主義との批判を免れない。これにたいし、歴史的啓示には「主観的な意味解釈に還元されない」歴史的事実があるのであり、これが神学にとっては重要である。「神が神である」との認識はこの事実に基づいたものでなければならないのである。[10]

イエス・キリストにおける啓示とは『神の自由』による歴史化[11]であり、それは歴史において出来事化した事実なのである。その意味で、歴史的研究によるイエス認識（すなわち史的イエスの探究）の「戦いは、戦い抜かれなければならない[12]」というトレルチの主張は依然として堅持されねばならないのである。

しかしながら、反面、トレルチの歴史的方法にもまた神学にとっては受け入れがたい限界があった。それは、この歴史の神学が、「イエスはキリスト、主、御子なる神である」とまでは「言い得なかった[13]」ことである。この点がトレルチの神学の限界であった。そして、この神学的認識は「霊的な認識として初めて可能である」。かつての復活と高挙の、そして今日の臨在の主の神学的認識は、「歴史的方法を越えた」「聖霊による信仰的認識」によらねばならない。すなわち、「歴史的啓示の認識は、歴史的方法に関連しつつ、それを越えて信仰的神学的認識でなければならない」のである。[14] 歴史的啓示の事実は「聖書の証言」による以外には接近できないのであり、聖書的証言は聖霊の「助け主」（パラクレートス）としての働きを不可欠とするのである。[15]

3 「歴史の神学」としての近藤神学——パネンベルクとの批判的対論

以上が近藤神学のバルト神学との対論すなわち評価と批判の要点である。そこではトレルチ神学にたいする評価と批判にも触れたが、バルトにたいする批判とトレルチにたいする評価は、近藤神学がその根本に「歴史の問題、信仰と歴史、神と歴史という問題」を関心の対象として据えていたところから来ていると思われる。近藤先生の高校生、大学生時代以来の関心が「歴史的世界」であり、それは「社会倫理」や「文化」の問題、あるいは「世界史」とも関連していたものであった。[16]

ここから、歴史にたいするその神学的関心は、「実存的な決断とかそれによって新しい生き方が開かれるといった個人のあり方の問題だけ」ではなく、「実際に日本社会がどうなるべきなのか、世界歴史はどう進むべきであり、また進み得るのか」という問題にまで視野を広げたものとなり、そうした「歴史的世界の現実の中で悪戦苦闘している教会……の運命」を真剣に受け止めるものとなったのである。[17] ここから現在に至るまで変わることのない問題意識のもとに展開されてきた近藤神学を、正しく「歴史の神学」と呼ぶことが許されるであろう。

そうした立場から、近藤神学が対論にふさわしい相手としてきたのが、バルトをやはり歴史的啓示の視点から批判したパネンベルクの神学であった。近藤神学は自身の「神学的環境をなした……神学者たちの主張を検討しながら自説を展開する方法」を取るが、それらの神学者たちとは、既述のバルトやトレルチの他、P・ティリッヒ、W・パネンベルク、P・アルトハウス、R・レントルフ、J・モルトマン、E・ブルンナー、R・ブルトマン、R・ニーバー、H・R・ニーバー、P・フォーサイス、さらには渡辺善太等々であった。しかし、とりわけ対論の相手とし、バルトと共に「他の神学者に比較して一段と多く[18]」取り扱ったのが、パネンベルクであった。ここに「歴史を意味深く神学の中に取り入れた[19]」パネンベルクの「歴史の神学」にたいする特別の注目が伺える。しかし、近藤神学によるその検討の結論は、ここでもまた、きわめて手厳しい批判となって現われる。

すでに見たごとく、近藤神学にとってはイエス・キリストの出来事における歴史的啓示が出発点であり、そこにこの神学にとっての「最後究極性[20]」(finality)の基準が据えられるのだが、それが著者のパネンベルク批判の根拠となっていく。

近藤神学にとってパネンベルク神学の問題点は彼の「歴史神学的啓示認識[21]」にある。上述のごとくパネンベルクもその神学をバルト批判から展開していった。彼によれば、バルトが近代神学の人間中心主義をその対極の神中心主義によって批判したとしても、それは主観主義を「体験の主観主義」から「決断の主観主義」に移し替え、ただ「先鋭化」したのみで、真に問題を克服したのではない。そこで、パネンベルクが提示したのが、普遍史全体を神の自己啓示と見る「歴史神学」であった。

そこで、近藤神学は――興味深くも――そこに潜むモティーフは、単に「バルトの反歴史主義」批判というよりは、バルトの「人間存在の問い……との関連」を等閑視する「弁証学的文脈における対論の欠如」にたいする批判であった、と指摘する[22]。これは、換言すれば、パネンベルク自身の歴史神学を駆り立てる弁証学的動機の指摘である。近藤神学がパネンベルクの神概念を――それはとりもなおさず彼の歴史概念にもつながるが――「一種哲学的[23]」と評することも、この点に関わっていると思われる。

さて、そのようなパネンベルクの普遍史神学の特徴は、次の二点に集約される。すなわち、神の啓示は「見る目をもつ」万人による「歴史的出来事の〔自然的〕理性的認識」によって知られうるとする点[24]、さらにそれよりも致命的な点として、神の啓示は「とりわけ『歴史の終わり』に起きる[25]」とする点、である。ここから必然的に結果する神学的問題性は、啓示認識において神が「歴史の主語」ではなく「歴史的出来事の結果、つまりは歴史の述語[26]」とされてしまい、さらには「キリストの啓示の〔最後究極性ではなく〕暫定性[27]」という神学的には極めて曖昧で不安定な主張を固定してしまうということである。

こうしたパネンベルクの歴史神学の立て方には、彼が学生時代に傾倒したヘーゲルの哲学の影響が見届けられる。パネンベルク神学における主要な哲学的影響とはヘーゲルから来ていると言ってよいであろう。ヘーゲル哲学は歴史を精神（聖霊）の自己外化の過程史として理解し解釈した。「歴史全体を通して神が自己を啓示する[28]」という考え方である。しかし、こうした「歴史の神」の概念は、それを突き詰めると、「歴史は神の本質と切り離しがたく相互浸透的に結びついており、歴史を抜きにして、また歴史に先立って、神は神であると言えなくなる」事態を招きかねないのであり、その危険はパネンベルクにおいて現実となっていると言わざるをえない[29]。また、こうした歴史の神の理解では、「イエス・キリストにおける形而はただ終末の『先取り』とされ……それ自体としては『暫定的』であることを免れることができない[30]」のである。

ここが近藤神学により痛烈に批判される点である。すなわち、「イエス・キリストの啓示の神がまずもって確かに神として存在するのでなければ、そもそも全現実に終りが来ることなどまったく不確かな話であり、神の国の到来など問題にされようがない[31]」。パネンベルクがブルトマンにヒントを得て「全現実を支配する力」と定義した神概念をもってバルトの神概念との親和性を訴えたとしても、バルトが強調した「神の自由」と、パネンベルクの普遍史全体に「原理的」に支配され「依存」する神概念とでは、神学的「思惟の誤り[32]」と後者を呼ばざるをえないほどに、質を異にするのである。パネンベルクの「決定的な思惟の誤り」とは、パネンベルク・サークルから離れ、自身の旧約聖書神学の立場からパネンベルクを批判するようになったロルフ・レントルフの言葉であるが[33]、近藤神学は直前の引用にも示されるようにキリストの啓示の教義学的理解から——レントルフの議論の曖昧さも指摘しながら——まさに決定的に神学「体系における〔原理的な〕思惟の誤り[34]」との批判をパネンベルクに向けるのである。

4　「聖定論的三位一体論」――内在的三位一体の内から外への神の永遠の意志決定

以上が近藤神学の大きくは第一の根本綱領としての「啓示」の議論の要点である。そこで、以下は、もう一つの根本綱領である「三位一体」に関するその理解を提示すべきであろう。ここでも近藤神学はバルトの議論を参照している。

バルトは改革派の伝統的な「聖定〔Decreta Dei〕論」[35]を継承し、これを「外に向かっての神の内的な業」すなわち「内在的三位一体の神の経綸〔的三位一体〕に向かう自由な愛の意志決定」[36]の啓示として展開した。これを大きく教義史においてとらえれば、「唯一なる神」が「三位格」に展開するという、テルトゥリアヌス以来の西方教会の伝統に属する三位一体論である。これにたいするのが、三位格の区別を強調し、それらが一つなる神であるとする、東方正教会の伝統である。[37]

近藤神学は以上のバルトの聖定論的な三位一体論の真理契機を肯定する。その意味では、西方教会的な三位一体論の伝統をバルトと共に継承していると言えるであろう。しかしながら、ここでもまたバルトの議論そのものにはきわめて批判的である。なぜなら、バルトはその内容を「神の恵みの選びの教説」（『教会教義学』第七章）として論じ、しかもそれをもっぱら「イエス・キリストの選び」として「キリスト両性論」[38]的に語ったからである。

そこでは、キリストが「選ぶ神」でありまた「選ばれる人」と言われる。[39]その際、キリストにおける人性は、神性のなかに人格としての主体性の根拠をもち、人性それ自体としては主体性をもたないとされる。これはバルトによる神学の大胆な「脱人間学化」の帰結なのだが、そこから、現実の人間の意味や位置も、聖霊論によってよりは、このキリストにおける人性に基づく人間論によってとらえられることとなり、稀薄化されていくのである。そこで、「聖化」も人間のことよりは第一義的に人性におけるキリストのこととされ、現実の人間の聖化は小さなその反映でしかなくなるのである。[40]
こうして、バルトは確かに「啓示者」「啓示」「啓示存在」という三一論的「形式」で啓示を論じたが、それでキリスト教的な啓示の三位一体的「内容」が示されたわけではなく、それはむしろ「両性論的キリスト論」の枠組みに留まる「二位一体論」[41]であった。バルトは啓示を「キリストの名と人格」において「限定的に理解した」のである。[42]近藤神学にとって、これは「啓示内容の『キリスト中心的な狭隘化』[43]」であって、教義学的には受け入れがたい。ここから生じるのは、「聖霊」が独自の位格をもって理解されなくなるという「聖霊論」の不十分さであり、聖霊の指導の下に発揮されるべき人間の働きの位置が神の「救済史」のなかで適切に語れなくなるという問題なのである。[44]

そこで近藤神学が主張するのは、啓示の内容を「具体的な『イエス・キリストの出来事』という歴史の中に求める」道である。[45]なぜなら、神の内から外に向かっての意志決定は、「ただ〔バルトが集中したような、キリストの選びにおける〕神と人との垂直的関係」に留まらず、「受肉……御子の派遣……聖霊の派遣の決意」、「創造、救済、完成に至る神の計画、救済史の決意」を含み、そうして「歴史的水平的な広がり」をもつからであり、まさにそのことを「イエスの歴史に示された啓示の全貌」が認識させてくれるからである。「神の民を集め、派遣する伝道の意志もここに場を持っている」[46]。これを要するに、「三位一体の神の認識は『三位一体的な啓示』からはじめて可能になる」[47]、ということである。

およそ以上が近藤神学のバルト神学との対論の内容であるが、顧みてバルト神学にたいして全体としては次のような批判がなされることになる。すなわち、「『教会教義学』に見られるバルト神学で、私が肯定できず、批判しているのは……『啓示概念』であり、『三位一体論』であり、『聖霊論』であり、人間の契機の理解の仕方です」。さらに、より大きなテーマとして、「バルト神学ではなお『神の業と歴史的世界』の二元論的区別が克服されていないのではないか」という疑問が提起される。[48]こうして、近藤神学が目指す方向とバルト神学との方向性との相違は如実に知られる。

5　教義学のロキとしての「伝道」の展開——日本の教会という場からの本来的主張

これまで冒頭に引用した近藤神学の基本構想ないし根本綱領の内容に沿い、それらをまた近藤神学自体の言葉によってパラフレーズしてきたが、もう一点しるさなければならないのは、この神学による「伝道」の強調である。上記引用文は「神の永遠の意志決定の中に、神の国に向かう創造、そして契約と和解が位置を持ち、契約の民の選びとそこに人々を加える伝道が与えられる」と結ぶ（傍点西谷）。

『啓示と三位一体』という教義学的著作は、「キリスト教教義学の出発と神論に関わる重要論点」としての「啓示論から聖書論、神論、そして創造論」という主題を扱うもので、そこからさらに展開されるべき「和解論から終末論にいたる議論」は「別の機会を得たい」とされている。[49] 当該書の各章の表題は省略するとして、大掴みに言えば、一・二章が啓示論、三・四章が聖書論、五・六・七章が神論、八・九章が創造論（人間論）を扱う。そして、最後の十章と十一章が「説教の組織神学的考察」、「祈りの組織神学的考察」である。これら2章は、形式的には「和解論から終末論にいたる議論」に置かれるべきものかもしれないが、いわば先取り的にここに置かれ、内容的にはまさに「伝道」という主題に関わるものと言える。近藤神学の不断の強調がここにも表わされていると受け止めるべきであろう。

『二十世紀の主要な神学者たち』における第十章「神学の押さえどころ」においても、あらためて教義学の主題としての「伝道」の強調がなされている。神の救済史のなかで「伝道」が不可欠な位置をもつのは、神の救済のわざがあったならばキリストを信じる信仰が起こらねばならず、そのためには伝道者が遣わされなければならないからである。「教会とキリスト者の存在はその〔伝道の〕ため」[50]なのである。救済論も義認論も聖化論も終末論もこの「伝道論」との関係を軸にして理解されなければならない。

ところが、従来のキリスト教教義学がこの「伝道」を真剣に受け止めてこなかったことは、そのロキすなわち重要項目にそれを据えてこなかった事実が如実に示している。教義学の背後にある信仰告白がその内容に伝道を含んでこなかった不備もまたその原因である。そして、このことは、聖書に照らしても、従来の教義学が抱えてきた「決定的な誤り」と言わざるをえない。(51)

この「従来の教義学」が生い立ってきた欧米のキリスト教界を見ると、その「伝道」活動は不活発とも言えない面もあるが、その主たる生活の座はいわゆる「海外宣教（局）」である。そして、「伝道学」「宣教学」（missiology）の著述も少なくはないが、それらは理論《テオリー》（＝教義学）と実践《プラクシス》の区別の図式のなかで体よく後者に位置づけられている。また、その内容もそれに対応したものであることも確かである。こうした現象に四～五世紀以来のコルプス・クリスティアヌムとしてのキリスト教社会が歴史的に醸し出してきた問題の側面を見ることは間違いではないであろう。

日本の牧師たちに最も強い影響を与えたバルトにもそうしたヨーロッパ的性格が残存し、「日本やアジアのキリスト教の状況から甚だ遠い問題意識にいた」ことが指摘されている。その上で、「神学者はその責任上、自らの時代や教会状況から離れることができない」と言われる。(52) 筆者もチェコスロヴァキアの神学者ロマドカに関して同様の指摘をしたことがある。(53)

その意味で、近藤神学による教義学の不可欠の主題としての「伝道」の強調も、この神学が担う「教会状況」からの発言と言えなくもない。事実、近藤神学の「実存の場は……特に日本の福音主義教会という場」であり、この神学はそれにたいする「責任の自覚」に立つと言われる。(54) しかし、この「伝道」の強調は、そのような視点からとらえられるのみならず、キリスト教教義学の本来のロキとしてまったく新たに本格的に展開すべき事柄として真剣に受け止められるべきであろう。それが近藤神学によるその強調の意図である。「伝道は神の国との関係において

決定的な位置を持っている」からである。(55)

おわりに

以上、近藤神学の根本主張を、「歴史的啓示」からの出発、「歴史の神学」としての近藤神学、「聖定論的三位一体論」、教義学のロキとしての「伝道」の展開、という四つの視野から、筆者なりにパラフレーズしてきた。冒頭に述べたように、これから近藤神学に本格的に取り組もうとされる方々のために、一つの導入のケースとして役立てば、幸いである。

近藤神学は、しかし、その根本主張は貫徹されさらに明確化されていくであろうが、その叙述においてはいまだ展開中の神学である。東京神学大学の学長職からの解放がこの叙述作業を――これは近藤先生のこれまでのご苦労について、またこれからのご苦労についても、配慮を欠いた(しかし期待も抱いた)言い方であるが――よりスムーズにしスピーディにするのかもしれない。

近藤神学は、今日「教義学」とほとんど同義語に用いられることも多い「組織神学」を、むしろM・ケーラーのように、「弁証学」と「教義学」と「倫理学」の「相互連関的な体系」と理解し、それらを実際に叙述において展開しようとする神学である。(56)「教義学を基盤としながら、倫理学と弁証学を含む組織神学を遂行する」神学である。(57)

その意味では、その教義学の一部はすでに『啓示と三位一体』に著わされた。これに加えて、上述のごとく「和解論から終末論にいたる」部分が、主要な現代の「神学者たちの主張を検討しながら自説を展開する方法」で、さらに展開されていくであろう。「倫理学」は『キリスト教倫理学』としてすでに上梓された。『デモクラシーの神学思想』などの著作もこの倫理学分野に属するものと考えてよいであろう。「弁証学」の内容に近いものとしては『キリスト教の世界政策』を出版したと言われるが、「まとまった形のものとしてはなお将来の課題である」とも言われており、[58]「人間における神の問いの不可避性[59]」を論じるその「キリスト教弁証学」は今後あらためて執筆されるのであろう。「教義学」も、現代神学者たちとの対論によるそれを踏まえ、しかもそれとは別に、近藤神学プロパーの「キリスト教教義学」として、「将来」に著わされるのかもしれない[60]。

筆者が近藤神学に信頼を置き、実際にそれから多大の示唆を得ることができているのは、上記の、教義学・倫理学・弁証学により構成される組織神学、という理解とその見事な実現からである。そこに近藤神学の構えの大きさと懐の深さを感じるのである。

近藤先生がその設立に意を用いられ、東京神学大学学長就任以来も継続され、近年充実の度を増してきた同大学主催の毎年の研修会合に「キリスト教学校伝道協議会」がある。そこに主として集うのはキリスト教学校に奉職する宗教主任《チャプレン》たちやキリスト教徒教員であるが、筆者が東神大に学んでいた時代にはこれらの人々が関わるキャンパス伝道《ミニストリー》を神学的にとらえようとする視野はいまだ十分には開かれていなかった。しかし、この教育的伝道の使命を果たしうるわが国の舞台《フィールド》は、キリスト教徒は総人口の1％に満たないなか、私立大学数の観点からすれば全体の10％以上を抱えるほどの「キリスト教学校」の現実である。「歴史的世界」における——教会の現実に並ぶ——この現実を日本の教義学もまたその「伝道」のロキにおいて真剣に考察し、「神の国」の実現に向けて方向指示をなすことは必然である。近藤神学はこの方向においても大きな具体的貢献をなしてきたと言えるであろう。

「歴史的世界」とは、端的に言えば、「世界史」における人間一般の「経験」の世界である。「救済史」における「信仰者の信仰的経験」の世界も確かに存在する。しかし、「弁証学」の課題とは、福音の使信をもって人間の「一般的経験」に接近し、対話をもってそれと関わり、さらに、これを主イエスの福音そのものへと誘い、連れ行き、ついには「イエスはキリスト」との信仰告白を生起させることである。救済史とは「伝道」において世界史を神の恩寵のうちに呑み込む過程である。筆者は近藤神学にはこの伝道の志に立つ弁証学的課題意識において日本社会をキリストの恵みのうちに包もうとする思いが溢れているように感じている。

近藤神学によれば、人間の経験や経験科学は神学の基準とも基礎ともなりえない。神学は神の啓示の真理と恩寵による救済の出来事の「奇跡性」をその内容とする。しかし、神の恩寵の真理は、人間の経験世界とは何のつながりももたずあたかも空中に浮かぶ断言的主張として留まることなく、人間の諸経験を「相対的地平」として用いつつ――それにより、同時に、それらもまた「変化を受け」、メタノイアに導かれるのだが――自らを啓示するのである。「一体すべての人間の経験は、神とその御業に関わりがなく、その経験の学、たとえば社会学、政治学、経済学、心理学等は、ただちに非神学的、無神論的な学なのであろうか。もしそうだとすれば、『キリスト教的文化形成』とか『キリスト教的教育』とか『キリスト教学校』といったものは、実はその大部分が空虚な幻想にすぎないものとなるのではないであろうか[61]」。

宗教はすべて虚空への人間の類的理想投影の産物でありおよそ幻想であるとしたフォイエルバッハの説を援用して、神と人間の間の「断絶の神学」を構築したバルト神学にたいする、以上の近藤神学の大いなる反語的問いが、「救済史」と「世界史」とを福音伝道において批判的かつ生産的に関係づけようとするこの神学の姿勢を証言している。筆者も、キリスト教学校に教務教師として身を置きながら、この近藤神学の導線上で、自身の神学的姿勢の貫徹を志す者の一人である。

【注】

(1) 近藤勝彦『啓示と三位一体――組織神学の根本問題』(教文館、二〇〇七年)、3頁（以下、同書は『啓示』と略記する)。

(2) 近藤勝彦『二十世紀の主要な神学者たち――私は彼らからどのように学び、何を批判しているか』(教文館、二〇一一年)、31頁（以下、同書は『神学者たち』と略記する)。

(3)『神学者たち』、169頁。

(4)『啓示』、105頁。
(5)『啓示』、115頁。傍点西谷。
(6)拙著『宗教間対話と原理主義の克服――宗際倫理的討論のために』(新教出版社、二〇〇四年)参照。
(7)『啓示』、39頁。
(8)『啓示』、24-25頁。
(9)『啓示』、26、107頁。
(10)『神学者たち』、169頁。
(11)『啓示』、39頁。
(12)『啓示』、16頁。
(13)『啓示』、38頁。
(14)『啓示』、39頁。強く繰り返される同様の主張は、例えば、37、65、97頁等も。
(15)『神学者たち』、169頁。
(16)『神学者たち』、18頁。
(17)『神学者たち』、24頁。
(18)『啓示』、4頁。
(19)『神学者たち』、129頁。
(20)『啓示』、90、103、109頁等。
(21)『啓示』、53頁。
(22)『啓示』、31頁。
(23)『啓示』、120、132、134頁。
(24)『啓示』、55頁。
(25)『啓示』、32頁。
(26)『啓示』、65頁。

(27)『啓示』、87頁。
(28)『神学者たち』、124頁。
(29)『神学者たち』、129頁。
(30)『神学者たち』、130頁。
(31)『啓示』、87頁。
(32)『啓示』、86、88、130頁。
(33)『啓示』、77頁。
(34)『啓示』、85頁。
(35)『啓示』、157、189頁。
(36)『啓示』、122頁。
(37)『神学者たち』、127頁。
(38)『啓示』、163頁。
(39)『神学者たち』、45頁。
(40)『神学者たち』、40-41頁。
(41)『啓示』、125、212頁。
(42)『啓示』、116頁。
(43)『啓示』、115頁。
(44)『神学者たち』、39頁。
(45)『啓示』、115頁。
(46)『啓示』、116、122頁。
(47)『啓示』、114頁。
(48)『神学者たち』、45頁。
(49)『啓示』、3頁。

(50)『神学者たち』、174頁。
(51)『神学者たち』、174頁。
(52)『神学者たち』、36頁。
(53)拙著『ニーバーとロマドカの歴史神学』(ヨルダン社、一九九六年)、43頁。
(54)『啓示』、4頁。
(55)『神学者たち』、174頁。
(56)『啓示』、3頁。
(57)『神学者たち』、175頁。
(58)近藤勝彦『キリスト教倫理学』(教文館、二〇〇七年)、517頁。
(59)『啓示』、303頁。
(60)『キリスト教倫理学』、517頁。「キリスト教弁証学」も既刊となった。『キリスト教弁証学』(教文館、二〇一六年)
(61)近藤勝彦『礼拝と教会形成の神学』(ヨルダン社、一九八八年)、Ⅳ「経験の神学」、228頁。

(初出:「近藤神学の根本主張」、東京神学大学神学会『神学』74号、教文館、二〇一二年十二月所収)

第13章　キリスト教学校における倫理道徳教育

はじめに

二〇一八（平成三十）年度より、わが国の小学校において、「特別の教科 道徳」が開始される。中学校は次年度からである。そのために地方自治体は各小学校校長に二〇一七年度中に「特別の教科 道徳」の教科書の採択を行なうよう伝えている。

例えば、東京都は二〇一七年六月に、東京都教育庁指導部長署名の文書「平成三十年度使用教科書の採択及び需要数報告等について（依頼）」において、「平成二九年度においては、新たに『特別の教科　道徳』の教科書の採択を行うこと」と知らせている。

しかし、それに続けて、

「ただし、学校教育法施行規則（昭和二二年文部省訓令第11号）第50条第2項の規定により、『特別の教科　道徳』に代えて宗教を教育課程に編成する私立の小学校については、『特別の教科　道徳』の教科の採択を行う必要はないこと」

とも知らせている。これは私立、とくに宗教立小学校で、その教育課程において自宗旨に基づく教育内容を展開している学校に向けた知らせである。そうした学校としては、敏感に受け止めた知らせであったろう。

青山学院初等部もそのような小学校の一つであるが、そこではその教育課程におけるキリスト教関連科目として、週1コマの「聖書」科の授業が設定されている。これは3年生以上であるが、1年生から6年生まで、毎朝の礼拝が守られ（司式：宗教主任、説教：宗教主任、初等部部長、信徒教員）、この礼拝の前には、週2回、200人を超える生徒たちが参加する祈祷会がもたれている。1～2年生はこれを火曜日に、3～6年生は金曜日に行なっている。この他に、担任教師による、日常の様々な局面や夏季の課外活動や保護者参加の「聖書の学びと讃美の会」など諸集会を通じた、生徒や保護者たちへのキリスト教的指導が自覚的に行われ、学校のキリスト教的な建学の精神への理解の促進が図られている。

このように、青山学院初等部においてはきわめて実質的なキリスト教的教育課程とそれを支える宗教的活動が堅持されてきたわけで、従って、上記の東京都教育庁からの文書に基づき、その教育課程に新規に『特別の教科　道徳』を設置する必要も、またその教科書を採択する必要もないわけである。今後も現在の教育課程に則りそのキリスト教的教育内容を展開していくということになろう。このことはおそらくわが国の他のキリスト教小学校でも同様の受け止め方をもって対処されていくであろう。

しかしながら、わが国の公立小中学校全体においてこのように「特別の教科　道徳」が開始されていくことのインパクトとその意味は国民全体にとっても大きな影響をもつであろうゆえに、この機会に、キリスト教学校として、こうしたわが国全般の動向に対して自らの姿勢をあらためて整え、その「倫理道徳教育」(1)の内容を再検討しておくことは大いに意味のあることと思われる。その場合、初等教育のみならず高等教育の担当者もこの問題を自覚しておく必要があろう。

本稿は以上の視野においてキリスト教学校がこの問題をめぐって弁えておくべきいくつかの要点を確認しようとするものである。その際、本稿が基本的に立脚する見解は、一つに、

キリスト教学校においても倫理道徳の教育は必然的なものであるということ、

しかし、二つに、

この倫理道徳教育の文脈はナショナリスティックなものではなくそれを超えたグローバルなものである、

ということである。とくにこの第二の点から本稿の結論的展望は容易に予想されるかもしれないが、まずは具体的に問題状況の把握から進めて行きたい。

1　道徳の教科化に至る経緯

今般の小中学校における「特別の教科　道徳」の開始は、短期的に見れば、第一次安倍内閣が二〇〇六（平成十八）年十二月に制定した「教育基本法」に直接的な端を発する。これは一九四七（昭和二二）年に制定され戦後久しくわが国の教育の礎となってきた「教育基本法」（以下、「四七年基本法」と略記）の、改訂というよりは、それを全面的に改変した新しい教育基本法（以下、「新・基本法」と略記）であった。実はこれに至る前史があり、二〇〇〇年十二月に森総理大臣の諮問機関「教育改革国民会議」が教育基本法の見直しを提言し、翌二〇〇一年十一月には町村文部科学大臣が「中央教育審議会」に対し「新しい時代にふさわしい教育基本法の在り方」を諮問し、これに対し中教審は二〇〇三年三月に四七年基本法の改変案を答申していた。さらに二〇〇六年四月には日本経団連が同法の改変案を提言した。新・基本法はこうした改変の流れに由来するものなのである。[2]

そして、この新・基本法には、四七年基本法を「廃止し」た上で作り上げた「かなり異なる法律[3]」とさえ評されるほどの変容を見届けることができるのであるが、「特別の教科　道徳」との関連でとくに目立つのは、「道徳心を培う」、「公共の精神に基づき」、「伝統と文化を尊重し、それらをはぐくんできた我が国と郷土を愛する」といった、第2条（教育の目標）5項目に新しく加えられた字句である（以上、傍点西谷）。この第2条は、もともと四七年基本法では第1条（教育の目的）に続く第2条（教育の方針）であったものを（教育の目標）として大幅に変更・拡張したものである。

そして、そこに新たに掲げられた5項目は、実はこの新・基本法の制定までは「学習指導要領」第3章「道徳」に列記されていた徳目であった。つまり、行政上の告示に過ぎなかった字句がいきなり法文化され法制化されたわけである[4]。しかも、そこでの顕著な特徴は、5項目とも、それら徳目を実践する「態度を養うこと」という表現で締め括られていることである。換言すれば、その実践が生徒個々人を通じ教育的成果として「外に現われることを求め」ているのである[5]。これらの（教育の目標）を意識して、新・基本法の第6条第2項は「学校においては、教育の目標が達成されるよう……体系的な教育が組織的に行われなければならない」と謳う。

このように見てくれれば、新・基本法のねらいの一つがきわめて現実的に「道徳の教科化」を目指したものであったことは明白であろう。実際、第二次安倍内閣によって設置された「教育再生実行会議」は、二〇一三（平成二五）年二月に「道徳の教科化」を提言し、これを受けて同年三月に設置された「道徳教育の充実に関する懇談会」は十回の審議を経て、同年十二月末に「今後の道徳教育の改善・充実方策について（報告）」（以下、「懇談会報告」と略記）を発表し、この問題の改善を図る最も顕著な方策として、「道徳の時間を新たな枠組みにより教科化するに当たり、新たに教科書を導入することが適当と考える[6]」と提言した。「新たな枠組み」とは、要するに、「道徳の時間を、学校教育法施行規則及び学習指導要領において……『特別の教科　道徳』……として位置付け」るということである[7]。

これが「小学校学習指導要領」の新たな改訂へとつながり、二〇一五（平成二七）年三月に告示された。そこで、その第3章の表題は従来の「道徳」に変えて新たに「特別の教科　道徳」とされ、「第2　内容」の部分にも大きな変更が施された。そうして、これに続き、教科書作成の指針となる指導要領の解説と教科書検定基準が示され、その結果、今回、地方自治体から各小学校校長に「特別の教科　道徳」のための「平成三十年度使用教科書の採用……について」という文書が送付されたわけである。

以上、いかにして二〇一八（平成三十）年度からのわが国の小学校で「道徳の教科化」とそのための「教科書の採択」の指示とに至ったのか、その経緯についての説明を試みた。

ここで、上記「懇談会」の議論の論点整理として文部科学省初等中等教育局教育課程課が提供した資料（以下、「教育局資料」と略記）からも引用しておきたい。それによって以上の経緯のニュアンスも知られるからである。それは次のように述べる。

「道徳の時間が形骸化しているのは、教科ではないからである。戦後、道徳教育に関する改善の方針は出尽くしており、それでも活性化させるためには枠組みを変えるしかない[8]」。

こうした表現に、焦りとまでは言わずとも、結論を急ぎたい性急さが窺えるのは確かである。ここから、上記懇談会では、結局は、従来の「道徳の時間」の「形骸化」を食い止めるのは「教科化」であり、「教科化」に最も効果的な可視的手段は「教科書の採択」である、と議論されたのだ、と結論づけることができるであろう。

また、この「教育局資料」は、「戦後、道徳教育に関する改善の方針は出尽くして」いるにもかかわらず「形骸化」している、と訴える。その理由の一つとしては、戦後わが国の道徳教育は学校教育の全体を通じて行なうという方針で出発し、一九六一（昭和三三）年には学習指導要領が改訂され、そこで小中学校における「各学年週1時間の『道徳の時間』の設置」ということが明記されたにもかかわらず、「道徳の時間」は軽んじられ、他の教科に振り替えられるなどして、回数的にも十分に確保されてきたかどうか疑わしかったからである。[9] さらに、もう一つ、質的にも、戦前の教科「修身」のイメージなどが影響して、わが国では「いまだに道徳教育そのものを忌避しがちな風潮」があるのではないか、また、「教員の指導力が十分でなく、道徳の時間に何を学んだかが印象に残るものになっていない」のではないか、といった危惧が一般に流布しているからである。[10]

2　キリスト教学校は「道徳の教科化」にどのように対処していくべきか

以上、今般の「道徳の教科化」にまつわる経緯とその背景について説明したが、ここからは、この事態をキリスト教学校はどのように受け止め、どうそれに対処すべきかということについて、私論を述べてみたい。

冒頭で、本年六月の東京都教育庁から青山学院初等部への、「『特別の教科　道徳』に代えて宗教を教育課程に編成する私立の小学校については、『特別の教科　道徳』の教科の採択を行う必要はない」という知らせについて、紹介した。これはおそらくはまず全国的に同様に取られていく施策であろう。

従って、これに基づけば、わが国のキリスト教小学校は、また次年度よりキリスト教中学校も、当面、その教育課程に「道徳」という教科を新設する必要もなければ、その教科書を採択する必要もなく、今後も現在の教育課程に則りそのキリスト教的教育内容を堅持していけばよい、ということになる。しかし、それをそのまま継続しうるのであればそれでよいが、そこに政治的社会的な圧迫が加わることも考慮して、それに備えつつ、キリスト教学校の立場を貫き通す覚悟が肝要であろう。そのためにも、キリスト教学校として、倫理道徳教育の問題をあらためて考察し、自らの姿勢を整え直すことは大いに意味のあることと思われる。

（1）キリスト教学校における道徳科新設不要の法的根拠

そこで、まず、上述の地方自治体のキリスト教学校に対する「道徳」科新設及び教科書採択の不要の知らせの法的根拠を確認するところから見ていこう。この知らせの前段は「学校教育法施行規則（昭和二二年文部省訓令第11号）第50条第2項の規定により」という文言であった。ここに言う「学校教育法」とは四七年基本法と同時に制定され施行された法律であり、その第50条第2項は、

「私立の小学校の教育課程を編成する場合は、前項の規定にかかわらず、宗教を加えることができる。この場合においては、宗教をもって前項の道徳に代えることができる[11]」

と規定しているため、先に紹介した青山学院初等部のように、従来、キリスト教的教育内容をその教育課程に組み込んできたキリスト教の小学校は、「道徳」科をわざわざ設置する必要はなかったわけである。なお、上記第2項は私立の中学校にも「準用される」と、同上規則第79条は規定している。

(2) 信教の自由権と政教分離原則下でのキリスト教学校における宗教教育の実績

筆者は法学の門外漢であり、この法文の前史について詳細を述べることはできないが、しかし、本書第1章で「文部省訓令第12号」について述べたことからもわかるように、訓令第12号のねらいはキリスト教学校における宗教教育や宗教行事を禁じることにあったわけであるから、それまでキリスト教学校においては実際にキリスト教的な教育や礼拝が行われていたわけである。すなわち、明治政府は少なくとも当該訓令発布の時点までは、キリスト教学校における宗教的な教育と行事を容認していたのである。そして、その憲法的根拠としては、「日本臣民ハ安寧秩序ヲ妨ケス及ヒ臣民タルノ義務ニ背カサル限ニ於テ信教ノ自由ヲ有ス」と謳う、大日本帝国憲法第28条「信教ノ自由」が考えられる。本多庸一も文部省に対して訓令第12号の撤回を求めた陳情書を「かく請願する所は憲法に示さ

れたる奉教の自由に基づく也」と締め括っている。この陳情は大日本帝国憲法第28条に基づくものだと言うのである。当時のキリスト教学校が、訓令第12号がもたらした困難をその後数年のうちに克服しえたのも、法的にはまさにこの憲法条文を根拠としてであったのだ、と言うことができよう。

こうして、わが国におけるキリスト教学校でのキリスト教的な教育内容や礼拝など宗教行事の励行は、明治時代から――途中、外部からさまざまな圧力や障害が加えられたにせよ――今日まで久しく堅持されてきた。バートランド・ラッセル卿は、イギリスにおいて良心的に戦争に反対し兵役を拒否する個人の自由を、イギリス宗教改革以来数世紀にわたり培われてきた「自由の伝統」[12]と呼んだが、日本のキリスト教学校も、あの文部省訓令第12号事件克服以来のそのキリスト教的な教育と霊的薫陶の歴史を、それ自身が立脚する宗教的自由の「伝統」と呼びうるだけの誇りと気構えをもつべきと考える。それは数世紀とまでは言わずとも優に一世紀を超える歴史をこれまで積み上げてきたのである。日本のキリスト教学校はこの「伝統」をさらに力強く「伝承」していく使命を帯びている。

この関連で、上述の「道徳教育の充実に関する懇談会」による「今後の道徳教育の改善・充実方策について（報告）」が、以下のように述べた言葉に注目したい。これはキリスト教学校がこれまで果たしてきた日本社会への貢献と影響への一つの応答であるとも考えられる言辞である。

「現行制度上、私立の小学校及び中学校の教育課程について、宗教をもって道徳に代えることができるとされていることについては、引き続き尊重する方向で検討することが適当と考える」[13]（傍点西谷）。

かの「報告」がこのように述べていることについては、これを過大評価することは呑気すぎるであろうが、しかしそれを過小評価することも不適切であろう。キリスト教学校の側としては、まず、これを矜持とし、自身のこれまでの教育の実績への確信を強化する言葉として受け止めればよいと考える。

(3) 今後、警戒すべき点

しかし、もちろん、これに続いて、ただちに、わが国における道徳の教科化の今後の展開に対して警戒すべき側面について述べておかねばならない。実は先の「教育局資料」は、「道徳を教科化した場合に私学の『宗教』をどう扱うかについても検討が必要」と記した上で、「私立の小中学校については、引き続き『宗教』をもって道徳に代えることができるとする方向で良いか」(傍点西谷)と疑問形で結んでいる。その背後に見え隠れしているのは、やはり独立した道徳の教科化が必要ではないかという考えである。これは上記「懇談会報告」が「引き続き尊重する方向で検討する」と述べたこととは響きを異にする、警戒を要する方向性である。

これに関連して、法学者深谷松男氏は、キリスト教学校側を代表する形で、繰り返し、道徳の教科化推進者の中に次のような考えが潜んでいることに警鐘を鳴らしておられる。[14] すなわち、私学における宗教教育を「引き続き尊重する方向で検討する」と言う場合でも、そのことは、

「宗教教育自体を機械的に道徳教育に代えることができるという扱いではなく、学習指導要領で示す道徳のねらいや目標、指導すべき内容を取り入れた宗教教育について、その限りで道徳に代えることができるという意味である」[15]

と解釈する立場である。この線が推し進められれば、これまでのキリスト教学校のキリスト教的な教科内容や行事の他に「道徳」科を新設せよ、という指示が出てこないとも限らない。そして、もしそれが現実となったら、その時こそ、日本のキリスト教学校全体が立ち上がらなければならないときであろう。かつて文部省訓令第12号が出された時と同様の対峙も辞すべきでない状況となろう。内容的には、日本のキリスト教学校の宗教教育をそうした指

示に対峙して「弁証」するという取り組みとなる。本稿はそうした状況を想定しての一つの前哨戦のようなものである。ちなみに、深谷氏によれば、上に引用した著作の編著者と執筆者はほとんどが文科省のOBであり、同著は文科省の意向の代弁と見られるとのことである。[16]

深谷氏はさらに以上の危惧が現実になるかもしれない可能性を示唆することとして、かつて自らが院長として責任を負われた宮城学院の前身、すなわち宮城女学校としての一八八六（明治一九）年の設立認可申請にまつわる出来事に言及しておられる。ここで学校側はその教育目的に「聖書ノ教ヘニ基ク基督教教育」を行うと掲げたが、県はこれを許さず「基督教主義ノ道徳ヲ基トシ」と改めさせたという出来事である。つまりは、文部省は「道徳」としておけば国定の道徳基準によって学校を押さえ込めると見た、ということである。[17] これは明治も初代内閣発足年のことであり、その四年後にはたしかに「教育勅語」が発布されている。当時と現在では日本の時代状況は変化したとも言えるであろうが、しかし何事によらず国家的統制が優先という偏った考えが今も一部の日本人に継続しているとすれば、同種の圧迫の可能性もまた依然として継続していると見るべきであろう。

以上、キリスト教学校は「道徳の教科化」にどのように対処していくべきか、という観点でまず確認しておくべき、わが国における法制的状況を見てきた。それは、直接には、「私立の小学校の教育課程を編成する場合は…宗教を加えることができる。この場合においては、宗教をもつて前項の道徳に代えることができる」とする「学校教育法施行規則第50条第2項」であり、それにより私立の小中学校（キリスト教立の小中学校を含む）は、来年度・再来年度からの公立の小中学校での「道徳の教科化」とそれに伴う「教科書の採択」の施策に追随する必要はないわけである。

しかし、他方、そうした判断に胡坐をかいているわけにもいかない事情をも確認してきた。今回の「道徳の教科化」の施策の中に、宗教立小中学校における現行の「宗教」科をそのままただちに「道徳」科とは見なさないとする間隙が残されているということである。先に引用した文科省OBの見解は、文科省による「学習指導要領で示す道徳のねらいや目標、指導すべき内容を取り入れた宗教教育……の限りで」（傍点西谷）従来の取り扱いを続けることができる、とする高飛車なものである。

こうした見解に基づいて、万一、キリスト教立の小中学校に対し、現行の宗教教育に加えて「道徳」科を新設せよ、との施策が敷かれたとして、それに唯々諾々として従うためにではまったくないが、以下においては、キリスト教立の学校における宗教教育には元来、倫理的道徳的なものが含まれているのだ、ということについて、述べていきたい。「はじめに」で示した、キリスト教学校においても倫理道徳の教育は必然的である、ということについての、より踏み込んだ議論である。筆者としては、それによって、むしろキリスト教学校の側から、学習指導要領が基づく新・教育基本法との対論への序章を示すことにもなるであろうと考える。

(4) キリスト教学校における倫理道徳教育の必然性について——「十戒」をテーマとすること

そもそも、キリスト教教育は、その場が教会であれ学校であれ、キリスト教の経典たる「聖書」に基づく教育であることは、キリスト教徒でない人々によっても容易に察しうることであろう。そして、根本的に「聖書はわたしについて証しをするもの」〈ヨハネ福音書5章39節〉すなわちイエス・キリストに関する証言の書であるということが、キリスト教の理解である。しかも、その聖書は旧約聖書39書、新約聖書27書から成り、それらを構成する資料は数千年の歴史に由来し、その内容も多岐にわたっている。聖書そのものに即して言えば、旧約は、律法、イスラエル史、文学、預言であり、新約は、キリスト伝たる福音書、初期教会史、使徒の書簡、世の終わりの黙示である。

そして、わが国の道徳教育との関連でキリスト教学校における倫理道徳の教育を考えようとすれば、以上の諸主題の中でとくに、周知の「十戒」を枢軸とする「律法」の問題がその考察の中心となってくる。律法とりわけ十戒は、イスラエルをエジプトから救い出した神からの彼らへの直接の宗教的啓示であったと同時に、彼らの社会生活が全うされるための倫理的規定でもあった。とくに十戒の後半の五戒すなわち殺人、姦淫、誘拐、偽証、窃盗の禁止はキリスト教徒のみならず人類一般にも理解されうるものであり、事実、広く社会的規範として通用してきた教えでである。あるいは、第四戒の安息日遵守の教えのように、元来聖書宗教のみに固有の純粋に宗教的な（週の七日目を聖別し、礼拝せよ、という）教えであったが、同時にまったく人道的な（この日は労働を休み、安息せよ、という）側面をもち、結果、人類に広く受容され普及した教えもある（A・リチャードソン『仕事と人間』）。

こうした社会的な規律や規範が、元来は神からの宗教的啓示であり、旧約の預言者たちの社会的政治的頽落に対する神の「義」の視点からの情熱的な糾弾もそのことに立脚するということが、西洋キリスト教社会における「道徳的真摯性《モラル・シリアスネス》」（P・ティリッヒ『道徳と宗教』）を形作ってきた、というのも、説得力をもつ見解である。

この十戒を中核とする律法については、イエス・キリスト自身が、私は「律法を……廃するためではなく、成就するためにきたのである。……あなたがたの義が律法学者やパリサイ人の義にまさっていなければ、決して天国にはいることはできない」〈マタイ福音書5章17、20節——口語訳聖書〉と言われた。ここにキリスト教教育がその教育課程においてキリスト教の教義のみならず倫理道徳を取り扱うべきであるし、また取り扱いうる神学的な根拠がある。これは、換言すれば、信仰とそれに相応する行為の相即性をめぐる問題である。もちろん、キリスト教の内部で、後期ユダヤ教以来の「律法主義」——すなわち律法の神格化によるその微細に過ぎる解釈や厳格な遵守の要求——に対する主イエス自身の批判に基づき、律法や十戒そのものに対しても否定的な傾向が存在するのも確かである。しかし、上記の言葉に立脚すれば、その批判は「律法主義」に向けられたものであって、律法そのものを否定するものではない、ということが確認されるであろう。

本書第11章において、青山学院大学の宗教主任制度について述べたところで、現代のキリスト教神学の学問的構成（組織神学・歴史神学・聖書神学・実践神学の四部門と、とくに組織神学中の三分野）について簡単に触れた（本書299頁。ちなみに、そこでは、組織神学の三分野中、教義学は神の啓示の真理をその主要証言者たる聖書本文等に依りつつ体系的に探究し叙述し、弁証学はそれを教会外の哲学等の知的営為との対論において弁証し、倫理学は前二者に基づきキリスト教的行為規範を探究し提示する。ここから、キリスト教大学における宗教主任の教員・研究者としての役割は主として弁証学的営為である、と述べた）。この神学の内部構成から、上に述べた「信仰とそれに相応する行為」という事柄に対応するのは、組織神学の中の教義学と倫理学であるということが判然とする。信仰と行為の関係は教義学と倫理学の関係でもあるのである。しかし、その両者の関係の具体的な規定の仕方は各時代の各神学者により多様であり自由であって、その関係をどう理解し、どう叙述するかは、むしろその神学の腕の見せどころとなる。ただ、その両者の関わりということは、基本である。

カール・バルトは、それを、教義学は倫理学を内包する、すなわち教義学即倫理学、という視点と方法で、展開した。これに対して、先に挙げた、律法や十戒は結局は「律法主義」に堕さしめられているのだという批判は、それが倫理自体は重視し続けるものならば、結局は倫理学を教義学から遠ざけ、世俗的な独立した倫理学へと誘うかもしれない。実際、十八世紀啓蒙主義以降、教義学から倫理学を引き離す傾向は、ヨーロッパのキリスト教神学において顕著となった。バルトの行き方はそれに対するアンティテーゼと言えよう。筆者もまたそうした傾向をあの関わりを危うくするものとして首肯しない。ただし、バルト的なアプローチに関していえば、筆者は、この神学的方法では、原理的に、世界の経験や知恵に真の意味で向き合えないのではないか、という懸念を禁じえないでいる。そこで、福音信仰に固く立ちながら、絶えず教会外の知的営為との弁証学的対論が肝要である、と考えるわけである。

教義学と倫理学の関係ということでさらに言えば、本書第3章及び第4章で取り上げたリンドベックの神学はその密接な関係を説得的に説明してくれるものだ、と評価するのが、カナダ・メノナイト大学のハリー・ヒューブナーである。彼の神学に対する根本的確信は、キリスト教「神学は倫理学として最良に構想されるし、またキリスト教倫理学は神学として最良に構想される」という、やはり神学と倫理学の相即性を重視するものであるが、その観点からすれば、リンドベックの議論も神学と倫理学の緊密な「関わり《コネクションズ》」を明瞭に示してくれるものである。なぜなら、リンドベックが指摘するように、「キリスト教徒が〔習得した〕神やイエス・キリストに関する言語を用いるとき、彼らは人生に対する彼らの見方と同時に、それがどのように実際に生きられるべきかについての確信を表明しているのだ」からである（傍点は西谷）。「イエス・キリストを信じるとは、神学的命題でありつつ、同時に人がどう生きるべきかについての倫理的確信の宣言でもあるのである」。こうして、リンドベックの神学は、「神学と倫理学とは分離不可能なものである」ことを示してくれる神学なのである。[18]

筆者は、キリスト教信仰を、聖書的教会的な言語習得と、それに基づいて時間的過程の中で内面化され形成される宗教的実践としてとらえる、リンドベックの「宗教〔としてのキリスト教〕の文化的言語的理解」は、キリスト教学校におけるキリスト教教育の在り方とその目標を最もよく説得してくれるものとして受け止めたゆえに、本書第３章でいささか詳細に紹介したわけであるが、ヒューブナーが、リンドベックの所説はキリスト教において倫理学が有する積極的意義を高揚する説でもあると強調してくれたことも、きわめて至当なことであると考えている。

いずれにせよ、キリスト教学校における倫理道徳教育という場合には、以上に指摘したような問題性にも十分に留意しながら、キリスト教的でありつつ現代的諸問題に適合する倫理学の掘り下げに、従来に増して積極的に取り組んでいくことが重要になろう。具体的には、キリスト教学校においては、より自覚的に「十戒」を取り上げ、各学年の学習能力に沿ってその伝達内容を掘り下げつつ、それを時代的状況にも具体的に関わらせ、彼らに実感をもって受け止められる授業とすることが、キリスト教学校の倫理道徳教育の基本を形造ることとなるのではないかと考える。

そして、ここでも重要なのは、わが国の政教分離原則下で、キリスト教信仰に立脚し教育を行う、と建学の精神に謳うヴォランタリーアソシエーションとしてのキリスト教学校においては、その倫理道徳教育も自家宗旨に基づき行うという立場決定がすでになされているのだ、という認識である。準政教一致体制に留まるヨーロッパと違い、わが国で私立キリスト教学校を営むということは、すでにそうした立場決定の上でのことなのである。本書第Ⅱ部の４つの論考はその認識の明確化のために他ならない。

3　わが国における倫理道徳教育の問題点

以上、わが国の小中学校における「道徳の教科化」の開始に際して、キリスト教学校はキリスト教教育の本質に含まれる倫理道徳教育の必然性を再確認し、それを具体的には「十戒」を中心とした授業によって展開していくことが考えられるのではないかという提案をさせていただいた。

そこで、以下においては、そうした姿勢を取る場合に、わが国の公立学校における一般的な道徳教育とキリスト教学校におけるそれとは、どのような点で対論していくことが可能か、また対論していくべきか、そして究極にはいかなる点が問題であるのか、ということについて、述べてみたい。

(1)　公立学校における「道徳」重視の理由――人格陶冶教育と統合的教育課程の相即性への気づき

公立小中学校の「道徳」科はこれから実施されていくものであり、その経過や結果も今後見届けられるものであって、キリスト教学校側からの対論のための現実的な材料は今は得られないが、上述の「懇談会報告」や「教育局資料」にはこの「道徳の教科化」のためのいわば設計図が示されていると言ってよいわけで、そこに盛られた文言を対論の参照点とすべく、論を進めていきたい。

まず、上述の二〇一五年三月改正の「小学校学習指導要領」がその第3章の表題を、従来の単なる「道徳」から、「特別の教科　道徳」へと変更した点から始めよう。「懇談会報告」では、すでに見たように、これは「特別の教科　道徳」（仮称）とされていたのだが、今回の指導要領では仮称でなく正式名称となったわけである。もともと、小中学校の教育課程では、「道徳」は国語や算数などの「教科」の他に位置づけされていた。[19]　それが「教科」となったというのが、今回の学習指導要領の顕著な変化なのである。そして、これに伴う外面的な措置がまた、教科書の採用であった。教科に教科書の採用は当然のことであり、その点で、「道徳」科も他の教科と同等のレヴェルに置かれたのである。これはある意味での格上げである。この同等化は、「懇談会報告」によれば、「道徳の時間は……学習指導要領に示された内容に基づき、体系的な指導により道徳的価値に関わる知識・技能を学び教養を身に付けるという従来の『教科』と共通する側面[20]（傍点は西谷）をもつ、という形で表現されている。

しかし、その呼称のほうは、単に教科ではなく「特別の教科　道徳」とされている。では、他教科とどこが特に別かと言えば、「懇談会報告」の文言を引けば、道徳は「自ら考え、道徳的行為を行うことができるようになるための道徳性といういわば人格全体に関わる力の育成を行う側面を有しており」、さらに、こうした「性格に照らし、数値による評定にはなじまない[21]」（傍点西谷）とされる点である。「教育局資料」も、道徳を「他の教科と横並びでない『特別教科』」と見なし、その「特性」を「道徳的価値に関する知識・理解だけでなく、道徳的心情、判断力、実践意欲と態度など全人格に関わる道徳性の育成が求められている[22]」（傍点西谷）という点に見る。要するに、伝統的な言葉遣いで言えば、人格陶冶教育が「道徳」科に求められる、ということである。

人間の教育においてはある意味で当然のことを、なぜ、今さら、ことさら、再論し再強調する必要があったかと言えば、それは、直接的には、生徒間あるいは生徒教師間の「いじめ」や「暴力」——あるいはさらに学校を越えて、家庭内の暴力や家族の崩壊——の問題が絶えず、学級運営さらには学校教育全体が危機に瀕し、このままではわが国の将来の展望さえも抱くことができないという危機感が蔓延してきたからであろう。とりわけ「いじめ」の問題は深刻であり、上述の「教育再生実行会議」が最初に取り組んだ課題も「いじめ」問題等への対応策であった。そして、こうした危機的状況に至るまで、学校において「道徳」の時間は、「他教科に比べて軽んじられ、実際には他の教科に振り替えられて[23]」いたほどであったのである。そこで、ついにと言うべきか、ようやくと言うべきか、この危機を乗り越えるために見直されねばならないのが、従来「学習指導要領」に謳われていた「道徳」科の本来の役割なのだとあらためて自覚し直された、というわけである。

しかし、いじめの問題も含めて、より大きくとらえれば、こうした危機的状況は、わが国の公立学校において久しく幅を利かせてきたいわゆる「実学志向」――もっと端的に言えば、実利主義――偏向の教育の当然の報いである。この実利主義から、そこはかとない金銭的価値観が巣くう社会が出来上がり、それに毒された過当な競争が行われ、結果、病的なまでの自己中心性と、不気味なニヒリズムが蔓延してきたのである。それがいじめ等の具体的問題現象の根源である。こうした傾向を助長する教育を無思慮・無反省に連綿と続けながら、手が付けられない状態が現出してくると、それまで疎んじられてきた「道徳教育」こそが突破口である、そのためには「道徳の教科化」が必要であり、教科化を明示するには「検定教科書の採用」が最も効果的だ、という議論がなされるわけである。今さら何を、ということでもあるが、しかし、遅きに失したとしても、この認識に達し、改善の方向を目指し始めたということは、私立学校にとっても対論に値する状況が生まれつつあるということであろう。

さて、「特別の教科　道徳」の第二の、しかし決定的な意義として、筆者が注目するのは、「懇談会報告」が、「道徳の時間は、それ自体としての体系的な教育活動としてだけではなく、学校の教育全体を通じた道徳教育の要としての役割も果たさなければならないものであるという他の教科にはない使命を有している」[24]（傍点西谷）と宣言する点である。ここであらためて刮目したいのは、「道徳」科が、生徒個々人の「人格全体に関わる力の育成」、「全人格に関わる道徳性の育成」に関与し、かつ、「学校全体を通じた道徳教育」の「要」となるべき教科である、とされている点である。格上げどころか、教育課程の統合的な役割を担うことが「道徳」科に期待されているのである。実はこれらのことは、今回改正される以前の「学習指導要領」第3章「道徳」の第1「目標」と第2「内容」において、すでに言葉では謳われていた事柄であった。その全文の引用は長くなるので控えるが、要するに、道徳教育は「学校の教育活動全体を通じて行う」ものだが、その中で「道徳」科は、「各教科」やその他の「外国語活動、総合的な学習の時間」等と「密接な関連を図りながら」、それらを「補充、深化、統合」することにより、全体の「要」となるべき、と謳われていたのである。

そのことを上記懇談会はあらためて自覚的に発言し直したわけである。すなわち、そこで、学校教育全体が一定の「要」すなわち統合的中心的価値を必要としているのだ、という認識が醸成され、確認されたのである。しかし、そうした認識はまた当然、次のような認識へと導く。すなわち、その教育課程を統合する中心的価値はまた、学校に学ぶ個々人の人格全体を健全に統合しうるような——今触れた「金銭的価値」以上の——普遍的価値でなければならない、という認識である。これを要するに、学校教育において、その教育課程は、人格陶冶に関わる一定の理念や価値を「要」とする統合性《インテグリティ》をもたなければ、被教育者たちの人間としての健全性《インテグリティ》は形成されない、ということである。

上記「懇談会」はそのことを明確に自覚し、この教育的統合の役割を「道徳」科に託し、その意味で「特別の教科　道徳」と命名した、と理解する。こうした認識が「懇談会報告」のうちに確認できることが、今回の動きがわが国の学校教育にもたらした一つの前進であり獲得であったと言えよう。例えば、「将来的には、現行の『教科』を軸とした教育課程の編成を見直した上で、道徳教育を中心とした『コア・カリキュラム』を新たに構想すべき[25]」という意見は、今述べた点に深く関わる見方である。

そして、これを突き詰めれば、本書第8章で指摘した、生には絶対的な献身と服従の対象への霊的探求という宗教的次元が必須であり、ゆえに人格形成に深く関与する教育にもそうした宗教的次元の参照が不可欠である（本書247頁参照）、という認識にほかならない。その意味で、上記の懇談会が達した認識は、私立学校にとっての対論に大いに資する要素であると思われる。もちろん、公立学校は宗教的次元には踏み込めないが、教育的統合性《インテグリティ》は人格的健全性《インテグリティ》と深い関連のうちにあり、相即的である、という命題を共有しうるならば、公立学校教育と私立学校教育は対話を推進しうるはずである。

(2)　倫理道徳における普遍主義と国家主義

以上、公立学校と私立学校とくに宗教立学校との倫理道徳教育をめぐる対論の土俵となりうる点について、述べた。しかし、筆者には、今後の公立学校における道徳の教科化に関して、払拭し切れない一つの懸念があるゆえに、その問題を最後に論じて、とりあえず現段階における「キリスト教学校における道徳教育」という本稿の議論を閉じたいと思う。そのとりかかりの材料もやはり「懇談会報告」の中に求めてみたい。

その「はじめに」の末尾は次のような言葉で締め括られている。すなわち、

「道徳教育は、国や民族、時代を越えて、人が生きる上で必要なルールやマナー、社会規範などを身に付け、人としてより良く生きることを根本で支えるとともに、国家・社会の安定的で持続可能な発展の基礎となるものである。本報告が、こうした道徳教育の真の充実の一助となることを願っている[26]」。（傍点西谷）

ここには倫理道徳にまつわる二つの視点が併記されているが、それを要約すれば、次のように表現できよう。すなわち、一つは、

α　倫理道徳とは「人が生きる上で必要なルールやマナー、社会規範」であり、「人としてより良く生きることを根本で支える」、「国や民族、時代を越え」たもの、

という視点であり、もう一つは、

β　倫理道徳は「国家・社会の安定的で持続可能な発展の基礎となるもの」、

という視点である。

α、βは、各々、説得性をもって受け止められてきた倫理道徳に関する考え方と言えるが、明白な違いは、βは倫理道徳の範囲をもっぱら国家に絞ってとらえたものであるのに対し、αはより普遍的だということである。そこで、端的に、αの視点を倫理道徳における普遍主義、βを倫理道徳における国家主義と呼んでおこう。

（3） 聖書に見る国家主義から普遍主義への動き

聖書にもβの視点は存在した。それは、例えば、旧約聖書の〈申命記〉において確認できる。〈申命記28章1節〉は次のように述べる。「もし、あなたがあなたの神、主の御声によく聞き従い、今日私が命じる戒めをことごとく忠実に守るならば、あなたを地上のあらゆる国民にはるかにまさったものとしてくださる」（傍点西谷）。これはイスラエル民族が神の律法すなわち道徳律を含むその掟を遵守することによって他の民族国家すべてに優越するという思想である。ここには明白なナショナリズムが見届けられる。〈申命記〉は続ける。「あなたが……主の戒めを守り、その道に従って歩むならば、主は……あなたを聖なる民とされ」、「地上のすべての民は……あなたに畏れを抱く」。「主の戒めに……聞き従うならば、主はあなたを頭とし、決して尾とはされない。あなたは常に上に立ち、決して下になることはない」〈28章9、10、13節〉。読みようによっては、「世界に冠たるドイツ」という標語を彷彿とさせるような調子である。倫理的卓越性も一つ間違えばエゴイスティックな国家主義に容易に堕してしまうのである。

しかし、聖書はこのようなナショナリズムをその預言者思想によってはっきりと乗り越えた。預言者アモスは、「イスラエルの人々よ、私にとってお前たちはクシュの人々〔エチオピア人〕と変わりがないではないかと、主は言われる。私はイスラエルをエジプトの地から、ペリシテ人をカフトルから、アラム人をキルから、導き上ったではないか」〈アモス書9章7節〉とヤハウェの言葉を告げることにより、イスラエルの従来の選民思想に基づくナショナリズムを打破し、万民に対する普遍神としてのヤハウェ信仰を高く掲げたのである。神学者ラインホールド・ニーバーはこれを次のように評した。すなわち、この預言は「正しくも人間文化における普遍史の最初の把握と見られてきた。ここで、歴史は、一民族の視界からではなく、普遍的な全体の視野から見られているのである」[27]。

聖書自体が到達した以上の普遍神や普遍史の視点から、キリスト教はその倫理道徳の教えも国家に限定された範囲に留まるべきでなく、ユニヴァーサルでグローバルな視野において展開されるべきものと考える。もちろん、キリスト教史を振り返れば、旧約の選民思想以降も、キリスト教諸国におけるナショナリスティックな傾向や、あるいはキリスト教諸宗派の教理的閉鎖性に随伴する倫理的判断の限定性も存在してきた。そして、それらは現在でも部分的には継続しているが、しかし、すでに新規の「国連」の創設（一九四五年）を眼前にして、ニーバーは、現代とは「人間の社会的問題が民族や国家の境界を越えてしまった」時代だと述べて、[28] 現代世界の普遍化へのキリスト教の展望を肯定的に証言していたし、それは事実、二十一世紀に入り、より実感できる現実そのものとなっている。そして、それに対応して、キリスト教的視点からのいわゆる「世界倫理《グローバル・エスックス》」の提唱が顕著である。それを代表する神学者が、ドイツ・テュービンゲン大学カトリック神学部のハンス・キュングである。

筆者は、二〇〇四年刊行の拙著[29]において、宗教間の教理的対話は各宗教の経典の自己完結性、教理体系の閉鎖性のゆえに原理的に困難であるが、しかし世界的な倫理問題をめぐる諸宗教間の討論は教理的対話よりはるかに積極的に推進することが可能であるし、またそうすべきだと唱えたが、キュングもまた、「世界諸宗教は、その教理上の差異《ドグマティック・ディファレンシズ》にもかかわらず、人々を導く不変の諸価値・諸基準や道徳的態度をめぐって、根本的で最小限の同意をなすことは可能である。グローバル倫理はまさにそのようにして成り立つ倫理である[30]」と述べる。

（4）わが国を依然として拘束する国家主義的枠組み

以上、キリスト教が、その聖書的・教理的基盤に立脚しても、また現代の世界状況に即する形でも、普遍的でグローバルな諸価値を肯定する宗教であることを指摘した。そこで、この視点から、先に引用した「懇談会報告」の言葉が指摘している、αの倫理道徳における普遍主義と、βの倫理道徳における国家主義とについて、考えてみよう。

この報告がαとβをいわば両論併記にしていることは無難なやり方と取ることもできるが、やはりβをしっかりと記しているという点では巧みなやり方であったと理解できる。というのは、これは、わが国日本の「道徳教育の充実に関する懇談会」の「報告」であって、明らかに新たな国家政策としての道徳教育の上意下達的な導入を正当

る。

第一義的に重んじる方向性を如実に感じさせるものであり、βの明記はそれに対応したしるしと解しうるからであた二〇〇六年制定の新・教育基本法以降の動きであって、この法律は全体の基調としては個々の国民よりは国家を化し権威づけるための答申だからである。それが上意下達的だと言うのは、この懇談会に至る一連の流れは上述し

すでに示唆したように、新・基本法の「前文」と第2条（教育の目標）第3項において二度にわたり出てくる「公共の精神」の強調は、同じ第5項の「伝統と文化を尊重し、それらをはぐくんできた我が国と郷土を愛する……態度を養う」という教育目標と相俟って、結局はわが国の国家としての発展を主眼とするこの法文の基底をなしている。ちなみに、「伝統を継承し」は「前文」にもあり、この「伝統」の語も二度用いられている。これを新・基本法の国家主義的枠組みと言わずして何と言うべきか。

これについて、四七年基本法との対比の中で新・基本法の「前文」の変更を追いつつ、いささか詳述すれば、以下のごとくである。すなわち、「前文」は双方とも三段落あり、その第一段落の冒頭は、四七年基本法では、

「われらは、さきに、日本国憲法を確定し、民主的で文化的な国家を建設して、世界の平和と人類の福祉に貢献しようとする決意を示した」

と謳っていたが、新・基本法では、

「我々日本国民は、たゆまぬ努力によって築いてきた民主的で文化的な国家を更に発展させるとともに、世界の平和と人類の福祉の向上に貢献することを願うものである」

と述べ、後者では、まずこれまでの日本国家の発展がいささかの自負をもって強調され、その上で世界の平和や福祉が顧慮されている。

そして、第二段落は、四七年基本法では、

「われらは、個人の尊厳を重んじ、真理と平和を希求する人間の育成を期するとともに、普遍的にしてしかも個

性豊かな文化の創造をめざす教育を普及徹底しなければならない」と、普遍主義的な文脈の中で「真理と平和」の希求を謳ったのに対し、新・基本法は、「我々は、この理想を実現するため、個人の尊厳を重んじ、真理と正義を希求し、公共の精神を尊び、豊かな人間性と創造性を備えた人間の育成を期するとともに、伝統を継承し、新しい文化の創造をめざす教育を推進する」として、「平和」という語をなくし、それを「正義」に変え、さらに「公共の精神」と「伝統」というまったく新しい字句を加えているわけである。これらによってもっぱら日本の国家社会の「公共の精神」と「伝統」が意味されていることは論を俟たない。日本国民は、新・基本法によれば、まずもって自国家の「公共の精神」を尊重し、またその「伝統」を継承するものでなければならないのである。

このように見てくると、新・基本法とそれに沿うその後の公文書の思想が先のβの「国家主義《ナショナリズム》」を基調とするものであり、それが全体を統合していく枠組みないし文脈であることが判然としてくる。そして、それは、キリスト教学校がその倫理道徳教育においても志向する「普遍主義」あるいはグローバリズムからは懸け離れた価値観であり、その可能な限りの是正のためにも、キリスト教の側からの対論を試みるべき論題なのである。

(5)「教育勅語」使用容認答弁――国家主義的文脈から脱皮し切れない政府

新・基本法が内包する諸価値の一つ一つと対論すべきではあるが、以下、引き続き、今挙げた「国家主義的枠組みないし文脈」の問題について論じていくこととする。ところで、この問題と関連してただちに想起されるのが、本年二〇一七年三月の国会でのいわゆる「政府の教育勅語使用容認答弁」である。

事の経過を簡潔に示せば、野党の一議員が「教育勅語の根本理念に関する質問」を行ない、一九四八（昭和二三）年六月の衆参両院での教育勅語の排除と失効確認の決議に基づき、「教育勅語本文を学校教育で使用することを禁止すべき」ではないかと問うたのに対し、政府（総理大臣）が、「学校において、教育に関する勅語をわが国の唯一の根本とするような指導を行うことは不適切」だが、「憲法や教育基本法〔新・基本法〕等に反しないような形で……教材として用いることまでは否定されることはない」と答弁した、という事実である。二〇一八（平成三十）年度より小中学校で始まる道徳の教科化とも深く関わる問題であり、この質問はある意味で時宜を得たものであった。

問題は、この答弁が、新たに始まる道徳科において教育勅語が教材として使用されうる可能性「までは否定されることはない」とした点である。つまり、公立学校においても教育勅語を教材として用いることは原則的に禁止されないわけである。この答弁の背後に潜在しているのは、教育勅語に含まれる倫理的徳目は時代や地域を越えた「普遍的価値」であり、それまで否定するのはどうか、という見解である。従って、教育勅語は日本国憲法や教育基本法に反しない限り道徳の時間にも教材として使用しうる、とする論法である。質疑に関わった時の防衛大臣は、「親孝行ですとか、友達を大切にするとか……教育勅語に流れている核の部分、そこは取り戻すべきだというふうに考えております」と答弁している。質問者さえ、教育勅語には『父母ニ孝ニ兄弟ニ友ニ夫婦相和シ朋友相信シ』などの現在でも守るべき徳目が記載されている」と述べている。

本書第1章で言及したが、いわゆる「教育と宗教の衝突」事件において、教育勅語を錦の御旗とした井上哲次郎と、これに対してキリスト教信仰を堅持しようとする本多庸一との論争で、井上がキリスト教は日本人の根本道徳である「忠孝」を重んじないと非難したのに対して、本多は、寡婦の子や孫にはこの親への「恩返し」を説くべきと教える〈Iテモテ書5章4節〉を引きつつ、キリスト教もまた親孝行や家族愛を教える宗教であると反論した。この哲次郎の場合とは逆に、教育勅語の起草者の一人である、当時の法制局長官、井上毅は、教育勅語に含まれる諸徳目が日本に特殊なものではなく諸外国にも通用する普遍的徳目であることを確認した上で、稿を定めたとされる。そこに教育勅語発布の国家主義的動機をぼかそうとする意図が見え隠れしている。しかし、古今東西に普及通用してきた倫理的諸徳目を含むからと言って、そのこと自体が教育勅語のような文書の普遍的性格を保証するものではない、ということが覚えられなければならない。

　真の問題は、「教育ニ関スル勅語」が発布されて以来日本社会の中で具体的にどのように用いられてきたかという事実である。歴史の事実は、それが天皇の命により述作発布され、皇室が日本統治において築いてきた「徳」がこの国の「教育の淵源」であり、国民が「遵守すべき所」である、と告げるもので、すべての学校で全生徒に対し繰り返し朗読され、かつ各学年の「修身」教科書の冒頭の頁に掲載されていたものである、ということである。旧文部省は、先の議員質問も指摘したように、日本国憲法の公布直前、一九四六（昭和二一）年十月に、教育勅語を唯一の教育の理念〔淵源〕とする教育を否定する旨の通牒を出したが、逆に言えば、戦前は教育勅語が日本の学校教育を統括する唯一の原理であったわけである。そして、現在のわが国の保守的立場にさえ、教育勅語は日本に破局をもたらした手段として悪用されたものである、と認める人々がいる。こうした歴史の事実を背負ってきた文書であるために、上記通牒の翌年、一九四七（昭和二二）年三月に、教育勅語に代わって日本の教育を導く法律として〔旧〕教育基本法が交付・発布され、教育勅語のほうは前述のごとく一九四八年に衆参両院で「排除」と「失効」の決議がなされたわけである。この歴史の事実は忘却されるべきではない。

　言語学者は、単語の意味はそれが用いられる「言語的文脈」と「社会的文脈」とによって知られ確定される、と言う。換言すれば、言語的文脈とは語がその中に置かれている一定の文章であり、社会的文脈とは語が用いられる具体的な社会的状況のことである。このことは「語」に限らず「事物」についても当てはまる。そして、教育勅語の場合、今述べた、それが用いられた社会的な文脈、その政治的な枠組みによって、それが有した真の意味が確定されるのである。そして、これを、筆者は、すでに示唆したように、端的に「国家主義的な文脈ないし枠組み」と呼びうると考える。上記の衆参両院での教育勅語の排除・失効の決議の理由づけも、「教育勅語……の根本理念が主権在君並びに神話的国体観に基づいている事実は、明かに基本的人権を損い、且つ国際審議に対して疑点を残すもととなる」（傍点西谷）、というものであった。ここでも教育勅語の根本に国家主義的イデオロギーが存在したことが証言されているのである。すでに本書第1章で見たごとく、教育勅語発布直後のいわゆる内村鑑三の不敬事件に乗じてキリスト教を攻撃した井上哲次郎自身が、事実、教育勅語の精神は国家主義であるのに対して、キリスト教は非国家主義であるゆえに、けしからん、と論じていた。教育勅語を支配する社会的文脈は日本的国家主義なのである。教育勅語は万人が尊重すべき諸徳目すなわち普遍的倫理諸価値を含むものなのだから、現代日本の学校教育でも教材として復活させてもよいのではないか、と言うわけにはいかない。なぜか。繰り返すが、それは、そこに含まれたいくつかの価値は普遍的なものであったとしても、全体としては国家主義的な枠組みによって限定されていた価値体系だからである。

教育勅語がもつこのいわば普遍性と限定性の関係を説明するために思い浮かぶのは、『フランス人権宣言』の「信教の自由」を謳う第10条に対するゲオルグ・イェリネックの否定的論評である。この第10条は（意見の自由）と付されているが、実際には信教の自由に関わる次のような条文である。すなわち、「何人も、その意見の表明が、たとえ宗教上のものであっても、法により定められた公の秩序を乱さない限り、その意見について不安をもたないようにされなければならない」（翻訳と傍点は西谷）。しかし、これは、イェリネックによれば、アメリカの「信教の自由」の規定に「遠く及ばない」。なぜなら、アメリカでは、それは国家（州）にも譲り渡せない個人の不可侵の法的権利として確定されているからである。それに比して、このフランス人権宣言の信教の自由は「法により定められた公の秩序を乱さない限り」という制限付きであり、公の秩序を乱しているか否かは国家すなわち政府が判断するのであるから、事実上、国家が個人の自由に優位しそれを制御することを認める条文なのである。これでは、国家が踏み込めない個人の「良心」の領域を法律により確定しようとする「人権」の思想からは、いまだほど遠いのである。[31]

以上のイェリネックのフランス人権宣言への批判的論評を参照しつつ言えば、教育勅語に含まれる普遍的諸価値はその日本的国家主義という枠組みによって制限され矮小化され歪曲されうるものであり、事実、そうされてきたのである。日本教育学会その他16関連団体が出した「政府の教育勅語使用容認答弁に関する声明」（二〇一七年六月十六日）は、「教育勅語は……天皇が『臣民』に対して国体史観に基づく道徳を押しつけ、天皇と国家のため命を投げ出すことを命じた文書で」あり、「戦前・戦中における教育と社会の問題点を考えるための歴史的資料として批判的にしか使用できないもの」と述べるが、教育勅語に対する尤もな批判である。

ただ、筆者としては、このような声明の姿勢とはいささか異なる角度から事態をとらえ直してみることが有意味であると考えた。すなわち、教育勅語の背景には「日本的国家主義」が厳存し、これが教育勅語に含まれる一般的倫理諸価値に対してもそれらを絶えず制限する「文脈」「枠組み」として作用してきたのだと指摘することが、これまでの教育勅語をめぐる疑念の構造をはっきりさせ、ひいては今後わが国で展開される公立学校における道徳教育を誤った方向に走らせないための警告となると考えたわけである。

(6) 日本的国家主義に固有の霊性――「冤《えん》枉《おう》罹《り》禍《か》」

そこで、最後に、なぜ大方の日本人がこうした日本的国家主義に拘泥するのか、何がその際の思想であるのか、ということについて、述べておくこととする。その思想を明治維新以来の「国家神道」として括ってしまうことも一つの方途ではあろうが、本稿ではその内奥にあるいわば霊性の次元にも踏み込みつつ論じてみたい。

さて、日本的ナショナリズムの外的形態の淵源を江戸初期以来の「鎖国政策」に求めることは尤もなことであろう。ほぼ完全な鎖国状態が造り出された一六三九年以来、明治の開国の一八六八年まで、これはおよそ２３０年間継続した一国孤立主義の状況であった。そこに、一八五三年、ペリー代将率いるアメリカ東インド艦隊黒船４隻が浦賀に来航し、決定的な仕方でわが国の開国を迫った。それまでも他国からの開国要請はあったが、この癸丑の年のアメリカの開国要求をもって、わが国における鎖国から開国へ、幕藩体制から王政復古への動きが決定的現実となり、その後、幕府と朝廷の間に紆余曲折の「内乱」が繰り広げられたわけである。そして、筆者は、この内乱の収拾状況すなわち天皇による国家再統治への過程で出された文書に日本的ナショナリズムの内的思想が確かめられるのではないかと考えるゆえに、それについて述べてみたい。

その文書とは、一八六八（明治一）年から翌年まで続く「戊辰戦争」のすでに初期、六八年の四月から五月にかけて官軍の戦死者たちの慰霊に関して朝廷から発せられた四つの布告である。そのうち、その考えを、その鍵語をも伴って、最もよく言い表わしていると思われる、五月十日に出された「太政官達[32]」に注目する。全文引用は長くなるので、内容を翻案要約すれば、以下のごとくである。すなわち、

癸丑《きちゅう》以来、国事のための戦争犠牲者には「冤枉罹禍」の者が少なからず、朝廷のために尽力した彼らの志は嘉みすべきであり、その名跡が湮滅するのは到底無視でない。そこで、天皇はこれら殉難者の高い志操を天下に顕彰し、その忠魂を慰めたいと思われて、神社を設け、永く合祀したいと仰せられた。

上に鍵語と言ったのは「冤枉罹禍」という言葉であるが、冤枉罹禍とは「無実の罪により禍を被ったと憂う」ことである。朝廷はいわゆる勤王の志士たちの忠魂をこうした思いをもって顕彰し慰霊したいと発案し、六月にはすでに無血開城となっていた江戸城で、七月には京都で、招魂祭を挙行したのであった。そして、翌年五月に戊辰戦争が終わり、六月に東京遷都がなされ、同月あらためて九段坂上の仮社殿で官軍戦死者三千八百五十五人のための「霊招式」（招魂祭）すなわち第一回合祀が執り行なわれた[33]。そして、この仮社殿はその三年後、一八七二（明治五）年に「東京招魂社」となり、さらに七九（明治一二）年には「靖国神社」と改名され、「別格官幣社」化すなわち国営神社化していくわけである。この展開の背景には七七（明治一〇）年の西南戦争における官軍のおよそ七千人もの戦死者合祀の必要ということもあったであろうが、いずれにせよ、この官幣社化も国家神道政策の明白な一環であった。

この靖国神社による王事殉難者とされた者たちの合祀は、上述のごとく、戊辰戦争での官軍戦死者の合祀を第1回として、第8回の西南戦争における官軍犠牲者の合祀など、天皇すなわち国家のための戦死者の招魂慰霊という原則に則って行なわれていったのだが、その後、この原則に疑念が投げかけられるような合祀が行なわれるようになる。総じて言えば、戊辰戦争以前に佐幕派に敵対し散って逝った尊王派志士たちの合祀である。彼らはその時代にあっては正当政府であった幕府に対する反逆者であり、罪人として没した者たちであったのである。要するに、問題は、そうした数々の事変で多くの戦没者が出たが、そのような者たちをあらためて靖国に合祀してよいのか、ということである。

この問題の錯綜状況を典型的に表わしているのが、一八八八（明治二一）年の第16回合祀の対象者、すなわちいわゆる長州征伐（一八六四年、一八六六年の四境戦争）における長州藩戦没者六百一名の場合である。長州藩は尊王攘夷を掲げながらもその反動を朝廷に咎められ、勅命による幕府・薩摩藩・会津藩等の征討軍と戦い、これを退けたものの、自らも六百一名もの戦死者を出した。その時点での長州藩士たちは明らかに官軍ではなく賊軍であった。しかし、彼らもまた結局は靖国に合祀された。なぜか。一つには、そこに「冤枉罹禍」の考え方が原理原則をたんに「建前化」する力として働いたからである。次のように解説される。すなわち、彼らを「冤の罪《むじつ》を着せられて非命の最期を遂げた者、としたのは一種の言いつくろいであり、政治的な妥協策だった」が、「ただそこには見紛う方なき、伝統的な温情と和解の心が働いている」のである。[34]「臣民の全てが『おおみたから』であることこそ、神武天皇以来の日本の皇室の倫理的伝統なのだ[35]」。

このように「冤枉罹禍」は拡大解釈され、かつての罪人が今は義士、とされるわけである。とは言え、そうした中でも、靖国に祀られる者とそうでない者が厳然と存在する。例えば、吉田松陰や坂本龍馬は合祀されたが、かつて戊辰戦争で官軍の実質的リーダーであった西郷隆盛は合祀されなかった。では、合祀するか否かの基準は何か。天皇のため国家のための戦いで殉死した軍人ないし軍属、ということではあろう。しかし、今触れた長州征伐における長州藩志士の合祀の事実を見るにつけ、この基準は客観的というよりは国家権力側のきわめて主観的な判断により左右されうるものなのではないか、という印象を禁じ得ない。明治二一年のこの長州藩戦死者の合祀は長洲藩出身であった伊藤博文が初代総理大臣となって三年後のことであった。

そして、こうした合祀の根底に「冤枉罹禍」といった情緒的思想が潜在し、それが時と場合によって非合理な力として作用するのであれば、先の基準もやはり政府によって随意に運用される危険性があると判断せざるを得ない。ちなみに、「冤枉罹禍」は、一九七八年、靖国神社により秘かに行なわれたいわゆる「A級戦犯」14人の合祀の正当化のためにも容易に適用されうる思想であろう。

おわりに

以上、長々と述べてきたのは、「日本的ナショナリズム」が内包する独特の霊性とそれに伴う限界を指摘するためであった。教育勅語、ひいては新・教育基本法の背後に潜むのは、こうしたわが国固有の伝統的イデオロギーである。キリスト教学校はこのことを明確に自覚しつつ、キリスト教が立脚する普遍的唯一神信仰の立場を堅持し、それが日本人に対して有する思想的・倫理的・社会的意義をその教育を通じて生徒・学生に伝え、教え、説き明かしていかねばならない。

前述の深谷松男氏は、わが国における道徳の教科化を眼前にして、キリスト教の立場でそれに対峙するために、いち早く、「良心の自由から道徳教育を考える」という講演をされた（第15回キリスト教学校伝道協議会、二〇一四年五月）。「良心の自由」は「信教の自由」と並んで「基本的人権」の核心をなし、それぞれが日本国憲法第19条と第20条により保障される人権であり、前者は後者との密接な関連において、各人が自己の人生観、世界観に関わる基本的価値を選択し、それにより社会的事象とそれに対する自らの思想・行動の倫理的良否・善悪を判断する自由である。前者は無宗教を標榜する者が多い日本人には、特定宗教に具体的に関わる後者よりも、その普遍性がより実感できる事柄かもしれない。いずれにしても、氏によれば、「このような精神活動は、人間の尊厳性に関わるものとして最高の価値を有し、憲法上最も強い保障を受け、絶対的自由と言われる」[36]ものである。日本のキリスト教学校には、こうした基本的人権の根本的価値に対する深いセンスと、それを生徒・学生に解き明かすに十分な歴史的かつ神学的な知見が蓄積されている。「十戒」の教育はその解き明かしへの導入ともなりまたその根底ともなるであろう。日本のキリスト教学校はそうした教育を普遍的唯一神への普遍的信仰をもって行なっていかねばならない。この信仰にとってグローバリゼーションとは世俗的現象である以上に聖書神学的な命題なのである。

有力な精神医学者であった故河合隼雄氏は、キリスト教徒ではなかったが、「グローバリゼーションというのは……どうしても欧米の文化にアクセスをせざるをえないような仕組みになって」おり、日本人は「これまでは異文化の上澄みすくいをしていたが、これから魂の次元でぶつかりが生じる」、「その背後にあるキリスト教というものを考えないと、私はむずかしいと思います」と慧眼をもって発言された。[37]わが国におけるキリスト教学校に与えられた教育的使命は、日本人を、その日本的ナショナリズムを越えて、キリスト教とのこの「魂の次元でのぶつかり」へと導くことであろう。

【注】

(1)　本稿では「道徳」を以下、原則として、「倫理道徳」と並記していきたい。倫理と道徳という2種の邦語があるゆえに、その意味の違いが問われたり説かれたりする場合があるが、筆者の理解では元来、双方とも全く同一の事柄を指す語であるからである。語源的にいえば、「習慣」を表わすギリシア語 ethos から「鍛錬された倫理道徳的気質」を表わす ēthos が生じ、これを同一内容を指すラテン語 mos (pl. mores) をもってラテン語訳とした。これらはその後英語にそれぞれ ethic(s)、moral として定着し、わが国では、これら2語のうち ethics のほうに主として漢字「倫理」を当て、moral のほうに「道徳」を当ててきた。「倫理」とは、文字通り、「人間仲間」の「ことわり」の意味であり、人間の社会生活の筋道もしくはルール、と意訳できる。「道徳」

も中国の儒教由来の語であるが、「道」は人間誰しもが歩むべき道を意味し、「徳」は――「徳は得なり」と言われるように――本来は「身につける」意味であり、つまりは、人間の社会生活の道理の会得、ということを意味している。

（2）深谷松男『新・教育基本法を考える』（日本キリスト教団出版局、二〇〇七年）、37頁。この資料は以下では深谷『新・基本法』と略記する。

（3）深谷松男「良心の自由から道徳教育を考える」、『伝道と神学』No. 5.（東京神学大学総合研究所、二〇一五年）、21頁。この資料は以下では深谷「道徳教育」と略記する。

（4）深谷「道徳教育」、30頁を参照のこと。

（5）同上書、30頁。

（6）道徳教育の充実に関する懇談会「今後の道徳教育の改善・充実方策について（報告）」（二〇一三年十二月二六日）、18頁。この資料は以下では「懇談会報告」と略記する。

（7）「懇談会報告」、13‐14頁。

（8）文部科学省資料2‐1「道徳教育充実のための改善策について――新たな枠組みによる教科化を中心に」（初等中等教育局教育課程課、二〇一三年十月）、1頁。この資料は以下では「教育局資料」と略記する。

（9）例えば、文部科学省の「平成一五（二〇〇三）年度道徳教育推進状況調査」は、一九九七（平成九）年度の小学校で35時間を確保した割合は68％弱、中学校では41％であり、二〇〇三（平成一四）年度ではこの五年前の状況はある程度改善されたが、それでも小学校82％、中学校59％と、依然として不十分な状況を伝えている。

（10）「懇談会報告」、2頁を参照のこと。

（11）第50条の全文を引用すれば以下のごとくである。すなわち、「小学校の教育課程は、国語、社会、算数、理科、生活、音楽、図画工作、家庭及び体育の各教科（以下この節において「各教科」という。）、道徳、外国語活動、総合的な学習の時間並びに特別活動によつて編成するものとする。2　私立の小学校の教育課程を編成する場合は、前項の規定にかかわらず、宗教を加えることができる。この場合においては、宗教をもつて前項の道徳に代えることができる」。

（12）阿部知二『良心的兵役拒否の思想』（岩波書店、一九六九年）、109頁より再引用。

（13）「懇談会報告」、15頁。

（14）深谷「道徳教育」、34頁を参照のこと。これは、深谷『新・基本法』、80頁にも引用されている。
（15）鈴木勲編著『逐条学校教育法』（学陽書房、二〇〇六年、第六次改訂版）、161頁。
（16）深谷、前掲論文、34頁。
（17）同上論文、22頁。
（18）Harry J. Huebner, *An Introduction to Christian Ethics. History, Movements, People* (Baylor University Press, 2012), pp. 203, 208, 209.
（19）「学校教育法施行規則」第五十条、七十二条によれば、従来、小中学校の教育課程は、双方ともに、「国語、社会、算数、理科」等の「各教科」の他に、「道徳、外国語活動、総合的な学習の時間並びに特別活動によつて編成するものとする」と規定されてきた。
（20）「教育局資料」、1頁。
（21）「懇談会報告」、14頁。
（22）「教育局資料」、1頁。
（23）「懇談会報告」、3頁。
（24）「懇談会報告」、14頁。
（25）「懇談会報告」、15頁。
（26）「懇談会報告」、1頁。
（27）Reinhold Niebuhr, *Human Destiny* (Charles Scribner's Sons, 1943), p. 23.
（28）Reinhold Niebuhr, *The Children of Light and the Children of Darkness* (Charles Scribner's Sons, 1944), p. 153.
（29）西谷幸介『宗教間対話と原理主義の克服——宗際倫理的討論のために』（新教出版社、二〇〇四年）
（30）Hans Küng, "A New Global Ethics" (http://kvc.minbuza.nl/kvcframe.html?/themas.html)
（31）G・イェリネック（初宿正典編訳）『人権宣言論争』（みすず書房、一九八一年）を参照されたい。
（32）小堀桂一郎『靖国神社と日本人』（PHP新書、一九九八年）、19頁。
（33）ここで「招魂」とか「霊招」といった言葉遣いについていささかの解説を加えておきたい。これはもともと儒教の葬儀方法の一局面である、いわゆる「魂招き」もしくは「魂呼び」に由来する言葉である。死者の「魄」すなわち遺体にその「魂」

がもう一度戻れば死者は再生するという観念のもとに遺族や関係者が屋根などに上り、死者の魂を呼び戻そうとする行為のことである。この儒教の葬儀習慣が日本人の葬儀に習合され、神葬にも取り入れられ、神社が行う慰霊祭はまた「招魂祭」とも称されることになったわけである。なお、日本人が死者の弔いのために、欧米流に「記念」と表現せず、「慰霊」という表現を用いることも、冤枉罹禍の思想に近似する心性に由来することかと思われる。

(34) 同上書、45頁。

(35) 同上書、44頁。

(36) 深谷「道徳教育」、26頁。

(37) 河合隼雄『日本人とグローバリゼーション』(講談社、二〇〇一年)、123、5、54頁。

Ⅳ 教育的伝道とキリスト教学校

第14章　教育的伝道——日本プロテスタント教会のＤＮＡ

1　バラ塾における「教育的伝道」の開始

「ついにわれわれの上に霊が高い天から注がれる。
荒野は園となり、園は森と見なされる」。
〈イザヤ書32：15〉

「五旬祭の日が来て、一同が一つになって集まっていると、突然、激しい風が吹いて来るような音が天から聞こえ、彼らがすわっていた家中に響いた。また、炎のような舌が分かれ分かれに現れ、一人一人の上にとどまった。すると、一同は聖霊に満たされ、〝霊〟が語らせるままに、ほかの国々の言葉で話しだした」。
〈使徒言行録2：1—4〉

東洋伝道を使命としていたカトリック・イエズス会の宣教師フランシスコ・ザヴィエルがその最終目的地としたわが国に到着したのが一五四九年でした。それから三一〇年後の、一八五九年からプロテスタント教会の礼拝と伝道もこの日本で始まります。その前年、一八五八年に米国総領事ハリスが幕府と「日米修好通商条約」を締結し、その第８条で「日本にある亜墨利加人、自ら其国の宗法を念じ、礼拝堂を居留場の内に置くも障りなし」と謳うことに成功して、翌一八五九年、まずアメリカからＪ・Ｃ・ヘボン、Ｊ・ゴーブル、Ｓ・Ｒ・ブラウンといった宣教師たちが来日し、プロテスタント・キリスト教の礼拝が始まったのです。

さて、本稿で以下においてスポットライトを当てたいのは、一八六一年に米国ダッチ・リフォームド教会から派遣されたジェームズ・バラ宣教師夫妻がその来日三年後から主宰した「横浜英学所」の歴史です。バラたちはそれまで幕府から住居としてあてがわれていた成仏寺というお寺で、鍼医の矢野元隆を通訳として、武士や町人たち10人ほどと日曜礼拝をもっておりましたが、幕府の肝いりで六四年に始めたこの英学所でもそれを続けたのです。もちろん、そこでは週日に若い武士たちに英語や数学を教えることが主たる務めであったのですが。のちの大蔵大臣高橋是清も六六年からここで学んでおります。

矢野はその後間もなく病床の人となり信仰を告白、この六四年の十一月に洗礼を受け、翌月、天に召されます。矢野がいわゆるバラ塾での受洗者第1号であり､同時に日本でのプロテスタント教徒第1号でした。そして、六八年、すなわち明治維新の年の五月には、さらに2名の青年がバラから受洗します。しかし、他方で、明治維新後もキリシタン迫害は続いており、明治二年には長崎の浦上村の隠れキリシタン三千人余りが西日本の21の藩に流罪に処せられ、六百人余りが殉教するという事件すなわち「浦上四番崩れ」が起こっておりました。しかし、それでもバラはこの英学所で英学を志す日本人青年たちに「バイブルを教えつつキリスト教伝道ができる」と信じ、日本における日本人のための福音伝道を続けたのです。

2　リヴァイヴァルにおける本多庸一や植村正久らの受洗

それら日本全国から集まった20余名の青年たちに、一八七〇（明治三）年からは本多庸一や植村正久などが加わりました。彼らは戊辰戦争で破れた幕府の側の武士たちで、維新政府における薩長土肥の出世コース組からは外れた青年たちでした。

津軽藩出身の本多はのちに古い藩校を東奥義塾として再興し、さらに青山学院の前身、東京英和学校の校長となり、日本メソディスト教会の初代監督となりました。旗本の出であった植村正久は現在の東京神学大学の前身の一つ、東京神学社という神学校を設立し、福音新報というジャーナルでキリスト教的文筆活動を続けた人物です。富士見町教会を興し、日本プロテスタント教会の伝道と神学の土台を築いた偉大な指導者でありました。

バラは翌一八七一（明治四）年に、その敷地内に石造りの小礼拝堂すなわちチャペルを建て、そこで英学と聖書を教え続けます。植村は、その会堂には「四人掛けの腰掛が二列に置かれ……すっかり詰めても六、七十人しか集まれない」としるしています。初めここに「唯《ただ》英語学修のみの為に」入塾した本多は、「キリスト教に反発を感じ」、「毎日他の勉強を始める前に、聖書を学ばなければなりませんでした」と不満気味に書いています。しかし、「たったひとつ、私の反感を和らげた」ことがあり、それは「宣教師たちの私に対する親切であり、人びとが彼らを国外に追放しようと……していたまさにその時に…生徒たちや国家のために祈った真摯・熱誠こもるかれらの祈りであった」ともしるしています。バラの心こもる親切と熱い祈りが本多を動かしたのでした。

先にも申しましたが、このときもキリシタン禁制と迫害は続いておりました。ですから、当時のバラの福音伝道も、それに応えた受洗者たちの行動も、危険を顧みないものであったのです。塾生たちのなかには、学生を装いつつ実は仏教の僧侶で、幕府から派遣されたスパイたちもおりました。

さて、藩費留学生であった本多は学資が途絶え、その冬、いったん弘前へ帰ります。しかし、そこで廃藩置県が断行されかつての藩の名家から寒村の農民となった自らの家族の没落を目の当たりにし、それが自らを「非常に謙虚にさせた」と語っております。そして、「そのとき不思議にも……全く無関心に学んでいた聖書の教えが、いきいきと心に迫って来ました。……理想は高揚しました。私は、私が罪人であること、神と人とに対する私の道徳的責任が極めて大きいこと、そして私が自分を救うことはできないということを、痛感しました」と語るのです。そして、私財を切り崩して旅費をつくり、翌一八七二（明治五）年二月に再びバラ塾に戻ってきます。「私は横浜へ急行しました」。

ところが、そこではすでに驚くべきことが起こりつつありました。その年の正月にもたれた外国人信徒たちの新年初週祈祷会を見て、塾生の一人が自分たちもそれを開きたいとバラに申し出て、その祈祷会があのチャペルで始まったのです。そして、それまで祈ったことのない青年たちが次々と祈り出し、霊に満ち溢れて、バラによれば、それが「三ヶ月も続いて止まぬ」ほどのいわゆるリヴァイヴァルになったのでした。

この旧正月に始まった礼拝でバラが使徒言行録のペンテコステの章を講義し、そして黒板に書き留めたのが〈イザヤ書32：15〉でした。この祈祷会はさらに連日のように続き、新暦の三月十日には新たに押川方義など9人の受洗者が与えられます。それを機に、宣教師タムソンよりすでに受洗していた小川義綏を長老とし、バラを仮牧師として、日本最初のプロテスタント教会である「横浜基督公会」が設立されました。これが現在の「横浜海岸教会」です。

四月二八日には第二回目の洗礼式が行なわれ、6人が受洗します。このときすでにバラ塾に戻りこのリヴァイヴァルを目の当たりにしていた本多庸一は、「かつてはキリスト教に対して……反感をもっていた同輩の学生たちが今や洗礼を受けようとしていた」ことに「愕然として」、ついに自らも「真に日本を救うものは基督」であると悟り、「之が為には身命を捧げても苦しくないという決心を起こした」のです。そうして、続く第三回目の洗礼式に、女性も含む他の3人とともに受洗します。五月三日、本多、23才でありました。この祈祷会はその年の夏まで続きます。

翌一六七三（明治六）年二月、キリシタン禁制の高札は、欧米諸国で自国のキリシタン迫害を非難された岩倉具視使節一行の進言によって、維新政府により撤去されます。そして、その年の五月四日、植村正久など4人がバラより受洗します。さらにこの年の六月、七月、八月、十一月と洗礼式が行なわれ、この時点までで総勢50名近くの者が横浜基督公会のメンバーとなったのです。

植村はのちに「本多君には神学がない」というような言葉も吐いたようですが、しかし一方ならず彼の恩義に浴したともしるし、自分たちで「初めて……伝道を試みることになったとき……真先に説教したのは本多庸一君で……その前座に何かわからぬ話をやったのが余である」と先輩への敬意をこめてしるしています。

3 日本プロテスタント福音伝道の原型

以上が、私たち日本のプロテスタント教徒すべてが銘記すべきと私が考えます、日本プロテスタント教会のDNAすなわち遺伝子構造ということです。明治初期の日本のプロテスタント・キリスト教の出発をどう描き出すかということはさまざまに試みられておりますが、私はバラ塾での本多や植村の受洗の経緯にその根本が見届けられると思っておりますので、以上のように描いてみました。バラ塾を継承したブラウン神学塾のほうを重視する見方もありますが、私はバラ塾にこそ「教育的伝道」とも呼びうる日本プロテスタントの福音伝道の原型があると考えるものです。

宣教師バラに関して申しますと、彼が他の有能な宣教師たちにあって最も熱心にして直向きな伝道の志をもち、それを実践した人物に見えます。本多もしるしていますように、熱誠なる祈りの人であったと同時に、困窮にある人を見ると親切を尽くさずにいられなかった伝道者であったようです。

しかし、そうしたバラの人格的な面もさることながら、プロテスタント教会の遺伝子構造ということで言いますと、彼が「英学所で英学を志す日本人青年たちにバイブルを教えつつキリスト教伝道ができる」と確信し、それを実践し実現し、その英学所にチャペルを建て、そこでキリストの弟子となることを決意した学生たちに洗礼を授けた、という事実が、より大きな意味をもつように思われます。つまり、バラは学校でのキリスト教教育を通じて日本人青年をキリストの信仰へと導いたのです。すなわち、「教育的伝道」によって日本の青年たちをキリストへと連れ行きました。

4　現代日本のキリスト教学校における「教育的伝道」の復活

なぜ私がこの日本のプロテスタント教会のいわば原歴史をかくも強調するかと申しますと、それは、現代の日本のキリスト教諸学校、とりわけ大学が、この原点に立ち返り、日曜日に礼拝をもち、そこで信仰を告白する者が起こったならば、洗礼を授け、また聖餐に加わらせ、キリスト教徒として出発させるべきではないか、そうして諸教会に送り出すべきではないか、と信じているからであります。

ここ数十年、キリスト教教育の必然性と重要性を自覚した大学や学校で、週日《ウィークデイ》の学内礼拝に学生や生徒を何らかの形で参加させることは、それも疎かであった時代よりは、かなり積極的に、しかも持続的に行なわれるようになってきたかと思われます。しかし、そこからさらに進んで聖日の礼拝、そして受洗にまで——あのバラ塾のチャペルで行なわれたように——至るべきではないかと思うのです。私の三五年間の教務教師《チャプレン》経験からの結論です。

何々学院（大学）教会というのが今でもいくつかあり、そこで聖日礼拝がもたれているということは聞いております。しかし、そこに自主的に一定数の在学生が出席し、そのなかから何年かごしにでも、また数名ずつでも受洗者が出ているかと申しますと——私の聞きとり調査では——残念ながらそうではありません。かつてこうした教会はある程度の数が存在しましたが、そのまま消滅したり、あるいは学外に出て、名称も変更されたりあるいはそのままであっても、結局、他の教会と同じような町の教会となっております。

5　ＩＣＵ教会と聖学院教会

では、それらのなかで、日曜の礼拝をとおして在学生を受洗にまで導いている学校教会は全くないのでしょうか。

二つ例外があります。「国際基督教大学教会」と、聖学院大学内の教会すなわち「聖学院教会」です。前者は学校法人がその建学理念と教育方針によって公認し設立した学校法人内の教会であり、後者は学校法人と教会がその伝道の使命および礼拝堂使用について契約を交わした日本キリスト教団に属する宗教法人の教会という違いはありますが、これら二つの教会ともに一定数の在学生が定期的に聖日の礼拝に出席し、そのなかから信仰を告白し、洗礼を受けてキリスト教徒となるということが実際に起こっている学校教会、すなわちバラ塾のチャペル伝道を現代においても踏襲している教会なのです。

ちなみに、ＩＣＵ教会で一九五九年から一九九七年まで三八年間牧師であり、並行してＩＣＵ教授を務められたのが、古屋安雄先生でした。先生に伺いますと、毎年、10人から20人くらいのＩＣＵ生が受洗したということでした。また、一九六六年から「東京神学大学」がＩＣＵに隣接するようになって、東神大に入学する牧師志願のＩＣＵ卒業生が増加したとのことでした。こうした教会が、わが国の私立大学の10％以上を占めるキリスト教大学の中で、もっと増えるべきであるし、それは学校と教会の協力のもとで可能である、と考えるのです。

6　キリスト教学校は「釣り堀」⁉

一九八〇年代の始め、チャーチ・ミニストリーを土台に、その展開としてキャンパス・ミニストリーに真剣に取り組もう、ということで、「学校伝道研究会」が発足した頃、石黒悦雄牧師（日本キリスト教団堺教会）が「キリスト教学校の教務教師《チャプレン》は、釣り堀で魚を釣っているようなものだ」と発言されたことを耳にし、当時、町の教会の牧師から教務教師となり、学校伝道研究会にもコミットしていた私は、その発言に妙に感心したことを覚えております。

つい最近、石黒先生に再会し、あれは教務教師への揶揄や批判で言ったことではなく、せっかくキリスト教学校に通ってきている大勢の生徒さんや学生さんがいるのだから、彼らを真剣にキリストに導いてほしい、という願いからの発言でした、との説明を受けました。その際もその通り《アーメン》と思いましたが、最初にその発言を又聞きしたときも大いに鼓舞されたことは確かでした。

そうした教会からのキリスト教学校への思いや期待に応答しようと、この頃から先述のように学校の側で学内礼拝への学生や生徒の参加を積極的に指導したり、彼らの教会出席を奨励するために教会と学校の懇談会をもつなど、さまざまな努力と工夫が従来に増して強化されていったと記憶しています。しかし、そうした努力にもかかわらず、そこに双方に手ごたえを感じさせる成果が出ているかと言うと、これが今も依然として心許ないわけです。以下、筆致はシニカルすぎるかもしれませんが、具体的に事態を描き出してみます。

7　まだ本当にはつながっていない教会とキリスト教学校

キリスト教学校から送り出されて聖日の礼拝に出席した生徒や学生を、教会で迎えられた経験をお持ちの信徒の方々がいらっしゃるかと思います。大抵の場合、これらの生徒や学生は聖書科のクラスやキリスト教概論の授業の課題として、教会出席を強く指導されて――早い話が、義務づけられて――来ております。そして、そこで、どのようなことが起こっているのかと言いますと、教会の側からすれば、以下のような、隔靴掻痒、消化不良、あるいは食傷気味の経験をさせられております。つまり、教会の側でそれらの生徒や学生を迎えるほうは、優しく挨拶し、親切に礼拝堂へ案内などして、できる限りのことをしているつもりなのですが、短時間のそれだけの触れ合いではなかなか心は通じません。

他方、生徒や学生のほうも、その多くが教会というものを生まれて初めて経験する者たちで、おっかなびっくりです。初めて会ったおじさんやおばさんが笑顔で親しく話しかけてくればくるほど、尋常な気持ちではいられなくなります。それで、礼拝が終わるや否や、「長居は無用、とっとと帰ろう」となるのです。ですから、せっかく優しく迎えた教会員のほうも、学生たちが数回は出席したとしましても、それきりで姿を見せなくなりますから、「なあんだ」ということになり、毎年これの繰り返しですので、「今年も、またか」となるわけです。

では、そうした事の一部始終を聞かされたチャプレンはどう思っているのかと言いますと、キリスト教の「キ」の字も知らなかった子供たちをここまで指導して、ようやく教会に行かせるところまで漕ぎ着けたのに、教会からはつれない扱いをされて、生徒や学生も可哀そうだ、と思ったり、一番可哀そうなのは私じゃないか、と思ったりしているわけです。教務教師たちは良心的に精一杯のことはしているつもりなのです。しかし、結論を申しますと、いずれにしても、こうしたやり方では、生徒・学生、教会、教務教師の三者が、ともに、空しい思いに沈んでしまう、ということです。

私自身は自分で送り出すほうも、また迎える側も経験しておりまして、チャプレンの気持ちも、また教会側の気持ちもよくわかります。宗教主任となり十年ほど経過した頃、出席教会の牧師先生の了解も得て、学生の行くいくつかの教会に自分も出席してみたことがあります。あるいは、自分で数人ずつ教会に連れて行くということもいたしました。教職員の方々にも強くお勧めして、数人の方々がそれぞれ通い始めた教会で受洗されたということもあります。しかし、そうしたことがあっても、やはり何か十分ではないという思いが払拭できませんでした。もちろん、教会のほうで従来よりも受け入れ態勢を整えてくださり、教会学校の中学科や高校科が盛んになったという報告を聞かせていただいたこともありました。しかし、それらは概して言えば稀少、奇特な事例にすぎません。生徒や学生たちの出席の継続性が確保できないことが最大の問題であり、奇特な例とは、学校の指導と教会の受け入れがマッチして成功している例なのです。

8　チャプレンたちが果たすべく残された課題

以上は、学校での日曜礼拝に関する私の先の提案へと至る最も直接的なきっかけですが、その他にも、もちろん、日本のキリスト教人口が全体の１％も切って今や0.7％台だという危機感があります。信徒の高齢化が進み、役員会に50代以下の方々を探すのに苦労し、80代のご婦人がいまだに教会学校の先生を続けておられる、といった話を諸教会からお聞きしますし、それは自分が属する教会の明白な現実でもあります。

そこにキリスト教学校の教育の中でキリストにまで導かれ、クリスチャンとなった学生たちを送り届けたいのです。卒業を機会として、学外の教会に紹介し、そこで信仰生活を継続させたいのです。そのためにキリスト教大学は、日曜日に学生（そして教職員）の自由出席の礼拝をもち、学校教会を設立する必要がありますし、またそのことが――ＩＣＵ教会や聖学院教会を模範とすることによって――可能なのではないかと思うのです。大学のチャプレンは、キリスト教関連科目などを通じて知り合い、聖書研究会にも出席してキリスト教に関心を示し始める学生に、４年あるいは大学院生となれば６年は付き合うことができます。彼らより長期間在職している教職員はなおさらです。教会の牧師先生たちがキリスト教初心者、教会への新参者を導くよりもはるかに大きなアドヴァンテージを教務教師たちは与えられています。

9　新たな提案の顕著な特徴

これまでに学校内の日曜礼拝や学校教会新設のアイディアを、他の同僚の宗教主任から聞かされなかったわけではありません。しかし、私の提案の顕著な特徴は、その礼拝を通じて信仰を告白する学生や教職員が起こった場合、そこで聖礼典を執行する、すなわち彼らに洗礼を授け聖餐にも与らせる、ということです。私が青山学院大学に奉職した十年前、「学校礼拝は、教会礼拝とは本質的に異なるのであって、本当の礼拝を行っているとは言い難い」とする「礼拝の序列化」は「誤謬」である、という意見表明までは既になされておりました（伊藤悟「学校礼拝は本当の礼拝か」、青山学院大学宗教主任研究叢書『キリスト教と文化』24号、二〇〇八年三月)。しかし、私の提案はそこからもう一歩踏み出したものです。正教師《オーデインド・ミニスター》である教務教師が、キリスト教学校で学生や教職員に教育的伝道を行ない、彼らをキリスト教徒として出発させるために聖礼典を執行することに何の不都合があるでしょうか。バラ宣教師たちが行なったことと何ら変わるところはありません。私がこの考えを口にし始めて二十年近くになりますが、同僚の宗教主任たちからは、そこまでするのはどうだろう、という消極的反応が多く、学外の牧師先生からは、教務教師はキリスト教教育にコミットすればよいのであって、学校教会で聖礼典まで執行するのは越権行為だといった雰囲気の反応を得てきました。しかし、こうした状況は神学的にも実践的にもきわめて矮小なスケールの話であって、このレヴェルに留まっていては埒があきません。

では、どのレヴェルで埒があくのでしょうか。私の提案を耳にされたキリスト教学校の責任者のお一人が、「教会が学校を生み出すのであって、学校が教会を生み出すのではない」と申されました。これは、とりあえずは、「学校教会」に対する反対意見と聞こえます。私自身もこの言葉は神学的には正しい命題と思うものです。しかし、この言葉が、たしかにバラ塾は教会を生み出したが、それは本来の神学的秩序からは逸脱した現象ではないか、それゆえに現代のキリスト教学校が教会を設置することも神学的に正当化されない、という判断に立って言われたことであれば、いささか違うのではないかと言わざるをえません。なるほど現象的にはバラ塾での出来事は学校が教会を生み出したような印象を与えますが、バラ宣教師は米国ダッチ・リフォームド教会という歴としたプロテスタント教団が派遣した宣教師ですから、「横浜英学所」が生み出したように見える「横浜基督公会」も、真の意味ではアメリカのキリスト教会が日本において生み出したキリスト教会、すなわち教会が伝道により生んだ教会であるわけです。

しかし、「学校教会」と言うと、どうしても学校が生み出す教会のように感じてしまい、神学的には逸脱した教会のように思えてしまうのかもしれません。では、そうした懸念を払拭するにはどうしたらよいのでしょうか。そのためには、その学校が信仰の母体とする教会（教団）が公けにこの学校教会を設置し維持する形が必要であると考えます。

その一つの具体的な模範となる例が上述の「聖学院教会」です。この教会は日本基督教団関東教区に属する教会ですから、その背後には明らかに「日本基督教団」という母なる教会が存在し、その霊的系譜が公けに確認されています。ですから、今後、キリスト教学校に学校教会を設立する際には、その学校が信仰的母体とする教会（教団）が自覚的に積極的にそれに関与する必要があるように思われます。そうすれば、教会担任教師には聖礼典執行を認めるが、学校教務教師には正教師であってもそれを認めない、といった無意味《ナンセンス》な縄張り争いのようなものは消えてなくなるはずです。大元の教団が正教師たる教務教師にその務めとしてこの執行を公式に認めるからです。

実は「国際基督教大学教会」のチャプレン古屋安雄先生はかつて日本基督教団正教師となることを望まれました。しかし、その先にはこの教会が何らかの形で日本基督教団との関わりに入ることが想定されていたと思います。しかし、古屋先生を正教師とすることすら当時の「日本基督教団」は認めませんでした。先生自身が伝えておられる、戦後の「東京神学大学」における、卒業生は「すべからく……教会の……牧師になるものであって、キリスト教学校や大学に行く……者は……失格した者」である、という不文律がまだ力をもっていた時代の出来事と受け止める他にはありません（ちなみに私もまだこの雰囲気に呑まれていた世代でした）。

しかし、今やその東京神学大学が、キリスト教学校の宗教主任やクリスチャン教師を対象とした「学校伝道協議会」を主催して本年で18回目を数え、参加者数はなんと100名を超えています。時代は変わりつつあります。日本のキリスト教界における聖霊の風向きは大きく変化しているのです。そうした状況の中で、日本基督教団も、キリスト教学校における「学校教会」の設置をその学校とともに真剣に考えるというこの新しい課題に、本気で取り組むべきではないでしょうか。

10　なぜ日本にキリスト教は広まらないのか

ところで、古屋先生はその神学と伝道において日本のキリスト教に大きく貢献しておられ、その「日本伝道論」を主題とする著作は5~6冊にものぼりますので、先生の議論は教会の皆さんにもよく知られていることと思います。その中で最も有名な議論の一つは、日本にキリスト教が広まらない理由は、隣国の韓国のキリスト教が庶民大衆への伝道から始めて成功を収め、今や国民の30%がキリスト教徒であるのに対して、日本のプロテスタント伝道が武士階級を対象として始まり、その延長として人口の5%以下の知識階級に留まってしまったためである、というものです。新渡戸稲造は日本のキリスト教は武士道に留まらず平民道として浸透することを望んでいたにもかかわらず、です。

この議論とともに、先生はさらに次のような議論もしておられます。すなわち、一九三一年の満州事変以降の日本の軍国主義的風潮の中で、日本のプロテスタント教会は日本社会から超越ないし断絶する方向を強め、そのために神と人間の断絶を説いたバルト神学を都合のよい隠れ蓑としたのでした。当のバルトはヒットラーとの対決に挑んでいたのに、です。それは、教会の側からすれば、信仰や教会の純粋性を保持するためであった、と言うのかもしれません。いずれにせよ、この時期から、主流のプロテスタント教会は、福音と文化、教会と社会の分離の方向に傾いていったわけです。

古屋先生はこの分離、二元論の克服こそがこれからの日本伝道促進のための課題であると言われます。そこで、由木康先生が『キリスト教新講』（一九七五年）で提示された日本のプロテスタント・キリスト教の三類型、すなわち、

①神の国を強調するイエス型（代表者は賀川豊彦）、

②信仰義認を強調するパウロ型（代表者は内村鑑三）、
③教会形成を強調する教会型（代表者は植村正久）、

という類型論を援用して、これまでの日本のプロテスタンティズムには②と③しかなかったが、そこであらためて重視されるべきは、十字架の贖罪を説くと同時に教会の社会的な証しを実践した、①の賀川豊彦流の「神の国」型のキリスト教である、と主張されます。教会派と社会派の分離・分裂ではなく、その創造的総合が大切だと言われるのです。

11　基本は「教育的伝道」！

私もまたこの古屋先生の結論的主張に大賛成なのですが、私の議論の要点の一つは、日本のプロテスタント・キリスト教伝道の最初のターゲットが武士階級であったから現在の衰退状況があると単純に議論してしまっては大切な点を見逃してしまうであろう、ということです。武士たちに特定して伝道したから問題が生じたのだという方向に議論すべきではなく、むしろ彼らに対して行なわれた福音伝道の方法すなわち「教育的伝道」そのものがもう一度刮目されるべきである、というのが私の論点です。日本人への福音伝道には、その対象が知識人であれ一般大衆であれ、この方法が大いに有効であろうと考えるわけです。日本人の大半が高等教育を目指すようになった現状ではなおさらです。ＤＮＡというのは、分子生物学によれば、そう簡単に変異するものではありません。むしろ複製というのがその本質です。その観点からすれば、問題は、武士階級・知識階級への伝道という点にあったのではなく、日本のプロテスタント伝道が「教育的伝道」というところから始まったにもかかわらず、のちに伝道と教育とが分離されてしまうようになった、というところにあるのです。

そして、最近は日本のプロテスタント教会でも福音と文化、教会と社会を両立させるべき必然性が再認識されるようになり、教会とキリスト教学校は車の両輪としてより緊密な協力関係を図るべきという意見も出てくるようになったわけです。しかし、それを本気で言うのであれば、ＩＣＵ教会や聖学院教会のように、キリスト教学校においても聖礼典を伴いつつ受洗者を学外の教会へと送り出すような聖日礼拝の営みがなされるべきであろう、というのが、私の意見です。

福音と文化、教会と社会の二つの要素がともに明らかに見届けられる遺伝子構造が、明治初期のバラ塾での「教育的伝道」でありました。バラ宣教師らによる聖書や英学の教育を通じて本多や植村たちへの福音伝道がなされ、その信仰告白を受けて洗礼式が執行されたのですが、その福音と教育の融合の意味を、私たちは現在も噛み締めつつ、実践しなければならない、と私は考えるものであります。のちに「日本基督教会」の指導者となり、教会形成型と言われるようになる植村正久その人が、バラ塾における教育と伝道の融合の中から輩出した日本プロテスタント・キリスト教徒の一人であったのだ、ということが、今やあらためて想起され銘記されねばならない、と思うのです。

12　横浜海岸教会牧師の証言

「横浜基督公会」はその後は植村が指導した「日本基督教会」の一つとなり、現在は「横浜海岸教会」となっております。初代のバラ牧師から数えて現在は10代目の牧師が牧会しておられますが、9代目の久保義宣牧師が、日本キリスト教学校教育同盟の研究集会で、「『横浜バンド』とは何なのか」と題して横浜基督公会の在り方を振り返り、注目すべき発言をされました。すなわち、初め福音伝道とヘボン宣教師の医療やバラ宣教師の教育とは一体化した事業であったのに、

「後の教会が、特に日本基督教会の場合、福音宣教を医療や教育と区別し、伝道と教会形成に集中するような方向をたどったために、医療や教育が教会の本来の事業から分離されてきてしまった」と述べておられます。そして、次のように結ばれます。

「今日の日本の伝道の行き詰まりは、伝道と教会形成への集中が医療や教育を教会の本来の営みから切り離してしまったことに、その〔原因の〕一端があるかもしれない。また、キリスト教学校の営みが本来の教会の営みから切り離されてしまっていることと、学校におけるキリスト教が形骸化しつつあることとは、無関係ではないのではないか」。

横浜海岸教会の牧師がこのように述べておられることに深い意味があるのではないでしょうか。私自身は、神学的にも実践的にも教会が礼拝と伝道の本丸であり、あり続けるべきである、と確信しておりますが、その上で、伝道に関しては、時代と対象についてたえず鋭敏な感覚と認識をもち、それに即したダイナミックな方法を試行実践していくべきであると考えるものです。

バラが11人のキリスト教徒の群れを与えられたときも、これをただちに公会《チャーチ》としました。そのことは神学的にきわめて至当なことでありました。こうした神学的筋道を踏まえながらも、バラがわが国においては英学所のチャペルで「教育的伝道」に励み、その後もこの伝道方法の精神を貫徹したという事実は、今日、日本のプロテスタントが深く再考熟慮すべき事態であると考えるのです。

【参考文献】

水垣清『バラ・マカルピン　日本伝道百年史』（つのぶえ社、一九七八年）
氣賀健生『本多庸一　信仰と生涯』（教文館、二〇一二年）
佐波亘編著『植村正久と其の時代』第1巻（教文館、一九三八年）

『植村正久著作集』第6巻（新教出版社、一九六六年）
鵜沼裕子『史料による日本キリスト教史』（聖学院大学出版会、一九九二年）
古屋安雄『なぜ日本にキリスト教は広まらないのか』（教文館、二〇〇九年）
久保義宣「『横浜バンド』とは何なのか」、『キリスト教学校教育同盟』（二〇〇五年十二月号）
（初出：教職員新年礼拝説教「日本プロテスタント教会のＤＮＡ――教育的伝道」、『青山学報』247号、Spring 2014 上記説教は本書に掲載のオリジナル原稿を要約したもの。）

あとがき

本書のような書物の出版が困難なこの時代に、熱い心でキリスト教書の出版を続けておられるヨベルの編集者・経営者安田正人氏のご高配により、本書も日の目をみることができた。

青山学院大学綜合研究所共同研究プロジェクト「キリスト教大学の学問体系論」の3冊の邦訳作業の1つであったS・ハワーワス『大学のあり方――緒学の知と神の知』（東方敬信監訳、二〇一四年）の出版も簡単ではなかったが、ヨベルにお引き受けいただいた。きわめて丁寧な校正作業を経て、センスに溢れた装丁で同書が届けられたときには、仕事人の良質《クオリティ》がすべてを決する、「良い木は良い実を結ぶ」〈マタイ福音書7章17節〉、を実感したものであった。

今年、ヨベルは創業三十周年を迎えられたとのことである。そして、本書はその三十周年記念出版という光栄にあずかった。安田氏に心よりの感謝を表したい。ありがとうございました。

本書に関する著者の言葉は「序文」に充分にしるしたので、繰り返す必要はないであろう。

あえて繰り返すとすれば、本書は、折々にしるされた論文の寄せ集めとしてではなく、主張をもった一書として編んだものである、という一点である。

とくにキリスト教学校のチャプレンの方々や指導的立場におられる方々に読んでいただければ、幸いである。

本書は、著者が信仰と神学の導き手として仰ぐ近藤勝彦先生に献げられる。

二〇一七年一二月二五日　　著者

【初出一覧】

第Ⅰ部　宗教の文化的言語的理解とキリスト教学校

「日本の神学における〈教育〉の論議」、学校伝道研究会編『教育の神学』（ヨルダン社、一九八七年）所収。

「人は何によって人となるか――『人格教育』への神学的提言」、論集『キリスト教と諸学』2号（女子聖学院短期大学、一九八七年六月）所収。

「宗教の文化的・言語的理解とキリスト教学校教育」、『聖学院大学論叢』1巻（一九八八年）所収。

「文脈編入"Incontextualization"としての伝道」、『聖学院大学論叢』6巻（一九九四年一月）所収。

第Ⅱ部　政教分離原則とキリスト教学校

「トレルチ＝ホル論争再訪――宗教改革と近代世界の関係について」、土戸清・近藤勝彦編『宗教改革とその世界史的影響――倉松功先生献呈論文集』（教文館、一九九八年）所収。

「パネンベルク政治神学の検討――公共宗教論か政教分離論か？」、『ヨーロッパ文化史研究』5号（東北学院大学大学院文学研究科ヨーロッパ文化史専攻、二〇〇四年三月）所収。

「現代社会におけるヴォランタリー・アソシエーションとしての教会――その観念の嚆矢としてのロジャー・ウィリアムズ」、青山学院大学宗教主任研究叢書紀要『キリスト教と文化』26号（二〇一一年三月）所収。

「『政教分離』原則下における『キリスト教の絶対性』の理解――私立キリスト教学校教育の在り方を考察のケースとして」、

東北学院大学オープン・リサーチ・センター『ヨーロピアン・グローバリゼーションと諸文化圏の変容に関する研究』（二〇一二年三月）所収。

第Ⅲ部　学問論とキリスト教学校

「学問論の復権を目指して」、青山学院大学・東北学院大学『合同チャプレン会議　報告書』22号（二〇〇五年三月）所収。

「ティリッヒの学問体系論の意義について」、青山学院大学宗教主任研究叢書紀要『キリスト教と文化』27号（二〇一二年三月）所収、また改稿しパウル・ティリッヒ（清水正・濱崎雅孝訳）『諸学の体系――学問論復興のために』叢書ウニベルシタス970（法政大学出版会、二〇一一年11月）に「まえがき」として所収。

「日本のキリスト教大学における神学と制度――青山学院大学の場合」、西山雄二編著『人文学と制度』（未来社、二〇一三年三月）所収。

「近藤神学の根本主張」、東京神学大学神学会『神学』74号（教文館、二〇一二年十二月）所収。

「キリスト教学校における倫理道徳教育」、書き下ろし。青山学院大学宗教主任研究叢書紀要『キリスト教と文化』32号（二〇一八年三月）に掲載予定。

第Ⅳ部　教育的伝道とキリスト教学校

教職員新年礼拝説教「日本プロテスタント教会のＤＮＡ――教育的伝道」、『青山学報』247号（Spring 二〇一四年）所収。この説教は本書掲載のオリジナル原稿を要約したものである。

著者略歴：
西谷幸介（にしたに・こうすけ）
1950年、佐賀県生。1980年、東京神学大学大学院博士課程修了。1986～88年、スイス・バーゼル大学神学部留学（97年、Dr. theol. 取得）。
東北学院大学文学部教授を経て、現在、青山学院大学 専門職大学院国際マネジメント研究科教授、同大学院宗教主任。

著書：『ニーバーとロマドカの歴史神学 ── その社会倫理的意義』（ヨルダン社、1996）、*Niebuhr, Hromadka, Troeltsch, and Barth: The Significance of Theology of History for Christian Social Ethics* (New York: Peter Lang Publishing, 1999)、『十字架の七つの言葉』（初版；ヨルダン社、1999、改定新版；ヨベル、2015）、『宗教間対話と原理主義の克服』（新教出版社、2004）、*Understanding Japaneseness: A Fresh Look at Nipponjinron through "Maternal-filial Affection"*(Hamilton Books, 2017) 他。
訳書：W・パネンベルク『現代キリスト教の霊性』（教文館、1987）、W・グロール『トレルチとバルト』（教文館、1991）、J・M・ロッホマン『駆けよってくださる神』（新教出版社、2000）、R・R・ニーバー『復活と歴史的理性』（新教出版社、2009）、A・リチャードソン『仕事と人間』（新教出版社、2012）他。

教育的伝道──日本のキリスト教学校の使命

2018年3月1日 初版発行

著　者 ── 西谷幸介

発行者 ── 安田正人

発行所 ── 株式会社ヨベル　YOBEL, Inc.
〒113-0033 東京都文京区本郷 4-1-1　菊花ビル 5F
TEL03-3818-4851　FAX03-3818-4858
e-mail : info@yobel. co. jp

印刷 ── 中央精版印刷株式会社

定価は表紙に表示してあります。

落丁本・乱丁本は小社宛にお送りください。
送料小社負担にてお取り替えいたします。

配給元─日本キリスト教書販売株式会社（日キ販）
〒162 - 0814　東京都新宿区新小川町 9 -1
振替 00130-3-60976　Tel 03-3260-5670

ISBN978-4-907486-64-8

聖書は、新共同訳聖書（日本聖書協会発行）を使用しています。